汉语音中的史前记忆

徐呈银 蒋鑫权 著

云南出版集团 云南美术出版社

图书在版编目（ＣＩＰ）数据

汉语音中的史前记忆 / 徐呈银，蒋鑫权著. -- 昆明：
云南美术出版社，2021.5
ISBN 978-7-5489-4381-5

Ⅰ．①汉… Ⅱ．①徐… ②蒋… Ⅲ．①汉语－音韵学
－研究－古代 Ⅳ．①H11

中国版本图书馆CIP数据核字(2021)第105687号

出 版 人：李　维　刘大伟
策　　　划：洪　舟

责任编辑：韩　洁　赵异宝　温　馨
责任校对：温德辉　赵庆龄　师　俊　周凡丁
装帧设计：南通朝夕文化传播

汉语音中的史前记忆
徐呈银　蒋鑫权 著

出版发行：云南出版集团　云南美术出版社
地　　址：昆明市环城西路 609 号
印　　刷：昆明美林彩印包装有限公司
开　　本：787mm×1092mm　1/16
印　　张：26.25
字　　数：500 千字
版　　次：2021 年 8 月第 1 版
印　　次：2021 年 8 月第 1 次印刷
印　　数：1～1000
书　　号：ISBN 978-7-5489-4381-5
定　　价：98.00 元

目录

前言

　　关于史前史，我们一直都有一个未解之谜：人类究竟是从什么时候起开始说话的？说的第一句话又是什么？

　　若要回答这个问题，则又牵扯出另一个问题，即语言是如何起源的。根据东德出版的《语言学及语言交际工具问题手册》提供的信息，目前世界上共计有5561种语言。这些语言大体上分属于下面几个语系，印欧语系、汉藏语系、闪含语系、高加索语系、芬兰—乌戈尔语系、阿尔泰语系、南亚语系、南岛语系、班图语系等。（该语系分类摘自徐通锵著的《历史语言学》）

　　想一想，若能找出语言是如何起源的，这该是一件多么激动人心的事！就目前的人类语言来说，它的确算是一个抽象而概念化的东西，但任何抽象概念的背后都应有一个具象的物质基础。所以有关语言的起源，人们给出了如下四种奇怪的名字：

　　语言自然模仿说（Bow-Wow theory，音译为"汪汪说"）；语言先天反射说（Ding-Dong theory，音译为"叮咚说"）；语言感情反应说（Pooh-Pooh theory，音译为"呸呸说"）；语言共同呼应说（Yo-He-Ho theory，音译为"哟嗨嗬说"）。这些理论都是基于某种假设，即语言最初来自人类自然发出的叫喊声，例如为了表示警告、快乐和疼痛等，或者它们是对真实世界的一种模拟。

　　听听不同语言对某种声音的模仿其实是一件很有趣的事，还可以从中看出哪种语言模仿得最像。例如：威尔士中的猫头鹰（gwdihw）这个词就被读成"咕嘀呼"，听起来很像猫头鹰发出的声音。法语里的狗"嗷嗷"（oua-oua）叫，意大利的狗则是"噗噗"（bu-bu）叫，韩国的狗是"哞哞"（meng-meng）叫，日本的狗则是"汪汪"（wan-wan）叫；一只猫在法国是"哼哼"（ron-ron）叫，在德国则是"呼噜"（schnurr）叫；在中国将瓶子里的液体倒空时发出的声音是"汩汩"（gloup-gloup）的声音，在西班牙则是"突突突"（tot-tot-to）的形容；韩国人的心跳声用"嘟梗嘟梗"（doogan-doogan）形容，日本人的心跳声用"咄其咄其"（doki-doki）；德国的铃声是"宾邦"（bim-ban），西班牙的铃声则是"叮当"（din-dan）；而西班牙人讲悄悄话是"嘶嘶"（susurrar）。多么形象，不是吗？

　　（以上两段摘于比尔·布莱森著的《布莱森英语简史》第二章"语言起源的汪汪说和呸呸说"）

　　如上所述，我们亦可在汉语中找到很多这样的例子，如：

1. 猫

普通话为 māo，粤语为 miū，部分赣语、吴语则为 miāo。这些发音都很形象，尤其是方言中的介音 i 的加入，更加模拟出小猫的可爱。

2. 狗

普通话为gǒu，部分赣语和客家话为giū，湘语为gè或gèi，粤语和闽语则为gáo等。如前所述，我们中国人同日本人一样，对狗的叫声印象最深的是"旺财"（汪汪），而非"狗"（吠），难道我们祖先错了吗？并没有。其实"狗"这个发声是狗在面临危险或陌生人时所发出的警告或恐吓的低吼之声，它是用喉部发出的声响。故按照"现代国际音标辅音表"来看，其声母是舌根音g，而韵母的ao、ou、e、ei其大致范围也是处于舌后与舌面附近的位置，没有出现在唇齿附近。

3. 鸡

普通话为 jī，粤语为gāi，客家话为gēi，部分闽语则为guōei（音近 gui）。表面上看这些读音很不统一，彼此没有关系，但细细体会，其实普通话的 jī 声是小鸡在啄食时所发出的叫声，粤语和客家话的发音则是母鸡在叫，而闽语的发音则偏向于公鸡叫声。之所以会这样，是小鸡、母鸡和公鸡的口腔、喉部、肺部等的大小不一造成的。同理，这些也是影响人类语言的因素。

4. 鸭

普通话为 yā，部分赣语、粤语、吴语和客家话等方言则为 ngá。而从"鸭"字的声符"甲"字上看，部分汉语方言的发音为gá，这个音与绿头鸭的叫声可谓完全一致。那我们又该如何解释 yā 与 ngá 之间的区别呢？我的理解是，其原理仍与鸡的读音情况相似，是受到它自身的口腔、喉部和颈部等因素的影响。也正是因为这一点，鹅的发音就比鸭的发音更靠后，因为鹅的颈部比鸭的颈部要长，所以"鹅"的发音基本上就处在它自身的喉部位置。

因此，我们从以上的例子中可以得出"语言自然模仿说"是成立的。当然，其他三说也不能否认，唯一的区别仅是谁占"语言起源"的主导作用而已。现在，我们找到了语言是如何起源的，这种语言起源的追溯与模拟从某种程度上讲即是我们汉语语音中的史前记忆。或许你对汉语音中的史前记忆这一概念还很不以为然，那我换句话来说，它其实完全可以作为我们构建自己国家或民族史前史的重要组成部分。举例来说，我们可以在《诗经》中看到各国对鼓声不同拟声的记载，如：

《国风·邶风·击鼓》中"击鼓其镗，踊跃用兵"中的"镗"；
《国风·邶风·简兮》中"简兮简兮，方将万舞"中的"简"；

《国风·陈风·宛丘》中"坎其击鼓，宛丘之下"中的"坎"；

《大雅·文王之什·灵台》中"鼍鼓逢逢，蒙瞍奏公"中的"逢逢"；

《周颂·清庙之什·执竞》中"钟鼓喤喤，磬筦将将"中的"喤喤"；

《商颂·那》中"奏鼓简简，衎我烈祖"中的"简简"；

《鲁颂·有駜》中"鼓咽咽，醉言舞"中的"咽咽"。

我们暂且撇开古今音的区别，仅从今天普通话的读音来看这一组鼓声字背后的不同意义，从其声之宏细的角度来排序，依次为：逢（péng）、喤（huáng）、镗（tāng）、坎（kǎn）、咽（yān）、简（jiǎn）。而这种声响之宏细的差别不但可以折射出鼓的大小，也可以反映出国家军力之强弱、礼仪尊卑之差别等。所以，"逢逢"作响的鼍鼓和"喤喤"作响的钟鼓是周天子用的庙堂之乐，而宛丘之下的"坎坎"之鼓、衎我烈祖时的"简简"之鼓和醉言舞中的咽咽之鼓则分别是陈、宋、鲁三个诸侯国的宴会和祭祀之乐；在同一国中，能"镗"声洪亮的鼓用作军事，而不那么紧迫与威慑的"简兮简兮"之鼓则用于宴会的歌舞伴奏。

《说文解字》中对"鼓"的解释就说到"周礼有六鼓，鼍鼓八面，灵鼓六面，路鼓四面，鼖鼓、皋鼓、晋鼓皆两面"，可见鼓之大小也是礼仪的一部分。所以在我们的汉字语音中亦如同汉字字义一样藏有信息，我们汉语语音亦如同史前文物一样，只要我们用心去体会，去发掘，就能追忆出我们远古祖先生活生产的影子。

此外还有一个例子，我们的汉字结构也同样保留了祖先的影子，虽然这个例子不属于语音上的"考古"，但亦充分显露出我们文化蕴含着十分丰富的过去信息。

大家都很熟悉"看"这个常用字，它属于象形字，由"手"和"目"组成，其具体的形象就如同是一个人用右手罩在自己的眉毛上方去远望，这就是"看"。此外还有一个"瞰"，与象形字"看"不同，这是一个形声字。与"视""窥""瞅""睇""眺"等读音相比，这两个字应该本属于一个"字"。正是这两个字形的差别，让我更加认真地去审视它们。

突然，我发现了象形字的"看"其实更具有我们祖先的行为习惯密码。如前所述，"看"是一只手罩在自己的眉毛上方，好让自己能更好地去远望，就像孙悟空的经典动作那样。这让我突然明白了白种人、黄种人和黑种人眼睛的区别。黄种人和黑种人的眼睛都相对外凸，唯独白种人眼睛是那么的深陷。这是为什么？想想看，他们三者间都有哪些不同，是饮食习惯还是地理环境？答案是地理环境。

与欧洲人相比，我们所处的纬度相对较低，阳光直射眼睛的时间较短，仅为早晨和傍晚，但欧洲就不同了，法国巴黎的纬度相当于我们的哈尔滨，所以到了冬季，他们的太阳高度是很低的，阳光直射眼睛的时间比我们要长。

为此，从环境适应的角度上看，让眼睛深陷进去就成了一劳永逸的办法，这样，他们突出的眉弓便代替了我们的手。瞧，这就是我们的文化所附带的重要信息，它有时是一个生活瞬间，有时是一个历史事件，我们如果发现了它，它便能够帮我们重现史前的某些情景。

终言之：
历代大儒音韵考，
西方体系语言剖。
可怜痴者功夫浅，
亦愿花拳获点头。

第一章

我们从哪里来

1-1 史前人类简史

哲学之问谁为我，亘古常谈哪故乡，
亦有伤还超百岁，将于何处落安详？

　　我是谁？我从哪里来？又将去哪里？这是三个哲学上的终极之问。作为个人，总好奇自己的祖先来自哪里；作为民族，也好奇自己的发源地位于何处。西方的神话告诉我们，人类来自上帝之手；我们自己的神话故事则说，人类是女娲用泥土捏造的。但在 1859 年，达尔文的《物种起源》出版了，他告诉我们人类是从猿进化而来。这个声音震动了当时整个学术界和宗教界，强烈地冲击了《圣经》的创世论。

　　今天，我们对自己从哪里来的大方向已经十分明确。本土学者认为，我们进化自本土的早期直立人；而西方的主流观点则主张，目前世界上所有现代人都是后来出现的智人的后代。智人大约于五万年前走出非洲，然后散布于全世界。

　　然而，实际情况究竟是怎样，我们仍不得而知。我们能做的仅是依据现有的人类语言、体貌特征、史前遗址和基因组等信息去科学地推断而已。所以，接下来我将列举贾雷德·戴蒙德的《枪炮、病菌与钢铁》，尤瓦尔·赫拉利的《人类简史》以及大卫·赖克的《人类起源的故事》三本书中的观点，以供读者自己思考和筛选。

《枪炮、病菌与钢铁》

　　大约 700 万年前，人类与动物在非洲开始分道扬镳。

　　大约 400 万年前，我们的祖先基本上已能直立。

　　大约 170 万年前，我们进入直立人的阶段（此时中国境内出现了云南元谋人），但直立人也只有在身材方面和现代人接近，他的脑容量仍然不到我们的一半。

　　大约 100 万年前，直立人来到爪哇。

　　约 50 万年前，他们进入欧洲。此时非洲和亚欧大陆西部的人类之间以及东南亚人类之间从骨骼的细节来看在继续分化。

约从 40 万年到 13 万年前，欧洲和亚洲西部人口的集中体现是众多的骨骼化石，他们被认为是尼安德特人。

约 10 万年前，非洲人类和与他们同时代的尼安德特人相比，前者骨骼更像现代人。但他们所制的石器基本上和尼安德特人的石器同样粗糙，仍然缺乏标准的形制。

约 5 万年前，人类终于来到了一个历史的拐点，即我们所称的"大跃进"时期。

约 4 万年前，克罗马努人带着他们现代人的体格、优良的武器和其他先进的文化特征进入欧洲，不出几千年，尼安德特人便不复存在了。

约 4 万到 3 万年前，人类已在澳大利亚、新几内亚出现。

约 2 万年前，人类进入西伯利亚。

然而，无法确认的是，在大约 35 000 年前到 14 000 年前的这段时间里，美洲究竟于何时第一次有人居住。美洲最古老的没有争议的人类遗存是公元前 12 000 年左右的阿拉斯加遗址，随后是美国和墨西哥的大量遗址，时间是在公元前 11 000 年以前的几百年。

随着人类在美洲的定居，各个大陆和陆边岛屿以及从印度尼西亚到新几内亚东面的洋中岛，凡是可以居住的大多数地区都已有人类在生活。在世界上其余岛屿的定居直到现在才完成：地中海诸岛如克里特岛、塞浦路斯岛、科西嘉岛和萨丁岛约在公元前 8500 年至前 4000 年之间；加勒比海诸岛从公元前 4000 年左右开始；波利尼西亚群岛和密克罗尼西亚群岛在公元前 1200 年至公元前 1000 年之间；马达加斯加岛在公元 300 年至 800 年之间；冰岛在公元 9 世纪。美洲印第安人可能是现代的伊努伊特人的祖先，他们大约在公元前 2000 年遍布北极附近地区。这样，在过去的 700 年中，无人居住、等待欧洲探险者光顾的地区就只剩下大西洋和印度洋中那些最偏远的岛屿（如亚速尔群岛和塞舌尔群岛）和南极大陆了。

《人类简史》

大约在 135 亿年前，经过所谓的"大爆炸"（Big Bang）之后，宇宙的物质、能量、时间和空间才成了现在的样子。宇宙的这些基本特征，就形成了"物理学"。

在这之后过了大约 30 万年，物质和能量开始形成复杂的结构，称为"原子"，再进一步构成"分子"。这些原子和分子的故事以及它们如何互动，就成了"化学"。

大约38亿年前，在这个叫作地球的行星上，有些分子结合起来，形成一种特别庞大而又精致的结构，称之为"有机体"。有机体的故事，就成了"生物学"。

到了大约7万年前，一些属于智人这一物种的生物，开始创造更加复杂的结构，称为"文化"。而这些人类文化继续发展，就成了"历史学"。

但是，最早的人类是从大约250万年前的东非开始演化，祖先是一种更早的猿属"Australopithecus"（南方古猿）。

大约200万年前，这些古人类有一部分离开了家园而踏上了征程，足迹遍及北非、欧洲和亚洲的广大地带。北欧的森林白雪皑皑，印度尼西亚的热带丛林湿气蒸腾，想活命显然需要不同的特征，因此人类开始朝着不同的方向进化。

大约100万年前，虽然人类已经有了容量较大的大脑和锋利的石器，却还是得一直担心食肉动物的威胁，他们很少猎杀大型猎物，维生主要就是采集植物、挖找昆虫、追杀小动物，还有跟在更强大的食肉动物后面吃剩下的腐食。

大约40万年前，方才有几种人种开始追捕大型猎物。

大约15万年前，东非就已经有了智人，外貌和我们几乎一模一样。

大约10万年前，智人崛起，人类方才一跃居于食物链的顶端。

大约7万年前，智人从东非扩张到阿拉伯半岛，并且很快席卷了整个欧亚大陆。

大约5万年前，智人、尼安德特人与丹尼索瓦人共同站在了一个临界点。此后，丹尼索瓦人不久便灭绝了。至于尼安德特人，是在大约3万年前退出了历史舞台。

大约45 000年前，不知道智人用了什么方法，他们越过了海洋，抵达了从未有人类居住的澳大利亚大陆。

大约35 000年前，智人抵达日本。

大约30 000年前，智人抵达中国台湾。

大约16 000年前，当时海平面较低，从西伯利亚东北有路桥与阿拉斯加的西北相连，于是智人终于步行到美洲。

《人类起源的故事》

约 700 万—500 万年前，我们与黑猩猩祖先最终分离。

约 320 万年前，南方古猿"露西"能直立行走。（埃塞俄比亚，阿瓦什山谷）

约 180 万年前，非洲以外出现人属化石。

约 140 万—90 万年前，现代人、尼安德特人、丹尼索瓦人的主要祖先种群与超级古老型人类相分离。

约 100 万—80 万年前，丹尼索瓦人和胡瑟列古人的线粒体 DNA 支系与尼安德特人和现代人的线粒体 DNA 之支系相分离。

约 77 万—55 万年前，遗传学估计的尼安德特人和现代人开始分离。

约 47 万—38 万年前，根据遗传学的估计，尼安德特人和丹尼索瓦人分离。

约 47 万—36 万年前，据估计，尼安德特人的线粒体 DNA 和现代人的线粒体 DNA 相分离。

约从 40 多万年前起，尼安德特人就一直统治着欧洲西部范围并向东一直延伸到阿尔泰山脉。

约 40 万—27 万年前，西伯利亚丹尼索瓦人和南方的尼安德特人相互分离。

约 33 万—30 万年前，最早的解剖学意义上的现代人化石发现于摩洛哥的杰贝依罗。

约 32 万年前，基于 1—22 号染色体推断，这是所有当代人最近的共同祖先生活的年代。

约 16 万年前，是所有当代人最近的共同母系祖先"线粒体夏娃"生活的年代。

约 13 万—10 万年前，解剖学意义上的现代人扩散到近东地区（以色列、斯虎尔和卡夫扎洞穴）。

约 12 万年前，现代人就曾涌入过尼安德特人的势力范围，但被尼安德特人给顶住了。

约从 6 万年前起，现代人开始第二次从北非进入欧亚大陆，没过多久，尼安德特人就销声匿迹了。

约 54 000—49 000 年，尼安德特人和现代人发生混血。

约 49 000—44 000 年，丹尼索瓦人与现代人混血。

约 40 000 年前，北京附近田园洞（山顶洞）人个体与当代东亚人属于同一支系。

约 39 000 年前，欧洲地区最后的尼安德特人消失了。

约 37 000—35 000 年前，这是欧洲主要的采猎者支系分离的最晚时间。

约 33 000—22 000 年前，格拉维特文化，以及一支新的遗传学意义上的祖先从东部出发，扩散到了欧洲。

约 24 000 年前，西伯利亚的马其他男孩被证实是一个古代欧洲北部人。

约 19 000—14 000 年前，马格德林文化，以及一支新的遗传学意义上的祖先从西南部出发，扩散到了欧洲。

约 16 000 年前，由于冰盖融化，白令海峡段的"海岸路线"成为可能。

约 15 000 年前，这是人类从亚洲扩散到美洲的最晚时期。

约 14 600—14 200 年前，蒙特沃德遗址和佩斯利洞穴，被证实有人存在过。

约 14 000—8000 年前，波令—阿勒罗德暖期，一支新的采集者群体得以从东南部扩张进入欧洲。

约 13000—11000 年前，现代人席卷美洲温带地区。

约 11 500 年前，近东地区农业文明兴起。

约 10 000—4000 年前，欧亚西部人群瓦解分为若干群体。

约 9000 年前，长江、黄河流域的农业文明开始起源，而中东的农业文明则从伊朗向东扩散到印度河流域。

约 5000 年前，农业文明从东西两个方向同时到达印度半岛。与此同时，颜娜亚人则在欧亚大草原上扩张。（他们是印欧语系的源头）

约 4000—3000 年前，南岛语系人群从中国台湾出发，首次扩散到西南太平洋岛屿。与此同时，印度的 ANI（北印度人祖先）和 ASI（南印度人祖先）人群形成。

约 4500—3800 年前，是古印度河流域的文明时期。

依据《人类起源的故事》中的数据资料，再结合苏秉琦主编的《中国远古时代》一书中"中国存在着接近于人类的古猿化石，又有很长的直立人化石发现，以后的发展更是自成体系，可见中国在人类起源及其发展的问题的研究方面处于十分重要的地位……"的观点，我们可以大致画出一张这样的"非洲以外的现代人"的扩散图，如图 1-1-1。依据此图，我们可以得出距今 170 万至 20 万年前的中国直立人之元谋人、北京人、和县人、郧县人、郧西人等和距今 25 万年至 4 万年的中国早期智人之马坝人、大荔人、长阳人、许家窑人、丁村人等，其中很大一部分可能就是《人类起源的故事》中的丹尼索瓦人，而中国晚期智人之柳江人、资阳人、山顶洞人、河套人等，则可理解为是现代人与尼安德特人和丹尼索瓦人的混血后代。

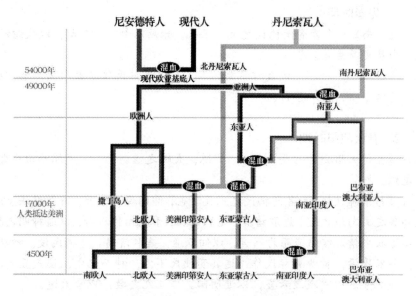

图 1-1-1 非洲以外的现代人

1-2 四大先王

本节内容摘自 2012 年 3 月民族出版社出版的《中国史前史读本》，将第五节"中华文明始祖之伏羲"、第六节"中华文明初祖之神农"和第七节"催生国家诞生的古代部落战争"三节做了一次精简梳理，只为让其更好地嵌入"我们从哪里来"的这一主题。

三皇之首的伏羲

根据传说，伏羲之前有盘古氏开天辟地、燧人氏钻木取火、有巢氏上树栖居。盘古、燧人、有巢，是否确有其人，难以考究，但距今 6000 多年前的伏羲氏，应该说是确有其人。其历代文献记载如下：

1. 先秦时期

《尚书》："古者伏栖氏之天下王也，始画八卦，造书契，以代结绳之政，由是文籍生焉。"

《世本》：一、"伏羲作琴瑟。"二、"庖牺氏作瑟五十弦，瑟洁也，使人清洁于心，谆一于行。"

2. 春秋战国时期

《左传·昭公十七年》：一、"陈，太皞之虚。"二、"郑子曰：太皞以龙纪。"

《易系辞传》：古者包牺氏之王天下也，仰则观象于天，俯则观法于地。观鸟兽之文与地之宜，近取诸身，远取诸物，于是始作八卦，以通神明之德，以类万物之情。作结绳而为网罟，以佃以渔，盖取诸离。包牺氏没，神农氏作，神农氏没，黄帝尧舜氏作，通其变使民不倦，神而化之，使民宜之。"

《管子》："戏造六峜，以迎阴阳。作九九之数，以合天道。"

《庄子·缮性》："伏羲画八卦以制文字。"

《尸子》：一、"伏羲氏之世，天下多兽，故教民以猎。"二、"伏羲始画八卦，别八节，而化天下。"

《吕氏春秋·十二纪》："太皞伏羲氏。"

3. 两汉时期

《世经》："炮牺氏继天而王，为百王之先，首德于木，故为帝太昊。"

《史记·自序》："余闻之先人曰：伏羲至纯厚，作《易》八卦。"

《礼记·月令疏》：一、"取牺牲也供庖厨，食天下，故号曰庖牺氏。"二、"太昊庖牺氏，风姓，有景龙之瑞，故以龙纪官。"

《史记·补三皇本纪》："太皞庖牺氏，风姓，代燧人氏继天而王……仰则观象于天……以龙纪官，号曰龙师。"

《周髀算经》："伏羲作历度。"

《新语》："民始知有父子之亲……夫妇之道，长幼之序。"

《淮南子》："伏羲女娲，不设法度而以至德遗于后世。"

《汉书·古今人表》："太昊帝宓羲氏。"

《潜夫论》：一、"伏羲，其相日角，世号太昊。"二、"伏羲，世号太皞，都于陈。"

《白虎通义》："谓之伏羲者何？古之时未有三纲六纪。民人但知其母不知其父……于是伏羲……下伏而化之。故谓之伏羲也。"

《论衡·齐世》："宓牺之前，人民至质朴，卧者居居，坐者于于，群居聚处，知其母不识其父。至宓牺时，人民颇文，知欲欺愚，勇欲恐怯，强欲凌弱，众欲暴寡，故宓牺作八卦治之。"

《孔从子·连丛子下》："伏羲始尝草木可食者，一日而遇七十毒，然

12

后五谷乃形。"

4. 魏晋南北朝时期

《古史考》："伏羲制嫁娶以俪皮为礼。"

《帝王世纪》：一、"太庖羲氏，风姓，代燧人氏继天而王。母曰华胥，履大人迹于雷泽而生庖羲于成纪，蛇身人首，有圣德。"二、"（伏羲）百病之理，得以有类，乃尝百药而制九针，以拯夭枉焉。"三、"燧人氏没，庖牺氏代之，继天而王，首德于木，为百王先。"

《拾遗记》：一、"春皇者，庖牺之别号，所都之国，有华胥之洲。"二、"庖者包也，言包含万象，以牺牲登荐于百神，民服其圣故曰庖羲，亦谓伏羲，变混沌之质文，宓其教，故曰宓羲。"三、"蛇身之神，即羲皇也……于时未有书契，观天为图，矩地取法，视五星之文，分晷景之度，使鬼神以致群祠，审地势而定川岳。"四、"礼义文物，于兹始作，去巢穴之居，变茹腥之食，立礼教以导文，造干戈以饰武。丝桑为瑟，均土为埙，礼乐于是兴矣。"

5. 唐宋元明清时期

《独异志》："昔宇宙初开之时只有伏羲女娲兄妹二人在昆仑山上，而天下未有人民。羲以为夫妻，又自羞耻。咒曰天若遣我兄妹二人为夫妻，而烟悉合，若不，使烟散。于烟即合，其妹即来就兄。"

《路史》：一、"伏羲推策作甲子。"二、"伏羲豢养牺牲，服牛乘马，草鞭皮蒙，引重致远，以利天下，而下服度。"三、"伏羲化蚕桑为穗帛，西陵氏始养蚕。"

《太平御览》："伏羲尝味百药，而制九针，以拯夭枉焉。"

《春秋世谱》："华胥生男子为伏羲，女子为女娲。"

综上可知，先秦时期描述可概括为：

伏羲氏（太皞），居住在陈，他是历史上最早的王。他仰则观象于天，俯则观法于地，观鸟兽之文与地之宜，近取诸身，远取诸物，于是始作八卦，以通神明之德，以类万物之情。进而又创造书契，以代结绳之政，由此文字便诞生了。由于当时天下多兽，故教民以猎，又作结绳而为网罟，教人民以佃以渔。他还作琴瑟，其中瑟有五十弦，它的寓意是纯洁而专一，所以瑟声会使人清洁于心，谆一于行。在他之后，是神农氏作，神农氏后，黄帝尧舜氏作，通其变，使民不倦，神而化之，使民宜之。

两汉之际的描述概括为：

伏羲氏，东夷人，风姓，代燧人氏继天而王，都于陈。行政上，因有景龙之瑞，所以以龙纪官。又因首德于木，故为太昊帝。他取牺牲以供庖厨，食天下，故号曰庖牺氏，所以伏羲氏又名炮牺、庖牺、宓羲、宓牺、太皞等。在他之前的时代，社会还没有三纲六纪，人民只知其母却不知其父，于是伏羲下伏而化之，制婚姻，正五行，始定人道。此外，他还教民养六畜，以充庖厨；制作杵舂，从而更好地加工稻谷等。

魏晋南北朝时期，新增的内容有：

1．增加了母亲华胥氏的介绍；

2．强调了他的尝百草以制药；

3．而在教化人民这块，则明确提到了礼义文物、去巢穴之居、变茹腥之食、造干戈饰武、丝桑为瑟、均土为埙等；

最后是自唐代以来文献记载，最为突出的一点是：本为兄妹的伏羲与女娲，为了繁衍人类，在昆仑山上结为了夫妻。

所以，后世学人考证有：

1．郭沫若在他的《中国史稿》中说：太皞，号伏羲氏，是淮河流域的氏族部落的祖先。

2．闻一多在他的《伏羲考》中总结出了三个结论：

（1）伏羲、女娲为人首蛇身，这是上古时代的图腾遗迹。他认为伏羲氏族是蛇部落或龙部落。

（2）伏羲、女娲是葫芦的化身。他引用了伏羲、女娲与葫芦关系的各种传说后指出：总观以上各例，使我们想到伏羲、女娲莫不就是葫芦的化身，或仿民间故事的术语说，是一对葫芦精。

（3）伏羲、女娲是兄妹关系，在特殊的情况下结为夫妻，使人类不断滋生繁衍。

在此，有关闻一多先生的三点总结，我也想附会两点内容：

1．如果说伏羲氏族是蛇部落或龙部落，那就更加确定他是中国南方的部落，在徐杰舜著的《汉民族发展史》中同样强调龙族就是南方的百越，而苗蛮正好与之接壤；

2．说伏羲、女娲是葫芦的化身。女娲二字我不清楚，但伏羲二字的发音似乎有葫芦的影子。在众多古籍中，有关伏羲的许多写法可罗列出：伏羲、伏牺、包羲、包牺、庖羲、庖牺、伏戏、宓戏、炮牺、太昊、太皞、春皇、木皇等。在这十三个名字中，除太昊、太皞、春皇、木皇四名可归为后世给予他的谥号一类，其他九个则是人民对伏羲本名的不同音译。既然九个名字是对同一名字的不同音译，那就可以得出伏、包、庖、炮、宓是一组谐音字；羲、牺、戏则是另一组同音字。据此，我们可以推测伏羲二字的读音就是 pou sei，由于"宓"字音符是"必"，进而又可得出 pou-ei ngei，乃至 pou-ei

14

ngi 之发音。至此，我想引出我家乡对葫芦类的方言发音大约是 pu li，其中 pu 即是葫（爮/páo），li 则可以对应汉字的"儿"，它算是一个后缀。需要强调的是，我这里介绍的方言是属于赣语抚广片中的麻山腔，它是一支中国南方的，靠近武夷山的汉语方言，我想它应该留有上古时期些许汉人的语音信息。

此外，我们还可以从文化习俗方面考察得出：

1. 东夷著名的部落酋长即太皞，信仰太阳神，是以太阳为原生态图腾的部落。而太阳神崇拜在史前岩画中很是常见，它广泛地分布于中国沿海一带，乃至整个环太平洋地区。

2. 东夷集团是以鸟为图腾的氏族。《山海经·海外南经》载："羽民国在其东南，其为人长头，身生羽。"《左传·昭公十七年》记载郯子朝鲁的一段对话："昭子问焉，曰：少皞氏鸟名官，何故也？郯子曰：吾祖也，我知之……我高祖少皞挚之立也，凤鸟适至，故纪于鸟，为鸟师而鸟名。凤鸟氏，历正也；玄鸟氏，司分者也；伯赵氏，司至者也；青鸟氏，司启者也；丹鸟氏，司闭者也；祝鸠氏，司空也；爽鸠氏，司寇也；鹘鸠氏，司事也；五鸠氏，鸠民者也；五雉，为五工正、利器用、正度量，夷民者也……"

根据现在所知的考古资料，上古鸟纹，所见最早的是在距今 7000 年左右的河姆渡文化遗址，有发掘出土双鸟朝阳图案。此外，我们还可以在一幅距今 5000 多年前的《鹳鱼石斧图》上看到鸟族人的身影，它是一件庙底沟类型的彩陶，发掘于伊洛—郑州地区。如下：

图 1-2-1 河南临汝阎村遗址出土的《鹳鱼石斧图》

这幅画高 37 厘米，宽 44 厘米，约占缸体面积的一半，是一幅很有气魄的大型作品。画幅左边是一只向右侧立的白鹳，细颈长喙；短尾高足，通身洁白。它衔着的鱼，头、身、尾、眼和背腹鳍都画得很简洁分明，全身涂白，不画鳞片，应该是白鲢一类的细鳞鱼。因为鱼大，衔着费力，所以鹳身稍稍后仰，头颈高扬，表现了动态平衡的绘画效果。鹳和鱼的眼睛得到了完全不同的处理：鹳眼画得很大，目光炯炯，俨然是征服者的气概；鱼眼则画得很小，配合僵直的身体，显得无力挣扎。竖立在右边的斧子，圆弧刃，中间有一穿孔。斧和柄的结合方式表现得不大清楚，似乎是斧子穿入柄内然后再用皮带绑住，两边各有两个圆点装饰的窄条，也许就是绑缚的带子。

这幅画很发人深思，把鹳衔鱼和石斧这两类似乎毫不相干的事象画在一起，并且画在专为装殓成人尸骨的陶缸(棺)上，在把它视作史前艺术杰作的同时，显然它应该还有其他更为重要的象征意义。

甲骨文的"王"字初形为斧钺形。戌为钺的本字，乃大斧。《鹳鱼石斧图》中的石斧，斧刃向右侧，为甲骨文及金文字的反写，很可能是同墓主人身份相适应的、既可实用又可作为权力标志的东西，是墓主人生前所用的实物写真。衔着鱼的白鹳，两眼盯着斧背，紧跟在石斧之后。如果以石斧作为墓主人的象征这一推测不误，则可把鹳及鱼分别视为墓主人和被战胜的居民群体象征。(此大段《鹳鱼石斧图》的研究文字摘于苏秉琦等所著的《中国远古时代》)

我们不妨继续去推想，现在已知东夷人是崇拜鸟类的民族，所以图中的鹳或许可以代表墓主人是东夷人。但图中的鱼又代表谁呢？我的猜想是半坡人，因为在半坡人的彩陶中，最具特色的装饰图案就是鱼。这些鱼的图案除了单纯以鱼为造型外，还有与人面组合而成的人面鱼纹，这种组合就很有自我身份定义的意味在里面，而不仅仅是因为好看。

图 1-2-2 陕西西安半坡遗址出土的"人面鱼纹"

综上所述，我们得出伏羲氏即太皞氏，是东夷族人。他们早在7000多年前就已经进入农业社会，经营稻作生产。在后来的历史发展进程中，先是由于九黎部族逐鹿中原遭受败绩，后来是三苗集团又遭受大禹的毁灭性打击，最后，该部落群体的后裔大部分就融入了华夏族；还有的则融入百越集团进而演变成了其他民族；没有融入的部分向西南方向迁徙。

最后，我还想引用吴安其的《汉藏语同源研究》之"黄河流域和长江流域末次冰期后的早期文化"中的一段话：

"末次冰期结束之后，气候转暖，华南地区的居民向北迁移，黄淮平原、黄河流域、汉水流域新石器早期的文化应与之有密切的关系。他们的文明特征是种植水稻，后来以种植粟为主，使用较为大型的打制和磨制石器，包括石斧、石铲、石磨盘和石磨棒等。夹砂绳纹陶、釜类、三足器是他们的炊具。他们的文化取代了华北地区原有的细石器文化。人口繁殖较快，并进入新石器中期。"

世尊神农的炎帝

炎帝，号神农。他或是一个人，抑或是中国上古时期姜姓部落的首领尊称，与黄帝一样，均被尊为华夏族的祖先。其历代文献记载如下：

1. 春秋战国时期

《易传·系辞》：一、"包牺氏没，神农氏作。斫木为耜，揉木为耒，耒耨之利，以教天下，盖取诸益。"二、"神农氏没，黄帝、尧、舜氏作。"

《春秋》："炎帝号大庭氏，下为地皇，作耒耜，播百谷，曰神农。"

《国语·晋语四》：一、"炎帝以姜水成……炎帝为姜。"二、"昔少典娶于有蟜氏，生黄帝、炎帝。"

《左传·哀公九年》："炎帝为火师，姜姓其后也。"

《吕氏春秋·慎势》："神农十七世有天下，与天下同之也。"

《管子·轻重戊》："神农作，树五谷淇山之阳，九州之民乃知谷食，而天下化之。"

《管子·形势解》："神农教播种五谷，相土地，宜燥湿，肥浇高下。"

《商君书·画策》："神农之世，男耕而食，妇织而衣，刑政不用而治。"

《庄子》："神农氏……甘其食，美其服，乐其俗，安其居。"

《庄子·盗跖》："神农之世，卧则居居，起则于于，民知其母，不知其父，与麋鹿共处。"

《孟子·滕文公上》："有为神农之言者……其徒数十人，皆衣褐，捆屦，织席以为食……贤者与民并耕而食，饔飧而治。今也滕有仓廪府库，则是厉民而以自养也，恶得贤。"

2. 两汉时期

《史记·封禅书》："神农氏封泰山，禅云云。炎帝封泰山，禅云云。"

《史记·三皇本纪》:"炎帝,神农氏,姜姓,母曰女登,有蟜氏之女,为少典妃,感神龙而生炎帝,人身牛首,长于姜水,因以为姓。"

《淮南子·修务训》:一、"神农乃使教民播种五谷。"二、"神农播谷也,因苗以为教。"三、"神农……尝百草之滋味,水泉之甘苦,令人知其所避就,当此之时而遇七十毒。"

《淮南子·原道训》:"神农之播五谷也,因苗以为教。"

《礼记·礼运篇》:"修火之利……以炮以燔,以亨以炙,以为醴酪。"

《春秋元命苞》:"少典妃安登,游于华阳,有神龙首,感之于常羊,生神子,人面而龙颜,好耕,是为神农。"

《潜夫记·五德志》:"神农是以日为市,致天下之民,聚天下之货,交易而退,各得其所。"

《白虎通义》:一、"炎帝者,太阳也。"二、"古之人民皆食禽兽肉,至于神农,人民众多,禽兽不足,于是神农教民农作,神而化之,使民宜之,故谓之神农也。"

《汉书·食货志》:"四民有业,辟土殖谷曰农。"

3. 魏晋南北朝时期

《帝王世纪》:一、"炎帝,神农也。母曰任姒,有蟜氏之女,名女登,为少典妃,游于华阳,有神龙首,感女登于常羊,生炎帝,人身牛首,长于姜水,因以姓焉。有圣德。"二、"尝味草木,宣药疗疾,救天伤人命。"

《拾遗记》:"炎帝时有丹雀衔九穗禾,其坠地者,帝乃拾之,以植于田,食者老而不死。"

《搜神记》:"神农以赭鞭鞭百草,尽知其平毒寒温之性,臭味所主,以播百谷,故天下号神农也。"

《述异记》:"太原神釜冈,有神农尝之鼎存焉。成阳山中有神农鞭药处,一名神农原药草山。"

《艺文类聚》:"神农时,民食谷,释火加烧石上而食之。"

《周书》:"神农之时,天雨粟,神农遂耕而种之。"

4. 唐宋元明清时期

《路史·炎帝神农氏纪》:"炎帝,神农氏……母安登,感神于常羊,生神农于烈山之石室。"

《补上古考信录》:"神农非炎帝。"

《绎史》:一、"炎帝神农氏,人身牛首。"二、"神农之时,天雨粟,神农遂耕而种之,然后五谷兴助,百果藏实。"

综上可知,春秋时期的描述可概括为:

神农(炎帝)号大庭氏,是包牺氏(伏羲)之后、黄帝之前的一个历史人物。

他是少典娶于有矫氏所生，长于姜水，曾斫木为耜，揉木为耒，播种百谷，以教天下。在此期间，我们可以看出有关神农（炎帝）的神话色彩还不是很足，呈现给我们的仅是浓浓的上古气息。

到了战国时代，有关他的信息就增加了一些相关社会背景，具体描述为：
神农（炎帝）之时，当时的社会本是一个民知其母，不知其父，与麋鹿共处的一个时代。但他教导男耕女织，从而使得人民生活甘其食，美其服，乐其俗，安其居，刑政不用而治。具体点就是，男耕，相土地，宜燥湿，择淇山之阳，乃播五谷。像这样过了十七世之久，九州之民乃知谷食，而天下化之。

相比较而言，战国时期强调了神农（炎帝）在农业生产与民风教化方面的功绩。但从整个传说框架来看，这里的神农（炎帝）应该不是指一个人，而是指一个时代。首先，据民知其母不知其父这一描述则可知当时尚处母系社会，那么，炎帝的身份是什么，他能是一个母系社会中的男性酋长吗？其次，与麋鹿共处的描述是否符合真实的历史？从众多史前遗址的发掘现场来看，鹿是上古时期人们重要的肉食来源，位居动物排名之首，所以与麋鹿共处只能是人的一厢情愿。它不像狗，狗和人有成为伙伴的条件，既然鹿不这么想，那与麋鹿共处就肯定是假的，意思就只能是与野兽杂处。从目前的史学观点来看，假如当时的动物还很多，那男人的生产就应该还是偏向于狩猎。如果当时还是一个狩猎采集的社会，那当时的社会就有可能还是一个母系社会。如果是母系社会，那又回到了前面的那个问题，神农能是一个母系社会中的男性酋长吗？所以，神农（炎帝）只能是一个时代，而非一个人。或者说神农是一个时代，而炎帝则是神农时代末期的一个酋长（王）。

再到两汉时期，新增的项就更多了。仅西汉就大致有六项：
1. 细化神农的人物形象，说他是人身牛首；
2. 细化播种五谷的作业细节，因苗以为教；
3. 新增神农始尝百草一事；
4. 教民熟食；
5. 封泰山；
6. 神农与炎帝不是同一个人。

其中前五项当属于自然的文化堆积与滋长现象，即后世在前人的基础上进行再创作。但其中的人身牛首值得细细品味，这是牛与农业的对接反映。就目前的考古遗址发掘情况来看，犁在良渚遗址中就有出现，但同时代的北方却仍只出土有铲和耜等农具，而没有犁。犁的出现对农业而言是跨时代性的，因为它标志着畜力的使用，即牛加入到了农业生产行列。然而，神农（炎帝)所代表的应该是北方农业，但北方农业即使到了周代，牛这种畜力似乎也没有得到足够的重视和珍惜，如《小雅楚茨》说："济济跄跄，絜尔牛羊，以往烝尝。或剥或亨，或肆或将。"这就证明周人对于牛的翻地作用仍不重视，即使在准备耕种黍粟稷时，祭祀仍用牛作为重要的牺牲。

但与1、2、3、5四项比，第4项却显得画蛇添足，因为早在人类学会了使用并控制火的时候，熟食的行为就已然产生，这种行为当远远早于神农（炎帝）。且不说母系父系交替之际的大汶口文化时期（约公元前4300年—前2400年），就拿新石器时代早期来看，火的使用也远远早于这个时间坐标。就目前的考古界观点来看，当你说完早在山顶洞人时代就会使用火了，作为直立人之北京人听了便会噗呲一笑，并说道：不对吧，最早的应该是我吧！但这话音刚落，同样是直立人的蓝田人也不答应，因为他们也会。

最后是第6项，这是一个治学的声音，是第一个怀疑神农与炎帝不是同一个人的声音。同样值得体会，因为他证明了后人对远古圣人的有意刻画和塑造。

两汉之间的新增可分三点：
1. 对其父母与出生地的再次细化；
2. 解读耕与神农的相互联系；
3. 人物形象的再次神化。

东汉的新增又可分三点：
1. 解释炎帝即是太阳，或炎即是阳；
2. 解析神农的历史成因，说：古之人民皆食禽兽肉，至于神农，人民众多，禽兽不足。于是神农教民农作，神而化之，使民宜之，故称之神农也。
3. 神农（炎帝）教人商贸。
就今天的史学观点来看，东汉新增的第2条在逻辑上是有问题的，人口的增加与农业的关系应该是农业的出现才使得人口增加，而非人口的增加才导致农业的出现。所以第2条就是一则错误的后人的附会之说。

魏晋南北朝时期，人们神化了神农（炎帝）的农业生产乃是丹雀衔九穗禾导致，同时刻画神农尝百草之细节：以赭鞭鞭百草，尽知其平毒寒温之性。

唐宋元明清时期，人们则将神农（炎帝）的农业生产行为再次神化，说："神农之时，天雨粟，神农遂耕而种之。"此外，亦有明确否定神农即炎帝的。

故而，后世学人考证说：传说最早的是炎帝，号神农氏。据说炎帝生于姜水，姜水在今陕西岐山东，是渭河的一条河流。从渭河流域到黄河中游，是古代羌人活动的地方。所以炎帝可能是古羌人氏族部落的神。号神农氏，说明他们主要是从事农业的氏族部落。（摘自郭沫若主编《中国史稿》）

我国上古"姜""羌"是一致的，"姜""羌"互通互用。如此说来，早在炎黄时代羌族就是一个大族了，是中华先民的源头之一，是名门望族。（此句摘于李祥石所著的《岩画与文字》）

英雄时代的黄帝与蚩尤

当神农被蚩尤逐出"九隅"后，黄帝于阪泉三战西退的炎帝，然后得其志，从而天下诸侯皆尊黄帝为天子。不久，黄帝又率他刚统一的炎黄部落，再次向中原（九隅）挺进，在一个名叫涿鹿的地方与蚩尤展开决战，最终蚩尤战败。

以上便是我们对史前英雄时代的大致印象，其中的关键人物有黄帝、炎帝、蚩尤三人。炎帝在上一节中已经介绍，但黄帝和蚩尤又是谁？现在，让我们再一次去翻阅一下有关他们的文献记载：

1. 蚩尤

《山海经广注·大荒北经》载："蚩尤铜头啖石，飞空走险。"

《路史·后纪·蚩尤传》载："蚩尤产乱，出洋水，登九淖，以伐空桑，逐帝（炎帝榆罔）而居于涿鹿。"

《逸周书·尝麦》载："蚩尤乃逐帝，争于涿鹿之阿，九隅无遗。"

2. 黄帝

《国语·晋语》载："昔少典娶有蟜氏，生黄帝、炎帝，黄帝以姬水成，炎帝以姜水成，成而异德，故黄帝为姬，炎帝为姜。"

《新书·益壤》载："炎帝者，黄帝同母异父兄弟也，各有天下之半。"

《史记·五帝本纪》载："黄帝，少典之子也，曰轩辕。"

《史记·三皇本纪》载："炎帝、黄帝皆少典之子，其母又皆有蟜氏之女……"

《山海经·西山经》载："又西四百八十里，曰轩辕之丘。"

《庄子》载："昆仑之墟，黄帝之所休。"

3. 阪泉之战

《史记·五帝本纪》载："轩辕教熊罴貔貅虎，以与炎帝战于阪泉之野，三战，然后得其志……而诸侯咸尊轩辕为天子，代神农氏，是为黄帝。"

《太平御览·皇王都四·黄帝轩辕氏》载："黄帝于是乃训兽，与神农氏战于阪泉之野，三战而克之。"

《淮南子·兵略篇》载："炎帝为火灾，故黄帝擒之。"

《列子·黄帝》载："黄帝与炎帝战于阪泉之野，帅熊、罴、狼、豹、貙、虎为前驱，雕、鹖、鹰、鸢为旗帜。"

4．涿鹿之战

《逸周书·尝麦》载："蚩尤乃逐帝，争于涿鹿之阿……赤帝大慑，乃说于黄帝，执蚩尤杀之于中冀，以甲兵释怒。"

《竹书纪年》载："蚩尤……好兵喜乱，作刀戟大弩，以暴天下并诸侯无度。炎帝榆罔不能制之，令居少昊，临西方。蚩尤益肆其恶，出洋水，登九淖，以伐炎帝榆罔于空桑，炎帝避居涿鹿。轩辕乃征师诸侯，与蚩尤战于涿鹿。"

《山海经·大荒北经》载："蚩尤作兵伐黄帝，黄帝乃命应龙攻之冀州之野。应龙蓄水，蚩尤请风伯雨师从，大风雨。黄帝乃下天女曰魃，雨止，遂杀蚩尤。"

《太平御览》载："黄帝与蚩尤九战九不胜，黄帝归于大山，三日三夜，雾冥。"

《志林》载："黄帝与蚩尤战于涿鹿之野，蚩尤作大雾，弥三日，军人皆惑。"

针对以上文献，《中国史前史读本》的观点分析是：

1．黄帝和炎帝是远缘亲属的部落。当他们从同一个母氏族中分离出来后，其中，炎帝沿着渭河、黄河南岸先进入中原，同蚩尤一起最早占领中国的黄河流域。黄帝则沿着黄河北岸向东北发展，从今天的陕西北部沿着洛水南下，又渡过黄河沿着中条山和太行山西麓向北，最终沿着桑干河走出北岭，在今河北北部的平原上定居。在与炎帝部落发生接触时仍是以游牧生活为主。

2．蚩尤是东夷部族的一个首领。从史学家们的论述来看，其地域范围在今天的河北、山东、河南以及山西南部的黄河中下游这片土地上。但从考古学家的物证来看，文化则包含有河姆渡文化（距今 7000 年）、良渚文化（距今 6500—4200 年）、大汶口文化（距今 6500—4500 年）、龙山文化（距今 4500—4000 年）。即南起杭嘉湖平原、北至冀豫平原，从东海、黄海至渤海这条海岸之西，至太行山、大别山这片土地。

3．黄帝是通过玄女下授兵符、应龙攻击冀北、风后制造指南车后才最终打败蚩尤的。

4．涿鹿之战后，黄河中游地区出现了一个由若干民族集团会集和逐步融合的核心，被称之为华夏。而古苗族则开始了其历史意义上的南迁。

综上所述，可得出如下信息：

1. 此时的"华夏文明"应当是"游牧文明"和"农耕文明"的综合体，即起初的"华夏语"是包含有"游牧经济"和"农耕经济"两种不同的生产生活的影子。

2. 涿鹿之战后，苗人开始向南迁徙，这可以说是今天苗瑶语系向南"发展"或分布的动因及起点。进而，我们又可以推测南岛语系、侗台语系的南移时间。其中，有关南岛语系南扩的时间在贾雷德·戴蒙德的《枪炮、病菌与钢铁》一书中可见一斑，内容如下：

南岛人扩张路线及到达每一地区的大致年代是：

波罗洲、斯里伯斯岛、帝汶岛（公元前2500年左右）；哈尔马赫拉岛（公元前1600年左右）；爪哇岛、苏门答腊（公元前2000年左右）；俾斯麦群岛（公元前1600年左右）；马来半岛、越南（公元前1000年左右）；所罗门群岛（公元前1600年左右）；圣克鲁斯群岛、斐济、汤加、新喀里多尼亚（公元前1200年左右）；土阿莫土群岛、社会群岛（公元元年左右）。

1-3 我们何时开始说话

《语言本能》是我目前比较喜欢的一本书，作者是史蒂芬·平克。他在书的开篇写道：

当你阅读这些文字时，你其实正在做着自然界中最神奇的事情之一。你我所属的这个物种具有一项超凡的能力：我们可以精确地描绘出彼此大脑中的想法与事实。这里所指的并非心灵感应、意念控制或其他令人好奇的边缘科学。即便是根据特异功能支持者的描述，这些所谓的奇能异技与我们每个人都拥有的这一项能力比起来，也不过是小巫见大巫。这种能力就是语言。我们只需张开口，发出一些声响，就可以在彼此头脑间传递准确、可靠的新想法。这种能力显得如此稀松平常，以至于我们很少把它视为奇迹。因此，不妨让我们举几个简单的例子，这样你就能够明白语言的神奇之处了。请在阅读以下文字时充分调动自己的想象，只需要几分钟的时间，你的大脑中自然会产生一些具体明确的想法。

1. 当一只雄章鱼发现雌章鱼时，它原本浅灰色的身体会一下子变得布满斑纹，然后它会游到雌章鱼的头顶，用自己的7只腕足爱抚对方，如果雌章鱼没有表示反感，它就会迅速贴近，并将自己的第8只腕足插入雌章鱼的呼吸管道。一连串的精袋就这样顺着它的腕足缓缓地滑入雌章鱼的体内。

2. 白色西装上沾满了樱桃汁？祭坛台布上洒了葡萄酒？请立即用苏打水擦拭，它能有效去除布料上的污渍。

想想这些文字的神奇魔力吧：我不但让你的头脑中出现了章鱼，还让你了解到了一只全身布满斑纹的章鱼会有怎样的举动，即便你从未见过这种动物。接着，当下一次逛超市时，你可能会从成千上万种商品中挑出一瓶苏打水，你会把它搁在家里一直不用，直到几个月后家里的某件物品不小心沾满污渍，再让它发挥作用。当然，我举的例子能否产生这样的效果，还取决于我们的阅读能力，这使得我们的交流能够打破时空阻隔和亲疏之别，因而显得越发神奇。不过很明显的是，写作能力只是一个"可选配件"，而交流用的语言才是"核心硬件"。

有关人类语言的起源追问，作者亦在书中说道：人类语言就如同大象的鼻子，是自然界中一个非常独特的存在。黑猩猩是人类的近亲，但它们的语言能力远不及婴儿。语言并非产生于"大爆炸"，这只不过是一种错觉，因为我们那些懂一些语言的祖先都已灭绝。

人类语言已经有400万年的进化历程，我们的语言能力是自然选择的结果。任何事物都是一个从简单向复杂的发展过程，无论是生命、文化、科技，乃至我们平时用于交流的语言，一开始都是简单的，只是后来才慢慢变成我们今天这个样子。就像理查德·道金斯在他的《盲眼钟表匠》中说的："如果革命性的进步，不得不依赖'一步到位'而成，那它永远不会发生。而'累积选择'不管它的每一次改进多么微小，都可以用作未来的基础，其'繁衍'的结果将是奇妙的。"

只通过"一次发牌"就能得到飞行的雨燕、游泳的海豚、如炬的鹰眼，这些奇迹发生的概率非常小。你让一只猴子偶然写出"据我看来，两者都有可能"这句话，这需要非常幸运。

所以，今天人类的语言必然经历过一个极其漫长的发展过程。史蒂芬·平克给出的时间大约是700万至500万年前，即人类与黑猩猩分道扬镳之后，我们开始有了"语言"。然后经历了大致35万代的世系繁衍与进化，语言这种能力才成熟到今天这种程度。由此可知，即便现存的其他物种（包括我们最近的亲戚黑猩猩）都没有语言，语言的进化也可以是一个逐步发展的过程。地球上曾经存在过大量拥有"中等"语言能力的生物，只不过它们都已经灭绝了。

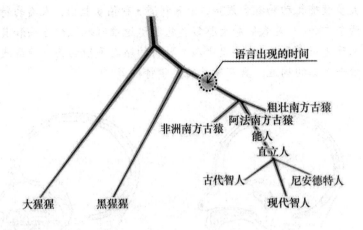

图 1-3-1 语言出现的时间

    人类和黑猩猩分道扬镳之后,彼此间究竟发生了什么变化?目前科学界的共识是一个名为 FOXP2 的基因造就了我们的语言。因此,《人类起源的故事》中有这样一段文字:

    2002 年,帕博及其同事们发现了 FOXP2 基因中的两个突变,而有可能就是这个基因推动了 5 万年前之后人类各种创造性行为的大爆发。在此前的一年,医学界遗传学家们发现,如果 FOXP2 这个基因发生了突变,患者会出现一种蹊跷的症状:他们仍保持着正常的认知能力,但就是无法掌握包括大部分语法在内的复杂的语言能力。帕博他们觉察到,自从黑猩猩和鼠类从它们的共同祖先那里演化出来以后,在超过 1 亿年的演化过程中,FOXP2 所控制的蛋白质几乎没有改变。

    然而,当人类和黑猩猩从他们的共同祖先那里开始分离、各奔前程的时候,这个基因的演化在人类这一支系上突然提速了,其所控制的蛋白质出现了两个变化。通过后续的工作,他们又发现,用人类的 FOXP2 基因改造过的老鼠与正常的老鼠相比并无太大的不同,唯独就是老鼠们吱吱叫的方式出现了很大的差异,这跟人们关于此基因的突变会影响到发声方式的设想非常吻合。然而,FOXP2 的这两个突变跟人类在 5 万年前之后的演变应该没有关系,因为在尼安德特人的身上,我们也发现了同样的突变,帕博他们穷追不舍,终于发现了第三个突变,这个突变是今天几乎所有的现代人都携带的,它可以控制 FOXP2 在何时、在什么细胞里被转变为蛋白质。而在尼安德特人身上则找不到这个突变。

    然而,语言起源的真相到此就水落石出了吗?不,还没有!哈佛大学人类进化生物学教授丹尼尔·利伯曼的《人体的故事》一书还可以为我们补充一点,他说:

大多数哺乳动物都会发声，但菲利浦·利伯曼指出，人类的特别之处表现在两个方面。一是我们的大脑极其擅长迅速准确地控制舌头和其他结构的运动来改变声道形状。二是现代人类独特的短而平坦的面部使得我们的声道有着独一无二的构造，具有有效的声学特征。

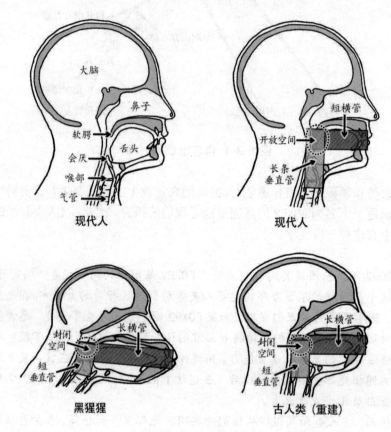

图 1-3-2 口腔对比

其实，语音本质上就是一股加压的气流，与单簧管之类的乐器的簧片发出的声音没有什么不同。你能通过改变吹奏簧片的压力来改变单簧管的音量和音高，同理，你也可以通过改变气流离开气道顶部的音箱（喉部）时的流速和流量，从而改变语音的音量和音高。声波离开喉部时，音质会在气流通过声道时发生明显的改变。这个声道基本上是一个 r 形的管道，从喉部通到嘴唇，你可以通过舌头、嘴唇和下颚的运动，以不同的方式改变声道的形状。通过改变声道的形状，你就能够在气流通过声道时改变其频率和能量。其结果就发出了各种各样的声音。

科学家对黑猩猩和人类进行比较，显示了这种形状的变化。在这两个物种中，声道大体上分为两个管道，舌头后面的垂直部分和舌头上面的水平部分。然而，人类的声道比例不同，因为脸短，所以口腔也短，故而要求舌头短而圆，而不是长而平。因为喉部悬挂在舌底部的一块悬浮的小骨头（舌骨）上，所以人类短而圆的舌头使得喉部在颈部的位置比其他动物都要低得多。因此，人类声道的垂直管道和水平管道一样长，这种构造不同于所有其他的哺乳动物，包括黑猩猩。黑猩猩声道的水平部分至少比垂直部分长一倍。人类声道有一个相关的重要特性：即我们的舌头非常圆，它的运动可以使每一个管道的截面单独变化约 10 倍，比如发出 o 和 e 的音节时。

但美中不足的一点是，人类声道的独特构造也付出了巨大的代价。由于喉部在颈部的位置很低，所以人类失去了管中套管的构造。而是在舌头后面形成了一个大的共振腔隙，食物和空气都会经过这里再分别进入食管和气管。于是，人类在进食时食物偶尔会卡在咽喉的后部堵塞气道。人类是唯一在吞咽不大的东西或不小心时有窒息风险的物种。此时，又再一次验证了我们老祖宗的训诫，"食不言，寝不语"中的"食不言"还是很有道理的。

终于，语言的奥秘到此差不多就要被解开了。我们人类之所以这么能说会道，除了拥有一个软件（FOXP2 基因）外，还有一个进化完美的硬件（口腔），是它们之间的完美组合才让我们如此口若悬河。在此，让我再一次引用史蒂芬·平克之《语言本能》中的分析：

我们可以用多维矩阵的方式来描述每一个音节。第一步，确定这个语音的主要发音器官：喉头、软腭、舌面、舌尖、舌根、双唇。第二步，确定这个发音器官的运动方式：摩擦，闭塞、通畅。第三步，确定其发音器官的配合方式：软腭是否张开（鼻音还是非鼻音）、喉头是否振动（浊音还是清音）、舌根是否紧张（紧音还是松音）、双唇是否撮起（圆音还是非圆音）。每一种方式的配合都是针对发音肌肉所下达的一组指令符号，这一符号被称之为"特征"。只有分秒不差地执行这些指令，我们的嘴里才会蹦出一个个音素。我们每一个人都必须掌握这一套高难度的"体操运动"。（如图 1-3-3）

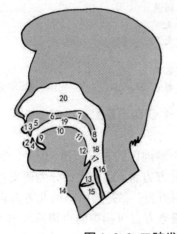

1. 上唇　　　2. 下唇　　　3. 上齿

4. 下齿　　　5. 上齿龈　　6. 硬腭

7. 软腭　　　8. 小舌

9. 舌端（其尖端为舌尖）　10. 舌前部

11. 舌后部　12. 舌根　　13. 声道

14. 喉头　　15. 气管　　16. 食道

17. 喉软骨　18. 咽腔　　19. 口腔

20. 鼻腔

图 1-3-3 口腔发音器官示意图

在英语中，这些组合方式一共形成了 40 个音素，略高于世界平均水平。其他语言有的少到只有 11 个音素（波利尼西亚语），有的多达 141 个音素（克瓦桑语或布须曼族语）。人类语言音素总量达数千个，但它们都可以用上述 6 个发音器官及其部位形状与运动方式来解释。（注：在我们的汉语普通话中，除去调值不计，共有 415 个音）

1-4 汉语的语系归属

在旧石器晚期，华南、华中的历史文化是新石器时代的汉藏、南岛和南亚语系文化的共同源头。砾石文化在黄河、长江流域发展为汉藏文化体系，到新石器中期已成为多种多样的文化。它是我们今天所知的汉、藏缅、侗台和苗瑶文化的源头。其分支关系可表示为：

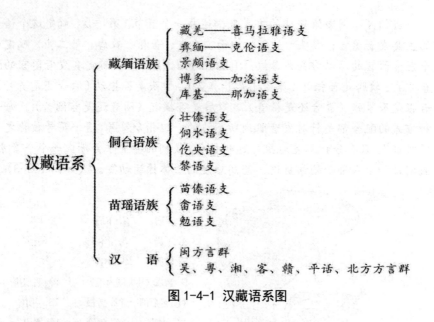

图 1-4-1 汉藏语系图

现代汉语诸方言的源头是黄河下游地区的古汉藏语。但是，今天汉语的诸方言所承的祖方言却是西晋时的北方方言。后来大致分为两支：一是东晋时南下的北方方言，今为闽方言的祖方言。二是隋唐时的北方方言，它是今其他诸方言的祖方言。因为吴湘客赣粤方言可构拟的声调系统与《切韵》系统有对应的关系，而闽方言的声母系统则没有。

藏缅语的源头应是黄河中下游的仰韶文化,因为马家窑文化的来源是仰韶文化。从考古看,到夏代之时,四川、云南和西藏就已分布着大墩子—礼州文化及卡诺文化,三者(羌藏文化)有明显的传承关系。大约到了商晚期,黄河上游的寺洼文化南下到岷江上游,其岷江上游河谷地区的建山寨类型文化的风格和甘青马家窑文化相近。可见在夏商时代从黄河上游南下的文化,应是"早期的藏缅文化"。

侗台语的最初分布应在长江下游地区。早在六七千年前,分布于长江下游地区的河姆渡文化和马家浜文化当是其最初的范围。

原始苗瑶语的史前分布当在长江中游地区。有关苗瑶先民的记载,最早见于南北朝范晔的《后汉书》。武陵郡之称始于西汉初年,是今天的湘西地区。战国、两汉时期的湘西北和湘中的文化应与更早期洞庭湖区文化有渊源关系,是汉代苗瑶文化的主要源头。

(注:此节内容摘自吴安其《汉藏语同源研究》之"汉藏诸语的文化源头和支系"一章。)

第二章

语音象征主义

何为语音象征主义
宫商角徵羽之谜
五声的启示

2-1 何为语音象征主义

周末，楼下突然传来两个人的争吵声，听上去像是一对夫妇。很奇怪，他们具体说些什么，我一句也没听懂，但凭高分贝音量，就足以证明他们是在吵架。这就是我们的语言，语言的信息不只存在于由字词构成的句子中，它往往也隐藏在说话者的音调、音色里。这种现象就可以说是语音象征主义的一部分，虽然它还很不到位。

那么，语音象征主义究竟该如何理解？

它是隐藏在我们发音器官结构中的一个语音和语义相对应的奇特现象，因发音器官（鼻、喉、牙、舌、齿、唇等）的前后、上下、高低等大小不同的空间变化而产生的一些语音和语义上的对应。详细解释则为：

舌部运动与元音之间形成的紧密联系导致了一个颇为奇特的现象，这种现象出现在包括英语在内的许多语言之中，即"语音象征主义"（phonetic symbolism）。当舌头较高，且位置靠前时，形成的是一个空间较小的共振腔，它放大的都是高频率的音。由此一来，以这种方式产生的元音（例如[ee]和[i]）常常让人们联想到微末之事。与此相对的是，当舌头较低，且位置靠后时，形成的则是一个空间较大的共振腔，它放大的都是低频率的音，由此产生的元音（例如"father"中的[a]以及"core""cot"中的[o]）常常让人们联想到庞然大物。因此在英文中，老鼠被叫作"mice"，它体型很小（teeny），声音尖细（squeak）；而大象则被称为"elephant"，它体型庞大（humongous），声音洪亮（roar）。又比如，音箱上的高音扬声器（tweeter）的口径总是比低音扬声器（woofer）的口径小。此外，以英语为母语的人能够准确地猜出汉语里的"轻"（qīng）字代表重量小，"重"（zhòng）字代表重量大（在针对大量外语单词的对照研究中，被试的准确率高于随机猜测，尽管不是特别明显）。我曾经向我身边一位计算机达人请教过"frob"一词的意思，她生动形象地给我上了一堂"黑客英语"辅导课：假设你为自己的立体音响添置了一台新的图示均衡器，首先，你会漫无目的地上下移动控制按钮，以测听这台设备的一般效果，这就是"frobbing"（调着玩）。然后，你会通过适度地移动旋钮，找出自己喜欢的音段，这就是"twiddling"（扭转）。最后你会做出更为细微的调整，以获得最完美的音质，这就是"tweaking"（微调）。根据这段解释，"ob""id"和"eak"的发音恰好符合语音象征主义的大小规则。（注：此段摘于《语言本能》第五章"语音的奥秘"）

简单来说，即舌面抬高且向前推进，共振腔变窄，于是发出高频的声音之 ei、i 这类的元音，所以这类的声音便会被用来形容细小一类的东西。反之，舌头压低（有如舌根后拉），嘴巴张大，此时的共振腔也变大，发出低频的声音如 a、o 之类的元音，从而与 a、o 相关的语音就被定位成了"大"的概念。这就是语音象征主义。

接下来，就让我们去汉语中寻找一下它的身影，以期见证语音象征主义在我们语言中的使用情况：

1．大、小
普通话念：dà、xiǎo
粤语近似念：dǎi、xiú
广信吴语本地腔近似念：dǎo、suī
广信赣语麻山腔近似念：hài、xì
我简单列举了几个汉语方言的发音，不难发现，它们相对于自己所在的那一组中，其韵母中的元音都是遵守语音象征主义的。即 a 象征大，i 象征小，或者说发 a 音时的共振腔比发 i 音的共振腔要大，发 ai 音时的共振腔要比发 iu 音时的共振腔大。以此类推，剩余两组皆是如此。
[注：为求更好的对比，我会引用一些方言。但在资料不足的情况下则仅列举我自己的家乡方言（江西省上饶市广信区）。老家方言杂处，所以在标注方言属性时就会比较繁琐多字。同时像吴、闽、赣、湘、客、粤等这样的大分类，其内部也不尽统一，因此，命名时也往往加有小地名作辅助。]

2．前、后
普通话念：qián、hòu
粤语近似念：qín、hào
闽语近似念：zuí、ǎo
赣语（鄱阳）近似念：qián、hǒu
湘语（凤凰）近似念：qiě、hé
吴语（苏州）近似念：séi、hěi
客家（兴宁）近似念：qián、hiù
与"大小"相比，"前后"组中的元音 i 已从"细小"之意变成了"前后"之"前"的意思。之所以如此，是因为与"前"字相对应的"后"字的元音 o 的确是在后面。"后"的位置大致处于舌根、喉部的范围，"前"的元音 ei、i 则大致位于舌面、舌尖和牙齿之间，靠近嘴巴前面，所以发出的声音自然就被赋予了"前面"的意思。不但如此，其声母也在默默地遵守这一项"万有引力"般的规则，如吴语苏州话的"前、后"发音，它们的韵母是一样的，为了区分前与后，就只能用声母了。

3. 高、矮

普通话念：gāo、ǎi

粤语近似念：gōu、ngái

广信吴语本地腔近似念：gāo、ngái

广信赣语麻山腔近似念：gǎo、ngāi

有没有发现这组元音的对比还是挺特别的，两者基本上都含有一个大口张嘴的元音a，唯一不同的是粤语的"高"字韵母不含a。但也正是这个差别才把高、矮的本质给区分。即"高"字必须是用一个"大口张嘴"且还是"圆唇"的o来表达，似乎唯有"大口张嘴"且还是"圆唇"的o才能把"高"给包容。反之，"矮"则没有这个必要，虽然也含一个大口张嘴的a，但其收尾，嘴巴只需张开"i"点就行了。

4. 上、下

普通话念：shàng、xià

粤语近似念：suéng、há

广信吴语本地腔近似念：sán、há

广信赣语麻山腔近似念：sàng、hǎ

前面，我们已经谈到了a、o、ei、i四个元音，它们的位置均大致处于喉咙与口腔的部位。然而，除去口腔与喉咙，我们还有鼻腔，鼻腔的位置在喉咙与口腔的上方。那么，天生就这样"高人一等"的它，在语音象征主义的法则中，它在语音定义上是否真就"高高在上"呢？它的确做到了。不管"下"怎么大声喊（a），怎么不服，"上"的地位就是不被撼动。它仍可以趾高气扬地站在那里，然后哼的一声说：我承天命，汝之奈何。君不见，无论是前鼻音an，还是后鼻音ang，均属"上等"子民。而你不管是大口元音a，还是配上舌尖齿音i，只能属于"下人"。

此外，在我们今天的汉语普通话中还有好多这样的例子，比如：胖瘦、粗细、宽窄、深浅、缓急、慢快、牙咬齿吃等，在此就不一一列举了。

前面四例，足以见证语音象征主义的神奇，因为它很方便地解释了我们汉语音中某些字词的音位缘由。之所以这么说，是很多事情的起因往往不止一个。而在众多的起因当中，值得我们关注的当然是那个最主要的原因。又或者说，当我们准备在他人面前讲故事时，如何选一个浅显易懂且又有趣的故事就显得尤为重要，既不占用太多的时间，同时也把想说的话给表达了。比如《汉语言的起源》（作者徐山，四川人民出版社）第六节《虚词》之"指示代词"中就有这样的"故事"内容，现转摘如下：

指示代词指称人或事物。按照所指称的人或事物和自己的距离的近远关系,可分为近指和远指。近指的指示代词在现代汉语里为"这",远指的指示代词则为"那"。

　　在原始汉语中,表示指示代词的语音原型为喉牙音音位的ɦa。婴儿在未习得母语之前,当看到某物体时,或者因好奇心想占有时,则会一边用手指一边发出"啊、啊"声。这种"啊"声在性质上仍属感叹声,表示惊奇或想占有的欲望。而原始的指示代词则源于这种"啊"声,即用此声来指代说话者身边的人或事物。此外,聋哑人在指身边之物,表示某种含义时亦发出"啊、啊"声。

　　原始的指示代词的面貌可从吴方言中窥见一斑。在表示"这个"的意义时,苏州话用"该个""格个"或"哀个"。从声母角度看,"该个"的"该"为见母,"格个"的"格"为群母,"哀个"的"哀"为影母,三者均为原始的匣母的变体,其中"格个"的"格"当为"该个"的"该"的元音高化的结果。

　　用喉牙音音位表示"这个"的还有:温州话的"□个(kikai)",长沙话的"□个(koko)"或"□个(keiko)",南昌话的"□个(kɔkɔ)",粤方言的阳江的"果个(kɔkɔ)"。

　　从上述诸形态中,可以重构出表示"这个"义的原始形态为类似于"啊",其声母为匣母,后来为群母的g(如苏州话),声母浊音清化后则为见母的k。另外,为了强调某物,原始的"啊"声呈叠音的形态。其演变途径为:

　　啊(单音节)>"啊啊"(叠音)>kaka

　　后因元音高化,则呈现出声母为见母而元音处于高化的不同层次的方言变体。当然在写法上,方言中表"这个"义的叠音词的第二个音节写作"个"。

　　在表示"那个"意义时,苏州话用"归个""外个",其中"归个"的"归"为见母,"外个"的"外"为影母。而其他方言点的情况则有:温州话的"□个(hikai)",南昌话的"□个(hɛko)",梅县话的"□个(kɛkɛ)",广州话的"□个(kɔkɔ)",潮州话的"□个(niakai)"。

　　方言中近指代词和远指代词在语音上略有不同。比如苏州话,远指代词较之近指代词多了个u介音。在起源时,近指和远指的事物,是在人的视觉范围以内的,说话人边用手指事物边说"啊啊"声,因而原始的近指和远指的语音是相同的。今日方言中仍用喉牙音音位表示近指代词和远指代词,则保留了早期相同而后两者略呈变化以示区别的演变痕迹。

　　通过部分方言的发音对比,可以总结出方言中近指代词和远指代词在语音上略有不同。比如苏州话,远指代词较之近指代词多了个u介音。但是,作者却又补充说:"在起源时,近指和远指的事物,是在人的视觉范围以内的,说话人边用手指事物边说'啊啊'声,因而原始的近指和远指的语音是相同的。"在我看来,这补充显然是错的,如果近指和远指的语音是相同的,那近指与远指的区别又在哪呢？可以说，以上只是徐山讲的"故事"。但要是从语音象征主义来看，其"故事"就会变成另一个样子。即：

"这个"和"那个"的部分方言对比：

温州话：kikai（这个）、hikai（那个）；

南昌话：kɔkɔ（这个）、hɛko（那个）；

粤语：kɔkɔ（这个），kɔkɔ（那个）。

对比之下，你会发现温州、南昌话的"这"和"那"的发音在口腔位置上是有前后对应关系的。以徐世荣编的《汉语拼音字母发音示意图解》一书为据，其声母 k 和 h 虽然都是舌根阻音，但前者属于塞音（送气），后者属于擦音（清音），如图：

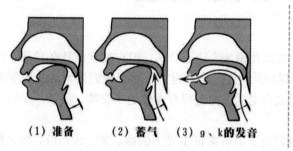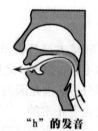

(1) 准备　　(2) 蓄气　　(3) g、k 的发音　　　　"h"的发音

图 2-1-1 声母 g、k、h 的口型图

从它们各自的"示意图解"中就可以看出 g 是有蓄气的，而 h 却没有。正是这个区别，才让它们的前后位置有了区别。g 在蓄气时，其舌根部位顶向腭面，所以这个位置就很自然地成为了 g 的位置，但 h 的情况一股气直冲口外，其位置自然也就比 g 更靠前了。

再看南昌话中的元音 ɔ 和 ɛ，很明显就是一个"喉/ɔ"部位置发音和"腭/ɛ"部位置发音，孰前孰后？孰远孰近？孰这孰那？一目了然。

最后是粤语的"这个"和"那个"，两个音都念 kɔkɔ。看到这，我替作者感到"冤枉"，这肯定是那个"被采集者"设的"陷阱"。因为粤语除了 kɔkɔ，还有另一个 nikɔ。通常来说，kɔkɔ 表示那个，nikɔ 表示这个。但粤语的"kɔkɔ/那个"和"nikɔ/这个"还真是有点让人头晕，因为两者的读音和定义有时是可以互换的。

从语音象征主义来看，nikɔ 中的 ni 与 kɔkɔ 中的 kɔ 相比，ni 更向前。所以，按理来说"那个"就应该是 nikɔ，"这个"则应该是 kɔkɔ。但粤语为什么会如此混淆"这"和"那"？思索良久，最后的答案仍然是语音象征主义，只不过这回不是"前后关系"，而是"大小关系"。即由语音象征主义中的"大/ɔ"和"小/i"转到空间概念中的"大/远——那"和"小/近

——这"，让我们想象一下，在一个固定大小的角度范围内，离圆心越近，其面积自然就越小，反之离圆心越远，面积也就越大。所以，《诗经·小雅·大东》中的"小东大东"一句，其解释就是西周时代以镐京为中心，统称东方各诸侯国为东国，以远近分，近者为小东，远者为大东。

2-2 宫商角徵羽之迷

相信大家都认识"宫商角徵羽"这五个字，但它究竟是什么意思，很多人却不是很清楚。之所以如此，首先是因为它不属于我们柴米油盐酱醋茶的一部分，其次是因为它太古老了，古老得有点像地下文物。所以，我们不了解它也是正常的。

前面，我们已经谈到处于语音象征主义下的喉、牙、舌、齿、唇、鼻之间的关系效应。这种关系效应其实可分为两组，一组是"前后关系组"，即喉、牙、舌、齿、唇，对应的是 o a e ei i ü，例字说明如：后（o）、这（e）、前（i）、远（ü）；另一组是"上下关系组"，或称之为"宏细关系组"，即鼻与喉、牙、舌、齿、唇，对应的是 ng o a e ei i ü，例字说明如：宏（ng）、博（o）、大（a）、微（ei）、细（i）、虚（ü）。

有关这两组语音特征，我们祖先其实早在商周时期就已经有了一个大概的认识。之所以这么说，原因是早在周朝时期，我们就已经有了"宫商角徵羽"五声说，可惜后人对"宫商角徵羽"却没有一个统一而明确的认识。在李开所著的《汉语语言研究史》中的第三节"魏晋南北朝，中国古代语言学以语音研究为主线发展的准备时期"之"佛教文化和四声"中有引南朝沈约的《答甄公论》书，说：

"经史典籍，唯有五声，而无四声。然则四声之用，何伤五声也。五声者，宫商角徵羽，上下相应，则乐声和矣；君臣民事物，五者相得，则国家治矣。作五言诗者，善用四声，则讽咏而流靡；能达八体，则陆离而华洁。明各有所施，不相妨废。"

转换成白话来讲，我的理解是：
在传统的经史典籍中，我们只看到"五声说"，而没有看到"四声说"。

但从当下对"四声说"之"平上去入"的描述和运用来看，我觉得它与传统的"五声说"是没有冲突的。传统的"五声说"是"宫商角徵羽"，是运用于谱写乐曲的，通过它来预先编曲而使将来乐曲在演奏时能上下贯之、调转和谐，从而更加好听；亦好比"君臣民事物"这五样东西，若能做到一应俱全，且又各司其职，则这个国家就算是治理成功。同样的道理，像我们这些作五言诗的人，若能熟练地运用"平上去入"四声，那你的诗肯定不错；要是还通晓八种不同的书写字体，那就更是了不起了。所以知道它们彼此间的不同用处，你就会发现原来"宫商角徵羽"和"平上去入"是不冲突的。

但作者却认为"宫商角徵羽"五声是汉字的五个声调。也不知道他是出于什么样的依据，还认定文中的"宫商角徵羽"和"君臣民事物"含有音位调值上的对应，而不仅仅是因骈文的格式需要。即便《礼记·乐记》中有说："宫为君、商为臣、角为民、徵为事，羽为物"，也只能证明它们之间很可能是谐音关系，而非后世所认为的相同调值关系。当然，作者之所以有这样的结论，也是因为他所找到的观点基本上是支持"五声"即5个调值。对于这一点，我表示不从。

接下来就让我们重新去认识一下"宫商角徵羽"五声究竟是什么。

目前的一个共识是"宫商角徵羽"仅为中国传统音乐中的五声音阶名称。普通话读音为：gōng shāng jué zhǐ yǔ，类似现在简谱中的1（do）、2（re）、3（mi）、5（sol）、6（la）。正如《周礼·春官·大司乐》载："凡乐，圜钟为宫、黄钟为角、大蔟为徵、姑洗为羽。"可见"宫商角徵羽"的确与音乐有关。然而《礼记·乐记》所说："宫为君、商为臣、角为民、徵为事，羽为物。"这则记载给我们的提示是，这五组对应的字很可能是《礼记》时代的人用他们的今音字之"君臣民事物"去给古谱字之"宫商角徵羽"所作的注，好让他们那个时代的学子去更好地理解古籍。从这两则记载看，"宫商角徵羽"的确是5个音阶，但却不是后世所说的5个汉字声调。之所以这么肯定，恰恰也是我们当代人给它做的"新注"。让我们试着模仿《礼记·乐记》的编写格式来重新做个编写，即"宫为do、商为re、角为mi、徵为sol，羽为la"，但遗憾的是，这样简单粗暴的对应是不成立的。

现在，重新回到开头说的语音象征主义下的两组关系：一组是"前后关系组"，即喉、牙、舌、齿、唇；另一组是"上下关系组"或"宏细关系组"，即鼻与喉、牙、舌、齿、唇。而当代乐谱中的七音阶"1（do）、2（re）、3（mi）、4（fa）、5（sol）、6（la）、7（ti）"是归属于"前后关系组"的（注：其中"7"在中国读为"si/稀"，与之相比，个人觉得"ti"的发音更合理，因为它比"si/稀"的发音更靠前。）；而"宫、商、角、徵、羽"则属于"宏细关系组"。打一个不是很恰当的比喻，"1、2、3、4、5、6、7"所处的是在同一个面，而"宫、商、角、徵、羽"所处的却是一个三维立体空间。因为宫、商与角、徵、羽分属于两个不同的维度，前两者是上层的鼻腔音,后三者是从喉咙到嘴巴的下层口腔音,这是它们本质上的区别。

若稍加分析,则发现"前后关系组"中的"1、2、3、4、5、6、7"又是包含有"前后"与"大小"两种关系。如图 2-2-1。

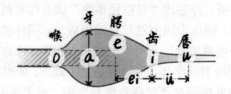

图 2-2-1 元音的口腔空间比例示意图

注:个人觉得"o"音的范围是从"喉部"一直通到"口部"的,所以在"前后关系组"下,"o"才后于"a",而在"大小关系组"下,"o"则又小于"a"。

因此,我们可以得出"1、2、3"是"前后关系";"4、5"是"大小关系";"5、6、7"则又回到了"前后关系"。反观"宏细关系组"中的"宫、商、角、徵、羽"则不在此体系,但却同样可以分出两个关系组,一是两个宏音本身的"大小关系",即"宫"与"商";一是三个细音的"前后关系",即"角、徵、羽"。

现在,还让我们试着学一下《周礼·春官·大司乐》的记载,便可这样扩充其说为:

大钟、大鼓(皮鼓)的声音可归为"宫/ong";小钟、小鼓(皮鼓)、大铜鼓的声音可归为"商/ang";小铜鼓、铜锣的声音可归为"丹/an";喇叭、镲钹的声音可归为"啊/a";笛的声音可归为"衣/i";芦笙或竽的声音可归为"羽/ü"等。

如此列举,足见"宫商角徵羽"是为音质上的"宏细关系"分类与排序。然而,这种分类排序又是出于什么原因?答案或许可在 1978 年 5 月由考古工作者在湖北省随州市发掘的曾侯乙墓中找到。该墓埋藏于地下 2400 多年,分为西、北、中、东 4 个椁室,呈不规则多边形,总面积达 220 平方米,共出土了 15 000 件文物。其中有世界上最大最重的青铜编钟、编磬、琴、瑟、排箫、篪等乐器,着实为一个规模庞大的交响乐团。想想,一方诸侯尚且如此,那身为天子的周王又该拥有一个怎样的规模?如《诗径·周颂·有瞽》的描述:

有瞽有瞽,在周之庭。设业设虡,崇牙树羽。
应田县鼓,鞉磬柷圉。既备乃奏,箫管备举。

喤喤厥声，肃雍和鸣，先祖是听。我客戾止，永观厥成。

若翻译成白话，大致意思就是：

排列成行的盲人乐师，已经聚集在周庙的前庭。钟架、鼓架都已经摆放好，五彩的羽毛也都装点上，乐器有大鼓、小鼓、鞉、磬、柷、圉等，当这一切都准备就绪，随即，演奏便开始了。首先是箫管乐器的齐鸣，后来是所有乐器的共同合奏。整场奏乐，声音是那么的洪亮，但同时给人感觉既肃穆又悠扬，因为这是献给我们祖先的音乐。今天，凡是到场的宾客，在听完之后，无不表示钦佩与赞扬。

图 2-2-2 编钟演奏场景

所以说，在各大小王室及诸侯都有演奏交响乐以供祭祖、娱神、悦己的需求下，乐师对各种乐器"音质"的认识就显得很必要。而将不同的音色进行分类，再用一些名词来将它们命名，这正是理论建设的前提。不然，先秦时期的乐师们怎么能编排出一首好听的"交响曲"呢？这就好比后世的格律诗一样，你得先识别哪些字是平声，哪些字是仄声，然后你才能在"平平仄仄平平仄，仄仄平平仄仄平"的格律（乐谱）要求下写出一首好的、合格的诗。

2-3 五声的启示

一直以来，我们对古音的构拟都建立在上古的谐音系统、《诗经》的用韵以及当时的假借字等文献之上。此外，很少运用其他方法。

然而，"宫、商、角、徵、羽"却指引我们走向另一条路。比如，《周礼·春官·大司乐》就有明确说"宫"是圜钟发出的声音，"角"是黄钟发出的声音，"徵"和"羽"则分别是大蔟和姑洗所发出的声音。今天古人虽已不在，但圜钟、黄钟等乐器还是可以复制出来，所以两千四五百年前的"宫"与"角"的读音应该也可以重现。

首先，今天的我们对钟声的印象应该不会陌生，所以上古的"宫"字音与我们今天的"宫"字音应该差不多，至少钟声可以告诉我们这点。注意，这里的钟声是指古寺名刹里的钟声，而非闹钟铃声或手机铃声。其次，五声之中的"角"在今天的普通话中念 jué，但是《周礼》说了，"角"是黄钟发出的声响。此外还有《通典·乐典》载："蚩尤氏帅魑魅与黄帝战于涿鹿，帝令吹角，作龙吟以御之。"可见，"角"字的发声也有可能类似于"号啕"之声，宛如熊虎之咆哮，不然，黄帝怎么用它去震慑蚩尤呢！反之，黄帝要是在自己的阵营中发出类似于"喵喵喵""叽叽叽"似的号角声，那在声音气势上就等于告诉蚩尤说我很小，如同猫鼠之辈。所以，我们可以肯定上古的五声之"角"，其读音绝对不会是"jué"，反倒是赣语万年话的gāo、吴语苏州话的gòu、又或者是江西安远客家话的gōu 等方言音比较接近。因为，它们都比普通话更靠近"钟/号角"的发音。

此外，我们还可以从《诗经》中的用韵找到它是"号角"之声，如：

《国风·周南·麟之趾》中的"麟之角，振振公族，于嗟麟兮"，其韵脚是"角""族"；

根据"族"字的提示，进而引出《国风·魏风·汾沮洳》中的"彼汾一曲，言采其藚。彼其之子，美如玉。美如玉，殊异乎公族"，其韵脚是"曲""藚""玉""族"；

根据"玉"字的提示，进而又引出《国风·召南·野有死麕》中的"林有朴樕，野有死鹿。白茅纯束，有女如玉"，其韵脚是"鹿""玉"；

根据"鹿"字的提示，最后引出《小雅·鹿鸣之什·鹿鸣》"呦呦鹿鸣，食野之苹"，其"呦""鹿"两字。

（注："呦""鹿"两字在《诗经》时代很可能是谐音字，因为很多动物的名称往往就是模仿其鸣叫而得来。）

即从某种程度上讲，"角""族""鹿""玉""曲""薁""呦"这组字在《诗经》时代是谐音押韵的。但是，考虑到"薁"字有点过于生辟，所以没有把它放到方言采集中来。原因有二，一是找不到，一是文读严重。

接下来，就只需罗列和构拟出各字的方言发音，便可以大致找出它们在诗经时代是哪个韵。在"汉语方言发音字典网"就分别有闽南话、广州话、潮州话、客家话、上海话、苏州话、围头话、无锡话和南京话等方言。其中闽南话、潮州话属闽语；广州话、围头话属粤语；上海话、苏州话、无锡话、南京话属吴语；客家话单属一系。为尽可能准确又方便普通读者（笔者仅为业余爱好者）阅读，所以在为每个字标音时会先引网站的标音，然后再以"近似念"的方式去尽可能地用普通话的拼音模式拼写一次。其目的有二：一是为让普通读者看懂；一是为语音树形图做准备。

1. 角

普通话：jiǎo、jué；

闽南话：[gak7]，近似念：gā（短音）；

广州话：[gok3]、[luk6]，近似念：gāo（短音）、lòu（短音）；

围头话：[gok2]，近似念：gué-o（短音）；

潮州话：[gak4]，近似念：gǎ（短音）；

客家话：[gok5]，近似念：gǎ（短音）；

上海话：[koq]，近似念：gōu（短音）；

苏州话：[koh43]，近似念：gāo（短音）；

无锡话：[ciah4]、[koh4]，近似念：jiā（短音）、gōu（短音）；

南京话：[jo5]、[go5]、[lu5]，近似念：jiù（短音）、gòu（短音）、lù（短音）。

（注：这个"角"字的围头话发音，个人觉得自己所给出的近似音不太准确。）

综上可得"角"字的方言发音有：jue、giu、jiu、jia、jiao、ga、gao、gou、lou、lu。要是再加上一些别的方言或自拟音，则可得出如下树形图：

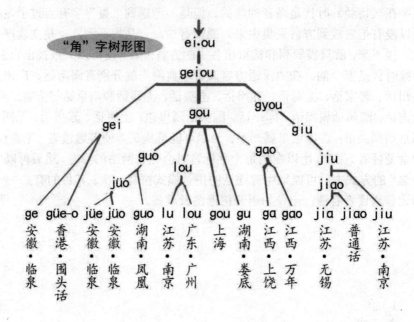

"角"字树形图

ei·ou
ge iou
gei / gou / gyou
        / giu
guo / lou / gao / jiu
        / jüo / jiao

ge	güe·o	jüe	jüo	guo	lu	lou	gou	gu	ga	gao	jia	jiao	jiu
安徽·临泉	香港·围头话	安徽·临泉	安徽·临泉	湖南·凤凰	江苏·南京	广东·广州	上海	湖南·娄底	江西·上饶	江西·万年	江苏·无锡	普通话	江苏·南京

2. 族

普通话：zú；

闽南话：[zok8]，近似念：zòu（短音）；

广州话：[zuk6]，近似念：zòu（短音）；

围头话：[zuk6]，近似念：jiǔ（短音）；

潮州话：[zog8]，近似念：zòu（短音）；

客家话：[cuk6]，近似念：cù（短音）；

上海话：[dzop]，近似念：záo（短音）；

苏州话：[zoh23]，近似念：ráo（短音）；

无锡话：[dzoh23]，近似念：záo（短音）；

南京话：[zu5]，近似念：zù（短音）。

（注：这个"族"字的围头话发音，个人觉得自己所给出的近似音很不准确。）

综上可得"族"字的方言发音有：jiu、rɑo、zɑo、zou、zu、cu。要是再加上一些别的方言或自拟音，则可得出如下树形图：

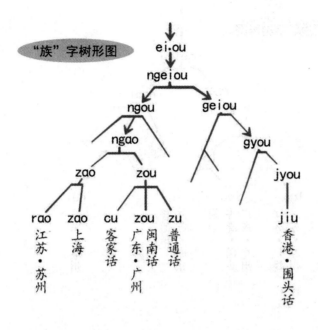

"族"字树形图

3. 鹿

普通话：lù

闽南话：[lok8]，近似念：lòu（短音）；

广州话：[luk6]，近似念：lòu（短音）；

围头话：[luk6]，近似念：lòu（短音）；

潮州话：[dêg4]，近似念：dèi（短音）；

客家话：[luk6]，近似念：lòu（短音）；

上海话：[lop]，近似念：láo（短音）；

苏州话：[loh23]，近似念：láo（短音）；

无锡话：[loh23]，近似念：láo（短音）；

南京话：[lu5]，近似念：lù（短音）。

综上可得"鹿"字的方言发音有：lao、dei、lou、lu。要是再加上一些别的方言或自拟音，则可得出如下树形图：

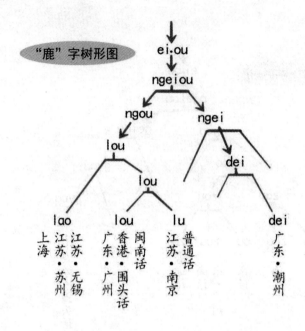

"鹿"字树形图

4. 玉

普通话：yù

闽南话：[ngiak8]、[ngiok8]，近似念：yēi（短音），yōu（音偏 yao）

潮州话：[ghêg8]，近似念：yēi（短音）

广州话：[juk6]，近似念：yǒu（短音，音偏 yao）

围头话：[yuk6]，近似念：ú-yǒu（音偏úyǎo）

客家话：[ngiuk6]，近似念：ngiū（短音）

上海话：[gnioq]，近似念：nióu（短音，音偏 niáo）

苏州话：[nyioh23]，近似念：niáo（短音）

无锡话：[nioh23]，近似念：nióu（短音，韵偏 o）

南京话：[ü4]、[ü5]，近似念：yū、yū（短音）

（注：其中的闽南话 ngier 音的韵母"ie"不是目前汉语拼音中"ie/耶"，它更接近单韵母"e"，所以+r 以示区别。正如在"百度百科"中搜"汉语拼音字母与国际音标对照表"时所找到的说法："汉语拼音中的元音在'严式音标'中，e 的音位变体就有 4 种：

（1）用[ɤ]：单韵母 e；

（2）用[ə]：en, un(wen), eng, ueng(weng)；

（3）用[e]：ei, ui(wei)；

（4）用[ɛ]：ie(ye), üe(yue)"。

若依"百度百科"的观点，则又完全可以拼写为 ngiɤ，可是在"巴士英语网"中，一个名为"IPA 国际音标表（转自约克大学）"的网页却告诉我ɤ音不是我们所熟悉的'ɑ、o、e'之"e"，因为它已经偏向"u"了。）

综上可得"玉"字的方言发音有：yu、niou、ngiu、niɑo、ü-you、you、yei，再加上我老家的广信吴语本地腔的 nüá 和赣语麻山腔的 nū（短音），则共有 10 个方言音，据此可得如下树形图：

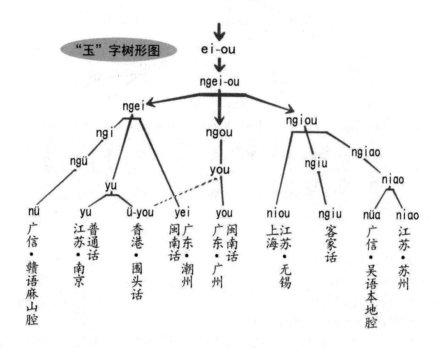

5. 曲

普通话：qǔ；

闽南话：[kiak7]、[kiok7]，近似念：kièr（短音）、kiòu（短音）

广州话：[guk1]、[kuk1]，近似念：kiòu（短音）、kōu（短音）；

围头话：[kuk2]，近似念：kóu（短音）；

潮州话：[kêg4]、[kiog4]，近似念：kèi（短音）、kiòu（短音）；

客家话：[kiuk5]，近似念：kiǔ（短音）；

上海话：[chiop]，近似念：qūō（短音）；

苏州话：[chioh43]，近似念：qūā（短音）；

无锡话：[chioh4]，近似念：qiāo（短音）；

南京话：[qū5]，近似念：qù（短音）。

（注：闽南话中的 kier 音韵母 ier 同之前"玉"韵 ier 是一回事，在此不作赘述。）

综上可得"曲"字的方言发音有：kier、kei、kou、kiou、kiu、qiao、qüa、qüo、qu。要是再加上一些别的方言或自拟音，则可得出如下树形图：

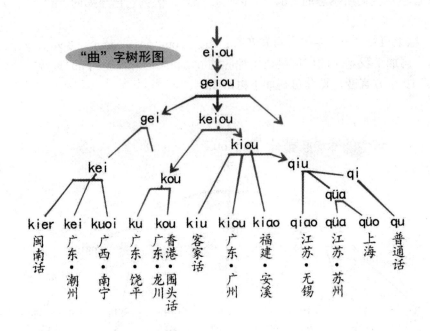

6．呦

普通话：yōu；

闽南话：[iu1]，念：iū；

广州话：[jau1]，近似念：yāo；

围头话：暂时没录此字，故以其声符"幼"为例，发音是：[yäu1]，近似念：yáo；

潮州话：[iu1]，念：iū；

客家话：暂时没录此字，故以其声符"幼"为例，发音是：[yiu4]，近似念：iū；

上海话：[ioe]，近似念：yèr。这个音同前面闽南话的"玉"字韵 ier 是一回事，在此不作赘述；

苏州话：[ieu44]，近似念：yèr。与闽南话的"玉"字韵 ier 是一回事；

无锡话：暂时没录此字，故以其声符"幼"为例，发音是：[ieu44]，近似念：yèr。与闽南话"玉"字韵 ier 是一回事；

南京话：[iou1]，近似念：yòu。

综上可得"呦"字的方言发音有：yer、yɑo、you、iu。要是再加上一些别的方言或自拟音，则可得出如下树形图：

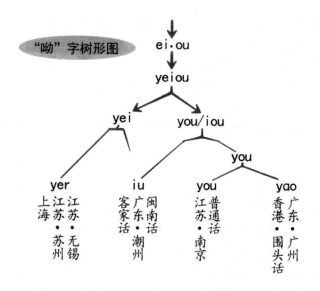

"呦"字树形图

现在，"角""族""鹿""玉""曲""薧""呦"七个字的各种发音已基本收集完毕，接下来把它们放在一起，就可以看到它们的共同"声韵"所在。这个共同的"声韵"是不是我们预想的那个"号角"之声？是的。只不过这回已经明确到"o"这个"号角"之声。如图：

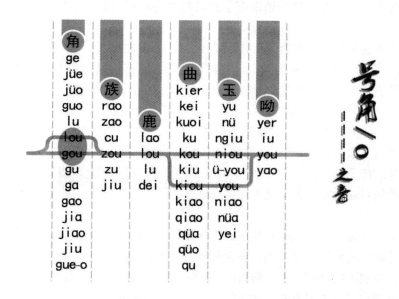

《礼记·乐记》说"宫为君、商为臣、角为民、徵为事、羽为物"，在我看来，这或许仅是一个读音上的对照。在穷究古今音区别之前，我想先谈一个有关古人对音阶的认识及音阶划分水平的问题。目前的考古资料显示，中国的音乐起源可以追溯到距今8000多年以前的河南舞阳贾湖遗址，考古

工作者在该遗址中发掘出了 25 件骨笛。骨笛均用丹顶鹤的尺骨制作而成，可分为 5 孔笛、6 孔笛、7 孔笛和 8 孔笛。中国音乐研究所的专家对贾湖骨笛进行了多次测音试验，骨笛的演奏方式为竖着斜吹。中央民族乐团的笛子演奏家竟用 8000 多年前的贾湖骨笛演奏了乐曲，这穿越时空的天籁之音，令音乐专家和考古学家兴奋不已。

对于骨笛的音阶问题，专家们对贾湖 253 号墓出土的一支 8 孔骨笛做过测音，其结果是：

其发音自然音序是 #2 #4 5 #6 7 1 2 3，1 等于 #D，即 1 2 3 #4 5 6 7 1。八孔骨笛不仅能吹奏出七声音阶，而且还能吹奏出变化音。用不同的音作主音，并将它的八度关系进行调整，可以排列出三种完整的七声音阶，此外它还可以排列出多种不同调高的六声音阶和五声音阶。这支 8 孔骨笛已可以根据演奏者对音乐的需要进行调整。

（注：有关骨笛的介绍均摘自中国国家博物馆编的《文物史前史》，详解请阅第十一章"野性之美"之"天籁之音与神秘之舞"）

由此可见，我们的祖先早在 8000 多年前就对音乐有了相当高的认识水平。等再过了一个 4000 多年，来到了周朝，我们是否有信心去相信此时的周人对音乐的认识与造诣有了更高的水平？而他们用来标注音阶或音位的"宫商角徵羽"五声是否精准合理？打个比方说，让你在一条长 10 米的线上排放 6 个人，你会怎么排？是 1、2、4、5、9、10 无序地排放，还是 0、2、4、6、8、10 平均间距地排放？相信大家都会选择后面的排列，因为这样更合理、更有意义。所以，五声音阶或音位的划分也应该是这样。

但是，从目前的普通话读音来看，它显然是不合理的。让我们来这样分析，"宫"取元音 o、"商"取元音 a、"角"取元音 ü、"徵"取元音 i、"羽"取元音 ü，然后套用我们的音位之"前后关系组"去看，其结果显示是这样子的：喉（o）、牙（a）、唇（ü）、齿（ei）、唇（ü），所以，五声的普通话发音肯定是不对的。

现在，让我们再去方言中看一看有没有更合理的发音排序。为求有个更好的"视觉"对比效果，我会把各方言的音频文件通过 adobe audition 软件生成可视化的"声波频谱图"，然后统一来作对比。当然，方言语音资料则取自"汉语方言发音字典"网站。详情如下：

1. 普通话
"五声"的拼音是：gōng　shāng　jué　zhǐ　yǔ，其声波频谱图如下：

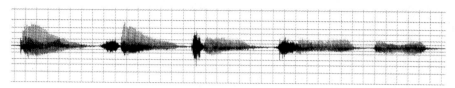

图 2-3-1 普通话之"宫、商、角、徵、羽"声波频谱图

2. 闽南话

闽南话的概念范围很大，在此不作讨论。当下仅依据"汉语方言发音字典"网站的资料来作对比，其语音拼写为："宫 ging1/giong1、商 siong1、角 gak7、徵 di3/ding1/zing1、羽 u3"。

出于"五声"本质是对不同乐器声响音质的分类排序，所以仅取其中的"宫 giong1、商 siong1、角 gak7、徵 di3、羽 u3"五个音作对比。其声波频谱图为：

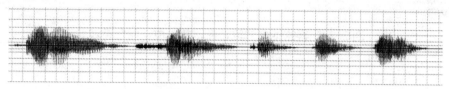

图 2-3-2 闽南话之"宫、商、角、徵、羽"声波频谱图

3. 围头话

围头话是香港新界以及深圳原居民的方言，属粤语莞宝片。其语音拼写为："宫 gung1、商 söng1、角 gok2、徵 zäng1、羽 yü1"。它的声波频谱图为：

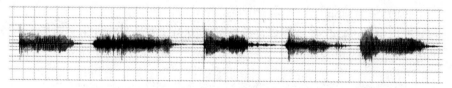

图 2-3-3 围头话之"宫、商、角、徵、羽"声波频谱图

4. 上海话

上海话属于吴语太湖片之苏沪嘉小片。其语音拼写为："宫 kon、商 saon、角 koq、徵 tzen/tzy、羽 yu"。

很遗憾，它在"汉语方言发音字典"网站竟然没给自己标上调值。同样出于"五声"本质是对不同乐器声响音质的分类排序，所以仅取其中的"宫 kon、商 saon、角 koq、徵 tzy、羽 yu"五个音作对比。其声波频谱图如下：

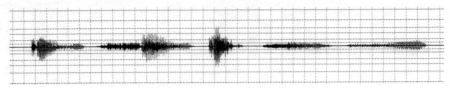

图 2-3-4 上海话之"宫、商、角、徵、羽"声波频谱图

5. 客家话

客家话的概念范围同样很大，在此不作讨论。其语音拼写为："宫
giung1、商 song1、角 gok5、徵 zin1、羽 yi3"。声波频谱图如下：

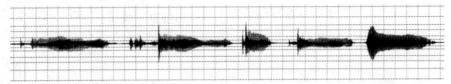

图 2-3-5 客家话之"宫、商、角、徵、羽"声波频谱图

6. 自拟音

在以上对比中，我们发现闽南话的发音是最理想的。这与吴安其著的《汉
藏语同源研究》之闽语的祖方言乃是东晋时南下的北方方言，而今汉语其他
诸方言的祖方言则是隋唐时的北方方言观点相符。但是，目前这个闽南话的
"五声"发音仍不是最理想的，因为最理想的发音完全可以是这样：

（1）宫为gong

五声中的"宫"音是最容易确定的，因为《周礼·春官·大司乐》中说
"宫"是圜钟的声音；

（2）商为sang

五声中的"商"音也较为容易确定，因为《周礼·春官·大司乐》中说
它是黄钟的声音。虽然不知圜钟与黄钟究竟长得怎样，但可以肯定都是宏音
（ng）。

（3）角为gou

如《通典·乐典》载："蚩尤氏帅魑魅与黄帝战于涿鹿，帝令吹角，作
龙吟以御之。"因此，"角"即为号角声，其音可为"gou"；

50

（4）徵为 zei（短音）

"徵"字在目前普通话中有"zhēng"和"zhǐ"两个音。对于这种现象，清代古音学家孔广森提出一个"阴阳对转"理论，他说入声是"阴阳互转的枢纽"，并且举"之"部为例，说"之"为平声字，转为上声"止"，再转为去声"志"，再转为入声"职"，由入声"职"再转为阳声字"证""拯""蒸"。可见入声字是"阴阳对转"的关键字。但是这里却有一个错误，即孔文森的"阴阳对转"理论似一条直线，就像世人把达尔文的"进化论"误解成直线一样，而实际情况应该更接近"树形"。如图：

图 2-3-6 左：错误的进化之梯；右：正确的进化之树

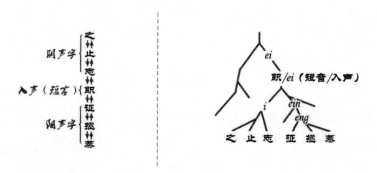

图 2-3-7 左：错误的阴阳对转；右：正确的进化之树

（5）羽为 ngi

拟作此音，原因有二：一、今天的普通话念 yǔ，但在众多声母为 y 的普通话字中，好多地方方言对应的声母却是 ng；二、ngi 与 yu 的发音十分相近。

所以，自拟音的声波频谱图结果就是：

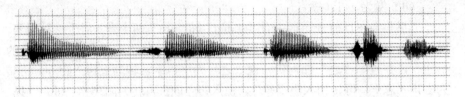

图 2-3-8 自拟音之"宫、商、角、徵、羽"声波频谱图

　　以上便是"五声"对汉字古音考的尝试性启示。即通过众方言的发音对比，然后根据该"字/词"的属性来进行判断，尤其是语音象征主义的运用，必要时，还可通过声波频谱图来加以佐证。

　　最后，让我们回顾下这一章的"语音"之旅。我们从"语音象征主义"走到音位的"前后关系组"和"宏细关系组"，接着又从"宏细关系组"走到五声"宫商角徵羽"，又因"宫商角徵羽"走到了"声波频谱图"。这是一连串不羁的尝试，各处虽不精细，但大致方向应该可以。

　　如不嫌弃，在接下来的章节中，就让我们正式开启"汉语音中的史前记忆"之旅吧！

第三章

人的称谓

3-1 自我意识

　　清晨，当你睡眼惺忪地拿起一杯咖啡，然后贴近你的唇边，这时记得向自己提个问题：你怎么知道拿起杯子的人就是你自己？为什么你并不认为这只手不是你的，而是另一个人的？

　　这个问题并不像乍看之下那么荒唐。喝咖啡这个简单动作有几个要件，你不仅必须具有伸手、取杯子并举到你口边的实际操作能力，还必须能够察觉到一个从头到尾指导、监督这套动作的"自我"。要想好好喝咖啡，你就必须有一种感觉，一种层次很深的感受：感知你和周遭世界是彼此独立、分隔的，而且喝这杯咖啡的"你"，是个一以贯之、统合的整体，并没有分裂、分割的情况。这让你产生了"自我"知觉。其实这也表示，只要仔细思索，你就能明白一个惊人的现象：世上真的存有你称为"你"的人。

　　以上文字摘于三联书店出版的一本名为《重返人类演化的现场》的图书。对我们大多数人来讲，这一切多半时候似乎都很平淡无奇。你会说："我就是我本人，不然还可能是什么？"虽然我们如此平常地看待我们这种指认"自我"的本领，但实际上却比我们想象的更加难能可贵。很多人没有像医生那样方便、有条件地接触类似于"视动感觉异处症"的病人，一种会把自己肢体视为他物的病症。这种感觉的确很难理解，但每个人都有做梦的经历，在梦中，我们有时候就会被分成两个"我"，一个是可以被自己看见的"有躯体的我"，梦中的画面就像平时所看的电视或电影那样，故事中的主人就等同坐在沙发上的我；另一个是看不见的我，即梦中的画面是以第一视角呈现的，而能"看见"的仅是梦中不同情绪的感受。这或许可以说明"我"是可以分裂的，一个是可以被看见的"有躯体的我"；另一个则是看不见的，即"自我意识"本身。

　　很多年前，我做过一个这样的梦：

　　我来到一个山寨，寨子里看上去似乎非常热闹，但没过多久，便感觉有些不对劲，因为这里的热闹不是热闹，而是骚动。只见一群半衣半裸的土著居民二话不说就过来抓我，我就这样被反绑着双手带到了一个类似法场的地方。当来到法场中央的一个木桩时，押我的那两个人便用力将我踢跪了下去，紧接着就是把我的头给死死地摁在木桩上面。这是要砍头的前奏，（注意，就在这紧要危急的时刻，"我"跳出了自己的躯体，转而改以"局外人的视野"看着接下来将要发生的事情/画面。）于是，只见"躯体的我"在那儿怒目圆睁且不停地怒吼，直至醒来。

　　然而就在我醒来的那一刻，映入眼帘的东西同样把我吓了一跳。那是一条胶凳，胶凳上面放着一件外套。在朦胧中，它看上去就好像是一个斜耷着脑袋、身体侧趴在凳子上的人。现在我明白了，之前的梦境原来是我在即将醒来的潜意识下，它的影像通过我微眍的双眼进入脑海后所产生的联想。如图：

梦中画面　　　　　　　　现实画面

图 3-1-1 梦中意象与现实刺激的关系

　　这种结构的梦，在一个名叫蒋捷的南宋词人身上也发生过，为此他还作了一首名叫《燕归梁·凤莲》的词。该词原文是：

> 我梦唐宫春昼迟，正舞到、曳裾时。
> 翠云队仗绛霞衣，慢腾腾，手双垂。
> 忽然急鼓催将起，似彩凤、乱惊飞。
> 梦回不见万琼妃，见荷花，被风吹。

这词的大致意思应该是：

　　作者在自家后花园里，在靠近荷花池边的凉亭上午休，于不知不觉中进入一个美丽的梦乡，梦中他来到一场唐王宫的舞会，这舞会在他进来的时候刚好进行到"曳裾"这个动作。那些衣着华丽，个个好比来自天上的霞衣仙女们此时正排列得整整齐齐，舞态悠悠情慢慢，两臂招招袖下垂。突然，一阵急促的鼓声响起，使得眼前正在跳着《霓裳羽衣舞》的嫔妃们个个惊慌失措，像七彩凤凰一样到处乱飞。就这样，他被惊醒了，醒来的时候看见的是池塘里的荷花正被风儿用力地吹。

　　词人蒋捷因"在风中摇曳的荷花"而做起了一个唐宫舞会的梦，进而又因为"荷花在风中摇曳"的影子而惊醒，醒时的画面正好定格在荷花被风吹动之中，即"梦回不见万琼妃，见荷花，被风吹"。真没想到，我的梦结构与他的梦结构是一样的。当然，这不是本篇所要讨论的问题，本篇所要阐明的核心是"我"的分裂，即"躯体的我"和"意识的我"。

所以说，这种指认"自我"的本领在自然界的确是极端罕见的，因此，作者在书中继续举例引证道：

心理学家戈登·盖洛普（Gordon Gallup）在20世纪七八十年代完成的系列实验证实了这点。

盖洛普思索，除了我们之外的其他灵长类动物是否（起码在某些层面）也是有自我意识的。他设计出一个巧妙的实验，直探问题根源。他把几种灵长类动物麻醉，其中包括红毛猩猩、猴子、黑猩猩和大猩猩，接着在它们的额头上安一个不带气味、清晰可见的标志。等它们醒来，他就把每只动物分别放在镜子前面。如果它看到镜中头上的标志会碰触或抚摸真正的标志，而不是伸手碰触镜中那个影像标志，那么就能认定，它们了解自己眼中的自己只是个反射影像，而不是另一只不相干的动物。换句话说，从某个角度来看，它们就是具有自我意识的。

猴子没通过测试。红毛猩猩试了一会儿，通过了。黑猩猩从未失败。大猩猩却让人惊讶，多数都没通过。（不过有些科学家提出不同看法，认为这可能是其他因素使然，并不是猿猴欠缺自觉意识所致。）

能把自己的身体影像当成自己的身体，这样我们才能拥有独特的自我意识且每天开心地过日子。这就表示，你和张三、李四、牛儿、马儿、蜜蜂或蝴蝶都不一样，你并非不带意识地到处观看，因为你的内心会明确给出分类，并立马回答说："你说的这些和我根本就是两回事，张三和李四是他，且李四还是一个她，是女人；而牛马蜜蜂蝴蝶则是它，是动物昆虫……"

3-2 人称代词——我、你、他

引《汉语言的起源》（作者徐山，四川人民出版社），书中如下说道：

1. 第一人称代词

第一人称代词有"吾、我、余、予"等写法。其语音均属于喉牙音音位。"吾、我"的上古音为疑母，"余、予"的上古音为喻母中的喻四。从声母的产生过程中可知，喻母是喉音、舌根音舌面化的结果，所以第一人称代词的原型为"nga"。

"nga"声在婴儿牙牙学语之前发出的自然声音中最为常见。这样的"nga"声，在最初意义上属于表示情感语义的感叹声。由于喉牙音音位建立得最早，原始人张口即可发出"nga"声。所以，第一人称代词为"nga"声，正是人类最初的声音和声音发出者自己相联系的结果。

古汉语中第一人称代词还有"卬"。《诗·邶风·匏有苦叶》："人涉卬否，卬须我友。"卬，上古音疑母阳部，即 ngang，其语音为原型"nga"的变体形式。还有"台"字。《尚书·汤誓》：

"非台小子，敢行称乱。"台，上古音为喻四，其语音为"余、予"元音高化后的变体形式。

2. 第二人称代词

第二人称代词有"女、汝、若、尔、乃、而"等写法。其原型为舌音音位的"na"。"na"的语义类型的核心语义表示成年女性，追溯其源，当从"ma（妈妈义）"中分化而出。换言之，第二人称代词的声音源于婴儿呼唤母亲的声音。这样，第一人称代词和第二人称代词，其语音皆来自婴儿自己的发音，所表现出来的我你关系的原始含义，为婴儿自己和母亲的二元对立关系。

3. 第三人称代词

第一人称代词和第二人称代词出现在口语中时，我你双方均在场。而第三人称代词则是指口语中我你双方以外的某个人，此人并不在现场，或离开现场有一定距离。

第三人称代词来源于指示代词中的远指代词，语音原型为喉牙音音位的"ga"。书写形式有"其"等。《战国策·楚策》："郑袖曰：其似恶闻君主之臭也。"当中的"其"为第三人称代词，指楚王的新人。今日的方言中还保留了第三人称代词的早期形态的痕迹，如：温州的"其"，梅县的"佢"，而厦门、福州的"伊"亦属喉牙音音位，当是"其"的变体。

在前面的章节中，我有说过这种对语言之语音的分析解读其实也是"故事"，不同的人当然有着各自不同版本的"故事"。既然是故事，那就没有绝对的对与错，转而是以动听与不动听来衡量其价值。这种动听与不动听就好比是一个基因的突变，这个突变基因在族群中有没有传播扩大的可能，完全取决于它能不能为自己的寄主带来生存繁衍的优势。比如一个基因的突变，使得这个生命体拥有了眼睛，那这个生命体就比其他没有眼睛的生命体更有生存和繁衍的优势，因此，这个眼睛的突变基因就会被扩散。然而，因这种利基而实现自身扩散和发展的基因突变是很多的，不然，我们这个世界的生命就不会如此多元，所以，语音的起源和发展也不会是单一的一条线。而对于"人称代词'我、你、他'"的语音畅想，我的故事则是利用今天各方言的发音去找它们的语音象征之起源。

当然，我们首先必须知道古人的一个大致发音情况，比如从《诗经》的角度出发，上古时的"我、你、他"大致是如此情况：

《周南·葛覃》："薄污我私，薄澣我衣。害澣害否？归宁父母。"
《召南·江有汜》："江有汜，之子归，不我以。不我以，其后也悔。"
《邶风·柏舟》："我心匪石，不可转也。我心匪席，不可卷也。威仪棣棣，不可选也。"
《邶风·匏有苦叶》："招招舟子，人涉卬否。人涉卬否，卬须我友。"
《邶风·谷风》："行道迟迟，中心有违。不远伊迩，薄送我畿……有洸有溃，既诒我肄。不念昔者，伊余来塈。"
《邶风·北门》："王事适我，政事一埤益我。我入自外，室人交徧谪我。已焉哉！天实为之，谓之何哉！"
《王风·扬之水》："扬之水，不流束薪。彼其之子，不与我戍申。怀哉怀哉，曷月予还归哉？"
《郑风·萚兮》："彼狡童兮，不与我言兮。维子之故，使我不能餐兮。"
《小雅·何人斯》："二人从行，谁为此祸？胡逝我梁，不入唁我？始者不如今，云不我可。"
《小雅·蓼莪》："父兮生我，母兮鞠我。抚我畜我，长我育我，顾我复我，出入腹我。欲报之德。昊天罔极！"
《小雅·四月》："四月维夏，六月徂署。先祖匪人，胡宁忍予？"
《小雅·谷风》："习习谷风，维风及雨。将恐将惧，维予与女。将安将乐，女转弃予。"
《郑风·褰裳》："子惠思我，褰裳涉溱。子不我思，岂无他人？狂童之狂也且！"
《鄘风·柏舟》："泛彼柏舟，在彼中河。髧彼两髦，实维我仪。之死矢靡它。母也天只！不谅人只！"
《郑风·扬之水》："扬之水，不流束楚。终鲜兄弟，维予与女。无信人之言，人实诳女。"

《小雅·小明》："嗟尔君子，无恒安处。靖共尔位，正直是与。神之听之，式穀以女。"

《郑风·萚兮》："萚兮萚兮，风其吹女。叔兮伯兮，倡予和女。"

《小雅·天保》："天保定尔，亦孔之固。俾尔单厚，何福不除？俾尔多益，以莫不庶。"

《郑风·丰》："子之丰兮，俟我乎巷兮，悔予不送兮。"

《小雅·頍弁》："有頍者弁，实维伊何？尔酒既旨，尔殽既嘉。岂伊异人？兄弟匪他。"

《小雅·渐渐之石》："有豕白蹢，烝涉波矣。月离于毕，俾滂沱矣。武人东征，不皇他矣。"

《陈风·墓门》："墓门有梅，有鸮萃止。夫也不良，歌以讯之。讯予不顾，颠倒思予。"

《小雅·采菽》："赤芾在股，邪幅在下。彼交匪纾，天子所予。"

《陈风·防有鹊巢》："防有鹊巢，邛有旨苕。谁侜予美？心焉忉忉。"

《豳风·鸱鸮》："鸱鸮鸱鸮，既取我子，无毁我室。恩斯勤斯，鬻子之闵斯。迨天之未阴雨，彻彼桑土，绸缪牖户。今女下民，或敢侮予？予手拮据，予所捋荼。予所蓄租，予口卒瘏，曰予未有室家。予羽谯谯，予尾翛翛，予室翘翘。风雨所漂摇，予维音哓哓！"

《豳风·破斧》："既破我斧，又缺我斨。周公东征，四国是皇。哀我人斯，亦孔之将。"

《小雅·正月》："终其永怀，又窘阴雨。其车既载，乃弃尔辅。载输尔载，将伯助予！"

《小雅·小旻》："不敢暴虎，不敢冯河。人知其一，莫知其他。战战兢兢，如临深渊，如履薄冰。"

综上观之，可知《诗经》中的第一人称有"我、卬、余、予"四种写法；第二人称则是"女"；第三人称有"他、它"两种。在此需特别提出的是第三人称"他"在《汉语发展史研究》（作者：李光杰、高晓梅、崔秀兰。黑龙江大学出版社）中却被如此介绍：

上古时期没有真正的第三人称代词，而是借用"之""彼""其""夫"等指示代词表示。"之""彼""其""夫"不仅可以指人，也可以指事，是指示代词，并且没有做主语的，所以不是真正的第三人称代词。南北朝时，"其"已经成为真正的第三人称代词，此外还有"伊"和"渠"。现代汉语第三人称代词"他"是从上古汉语指示代词"他"发展而来的，唐以后"他"才真正发展为第三人称代词，有先行词，所指称对象有定而且明显。

从《诗经》中对"我、你、他"的不同写法来看，这似乎证明当时已存在"汉语"方言的多样性，如下表格：

人称代词	别称/通假	"风、雅、颂"使用情况
我	我	邶风、周南、召南、郑风、鄘风、豳风、王风、小雅
	卬	邶风
	予	邶风
	余	郑风、陈风、豳风、王风、小雅
你	女	郑风、豳风、小雅
他	他	郑风、小雅
	它	鄘风

（注意，此列表肯定不是"《诗经》时代"的全貌。）

就目前来看，《诗经》是我国古代诗歌开端，是最早的一部诗歌总集，它收集的是西周初年至春秋中叶的诗歌，时间范围大致在公元前 11 世纪至前 6 世纪。因此，在近 6 个世纪的时间里，语音的演变是必然的。简单来说，一地多音或许是纵向的时间长河所导致，而多地一音或许就是横向的地理空间在同一个时间段里的表现。让我们暂且不考虑这两种情况的综合相互影响，因为那将是一个非常复杂的语音演变过程。

接下来，就让我们简单地从《诗经》的用韵情况去看，可得出如下韵脚：

在《小雅》中，"我"与"祸、可"押韵；

在《陈风》中，"予"与"止、之"押韵；

在《小雅》中，"予"与"雨、辅、下、女、暑"押韵；

在《郑风》中，"女（你）"与"楚"押韵；

在《小雅》中，"女（你）"与"处、与、雨、予"押韵；

在《小雅》中，"他"与"河、波、沱、何、嘉"押韵；

在《鄘风》中，"它"与"河、仪"押韵。

按照今天的眼光来看，《小雅》与《陈风》《郑风》《鄘风》的不同或可说成是官话与方言的不同，因为《小雅》同《大雅》《周颂》是周王室的庙堂诗歌，《王风》是京师地区的民歌，所以他们可以代表"《诗经》时代"的官话，反之其他国风则算是方言。现在，就让我们通过今天的汉语方言来分析一下《小雅》中的韵脚，去大致了解一下"《诗经》时代"的读音。

第一人称代词——我

"我"字在今天各方言中的发音情况，具体如下：

普通话：wǒ

闽南话：[ngo3]、[ngua3]，近似念：ngóu、nguā

潮州话：[ua2]，近似念：wà

广州话：[ngo5]，近似念：ngóu

围头话：[ngo1]，近似念：ngáo

客家话：[ngai2]，近似念：ngāi

上海话：[ngu]，近似念：ngóu（韵偏u）

苏州话：[ngou231]，近似念：ngóu

无锡话：[ngou232]，近似念：ngóu

南京话：[o3]，近似念：ōu

综上可得"我"字的方言发音有：wo、ngou、ngua、wa、ngao、ngai、ou。据此则可得出如下树形图：

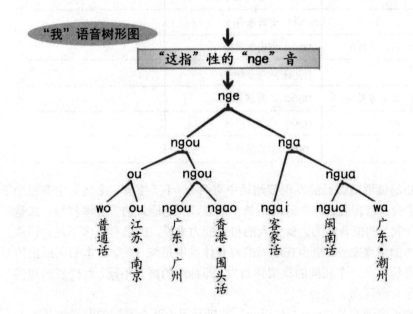

"我"语音树形图

注："我"字音在目前方言中的实际情况比这要复杂得多，通过下面这个表可以让你粗略了解。

"单音"我	"复音-1"我	"复音-2"我
	ngāi 广东梅州等	
ngè 陕西西安等	ngái 广东韶关、江西遂川等	
	ngài 江西石城等	
	ngā 江西上饶等	
á 江西上饶等	wā 福建泉州、江西上饶等	
	wà 广东潮州、湛江等	
ú 浙江东阳等	wō 新疆焉耆、江苏台州等	nguō 湖南邵阳等
	wǒ 普通话	nguǒ 江西九江等
	wò 甘肃金昌等	nguò 湖南衡阳、凤凰等
	ngóu̯ 上海	
	ngóu 江西抚州等	
ǒu 湖北恩施等	ngǒu 江西吉安等	
	góu 广东茂名等	
	nōu 青海东部等	
ǎn 河南许昌等	ngán 湖南常德等	
	hǎng 江西泰和等	
ào 江苏苏州等	ngáo 江西都昌等	
	ngáo 广东广州等	
	nāo 江苏苏州等	

　　细心的读者应该已经发现苏州话中有两个"我"字音，上饶话中有三个"我"字音，怎么会这样？原因不外乎两点，一是地方的方言多样性；二是采集者（我）的拟音能力。就个人的拟音能力来说，的确有很多不足，但从宏观整体的角度来看，至少在本书的拟音体系中是统一的，即本书所拟出的方言发音统一在一个相同的框架体系内，即标注的拼音不同，所代表的现实读音肯定有所区别。

　　在此需强调的是"nge"与"ng"的确是属于两个不同的发音，从字面上看，"nge"可归类为"舌根腭鼻音"，"ng"则是鼻音。但在本书中，当"ng"用作"声母"时则代表"nge"，用作韵母时才是鼻音"ng"，其目的仅是为了让我自己构拟出来的拼音看上去更加简洁一点。而这个"nge"音其实就是陕西话中的"我"字音，如电影《秋菊打官司》中的例句："我就是要个说法！（ngè zōusi yāoge shefa！）"，和《有话好好说》中的

"安红，我想你！（nganhóng，ngè xiàng nì）"。

现在，我终于可以这样对你说了："瞧，这就是方言中的'我'字音情况，它的语音结构肯定不是一棵树，而更像是一张网。"语音树形图是理想状态下的纵向衍生结构，而网状则是各方言在同一时空下的相互横向影响。

接下来，让我们去查看一下与第一人称"我"字相押韵的"祸""可"两字，它们的方言发音情况是：

祸
普通话：huò
闽南话：[e4]，近似念：ēi
潮州话：[hua6]，近似念：huá
广州话：[wo5]，近似念：wó
围头话：[wo6]，近似念：wào
客家话：[fo4]，近似念：fōu
上海话：[wu]，近似念：óu
苏州话：[ghou231]，近似念：hóu
无锡话：[ghou213]，近似念：ǒu
南京话：[ho4]，近似念：hōu

可
普通话：kě、kè
闽南话：[kiak7]、[ko3]、[kua3]，近似念：kì/kiè（短音）、kōu、kào
潮州话：[ko2]、[kiog4]，近似念：kào、kiāo
广州话：[ho2]，近似念：hóu
围头话：[ho2]，近似念：háo
客家话：[ko3]，近似念：kóu
上海话：[khu]，近似念：kòu
苏州话：[khou51]，近似念：kòu
无锡话：[khou323]，近似念：kǒu
南京话：[ko3]，近似念：kǒu

综上可得"祸"字的方言发音有：huo、ei、hua、wo、wao、fou、ou、hou；"可"字的方言发音有：ke、ki/kie、kou、kao、kiao、hou、hao。据此，终于可以做出如下对比，如图：

字	方言读音
我	ngai、ngao、ou、ngou、wo、ngua、wa、
祸	ei、wao、fou、ou、hou、huo、wo、hua、
可	ke、ki/kie、kiao、kao、kou、hou、hao、

《诗经》中的韵值范围：　ao　　　　ou

从这张图表中可得知，"我"字音在《诗经》里应该是一个 ngao、ngou、ou 的音值范围。然而在《"我"字语音树形图》中，其本源却追溯到"nge"这个音。但不管怎么说，现在终归有了一个大致的结果，即"我"字音在汉语的上上古时期（或说是初始阶段）可能是 nge，等到了先秦上古时期即分为两支，一支是西、北方向的 ngou，一支是东、南方向 nga。如把这三个读音做一个声位上的对比，则发现：

nge 音在口腔中是偏后的、是偏"无韵"的；
ngou 音在口腔中是偏后的、是声韵俱全的；
nga 音在口腔中的偏后特征已削弱，但声韵俱全。

"无韵"音或代表着该音的原始，反之声韵俱全的音则是后来诞生，其原因有二：一是在语音有限而语义不断丰富的压力下所进行的"去声别义式"之发展演变（注：去声别义本即传统意义上的破读，即通过声调改变词性或词义，是汉语的一大特点，我在这是比喻语音的发展演变）；二是人类对自己的发声器官之喉、牙、唇、齿、舌、鼻等的运用越来越熟练。但刚才提到的声位"偏后"又该怎么解释呢？这个不急，先让我们去看一下"你"字音情况再说。

第二人称代词——你（女）

在《小雅》中，"女（你）"与"处、与、雨、予"押韵。现在就让我们依次看一下它们在今天汉语方言中的发音，具体情况如下：

1. 你
普通话：nǐ
闽南话：[li3]，近似念：lī
潮州话：[le2]，近似念：lè

广州话：[nei5]，近似念：néi

围头话：[ni1]，近似念：ní

客家话：[li3]，近似念：lī

上海话：[nhij]，近似念：nī

苏州话：[ni44]、[nyi231]，近似念：rī、rní（声母 r 偏 n）

无锡话：[ni232]，近似念：ní

南京话：[li3]，近似念：lī

（注：汉语方言发音字典网中的上海话的"你"居然念 nī，这显然是文读，因为它们的口语是念 nóng。此外，还有好些其他方言也念这个音。）

综上可得"你"字的方言发音有：li、le、nei、ni、rni、ri。要是再加上一些别的方言或自拟音，则可得出如下树形图：

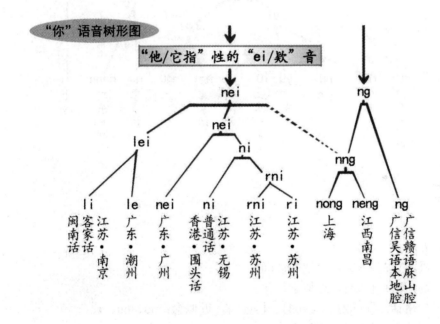

2. 女

普通话：nǚ

闽南话：[ly3]，近似念：lū

潮州话：[neng2]，近似念：néng

广州话：[neoi5]、[neoi6]、[jyu5]，近似念：nuí、nuǐ、yú

围头话：[nü1]，近似念：nú

客家话：[ngi3]、[ng3]，近似念：ngī、ng（平声）

上海话：[gniu]、[zyu]，近似念：ngú、sí

苏州话：[nyi231]，近似念：rní（声母 r 偏 n）

无锡话：[niu232]，近似念：nú
南京话：[lü3]、[lü4]，近似念：lǔ、lū

综上可得"女"字的方言发音有：nū、lu、neng、nui、yu、ngi、ng、ngü、si、rni 、lü。要是再加上一些别的方言或自拟音，则可得出如下树形图：

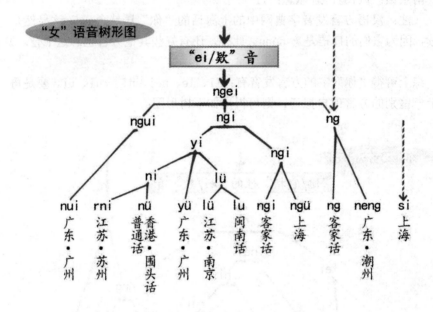

"女"语音树形图

3. 处

普通话：chǔ、chù
闽南话：[cy3]，近似念：cù
潮州话：[cu3]，近似念：cǔ
广州话：[cyu2]、[cyu3]、[syu3]，近似念：qú、qū、xū
围头话：[cü1]，近似念：qú
客家话：[cu4]，近似念：cū
上海话：[tsyu]，近似念：cì
苏州话：[tshyu51]，近似念：sè
无锡话：[chyu323]、[chyu323]，近似念：cǐ、cí
南京话：[chu3]、[chu4]，近似念：chǔ、chū

综上可得"处"字的方言发音有：chu、cu 、qü、xü、ci、se。要是再加上一些别的方言或自拟音，则可得出下文树形图：

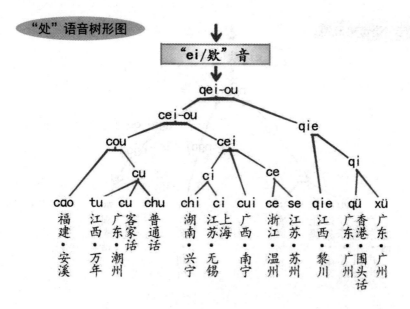

"处"语音树形图

"ei/欸"音

qei-ou

cei-ou

qie

cou

cei

qi

cu

ci

ce

cao
福建·安溪

tu
江西·万年

cu
广东·潮州

chu
普通话

chi
湖南·兴宁

ci
江苏·无锡

cui
广西·南宁

ce
浙江·温州

se
江苏·苏州

qie
江西·黎川

qü
香港·围头话

xü
广东·广州

广东·广州

4. 与

普通话：yǔ、yù

闽南话：[y3]、[y5]，近似念：wū，wǔ

潮州话：[e2]，近似念：ài

广州话：[jyu4]、[jyu5]、[jyu6]，近似念：yǔ、yú、yū

围头话：[yü1]，近似念：yú

客家话：[yi1]，近似念：yí

上海话：[yu]，近似念：yú

苏州话：[iu51]，近似念：yù

无锡话：[yu232]，近似念：yú

南京话：[u2]、[u3]、[u4]，近似念：yú、yū、yū

综上可得"与"字的方言发音有：yū、wu、yi、ai。要是再加上一些别的方言或自拟音，则可得出下文树形图：

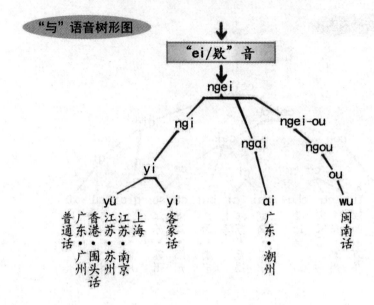

"与"语音树形图

"ei/欸" 音

ngei

ngi   ngai   ngei-ou
                             ngou

yi   ou

yü   yi   ai   wu

普通话 | 广东·香港·广州·围头话 | 江苏·苏州 | 江苏·南京 | 上海 | 客家话 | 广东·潮州 | 闽南话

5. 雨

普通话：yǔ

闽南话：[ho4]、[u3]，近似念：hóu, wù

潮州话：[hou6]、[u2]，近似念：hóu, wù

广州话：[jyu5]、[jyu6]，近似念：yú、yū

围头话：[yü1]，近似念：yú

客家话：[yi3]，近似念：yī

上海话：[yu]，近似念：yú

苏州话：[yu231]，近似念：yú

无锡话：[yu232]，近似念：yú

南京话：[u3]、[u4]，近似念：yū、yū

综上可得"雨"字的方言发音有：yü、hou、wu、yi。要是再加上一些别的方言或自拟音，则可得出下文树形图：

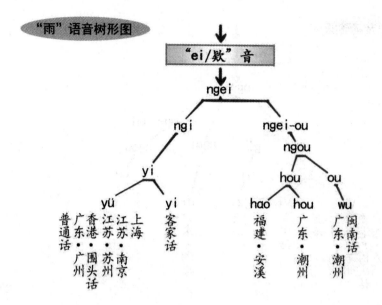

"雨"语音树形图

6. 予

普通话：yǔ

闽南话：[y3]，近似念：wū

潮州话：[e2]，近似念：ài

广州话：[jyu4]、[jyu5]，近似念：yǔ、yú

围头话：[yü1]，近似念：yú

客家话：[yi1]，近似念：yí

上海话：[dzyu]、[yu]，近似念：zí、yú

苏州话：[yu223]，近似念：yú

无锡话：[yu232]，近似念：yú

南京话：[u2]、[u3]，近似念：yú、yū

　　综上可得"予"字的方言发音有：yü、wu、ɑi、yi、zi。要是再加上一些别的方言或自拟音，则可得出下文树形图：

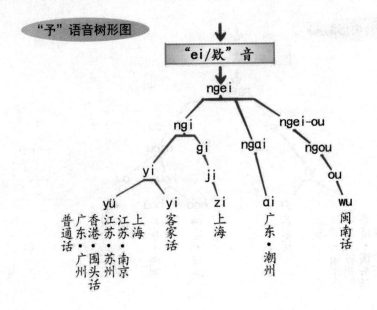

"予" 语音树形图

以今天的方言发音来看，"你、女、处、与、雨、予"六字在《诗经》中的韵值范围比较偏向于 i，仅 "处" 字不是很明显。若把《语音树形图》中出现的其他音也加进来，那它们的 ei 韵则相当明显的。如下表格：

字	方言读音
你	le、lei、nei、li、ni、rni、ri、ng、nong、neng、
女	neng、nü、nui、rni、ngi、ngü、lü、lu、yu、ng、
处	cao、tu、cu、chu、chi、ci、cui、qie、qü、xü、se、
与	yü、yi、ai、wu、
雨	yü、yi、hao、hou、wu、
予	yü、ai、yi、zi、wu、

《诗经》中的韵值范围：ei　i

现在可以回看前面的 "我" 了。

前面提到一个 "我" 字音中的 "声位偏后" 现象，怎么解释这个 "声位偏后"？现在就与 "你" 字音结合来看。刚得知 "你" 字音在《诗经》中的韵值范围比较偏向于 i，即在公元前 11 世纪至前 6 世纪左右的读音，若再往前推，据 "语音树形图" 中出现的其他音来看，"你" 字音偏 "nei" 才

70

更加合理，因为"处"字也在"ei"韵之中。"nei/你"这个音在口腔中的位置相比"nge、ngou/我"音来说就显得靠前，这在语音象征主义里是分配合理的，即"这"（zhe/e/靠近喉部）边是"nge/我"，"那"（nei/ei/向着齿部）边是"nei/你"。正如前面的《汉语言的起源》对第三人称代词的解读："第一人称代词和第二人称代词出现在口语中时，我你双方均在场。而第三人称代词则是指口语中我你双方以外的某个人，此人并不在现场，或离开现场有一定距离。"

是否真的如此？接下来就让我们马上去了解一下"他"吧！

第三人称代词——他

在《小雅》中，"他"与"河、波、沱、何、嘉"押韵。现在就让我们依次看一下它们在今天汉语方言中的发音，具体情况如下：

1. 他
普通话：tā
闽南话：[ta1]，近似念：tā，(yi/伊)
潮州话：[ta1]，近似念：tā，(yi/伊)
广州话：[taa1]、[to1]，近似念：tā、tāo，(kuí/佢)
围头话：[ta1]，近似念：tá
客家话：[ta1]，近似念：tá，(gi/其)
上海话：[tha]，近似念：tā
苏州话：[tha44]，近似念：tā
无锡话：[do232]、[tha44]，近似念：dóu、tā
南京话：[ta1]、[to1]，近似念：tà、tòu

（注：汉语方言发音字典中的闽南话、潮州话、广州话、客家话、上海话都是文读，而非真正的方言，后面括弧中的读音才是平时口语中的方言，它们分别是福建泉州、广东潮州饶平、广东广州、广东梅州的兴宁）

综上可得"他"字的方言发音有 ta、yi、tao、kui、gi、dou、tou。要是再加上一些别的方言或自拟音，则可得出下文树形图：

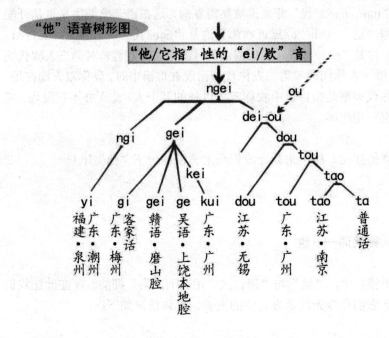

"他"语音树形图

"他/它指"性的"ei/欸"音

从这个"语音树形图"中可以看出"ou 音的他"与"ei 音的他"真可谓是旗鼓相当。能给出的解释可能有两种,一种是其他语音的"侵入";另一种则是汉语本身的去声别义式的发展演变机制启动得很早。

2. 河

普通话:hé

闽南话:[hou2],近似念:hóu

潮州话:[ho5],近似念:hāo

广州话:[ho4],近似念:hǎo

围头话:[ho4],近似念:hǎo

客家话:[ho2],近似念:háo

上海话:[wu],近似念:ó-u

苏州话:[ghou223],近似念:hǒu(介于ao与ou之间的音)

无锡话:[ghou13],近似念:hóu

南京话:[ho2],近似念:hóu

综上可得"河"字的方言发音有:he、hou、hao、o-u。要是再加上一些别的方言或自拟音,则可得出下文树形图:

72

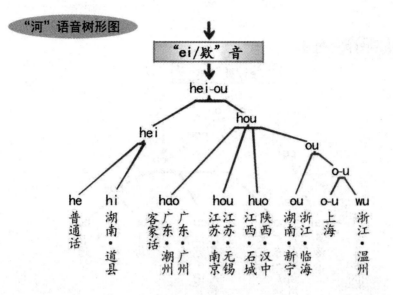

"河" 语音树形图

"ei/欸" 音

hei-ou

hei

hou

ou

o-u

he
普通话

hi
湖南·道县

hao
客家话

hɑo
广东·潮州

hou
广东·广州

huo
江苏·南京

ou
江西·石城

o-u
陕西·汉中

wu
湖南·新宁

浙江·临海

上海

浙江·温州

3. 波

普通话：bō

闽南话：[bou1]、[pou1]，近似念：bōu、pōu

潮州话：[bo1]，近似念：bāo

广州话：[bo1]，近似念：bāo

围头话：[bo1]，近似念：báo

客家话：[bo1]，近似念：báo

上海话：[poq]、[bu]，近似念：bōu（短音）、bù

无锡话：[pou44]，近似念：bōu

南京话：[bo1]，近似念：bòu

4. 沱

普通话：tuó

闽南话：[dou2]，近似念：tóu

潮州话：[to5]，近似念：tāo

广州话：[to4]，近似念：tǎo

上海话：[du]，近似念：dóu

苏州话：[dou223]，近似念：dóu

综上可得"波"字的方言发音有：bo、bou、bao、bu；"沱"字的方言发音有：tuo、tou、tao、dou。要是再加上一些别的方言或自拟音，则可得

73

出如下两组语音树形图：

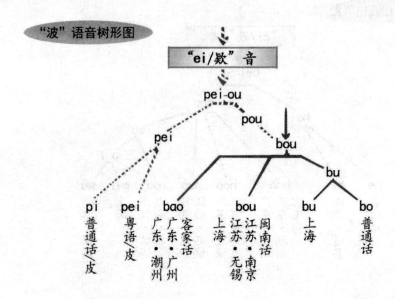

"波"语音树形图

就目前的方言数据来看，"波"字音与"ei"是没有关系的。但"皮"字在今天的方言中却还留下了"ei"音的痕迹。能给出的解释仍然是汉语本身的去声别义式的发展演变机制在"波"字这里也启动得很早且彻底。

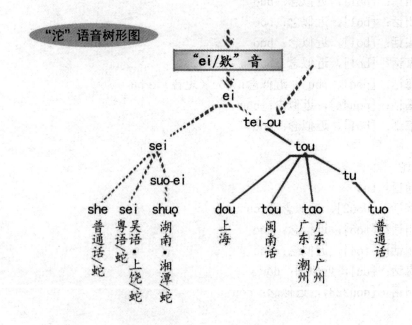

"沱"语音树形图

与"波"字出现的情况相同，就目前的方言数据来看，"沱"字音与"ei"

74

是没有关系的。但作为相同声符"它"的"蛇"字在今天的方言中却还留下了"ei"音的痕迹。需特别注意的是声符"它"字在甲骨文中所显现出来的象形意思就是"蛇",所以作为"蛇"之音的"ei"自然就是"沱"音的早先读音,而后来的"ou"音则是去声别义式的发展演变机制所导致的结果。

5. 何
普通话：hé
闽南话：[ho2]、[hou2]、[ua2]，近似念：hǎo、hóu、wá
潮州话：[ho5]，近似念：hāo
广州话：[ho4]，近似念：hǎo
围头话：[ho4]，近似念：hǎo
客家话：[ho2]，近似念：háo
上海话：[wu]，近似念：ó-u
苏州话：[ghou223]，近似念：hǒu（介于ao与ou之间的音）
无锡话：[ghou13]，近似念：hóu
南京话：[ho2]、[ho4]，近似念：hóu、hōu

综上可得"何"字的方言发音有：he、hou、hao、wa、o-u。要是再加上一些别的方言或自拟音，则可得出如下树形图：

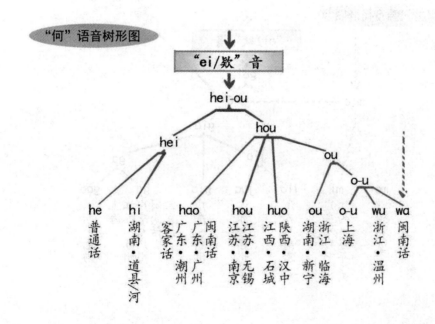

"何""河"两字的读音在方言中所呈现出来的差异是"何"比"河"多了一个闽南语的wa音，但却少了一个湖南道县的"hi"音。wa音或许是

75

个外语词，而"hi"音则应该是声符"可"字音的体系之列，方言中的此有彼无当是语音演变中的正常现象。

6. 嘉

普通话：jiā

闽南话：[ga1]，近似念：gā

潮州话：[gia1]，近似念：giā

广州话：[gaa1]，近似念：gā

围头话：[ga1]，近似念：gá

客家话：[ga1]，近似念：gá

上海话：[cia]、[ka]，近似念：jià、gà

苏州话：[cia44]、[ka44]，近似念：jǖā、gā

无锡话：[cia44]、[ka44]，近似念：jiā、gāo

南京话：[ja1]，近似念：jià

综上可得"嘉"字的方言发音有：jia、ga、gia、jǖa、gao。要是再加上一些别的方言或自拟音，则可得出如下树形图：

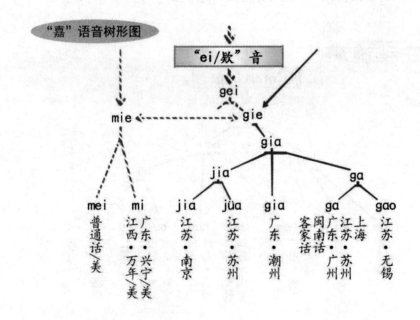

《说文解字》："嘉，美也。"古人作这种解释，通常都是因为解与被解的这两个字在读音上有相似之处，正如假借字、转注字一样。因此，"嘉"字的上古音可推至gie音。至于为什么是用"mie/美"来对应"gie/嘉"，

而不是"mei/美"来对应"gei/嘉",原因有二:一是因为从现有的"嘉"字方言音中上溯到gei音有点远;二是因为"美"之mie与羊叫之"咩"有很大关系(详见后文《动物的称谓》)。

现在,综合"他、河、波、沱、何、嘉"6字的方言发音情况来看,它们在《诗经》中的共同韵值范围是比较偏向于ao的,反之声位更靠前的ei音却不在意想之中。

字	方言读音
他	ge、gei、gi、kui、yi、dou、tou、tao、ta、
河	he、hei-ou、hou、hao、o-u、wu、
波	pei-ou、pou、bao、bou、bo、bu、
沱	dou、tei-ou、tou、tao、tuo、
何	he、hei-ou、hou、hao、ou、o-u、wu、wa、
嘉	jüa、jia、gie、gia、ga、gao、

《诗经》中的韵值范围:ei   i   ao

然而,作为第三人称代词的"他"肯定是遵守语音象征主义规则的。让我们重新去看一下"他"在今天方言中的发音,其分别有 yi、gi、gei、kui、ge、dou、tou、tao、ta。这 9 个音大致可分为两组,一组是 yi、gi、gei、kui、ge,另一组是 dou、tou、tao、ta。表面上看,两组读音真是天壤之别,但它们的确都处在语音象征主义规则之下,前面一组是因为声母靠喉(或者说"后"),故韵母向前,即 ei 至 i 这条线。当这种向前推进的度达到极限时,其"舌根腭鼻音"的声母 ng 也被前拖至平,即 ngei 至 ngi 至 yi 这条线。后面一组的"进化"是声母向前,即从"舌根腭鼻音"ng 至舌尖中音 d 和 t 的这条线。

因此,当下的结论可以是这样:

假如我们把第三人称代词"他"简单地分成两个音,一个是gei;一个是tao。那么gei音所代表的当是第三人称代词"他"的初始音阶段;tao音则代表是"他"的后来发展音阶段。因为语音起始当从元音开始,其次才是声母来辅助语音的发展和丰富。

疑问代词——谁

让我再次引《汉语言的起源》中的介绍，书中如下说道：

疑问代词用来代人、事物、处所、原因等。疑问代词的语音原型为喉牙音音位的ha。在喉牙音音位表情感语义的语义类型中，主要有惊恐义。而惊恐和疑惑之间的语义关系十分密切。现代汉语的叹词"啊"的四种声调，均表示惊疑、惊异的语义。从词源角度看，疑问代词源于喉牙音音位的叹词，即先民遇见不明的事物，发出的便是"ha"这样的表惊疑的感叹声。

（1）代人，书写形式为"何、谁、孰"。

"何"字在上古汉语中用来代人的例子已不多，如：《左传·昭公十一年》："景王问于苌弘曰：'今兹诸侯，何实吉？何实凶？'"义即"谁吉利？谁遭殃？"

"孰"和"谁"的例子有：《论语·微子》："丈人曰：'四体不勤，五谷不分，孰为夫子？'"《左传·僖公四年》："君若以德绥诸侯，谁敢不服？"用"孰、谁"代人，表明原始汉语发展至上古汉语时，口语中疑问代词代人的"何"的语音已发生变化。何，上古音匣母鱼部，和疑问代词的语音原型一致。孰，禅母觉部。谁，禅母微部。属于禅母的"孰、谁"均为匣母的"何"声母舌面化的结果，而元音亦为高化的历时演变的结果。

由疑问代词"何"又转化为无定指的"或（匣母职部）"。如司马迁《报任安书》："人固有一死，或重于泰山，或轻于鸿毛。"其中的"或"即无定指的"有的人"。

（2）代事物，书写形式为"何"。

在表示"多少"义时，语音则演变为"几（见母职部）"

如《孟子·离娄上》："子来几日矣？"

（3）代处所、原因等。

代处所的疑问代词的书写形式有"安、恶、焉"，代原因的疑问代词的书写形式有"胡、奚、盍、曷"。其中"胡、奚、盍、曷"均属匣母，"安、恶、焉"均属影母，影母为原始匣母的演变结果。

值得一提的是，原始的疑问代词"何"到了上古汉语时，代人的语音主要是禅母的"孰"和"谁"。上古汉语之后，代事物的表示"什么"义的"何"，至迟到中古时已完成了声母舌面化的过程，书面上则写成"什"和"甚"。什，上古音禅母缉部。甚，上古音禅母侵部。禅母的"什、甚"是匣母的"何"演变为"孰、谁"的继续。

从方言中仍能看到一些保留疑问代词的原始形态和其他变体的演变痕迹。疑问代词"谁"，合肥话为"哈个"，其中的"哈"即原始的"何"音。疑问代词"什么"。西安话和苏州话均为"啥"。啥的声符为"舍"。舍，上古音书母鱼部。"哈"是原始的"何"音声母舌面化的另一种变体。

而疑问代词"何（谁）"在《诗经》中的出现情况是：

《唐风·葛生》："葛生蒙楚，蔹蔓于野。予美亡此，谁与？独处？"

《召南·何彼襛矣》："何彼襛矣，唐棣之华？曷不肃雍？王姬之车。"

《陈风·泽陂》："彼泽之陂，有蒲与荷。有美一人，伤如之何？寤寐无为，涕泗滂沱。"

《豳风·东山》："我徂东山，慆慆不归。我来自东，零雨其濛。仓庚于飞，熠耀其羽。之子于归，皇驳其马。亲结其缡，九十其仪。其新孔嘉，其旧如之何？"

《小雅·采薇》："彼尔维何？维常之华。彼路斯何？君子之车。戎车既驾，四牡业业。岂敢定居？一月三捷。"

《小雅·节南山》："节彼南山，有实其猗。赫赫师尹，不平谓何。天方荐瘥，丧乱弘多。民言无嘉，憯莫惩嗟。"

《小雅·小弁》："弁彼鸒斯，归飞提提。民莫不穀，我独于罹。何辜于天？我罪伊何？心之忧矣，云如之何？"

《小雅·绵蛮》："绵蛮黄鸟，止于丘阿。道之云远，我劳如何。饮之食之，教之诲之。命彼后车，谓之载之。"

《小雅·頍弁》："有頍者弁，实维伊何？尔酒既旨，尔肴既嘉。岂伊异人？兄弟匪他。"

所以，我们知道疑问代词"何（谁）"分别有在"唐风、召南、豳风、小雅"中出现。而从韵脚情况来看，则分别有《豳风》的"何、归、濛、羽、马、仪"和《小雅》的"何、华、车、驾、业、居、捷、猗、多、嘉、嗟、提、罹、阿、他"两组。在此，还是让我们通过"汉语方言发音字典网"上的读音来分析一下《小雅》的韵脚，去了解下"诗经时代"的"何（谁）"的读音。

1. 何

"何"字在前面已有讲过，是一个与"他"字同韵的字。因此也可简单地分成两个音，一个是"hei-ou"；一个是 hɑo。

2. 华

普通话：huá

闽南话：[[hua1]、[hua2]，近似念：huā、huá

潮州话：[hua5]，近似念：huā

广州话：[faa1]、[waa4]、[waa6]，近似念：fā、wǎ、wā

围头话：[wa4]、[wa6]，近似念：wà、wà

客家话：[fa2]、[fa4]，近似念：fǎ、fā

上海话：[hau]、[khau]、[rau]、[wa]，近似念：hù、kù、wú、wá

苏州话：[gho223]、[ho44]，近似念：hǔ、hōu

无锡话：[hu44]、[wu13]、[wu213]，近似念：hōu、óu、ǒu

南京话：[hua1]、[[hua2]、[hua4]，近似念：huà、huá、huā

综上可得"华"字的方言发音有：huɑ、fɑ、wɑ、hu、wu、hou、ou 七个音，但却没有与前"何"字音同韵的"华"字音。幸运的是，以上这些却不是今天方言中的全貌，比如我老家江西上饶广信区一带的福建移民，他们口中的"华"字音就念"huo-ei"。

3. 车

普通话：chē、jū

闽南话：[cia1]、[gy1]，近似念：qiā、gū

潮州话：[cia1]、[ge1]，近似念：qiǎ、gāi

广州话：[ce1]、[geoi1]，近似念：qiē、guī

围头话：[ce1]、[gü1]，近似念：qié、gú

客家话：[ca1]、[gi1]，近似念：cá、gí

上海话：[ciu]、[tsau]，近似念：zhì、cū

苏州话：[tsho44]，近似念：cōu

无锡话：[cha44]、[ciu44]、[tsho44]，近似念：cā、zhī、cū

南京话：[che1]、[jü1]，近似念：cèi、jù

综上可得"车"字的发音有：che、jü、qiɑ、gu、gɑi、qie、gui、gu、cɑ、gi、zhi、cu、cou、cei 十四个音。真没想到，方言中的"车"字音居然如此丰富。因此，与"何"字音相似韵的"车"字音有"qie"。

4. 驾

普通话：jià

闽南话：[ga5]，近似念：gà

潮州话：[gê3]，近似念：gǎi

广州话：[gaa3]，近似念：gā

围头话：[ga1]，近似念：gá

客家话：[ga4]，近似念：gā

上海话：[cia]、[ka]，近似念：jià、gà

苏州话：[cia523]、[ka523]，近似念：jià、gà

无锡话：[cia334]，近似念：jiá

南京话：[ja4]，近似念：jiā

综上可得"驾"字的方言发音有 jiɑ、gɑi、gɑ。在这三个音中没能找到与"何"字音相似韵的"驾"字音，但我们可以模仿前面的"嘉"字音，进而构拟出一个"gie"。

5. 业

普通话：yè

闽南话：[ngiap8]，近似念：giá

广州话：[jip6]，近似念：yǐ

围头话：[yip6]，近似念：yǐ（短音）

客家话：[ngiap6]，近似念 ngiāː

上海话：[gniq]，近似念：niá

苏州话：[nyih23]，近似念：nié

无锡话：[nieh23]，近似念：nié

南京话：[ji1]、[jü1]，近似念：ziè、jù

综上可得"业"字的方言发音有：ye、giɑ、yi、ngiɑ、niɑ、nie、zie、jü八个音，其中就有与"何"字音同韵的有 ye、nie、zie 三个"业"字音。

6. 居

普通话：jū

闽南话：[gy1]，近似念：gū

潮州话：[ge1]，近似念：gāi

广州话：[geoi1]，近似念：guī

围头话：[gü1]，近似念：gú

客家话：[gi1]，近似念：gí

上海话：[ciu]，近似念：zhì

无锡话：[ciu44]，近似念：zhī

综上可得"居"字的方言发音有：jü、gu、gɑi、gui、gü、gi、zhi。虽然在这七个音中没能明显看出与"何"字音同韵的"居"字音，但却可以根据其gui 音分析出一个guei 音。

7. 捷

普通话：jié

闽南话：[ziɑp8]、[ziɑt8]，近似念：jiā、jiè（短音）

广州话：[zit3]、[zit6]，近似念：jǐ、jī

围头话：[zip2]，近似念：jié（短音）

上海话：[dziq]，近似念：zéi（短音）

苏州话：[zih23]，近似念：rué

无锡话：[dzih23]，近似念：zéi（短音）

南京话：[zie5]，近似念：ziē（短音）

综上可得"捷"字的方言发音有：jie、jiɑ、ji、zei、rue、zie。在这六个音中，有与"何"字音同韵的"捷"字音 jie、zie。

8. 猗

普通话：yī、yǐ

闽南话：[i1]，近似念：yī

潮州话：[i1]，近似念：yī

广州话：[i1]，近似念：yī

上海话：[ij]，近似念：yì

苏州话：[i44]，近似念：yī（音偏 ri）

南京话：[i1]、[i3]，近似念：yì、yī

综上可得"猗"字的方言发音基本上是 yi，之所以出现这样的情况是因为该字过于生僻，它不是常用字，因此在今天的方言发音中就只能以文读的形式来完成，即今天普通话怎么教，在方言中也就怎么念的现象。但是"猗"字声符是"奇"，而"奇"在粤语中的发音就是"kei"，所以"猗"字也完全有理由被念成"kei"。

9. 多

普通话：duo

闽南话：[do1]、[dou1]，近似念：dāo、dōu

潮州话：[do1]，近似念：dāo

广州话：[do1]，近似念：dōu

围头话：[do1]，近似念：dáo

客家话：[do1]，近似念：dóu

上海话：[tu]，近似念：dōu（短音）

苏州话：[tou44]，近似念：dōu

无锡话：[tou44]，近似念：dōu

南京话：[do1]，近似念：dòu

综上可得"多"字的方言发音有：duo、dɑo、dou。在这三个音中虽有找到与"何"字音同韵"多"字音 dɑo，但就目前的"何"字音数据来看，"《诗经》时代"的他们应该是比较偏向于 ei 韵的。因此，"多"字音中的"ei"韵仍必须寻找，很快，我们便可从"爹"字音发现"多"字音的"ei"韵痕迹，纵观前面的规律，可以很轻便地得出 die、dei、duo-ei、duo、dou、dɑo 这条语音渐变线。所以我们终于找到了与"何"字音完全同韵的"多"字音 dei 和 dɑo。

10. 嘉

前已介绍，此不赘言。

11. 嗟

普通话：jiē

闽南话：[zia1]，近似念：jiɑ̄

潮州话：[za1]，近似念：zɑ̄

广州话：[ze1]，近似念：zēi

上海话：[tzia]，近似念：jià

南京话：[zie1]，近似念：ziè

综上可得"嗟"字的方言发音有：jie、jiɑ、zɑ、zei、zie。在这五个音中，有与"何"字音同韵的"嗟"字音 jie、zei、zie。

12. 提

普通话：tí、dī

闽南话：[si2]、[te2]，近似念：tí、tēi

潮州话：[ti5]，近似念：tī

广州话：[tai4]，近似念：tǎi

围头话：[täi4]，近似念：tài

客家话：[ti2]，近似念：tí

上海话：[dij]、[zy]，近似念：dí、sí

苏州话：[di223]，近似念：drǐ（d 拼 ri）

无锡话：[di13]，近似念：dí

南京话：[chr2]、[ti2]，近似念：chí、tí

综上可得"提"字的方言发音有：ti、di、tei、tɑi、si、dri、chi。在这七个音中，有与"何"字音同韵的"提"字音 tei。

13. 罹

普通话：lí

闽南话：[li2]，近似念：lí

潮州话：[li5]，近似念：lī

广州话：[lei4]，近似念：lěi

上海话：[lij]，近似念：lí

苏州话：[li223]，近似念：rǐ

南京话：[li2]，近似念：lí

综上可得"罹"字的方言发音有：li、lei。在这两个音中，有与"何"字音同韵的"罹"字音 lei。

14. 阿

普通话：ā、ē

闽南话：[a1]、[o1]，近似念：à、òu

潮州话：[a1]，近似念：ā

广州话：[aa2]、[aa3]、[aak3]、[o1]，近似念：á、ā、ā、ōu

83

围头话：[a1]、[o1]，近似念：ā、óu

客家话：[a1]、[o1]，近似念：á、óu

上海话：[a]、[aq]、[u]，近似念：à、ā（短音）、õu（短音）

苏州话：[a44]、[aeh43]、[ou44]，近似念：ā、ā（短音）、õu

无锡话：[a44]、[aeh4]、[ou44]，近似念：ā、ā（短音）、õu

南京话：[a5]、[o1]，近似念：ā（短音）、òu

综上可得"阿"字的方言发音有：ɑ、e、ou。在这三个音中，的确很难找到有与"何"字音同韵的"阿"字音，但通过声符"可"字去寻找，或许值得一试，如前面的"何""河"两字，应该可以求得一个 ei-ou。

15. 他

如前所述，第三人称代词"他"可简单地分成两个音，一个是gei；一个是tɑo。与"何"字音是完全同韵的。

最后，让我们再补一个"谁"字，因为"谁"就是"何"的后来字。据《说文解字诂林》记载："谁，何也。从言佳声。臣锴（徐锴，南唐人）按《史记》贾谊《过秦》曰：'陈利兵而谁何。'苟，细也，谓细诘问之。市佳反。"就今天的普通话而言，"谁"字音有 shui、shei 两音，"佳"字有 zhui、cui、wei 三音，因此，"谁"字音中的 ei 韵是明显的。让我们再次回顾徐山在他的《汉语言的起源》中对第三人称代词的解读：

"第一人称代词和第二人称代词出现在口语中时，我你双方均在场。而第三人称代词则是指口语中我你双方以外的某个人，此人并不在现场，或离开现场有一定距离。"

所以，在人称代词"我、你、他"和疑问代词"谁/何"四个词中，除"我"以外，其他三个都与声位比较靠前的 ei 音有关，因此这个 ei 音可明确地定位为是一个"他/它指"性的"ei/欸"音。

3-3 我的家族成员们

前面我们已经讲道，第二人称代词"你"和第三人称代词"他"以及疑问代词"谁"均出自"他/它指"性的"ei/欸"音。那亲属称谓中的"爸""妈""哥""姐""弟""妹"等又是源自哪里呢？有没有可能也是源自这个"他/它指"性的"ei/欸"音？暂时不作任何猜测，让我们先到《诗经》中去了解一下上古时期的亲属称谓。其情形大致如下：

《小雅•伐木》："伐木许许，酾酒有薁！既有肥羜，以速诸父。宁适不来，微我弗顾"中的"父"。

《小雅•黄鸟》："黄鸟黄鸟，无集于栩，无啄我黍。此邦之人，不可与处。言旋言归，复我诸父"中的"父"。

《唐风•杕杜》："有杕之杜，其叶湑湑。独行踽踽。岂无他人？不如我同父"中的"父"。

《王风•葛藟》："绵绵葛藟，在河之浒。终远兄弟，谓他人父。谓他人父，亦莫我顾"中的"父"。

《魏风•陟岵》："陟彼岵兮，瞻望父兮。父曰：嗟！予子行役，夙夜无已。上慎旃哉，犹来！无止！"中的"父"。

《小雅•四牡》："翩翩者鵻，载飞载下，集于苞栩。王事靡盬，不遑将父"中的"父"。

《周南•葛覃》："薄污我私。薄澣我衣。害澣害否？归宁父母"中的"母"。

《魏风•陟岵》："陟彼屺兮，瞻望母兮。母曰：嗟！予季行役，夙夜无寐。上慎旃哉，犹来！无弃！"中的"母"。

《鄘风•蝃蝀》："朝隮于西，崇朝其雨。女子有行，远兄弟父母"中的"母"。

《卫风•竹竿》："泉源在左，淇水在右。女子有行，远兄弟父母"中的"母"。

《郑风•将仲子》："将仲子兮，无逾我里，无折我树杞。岂敢爱之？畏我父母。仲可怀也，父母之言亦可畏也"中的"母"。

《王风•葛藟》："绵绵葛藟，在河之涘。终远兄弟，谓他人母。谓他人母，亦莫我有"中的"母"。

《小雅•沔水》："沔彼流水，朝宗于海。鴥彼飞隼，载飞载止。嗟我兄弟，邦人诸友。莫肯念乱，谁无父母？"中的"母"。

《小雅·杕杜》："陟彼北山，言采其杞。王事靡盬，忧我父母"中的"母"。

《小雅·南山有台》："南山有杞，北山有李。乐只君子，民之父母。乐只君子，德音不已"中的"母"。

《小雅·四牡》："翩翩者鵻，载飞载止，集于苞杞。王事靡盬，不遑将母"中的"母"。

《小雅·小弁》："维桑与梓，必恭敬止。靡瞻匪父，靡依匪母。不属于毛？不罹于里？天之生我，我辰安在？"中的"母"。

《小雅·北山》："陟彼北山，言采其杞。偕偕士子，朝夕从事。王事靡盬，忧我父母"中的"母"。

《大雅·泂酌》："泂酌彼行潦，挹彼注兹，可以馈饎。岂弟君子，民之父母"中的"母"。

《周颂·雝》："宣哲维人，文武维后。燕及皇天，克昌厥后。绥我眉寿，介以繁祉，既右烈考，亦右文母"中的"母"。

《邶风·旄丘》："旄丘之葛兮，何诞之节兮。叔兮伯兮，何多日也？"中的"伯"。

《郑风·叔于田》："叔于田，巷无居人。岂无居人？不如叔也。洵美且仁"中的"叔"。

《郑风·丰》："衣锦褧衣，裳锦褧裳。叔兮伯兮，驾予与行"中的"叔、伯"。

《小雅·頍弁》："有頍者弁，实维在首。尔酒既旨，尔肴既阜。岂伊异人？兄弟甥舅"中的"舅"。

《小雅·伐木》："於粲洒扫，陈馈八簋。既有肥牡，以速诸舅。宁适不来，微我有咎"中的"舅"。

《秦风·渭阳》："我送舅氏，曰至渭阳。何以赠之？路车乘黄"中的"舅"。

《大雅·皇矣》："帝谓文王：询尔仇方，同尔弟兄。以尔钩援，与尔临冲，以伐崇墉"中的"兄"。

《郑风·将仲子》："将仲子兮，无逾我墙，无折我树桑。岂敢爱之？畏我诸兄。仲可怀也，诸兄之言亦可畏也"中的"兄"。

《魏风·陟岵》："陟彼冈兮，瞻望兄兮。兄曰：嗟！予弟行役，夙夜必偕。上慎旃哉，犹来！无死！"中的"兄"。

《小雅·黄鸟》："黄鸟黄鸟，无集于桑，无啄我粱。此邦之人，不可与明。言旋言归，复我诸兄"中的"兄"。

《鄘风·蝃蝀》：“蝃蝀在东，莫之敢指。女子有行，远父母兄弟”中的“兄弟”。

《邶风·谷风》：“行道迟迟，中心有违。不远伊迩，薄送我畿。谁谓荼苦，其甘如荠。宴尔新昏，如兄如弟”中的“弟”。

《齐风·载驱》：“四骊济济，垂辔沵沵。鲁道有荡，齐子岂弟”中的“弟”。

《大雅·旱麓》：“瞻彼旱麓，榛楛济济。岂弟君子，干禄岂弟”中的“弟”。

《小雅·常棣》：“常棣之华，鄂不韡韡。凡今之人，莫如兄弟”中的“弟”。

《陈风·衡门》：“岂其食鱼，必河之鲤？岂其取妻，必宋之子？”中的“子”。

《周颂·雝》：“於荐广牡，相予肆祀。假哉皇考！绥予孝子”中的“子”。

《召南·采蘋》：“于以奠之？宗室牖下。谁其尸之？有齐季女”中的“女”。

《小雅·甫田》：“琴瑟击鼓，以御田祖。以祈甘雨，以介我稷黍，以穀我士女”中的“女”。

《卫风·硕人》：“硕人其颀，衣锦褧衣。齐侯之子，卫侯之妻。东宫之妹，邢侯之姨，谭公维私”中的“子”“妻”“妹”“姨”。

《邶风·泉水》：“出宿于泲，饮饯于祢，女子有行，远父母兄弟。问我诸姑，遂及伯姊”中的“祢”“姊”“姑”“弟”。

《齐风·猗嗟》：“猗嗟名兮，美目清兮。仪既成兮，终日射侯。不出正兮，展我甥兮”中的“甥”。

据此，我们知道亲属称谓在《诗经》中的出现情况是：

亲属称谓	出现过该称谓的《国风》
父	小雅、唐风、王风、魏风
母	小雅、周颂、魏风、周南、鄘风、卫风、郑风
伯	邶风、郑风
叔	郑风
姑	邶风
舅	小雅、秦风

87

姨	卫风
妻	卫风
兄	小雅、大雅、郑风、魏风
弟	邶风、齐风、鄘风、大雅
姊	邶风
妹	卫风
子	陈风、周颂
女	召南、小雅
甥	齐风

然而，这表格却没有什么太大的意义，因为即使在该国风中没有出现相应的亲属称谓，我们也可以肯定该国是有的。但是，我们却可以通过目前这表格中某一亲属称谓出现的频率来推测当时的家庭人际往来关系，其中"母"的出现频率是最高，其次是"父"和"兄弟"。

深层次的含义我挖掘不出来，但"母亲"的"母"为什么会比"父亲"的"父"出现的频率更高，这或许可以从《小雅·蓼莪》中看出缘由。该诗原文如下：

蓼蓼者莪，匪莪伊蒿。哀哀父母，生我劬劳。
蓼蓼者莪，匪莪伊蔚。哀哀父母，生我劳瘁。
瓶之罄矣，维罍之耻。鲜民之生，不如死之久矣。无父何怙？无母何恃？出则衔恤，入则靡至。
父兮生我，母兮鞠我。抚我畜我，长我育我，顾我复我，出入腹我。欲报之德。昊天罔极！
南山烈烈，飘风发发。民莫不穀，我独何害！南山律律，飘风弗弗。民莫不穀，我独不卒！

这像是一首很让人感动的悼念诗，诗中第四段，作者一连用了生、鞠、抚、畜、长、育、顾、复、腹九个动词和九个"我"字，语拙情真，言直意切，絮絮叨叨，不厌其烦，声促调急，确如哭诉一般。用"声声泪、字字血"来形容，真是再恰切不过。也正是这句"父兮生我，母兮鞠我，抚我畜我，长我育我，顾我复我，出入腹我"，让人觉得母亲的身影远比父亲的身影出现得更为频繁。按理说，"母兮生我"会比"父兮生我"更加符合现实中的直观感受，可作者却偏要说是"父兮生我"，为什么？或许是因为古代成家后的女子一般就是相夫教子，所以"鞠我、抚我、畜我、长我、育我、顾我、复我、腹我"就全都成了母亲的身影。正是出于这个原因，就只能把"父亲"强安在了"生我"的那个"环节"上。如此对比，每当思念自己的双亲时，母亲的形象自然就会比父亲的形象来得更加深刻。

接下来是"兄、弟"两字的高频率出现，其中的缘由或许也可以从《小雅·常棣》中看出。该诗原文如下：

常棣之华，鄂不韡韡。凡今之人，莫如兄弟。
死丧之威，兄弟孔怀。原隰裒矣，兄弟求矣。
脊令在原，兄弟急难。每有良朋，况也永叹。
兄弟阋于墙，外御其务。每有良朋，烝也无戎。
丧乱既平，既安且宁。虽有兄弟，不如友生。
傧尔笾豆，饮酒之饫。兄弟既具，和乐且孺。
妻子好合，如鼓瑟琴。兄弟既翕，和乐且湛。
宜尔室家，乐尔妻帑。是究是图，亶其然乎？

全诗八章，共分五层。首章为第一层，先兴比，后议论，开门见山，倡明主题。诗人以棠棣（也称郁李）之花喻比兄弟，是因为棠棣花开每两三朵彼此相依而生发联想（如图 3-2-1）。"凡今之人，莫如兄弟"，这寓于抒情的点题之笔，既是诗人对兄弟亲情的颂赞，也表现了华夏先民传统的人伦观念。上古先民的部族家庭，以血缘关系为基础。在他们看来，"兄弟者，分形连气之人也"（《颜氏家训·兄弟》）。因而，比之良朋、妻孥，他们更重兄弟亲情。

图 3-3-1 郁李花

亲属称谓中的"爸""妈""哥""姐""弟""妹"等究竟源自哪里？有没有可能也源自这个"他/它指"性的"ei/欸"音？现在就让我们开始逐个去分析：

1. 母/妈

"母亲"一词，现代口语叫"妈妈"，"妈妈"一词是什么时候出现的？这在《诗经》中没看到，在《说文解字》中也没查到，而在"中上古音韵"里，当代学者都将其定格在隋唐。其中，王力拟音是 mu，董同龢、周法高、李方桂三人拟音为 mo。所以说"妈妈"一词是从隋唐开始的，而在此之前，我们只喊"母"。之所以出现这样的情况，个人认为是现实中的"母"字发音在隋唐时候已经和"马"字读音"撞衫"了，所以人们才有理由再次创造出一个新的形声字"妈"。

"母""妈"两字的音变过程究竟怎样？现在就从《诗经》的"母"字韵脚情况去看起，大致如下：

在《小雅》中，与"止、杞、梓、里、在、事、饎、李、已、海、友"11 字押韵；
在《王风》中，与"涘、有"2 字押韵；
在《郑风》中，与"里、杞"2 字押韵；
在《周颂》中，与"祉"字押韵；
在《魏风》中，与"屺"字押韵；
在《周南》中，与"衣"字押韵；
在《鄘风》中，与"雨"字押韵；
在《卫风》中，与"右"字押韵。

也就是说，在《诗经》中与"母"字相关的韵脚字有"止、杞、梓、里、在、事、饎、李、已、海、友、涘、有、祉、屺、衣、雨、右"。可以这么说，凭以上 18 个字的普通话发音，就足以"交叉"出"母"的上古音。因为在单个字的不同方言里找该字的古音，也是利用方言的彼此差异来"交叉"出一个结果。所以，在此就不再一一列出这 19 个字的方言发音，而仅是对比其普通话的读音即可。

在对比之前，还是先让我们看下"母""妈"两字的方言发音。

1-1 母
普通话：mǔ
闽南话：[mu3]，近似念：mù
潮州话：[bho2]，近似念：bào（韵偏 a）
广州话：[mou5]，近似念：móu
围头话：[mu1]，近似念：mú
客家话：[mu3]，近似念：mū
上海话：[mhu]，近似念：mū
苏州话：[mo44]，近似念：mōu

无锡话：[mou44]，近似念：mōu
南京话：[mou3]、[mu3]，近似念：mé、mú

1-2 妈

普通话：mā
闽南话：[ma2]、[ma3]，近似念：má、mà
潮州话：[ma1]，近似念：mā
广州话：[maa1]、[maa5]，近似念：mā、má
围头话：[ma1]，近似念：má
客家话：[ma1]，近似念：má
上海话：[mha]，近似念：mā
苏州话：[ma44]，近似念：mā
无锡话：[ma44]，近似念：mā
南京话：[ma1]、[mu3]，近似念：mà、mú

可以肯定地说，"妈"和"母"缘自一个相同的读音，今天的不同只不过是历史语音演变的自然结果。比如英文的 mam；粤语之"小孩子口中"的māmǐ；广信赣语麻山腔（算是我的绝对母语）中的 m-mei。在这三个音中，相信你应该已经听出了"妈"和"母"。再看南京话的"妈"和"母"居然也有一个共同的发音 mú，这算不算是又一个有着共同源头的证据？其实，上述方言中的发音远非全部，比如我们江西上饶市的信州区和广信区（吴语）的"妈妈"就念 mēi，这个音就很像是它们的源头音。当然，今天"母亲"的"母"字发音是文读的，这应该是普通话影响的结果。如此一来，我们便可画出如下树形图：

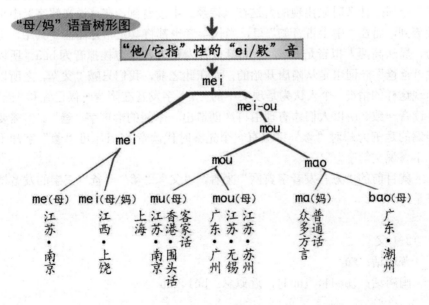

"母/妈"语音树形图

"他/它指"性的"ei/欸"音

91

现在，让我们回头去看下与"母"字相关的韵脚字"止、杞、梓、里、在、事、饎、李、已、海、友、涘、有、祉、屺、衣、雨、右。"这18个字的普通话发音分别是：zhǐ、qǐ 、zǐ、lǐ、zài、shì、xī、lǐ、yǐ、hǎi、yǒu、sì、yǒu、zhǐ、qǐ、yī、yǔ、yòu。今天这18个字的读音看似"五湖四海"，但它们在"《诗经》时代"至少是"同窗"共韵的。据此，我们也可以粗略地画出下面这样一组并列的语音枝形图（相对于比较完整性的树形图而言）：

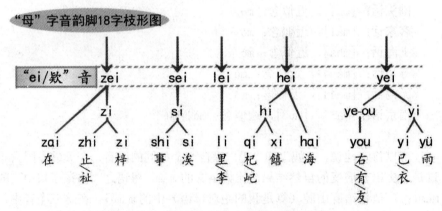

至此，我们得出"母"字的上古读音应该近似于 mei。

2. 父/爸

"父亲"一词，现代普通话叫"爸爸"，而南方方言通常喊"爹"。"爸爸"一词是什么时候出现的？这在《诗经》中没看到，在《说文解字》中也没查到，而在"中上古音韵"里，当代学者也都将其定格在隋唐。其中，王力、周法高两人拟音是 bua，董同龢拟音为 bʰua，李方桂拟音为 buâ。所以说"爸爸"一词也是从隋唐开始的，而在此之前，我们只喊"父"。之所以出现这样的情况，个人认为是现实中的"父"字发音在隋唐时候已经和"巴"字读音一致，所以人们才有理由再次创造出一个新的形声字"爸"。但需要强调的是王力却对"爹"字拟有一个先秦时代读音 tiai，可"爹"字却不见于《说文解字》。

就目前的"方言发音字典网"来看，"父""爹""爸"三字的发音情况是：

2-1 父
普通话：fù
闽南话：[be4]、[hu4]，近似念：bēi、hú

92

潮州话：[bê6]、[hu2]，近似念：bái、hù
广州话：[fu2]、[fu6]，近似念：fú、fū
围头话：[fu6]，近似念：fū
客家话：[fu4]，近似念：fū
上海话：[vu]，近似念：wú（声母是唇齿音）
苏州话：[vu231]，近似念：vù（声母是唇齿音）
无锡话：[vu232]，近似念：fú（声母是唇齿音）
南京话：[fu3]，近似念：fǔ

2-2 爹
普通话：diē
闽南话：[dia1]，近似念：diā
潮州话：[dia1]，近似念：diā
广州话：[de1]，近似念：dēi
围头话：[de1]，近似念：déi
客家话：[dia1]，近似念：diá
上海话：[tia]，近似念：diá
无锡话：[ti44]、[tia44]，近似念：dī、diā
南京话：[die1]、[do4]，近似念 diè、dōu

2-3 爸
普通话：bà
闽南话：[ba2]、[ba6]，近似念：bǎ、bā
潮州话：[ba1]、[ba5]，近似念：bā、bā
广州话：[baa1]，近似念：bā
围头话：[ba1]，近似念：bá
客家话：[ba1]，近似念：bá
上海话：[pa]、[paq]，近似念：bà、bā（短音）
苏州话：[pa44]，近似念：buā
无锡话：[pa334]，近似念：bá
南京话：[ba4]、[bo4]，近似念：bā、bōu

我们可以这样假定，"父""爹""爸"本自于一个相同的读音，今天的不同只不过是历史语音演变的自然结果。这样一来，我们便可画出下文的树形图：

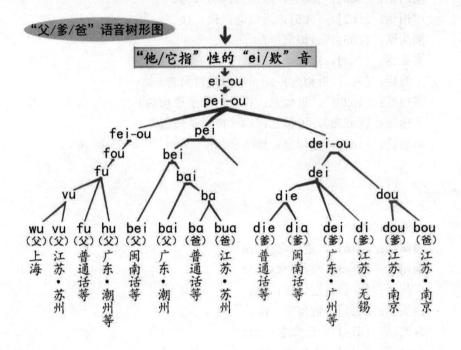

"父/爹/爸"语音树形图

然而,要理解"父""爹""爸"三字的音变过程究竟是怎样的,得从《诗经》的"父"字韵脚情况去看起,大致如下:

在《小雅》中与"萸、顾、黍、处、下、栩"6字押韵;

在《王风》中与"浒、顾"2字押韵;

在《唐风》中与"湑"字押韵;

在《魏风》中与"岵"字押韵。

这同样是说,"父"字在"诗经时代"是与"萸、顾、黍、处、下、栩、浒、湑、岵"9个字同韵的。因此,我们仍然仅在其今天普通话的读音下找即可。此外还有另一个原因,即在这9个字当中有一半以上的字属于非常用字,这在寻求其方言读音时是很不利的。

今天,"萸、顾、黍、处、下、栩、浒、湑、岵"9个字的普遍话读音分别有 yù、xù、xū、gù、shǔ、chǔ、chù、xià、xǔ、hǔ、xǔ、xǔ、xù、hù。据此,我们也可以大致画出一组并列的如下语音枝形图:

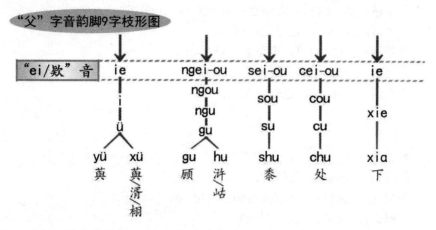

"父"字音韵脚9字枝形图

至此，我们得出"父"字的上古读音很可能近似于 pei-ou。

3. 兄/哥

"哥哥"一词在先秦时代喊"兄"，而在现代口语中，单个"兄"字的称谓已不常有。"哥"字在《诗经》中没看到，但在《说文解字》中有查到，然其解释却并没有说它是"兄长"的意思，只说是"声也，从二可，古文以为謌字"，即"歌声"之"歌"。那么，原本作为"歌声"的"哥"又是怎么成为"兄长"这"哥"的呢？是否可以从《诗经》的"兄"字韵脚情况出发，然后找到答案？大致如下：

在《小雅》中，"兄"与"桑、粱、明"3字押韵；

在《大雅》中，"兄"与"墉"字押韵；

在《郑风》中，"兄"与"墙、桑"2字押韵；

在《魏风》中，"兄"与"冈"字押韵。

即"兄"字在"诗经时代"是与"桑、粱、明、墉、墙、桑、冈"7个字同韵的。若按今天的普通话来判断，它们的韵母共同点是尾韵"ng"，但这却是不对的。所以，让我们还是先从"方言发音字典网"那里来看下"兄""哥"两字的发音情况：

3-1 兄

普通话：xiōng

闽南话：［hia1］、［hing1］，近似念：hiā、hīng

潮州话：［hian1］，近似念：hiān（韵偏 iɑ）

广州话：［hing1］，近似念：hīng

围头话：［häng1］，近似念：hán-ng

客家话：[hiung1]，近似念：hióng
上海话：[xion]，近似念：xiòng
苏州话：[shion44]，近似念：xiōng
无锡话：[shion44]，近似念：xiōng
南京话：[xong1]，近似念 xiòng

3-2 哥
普通话：gē
闽南话：[gou1]，近似念：gōu
潮州话：[go1]，近似念：gāo（韵偏 ou）
广州话：[go1]，近似念：gōu
围头话：[go1]，近似念：góu
客家话：[go1]，近似念：góu
上海话：[ku]，近似念：gù
苏州话：[kou44]，近似念：gōu
无锡话：[kou44]，近似念：gōu
南京话：[go1]，近似念gòu

粗略来看，"哥"字音似乎与"他/它指"性的"ei/欤"音没有关系，但"兄"字音却似乎有点丝连，因为它有介音 i 在里面。欲作解释或许要把它与"弟"字放在一起来看才行，因为"弟"字音中是有着明显的"ei/欤"音痕迹。让我们暂且放一下对"兄长"的好奇，先去了解了"弟弟"再说。

4. 弟
"弟"字古今无变，其在《诗经》中的韵脚情况是：
在《邶风》中，"弟"与"违、畿、荠、祢、姊"5字押韵；
在《齐风》中，"弟"与"济、泲"2字押韵；
在《鄘风》中，"弟"与"指"字押韵；
在《大雅》中，"弟"与"济"押韵。

即"弟"字在"诗经时代"是与"违、畿、荠、祢、姊、济、泲、指"8个字同韵的。不难看出这8个字的韵母全都与 i 有关，而 i 音基本上都来自于"ei/欤"。因此，我们仅在今天普通话里对比它们间的读音就可"交叉"出"弟"字的上古音。

今天，这8个字在普通话中的读音分别是：wéi、jī、"qí、jì"、mí、zǐ、"jì、jǐ"、"mǐ、lì"、zhǐ。据此，我们便可大致画出下面这样一组并列的语音枝形图：

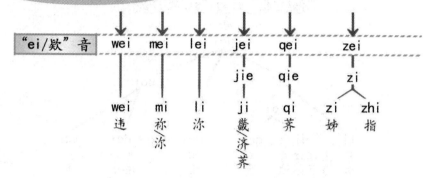

"弟"字音韵脚8字枝形图

"ei/欸"音

wei   mei   lei   jei   qei   zei
                      jie   qie   zi
wei   mi   li   ji   qi   zi   zhi
违   祢   浰   齑/济   荠   姊   指
       泳   荠

是否真的如此？现在就来看一下"弟"字在"方言发音字典网"中的发音情况，结果大致如下：

普通话：dì
闽南话：[de4]、[di4]，近似念：dēi、dī
广州话：[dai6]、[tai5]，近似念：dāi、tái
围头话：[däi6]，近似念：dāi
客家话：[ti4]，近似念：tī
上海话：[de]、[diʝ]，近似念：déi（短音）、dí
苏州话：[di231]，近似念：drí（韵似 ri）
无锡话：[di213]，近似念：dǐ
南京话：[di4]，近似念 dī

据此，可以得出一个"弟"字音的树形图（如后图）。如前所说，"弟"字音中的"ei/欸"音痕迹是明显的。但这里的"ei/欸"音除了有"他/它指"的意思外，还有语音象征主义里的"细/i"。这样一来，似乎便有了合理解释，即在原始之初，我们的"兄弟"称谓是不分哥哥与弟弟的，就像英语中的 brother。但后来不知为什么区分了，难道是因为我们太早就进入了文明社会，因为财产、权力的继承和尊卑、长幼区分的需要，才不得已而为之？这个猜测是否正确，我不敢肯定。但这个猜测却可以套在"兄""弟"两字的发音上，即在原始之初，"兄""弟"两人都被简单地"他/它指"为"ei/欸"。为方便形象起见，我们暂且就称他们为 hei（兄）和 dei（弟）吧。后来，为了强分彼此的尊卑与大小，故而"兄长"之 hei 就往"高处（鼻音）"上了，而"弟弟"之 dei 就更往"细/i"处去了。结果就是 hei 向 hian 向 hang/hing 向 xiong，而 dei 就向 di 向 ti。

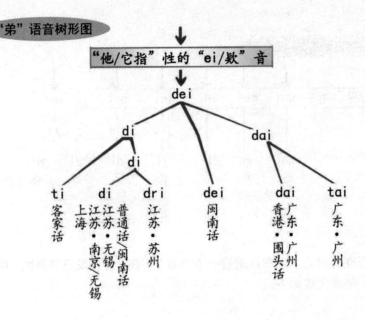

"弟"语音树形图

"他/它指"性的"ei/欸"音

dei

di — di — ti 客家话 / di 上海 江苏·南京/无锡 / dri 普通话/闽南话 江苏·无锡

dei 闽南话 江苏·苏州

dai — dai 广东·广州 香港·围头话 / tai 广东·广州

5. 姐/姊

"姐"字在《诗经》中没有看到，在《说文解字》中有，但意思却非现代汉语中的"姐姐"，其解释为："蜀谓母曰姐，淮南谓之社，从女且声。"所以，"姐姐"的"姐"字是后来的，而在先秦时，我们只喊"姊"。

5-1 姐
普通话：jiě
闽南话：[zia3]，近似念：jià
潮州话：[zê2]，近似念：zài
广州话：[ze2]，近似念：zéi
上海话：[tzia]、[tzij]，近似念：jià、jì
苏州话：[tsi51]、[tsia51]，近似念：jì（声母 j 偏 z）、zià
无锡话：[tsi323]、[tsia323]，近似念：jǐ（声母偏 d）、jiǎ
南京话：[zie3]，近似念：ziē

5-2 姊
普通话：zǐ
闽南话：[zi3]，近似念：jī
潮州话：[zi2]，近似念：jì
广州话：[ze2]、[zi2]，近似念：zéi、jí
上海话：[tzy]，近似念：zì

苏州话：[tsy51]，近似念：zì（声母 z 偏 j）
南京话：[zy3]，近似念：zī

在此，我想说下"姐""姊"这两个字在我们老家的情况，如按我个人的观点，无论是上饶的信州区和广信区的本地腔（吴语）还是麻山腔（赣语），"姊"是我们那里的方言所没有的。但是我们那儿却有这么一个特殊的情况，即"姐姐"一词的"姐"字发音是"jí/本地腔"和"jī/麻山腔"，而"姐夫"一词中的"姐"字发音是"zēi/本地腔""jiɑ/麻山腔"，我对此没能很好地捋透。但是这并不防碍"姐、姊"两个字都源于"他/它指"性的"ei/欨"音之现实。

6. 妹

"妹"字在《诗经》中有看到，但与之相押韵的字却没找到。所以，只能通过"妹"本身的方言发音去探源。

普通话：mèi
潮州话：[muê6]，近似念：muoéi（韵母为 uo 和 ei 连读）
广州话：[mui6]，近似念：muī
围头话：[mui6]，近似念：muī
客家话：[moi4]，近似念：muī
上海话：[me]，近似念：méi
苏州话：[me231]，近似念：méi-èi（后面èi 为拖音）
无锡话：[me213]，近似念：mèi-ēi（后面ēi 为拖音）
南京话：[mei4]，近似念：mēi

7. 伯

"伯"字在《诗经》中有看到，但与之相押韵的字也没找到。所以，只能通过"伯"本身的方言发音去探源。

普通话：bó、bǎi
闽南话：[be7]、[biak7]，近似念：běi（韵 ei 偏 i，短音）、biě（短音）
潮州话：[bêh4]，近似念：bǎi（短音）
广州话：[baa3]，近似念：bā
围头话：[bæk2]，近似念：bái
客家话：[bak5]，近似念：bǎ（短音）

上海话：[paq]、[pau]，近似念：bā（短音）、bù
南京话：[bä5]，近似念：béi（韵 ei 偏 i，短音）

8. 叔

"叔"字在《诗经》中有看到，但与之相押韵的字也没找到。所以，只能通过"叔"本身的方言发音去探源。

普通话：shū
闽南话：[ciok7]、[siok7]、[ziak7]，近似念：qiū（短音）、xiū（短音）、jiě（短音）
潮州话：[zêg4]，近似念：zěi（短音）
广州话：[suk1]，近似念：sōu（韵偏 u，短音）
围头话：[suk3]，近似念：sǒu（韵偏 u，短音）
客家话：[suk5]，近似念：sǒu（韵偏 u，短音）
上海话：[soq]，近似念：sōu（韵偏 u，短音）
无锡话：[soh4]，近似念：sōu（韵偏 u，短音）
南京话：[shu5]，近似念：sū（短音）

9. 姑

"姑"字在《诗经》中有看到，但与之相押韵的字也没找到。所以，只能通过"姑"本身的方言发音去探源。

普通话：gū
闽南话：[go1]，近似念：gōu
潮州话：[gou1]，近似念：gōu
广州话：[gu1]，近似念：gū
围头话：[gwu1]，近似念：gú
客家话：[gu1]，近似念：gú
上海话：[ku]，近似念：gù
苏州话：[kou44]，近似念：gōu
无锡话：[ku44]，近似念：gōu
南京话：[gu1]，近似念：gù

10. 舅

"舅"字在《诗经》中韵脚情况是在《小雅》中与"首、阜、簋、咎"

4 字押韵，但它今天的方言发音情况却如下：

普通话：jiù

闽南话：[giu4]、[gu4]，近似念：giū、gū

潮州话：[gu6]，近似念：gú

广州话：[kau5]，近似念：káo

围头话：[käu1]，近似念：káo

客家话：[kiu1]，近似念：kiú

上海话：[djioe]，近似念：jiú

苏州话：[jieu231]，近似念：jyěr（韵偏 e 音）

无锡话：[jieu232]，近似念：jiú

南京话：[jou4]，近似念：jyēr（韵偏 e 音）

11. 姨

"姨"字在《诗经》中有看到，但与之相押韵的字没找到。所以，只能通过"姨"本身的方言发音去探源。

普通话：yí

潮州话：[i5]，近似念：yī

广州话：[ji4]，近似念：yǐ

围头话：[ji4]，近似念：yǐ

客家话：[ji2]，近似念：yí

上海话：[yij]，近似念：yí

苏州话：[yi223]，近似念：rǐ

无锡话：[yi13]，近似念：yí

南京话：[i2]，近似念：yí

12. 子

"子"字在《诗经》中韵脚情况是，在《陈风》中与"鲤"字押韵；在《周颂》中与"祀"字押韵。即使没有这两个同韵的字，"子"字本身就有着强烈的"他/它指"性的"ei/欸"音存在。这在《晋书·乐志上》中也讲得很清楚："子者，孳也。"（详见下文《致远的歌声》）现在还是看下"子"字在"方言发音字典网"中的发音情况，如下：

普通话：zǐ

闽南话：[zy3]，近似念：zì

潮州话：[ze2]，近似念：zài
广州话：[zi2]，近似念：jí
围头话：[zi2]，近似念：jí
客家话：[zu3]，近似念：zū
上海话：[tzy]，近似念：zì
无锡话：[tsy323]，近似念：zǐ
南京话：[zy3]，近似念：zī

让人失望的是韵母中的"他/它指"性"ei/欸"音居然不是很明显。然而，现实情况肯定不是这样，这或许是因为这里的"子"字读音是方言文读的结果。如果把"子"的本义"仔"拿出来念，其结果又会是怎样的呢？"方言发音字典网"中的发音情况如下：

普通话：zǎi
闽南话：[a3]、[la2]、[zy3]，近似念：à、ná、zì
潮州话：[ze2]、[gian2]，近似念：zài、già
广州话：[zai2]、[zi2]，近似念：zái、jí
客家话：[zai3]，近似念：zāi
上海话：[tze]、[tzy]，近似念：zèi、zì
南京话：[zy3]、[zy3]，近似念：zì、zī

在此，我仍说下上饶的信州区和广信区的本地腔（吴语）和麻山腔（赣语）中这两字的发音情况。前者如指"儿子"，发音则为 nì/儿；如指"小孩子"，则会说成"小鬼仔/xiāoguī zái"。后者则比较统一，均念 zuo-ēi。如此一来，"仔"字音中的"他/它指"性"ei/欸"音是明显的。

13. 甥

"甥"字在《诗经》中有看到，但与之相押韵的字也没找到。所以，只能通过"甥"本身的方言发音去探源。即便如此，"甥"字与"他/它指"性的"ei/欸"音也没有关系，它只与自己的声符"生"有关系。如此一来，外甥的这个称谓似乎更加强调他与说话者的血缘关系。

综上所述，可以看出"亲属称谓"基本上都与"他/它指"性的"ei/欸"音有关。最后让我们通过一张图来表示。

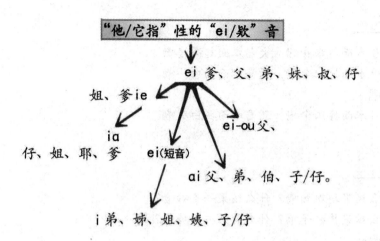

"他/它指"性的"ei/欸"音

ei 爹、父、弟、妹、叔、仔

姐、爹 ie

ia

仔、姐、耶、爹   ei(短音)

ei-ou 父、

ai 父、弟、伯、子/仔。

i 弟、姊、姐、姨、子/仔

3-4 致远的歌声

男声唱:

哎——

好口才嘞，只有三姐唱得来耶，

心想与姐对几句耶，不知金口开不开嘞。

女声唱:

心想唱歌就唱歌欸，心想打鱼就下河，

你拿竹篙我撒网欸，随你撑到哪条河嘞。

男声唱:

哎——

什么水面打跟斗嘞？什么水面起高楼嘞？

什么水面撑阳伞嘞？什么水面共白头嘞？

合声附唱:

什么水面撑阳伞嘞？什么水面共白头嘞？

女声唱：

哎——

鸭子水面打跟斗嘞，大船水面起高楼嘞，

荷叶水面撑阳伞嘞，鸳鸯水面共白头嘞。

合声附唱：

荷叶水面撑阳伞嘞，鸳鸯水面共白头嘞。

男声唱：

哎——

什么结果抱娘颈嘞？什么结果一条心嘞？

什么结果抱梳子嘞？什么结果披鱼鳞嘞？

合声附唱：

什么结果抱梳子嘞？什么结果披鱼鳞嘞？

女声唱：

哎——

木瓜结果抱娘颈嘞，香蕉结果一条心嘞，

柚子结果抱梳子嘞，菠萝结果披鱼鳞嘞。

合声附唱：

柚子结果抱梳子嘞，菠萝结果披鱼鳞嘞。

男声唱：

哎——

什么有嘴不讲话嘞？什么无嘴闹喳喳嘞？

什么有脚不走路嘞？什么无脚走千家嘞？

合声附唱：

什么有脚不走路欤？什么无脚走千家嘞？

女声唱

哎——

菩萨有嘴不讲话嘞，铜锣无嘴闹喳喳嘞，

财主有脚不走路嘞，铜钱无脚走千家嘞。

合声附唱：

财主有脚不走路欤，铜钱无脚走千家嘞。

哎——哎。

（注：歌词中的语气助词"哎"在现实的歌声中是明显偏 ei 音，故而在网上有的版本则是"嘿"，这个"嘿"是一个"ei/欸"音。）

104

这是长春电影制片厂于 1961 年拍摄的电影《刘三姐》中的一首对歌(《心想唱歌就唱歌》),是由男主人公阿牛向刘三姐发起的山歌对唱。当时,刘三姐正和她的一群姐妹在山坡上采茶,彼此间也进行着让人愉快的《采茶歌》合唱。当这边的歌声刚结束不久,山下便传来了阿牛的山歌邀唱声,他同样带着自己的一帮哥们来做帮衬,想必是内心多少有些胆怯,因为这种山歌对唱在当地当时基本上就算是相亲会了。

　　前面已有说过,ei 音其实是一种"他/它指"的呼唤。比如我们在远距离处叫一个人的时候,通常都会用一个"ei/欸"来开头,尤其是对不相识的人。这在本文开头所引的《心想唱歌就唱歌》的这首对唱山歌中就有充分的体现。每当阿牛起问(唱)和刘三姐准备回答(唱)时,两人都会先用一个长长的"ei/欸"声来起头,像是在告诉对方说:"你给我听好了,我现在就要提问或回答了。"这个"ei/欸"似乎能直指对方,目标性很强烈。与开口呼的"啊"相比,无论"啊"的音量有多么高,给人的感觉却是无指向的。

　　"ei/欸"既然有如此强烈的"他/它指"性,那除了"你""他""爸爸""妈妈""哥哥""姐姐""弟弟""妹妹"等称呼外,还衍生出了哪些词?就其强烈的"他/它指"性而言,这"指示"的"指"(或说是"手指"的"指")有没有可能就是它的衍生呢?虽然在今天的汉语普通话中,"指"是一个"零韵母",可在众多的方言里,它的韵母却是一个"i/衣",由"ei"到"i"的变化,这是符合语音演变规律的。

　　以"汉语方言发音字典网"为据,"指"字的方言读音如下:

普通话:zhǐ
闽南话:[gi3]、[zeng3]、[zi3]、[zui3],近似念:gī、zēng、jī、jì
广州话:[zi2],近似念:jí
围头话:[zi2],近似念:jí
潮州话:[zi2],近似念:jì
上海话:[tzy],近似念:zì
苏州话:[tsyu51],近似念:zhì
南京话:[zhr3],近似念:zhī

　　综上可得"指"字的方言发音有:zeng、zhi、zi、ji、gi。要是再加上一些别的方言或自拟音,则可得出下文树形图:

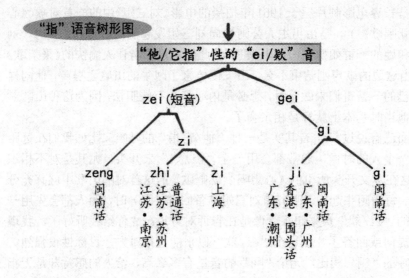

"指"语音树形图

"他/它指"性的"ei/欸"音

zei(短音)   gei

zi   gi

zeng   zhi   zi   ji   gi
闽南话   江苏·   上海   广东·   广东·   闽南话   闽南话
        苏州   潮州   香港·
普通话   广州
江苏·南京

　　从这个树形图中可以看出"指"字源于"ei/欸"音的纯粹性，因为声母 z 与g的间距实在是太大了，这在语音演变的通常法则之渐变规则下是那么的突兀，因此只能说是"指"字音的本质音是元音ê或 ei，而非声母 z 与g。

　　既然"指示"的"指"（或说"手指"的"指"）是从"ei/欸"那里衍生过来的，那"脚趾"的"趾"就很容易探清其来源，因为脚趾和手指本来就是"同根"生的，这无论是从外在的直观上，还是内心的情感上都很容易让人接受。那"树枝"的"枝"呢？表面上看，我们是人，它们是树，两者风马牛不相及，但要是抛开物种的成见，人类的手脚与树木的枝丫在其形态上又何尝不是一个模式？所以，"树枝"的"枝"与"手指"的"指"，在读音上属于一个相同的"ei"音起源也就变得合情合理。至此，让我们回过头来再去看下动物们的"肢体"的"肢"。前面"手指"的"指"和"树枝"的"枝"是同源可能还让你心存疑虑，可是"树枝"的"枝"和"肢体"的"肢"这两样东西（不仅仅是字，这里更是指物）在先人造字时就留下了明显的借音痕迹。人的"肢"有"手"和"脚"，动物的"肢"有"前蹄"和"后蹄"，在今天的普通话里，"手""脚""蹄"的读音差距还是挺大的，这或许是因为他们诞生得早，故而离"家（ei/欸）"也早。当然，这种读音间距在方言中也一样存在的，其原因是必须如此。如果说一个音承载了太多的语言信息，那它必然要给自己减负，否则，听者将无所适从，结果就是语言用来传递信息的意义将不复存在。但是，若把"所有"方言综合起来看，你仍然能够看到"手""脚""蹄"也是同源于"ei/欸"。具体情况见下文：

1. 手

普通话：shǒu

闽南话：[ciu3]，近似念：jiū

潮州话：[ciu2]，近似念：qiù

广州话：[sau2]，近似念：sáo

围头话：[säu2]，近似念：sáo

客家话：[siu3]，近似念：xiū

上海话：[soe]，近似念：sè

苏州话：[eu51]，近似念：suì

无锡话：[shei323]、[shieu323]，近似念：suěi（韵母介于 ui 和 ei 之间）、xióu（韵母介于 iu 和 ou 之间）

南京话：[shou3]，近似念：shē

综上可得"手"字的方言发音有：shou、jiu 、qiu、sao、xiu、se、sui、suei、she。若加上一些别的方言或自拟音，则可得如下树形图：

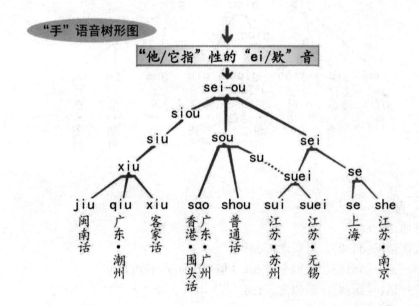

"手"语音树形图

2. 脚

普通话：jiǎo、jué

闽南话：[giok7]、[giou7]、[ka1]，近似念：giāo、giǔ、kā

潮州话：[giog4]、[gag4]、[ka1]，近似念：giāo、gā、kā

107

广州话：[goek3]，近似念：guě

围头话：[gök2]，近似念：gué

客家话：[giok5]，近似念：giǎo

上海话：[ciaq]，近似念：jiā

苏州话：[ciah43]，近似念：jiā（偏 jiāo）

无锡话：[ciah4]，近似念：jiā（偏 jiāo）

南京话：[jo5]，近似念：jiū

综上可得"脚"字的方言发音有：jiao、jue、giao、giu、ka、ga、gue、jia。要是再加上一些别的方言或自拟音，则可得出如下树形图：

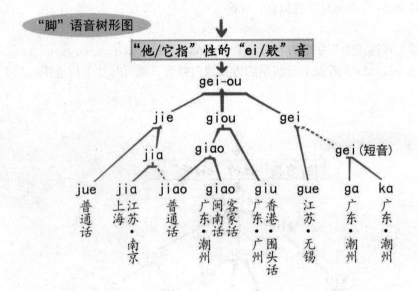

3. 蹄

普通话：tí

闽南话：[due2]，近似念：duǐ

潮州话：[doi5]，近似念：duī（似 duī 而 uo 音明显）

广州话：[tai4]，近似念：tǎi

围头话：[täi4]，近似念：tǎi

客家话：[tai2]，近似念：tāi

上海话：[dij]，近似念：dí

苏州话：[di223]，近似念：drí（卷舌）

无锡话：[di13]，近似念：dí

南京话：[ti2]，近似念：tí

综上可得"蹄"字的方言发音有：ti、dui、tai、di、dri 。要是再加上一些别的方言或自拟音，则可得出如下树形图：

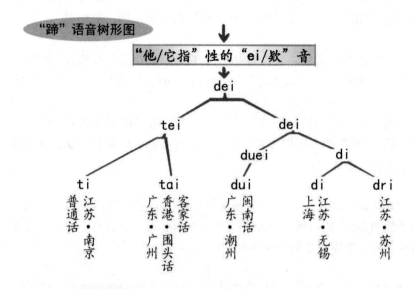

"蹄"语音树形图

现在，我们知道了从"ei"音中有衍生出"指""趾""枝""肢""手""脚""蹄"，不难发现，这些都是名词。然而在语言的自我发展和丰富的过程中，由名词变成动词的现象是很普遍的。比如从数字的"数"到数钱的"数"，从树木的"树"到树人的"树"，从阴雨的"雨"到天雨粟的"雨"等。当然，这只是文字层面上所能看到的名词转动词，要是改从语音层面上去看，名词转动词的数量也是惊人的（或许你会不这么认为），比如从手脚的"手"到看守的"守"或狩猎的"狩"乃至传授的"授"等，还有像牙齿的"齿"到吃饭的"吃"，牙齿的"牙"到啃咬的"咬"，这些都是"剪不断，理还乱"的名动互转的例子，因为，如果说动词传授的"授"是来自名词手脚的"手"，那名词教授的"授"显然又是来自于动词传授的"授"。

"ei"音，在语音象征主义中有"他/它指"的意思，这"他/它指"就是一个动作。接下来，让我们去看一下它衍生出了多少动词。

首先，让我们仅在普通话中寻找这串含有"ei"音的"他/它指"字（动词）。

1. "给"是"ei/欸"音的，"ei/欸"是"他/它指"的，所以"给"有"A点到B点"的意思。如：我～了他一个玩具。

2. "畀"是"ei/欸"音的，"ei/欸"是"他/它指"的，所以"畀"是"给"的意思。如今天的粤语还说：这个是我～他的啊！（注："给""予"

"畀"三"字/音"应该是同一原始音"给"后来的不同分支。）

3．"之"是"i"音的，"i"音是从"ei/欸"音处衍变而来的，而"ei/欸"是"他/它指"的，所以"之"有"往"的意思。如：君将何～。

4．"支"是"i"音的，"i"音是从"ei/欸"音处衍变而来的，而"ei/欸"是"他/它指"的，所以"支"有"付出"的意思。如：～付了一笔钱。

5．"寄"是"i"音的，"i"音是从"ei/欸"音处衍变而来的，而"ei/欸"是"他/它指"的，所以"寄"有"A点到B点"的意思。如：我从深圳～了一个包裹去北京。

6．"至"是"i"音的，"i"音是从"ei/欸"音处衍变而来的，而"ei/欸"是"他/它指"的，所以"至"有"A点到B点"的意思。如：坐动车从北京～上海大概需要5到7个小时。

7．"逝"是"i"音的，"i"音是从"ei/欸"音处衍变而来的，而"ei/欸"是"他/它指"的，所以"逝"有"A点到B点"的意思。如：子在川上曰：～者如斯夫，不舍昼夜。

8．"归"是"ui"音的，"ui/wei"音是从"ei/欸"音处衍变而来的，而"ei/欸"是"他/它指"的，所以"归"有"A点到B点"的意思。如：我欲乘风～去，又恐琼楼玉宇，高处不胜寒。

9．"推"是"ui"音的，"ui/wei"音是从"ei/欸"音处衍变而来的，而"ei/欸"是"他/它指"的，所以"推"有"A点到B点"的意思。如：门没有闩上，一～就开了。

10．"借"是"ie"音的，"ie/yei"音是从"ei/欸"音处衍变而来的，而"ei/欸"是"他/它指"的，所以"借"有"A点到B点"的意思。如：把笔～给我用一下。

11．"谢"是"ie"音的，"ie/yei"音是从"ei/欸"音处衍变而来的，而"ei/欸"是"他/它指"的，所以"借"有"A点到B点"的意思。如：花儿～了。

此外，还有"去""泄""泻""卸""流""赖""濑""漏"等字，它们都是从"他/它指"性的"ei/欸"音中衍化而来。只不过这些字在普通话中已失去了明显的"ei/欸"音，所以我们看不出来。

从"ei/欸"到"手指"的"指"和"树枝"的"枝"，这里的核心是一条隐线"支/之"。"支/之"的本意就是从 A 点到 B 点的意思，因此由"支/之"进而衍生出"知道"的"知"。"知"是可以通过学习得到的，当你知道的多了，在别人眼里自然就成了一个有"智慧"的人，因此，"智慧"的"智"很可能就是从"知"那里来。

仅在我们的汉语言中，将"指""枝""知""智"连成一串，对你来说，似乎觉得有点牵强。然而，让人意外的是在今天的瑞典语和芬兰语中，读音与意思的并行似乎也存在。

	手指	分支	知道	智慧
瑞典	fingrar	grenar	vet	visdom
芬兰	sormet	oksat	tietaa	viisautta

（注：这些单词仅是我在"百度翻译"里查的，准确度可能不是很高，所以在此仅作参考）

这种语音近似、意思相邻且成串的"字/词"或许就是语言在不断自我丰富的过程中所留下的痕迹。

3-5 "致远"之外的 ei 音

然而，也不是所有的"ei/欸"音都与"他/它指"有关，比如当它作为语气助词来用时，与"你""他"，乃至与"谁"就没有关系，转而与"我"们自己如何"经济实惠"地说话有关系，因为"ei/欸"音可以说是一个最省力、最容易发出的声音。

在《诗经》中的十五国风中就出现"矣""兮""思""哉""且""只""也""止""只且""乎而""焉"等十个句末语气助词。若以国为单位，则大致情况是：

《周南·卷耳》："陟彼砠矣，我马瘏矣。我仆痡矣，云何吁矣"中的"矣"。

《周南·螽斯》："螽斯羽，诜诜兮。宜尔子孙，振振兮"中的"兮"。

《周南·汉广》："南有乔木，不可休思；汉有游女，不可求思"中的"思"。

《召南·殷其雷》："振振君子，归哉归哉！"中的"哉"。

《召南·摽有梅》："摽有梅，其实七兮。求我庶士，迨其吉兮"中的"兮"。

《召南·何彼襛矣》："何彼襛矣，唐棣之华？"中的"矣"。

《邶风·击鼓》："于嗟阔兮，不我活兮。于嗟洵兮，不我信兮"中的"兮"。

《邶风·北门》："已焉哉！天实为之，谓之何哉！"中的"哉"。

《邶风·北风》："其虚其邪？既亟只且！"中的"且"。

《鄘风·柏舟》："母也天只！不谅人只！"中的"只"。

《鄘风·墙有茨》："墙有茨，不可扫也。中冓之言，不可道也。所可道也，言之丑也"中的"也"。

《鄘风·君子偕老》："玼兮玼兮，其之翟也。鬒发如云，不屑髢也"中的"兮""也"。

《鄘风·桑中》："爰采唐矣？沬之乡矣。云谁之思？美孟姜矣"中的"矣"。

《卫风·淇奥》："瑟兮僴兮，赫兮咺兮。有匪君子，终不可谖兮"中的"兮"。

《卫风·氓》："士之耽兮，犹可说也。女之耽兮，不可说也"中的"兮""也"，和"反是不思，亦已焉哉！"中的"哉"。

《王风·彼黍》："知我者，谓我心忧；不知我者，谓我何求。悠悠苍天，此何人哉？"中的"哉"。

《王风·君子于役》："君子于役，不知其期，曷至哉？鸡栖于埘，日之夕矣，羊牛下来"中的"哉""矣"。

《王风·君子阳阳》："君子阳阳，左执簧，右招我由房，其乐只且！"中的"只且"。

《王风·采葛》："彼采葛兮，一日不见，如三月兮！"中的"兮"。

《郑风·缁衣》："缁衣之宜兮，敝予又改为兮。适子之馆兮，还予授子之粲兮"中的"兮"。

《郑风·将仲子》："将仲子兮，无逾我里，无折我树杞。岂敢爱之？畏我父母。仲可怀也，父母之言亦可畏也"中的"兮""也"。

《郑风·褰裳》："子惠思我，褰裳涉溱。子不我思，岂无他人？狂童之狂也且！"中的"且"。

《齐风·鸡鸣》："鸡既鸣矣，朝既盈矣。匪鸡则鸣，苍蝇之声"中的"矣"。

《齐风·还》："子之还兮，遭我乎峱之间兮。并驱从两肩兮，揖我谓我儇兮"中的"兮"。

《齐风·著》："俟我于著乎而，充耳以素乎而，尚之以琼华乎而"中的"乎而"。

《齐风·东方之日》："东方之日兮，彼姝者子，在我室兮。在我室兮，履我即兮"中的"兮"。

《齐风·南山》："南山崔崔，雄狐绥绥。鲁道有荡，齐子由归。既曰归止，曷又怀止？"中的"止"。

《魏风·园有桃》："园有桃，其实之肴。心之忧矣，我歌且谣。不知我者，谓我士也骄。彼人是哉，子曰何其？心之忧矣，其谁知之？其谁知之，盖亦勿思！"中的"矣""哉"。

《魏风·伐檀》："坎坎伐檀兮，置之河之干兮。河水清且涟猗。不稼不穑，胡取禾三百廛兮？不狩不猎，胡瞻尔庭有县貆兮？彼君子兮，不素餐兮！"中的"兮"。

《唐风·椒聊》："椒聊之实，蕃衍盈升。彼其之子，硕大无朋。椒聊且，远条且"中的"且"。

《唐风·无衣》："岂曰无衣？七兮。不如子之衣，安且吉兮"中的"兮"。

《唐风·杕杜》："嗟行之人，胡不比焉？人无兄弟，胡不佽焉？"中的"焉"。

《秦风·终南》："颜如渥丹，其君也哉！"中的"哉"。

《秦风·交交黄鸟》："彼苍者天，歼我良人！如可赎兮，人百其身！"中的"兮"。

《陈风·汤兮》："子之汤兮，宛丘之上兮。洵有情兮，而无望兮"中的"兮"。

《桧风·素冠》："庶见素冠兮？棘人栾栾兮，劳心愽愽兮。"中的"兮"

《曹风·鸤鸠》："鸤鸠在桑，其子七兮。淑人君子，其仪一兮。其仪一兮，心如结兮"中的"兮"。

《豳风·九罭》："是以有衮衣兮，无以我公归兮，无使我心悲兮"中的"兮"。

改用表格来看，则各国风的情况如下：

国风	数量（首）	含语气词数量（首）	百分比	语气助词
周南	11	6	约55%	"兮""矣""思"
召南	14	4	约15%	"兮""矣""哉"
邶风	19	6	约30%	"兮""哉""且"
鄘风	10	6	60%	"兮""矣""只""也"
卫风	10	7	70%	"兮""哉""也"
王风	10	6	60%	"兮""矣""哉""只且"
郑风	21	13	约60%	"兮""也""且"
齐风	11	7	约60%	"兮""矣""乎而""止"
魏风	7	4	约60%	"兮""矣""哉"
唐风	12	5	约55%	"且""焉"
秦风	10	2	20%	"兮""哉"
陈风	10	2	20%	"兮"
桧风	4	1	25%	"兮"
曹风	4	1	25%	"兮"
豳风	7	1	约15%	"兮"

其中，"兮"有14国用；"矣"有6国用；"哉"有6国用；"且（含'只且'）"有4国用；"也"有2国用；"只"有2国用；"思""只""乎而""止"只有1国用。

今天，"兮""矣""哉""且""也""只""思""而""止"在普通话中的读音分别是：xī、yǐ、zāi、qiě、yě、zhī、sī、ér、zhǐ。若以前面总结的那套"去声母、介音、韵尾或直接变成'ei/㶲'音"的句末拖音法则来看，其中的"兮""只""思""止"是不合格的。若以今天的方言发音作参考，似乎也可以大致找出"兮""只""思""止"这四个语气助词的上古发音。仍以"汉语方言发音字典网"为据，四字读音分别如下：

114

1. 兮

普通话：xī

闽南话：[he2]，近似念：héi

潮州话：[hi1]，近似念：hī

广州话：[hai4]，近似念：hǎi

上海话：[xij]、[[yij]，近似念：xì、yí

南京话：[xi2]，近似念：xí

综上可得"兮"字的方言发音有：xi、hei、hi、hɑi、yi。要是再加上一些别的方言或自拟音，则可得出下文树形图：

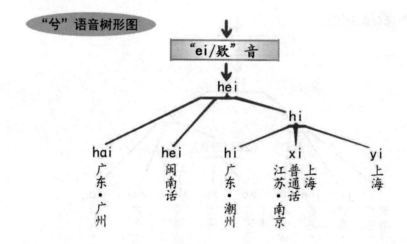

"兮"语音树形图

2. 只

普通话：zhī

闽南话：[zi3]、[zi3]，近似念：jī、jē（短音）

潮州话：[ziah4]、[zi2]，近似念：jiǎ（短音）、jì

广州话：[zek3]、[zi2]，近似念：zēi、jí

围头话：[zek2]，近似念：jié

客家话：[zak5]，近似念：zǎ（短音）

上海话：[tzaq]、[tzeq]，近似念：zā（短音）、zē（短音）

无锡话：[tsah4]、[tseh4]，近似念：zā（短音）、zāi（短音）

南京话：[zhr5]，近似念：zhí

3. 思

普通话：sī

闽南话：[si1]、[sy5]，近似念：sū、sǐ

潮州话：[se1]，近似念：sāi

广州话：[si1]、[soi1]，近似念：xī、so-ui（韵似先 o 后 ui）
围头话：[si1]，近似念：xí
客家话：[su1]，近似念：sú
上海话：[se]、[sy]，近似念：sèi、sì
无锡话：[sy44]，近似念：sī
南京话：[sy1]、[sy4]，近似念：sì、sī

综上可得"只"字的方言发音有：je、jie、ji、jia、za、ze、zhi、zei、zai；"思"字的方言发音有：si、sai、so-ui、xi、su、sei。要是再加上一些别的方言或自拟音，则可得出如下两组语音树形图：

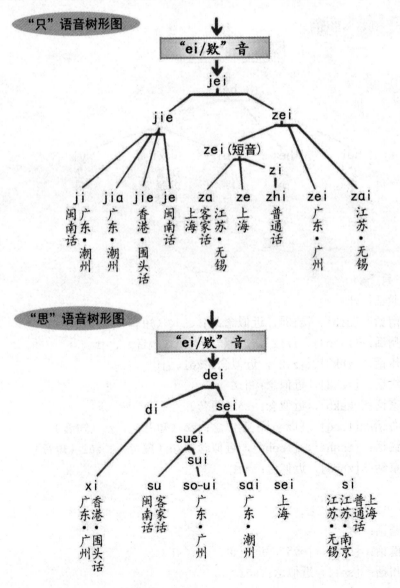

4. 止

普通话：zhǐ

闽南话：[zi3]，近似念：jī

潮州话：[zi2]，近似念：jì

广州话：[zi2]，近似念：jí

围头话：[zi2]，近似念：jí

客家话：[zi3]，近似念：jí

上海话：[tzy]，近似念：zì

无锡话：[cyu323]，近似念：zhǐ

南京话：[zhr3]，近似念：zhī

综上可得"止"字的方言发音有：zhi、ji、zi。要是再加上一些别的方言或自拟音，则可得出如下语音树形图：

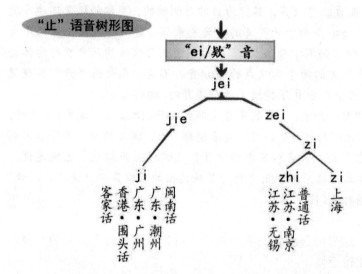

"止"语音树形图

此外，还需特别提到的另一个语音助词是"且"，这个字的普通话发音是 qiě，虽然在前面提到的那个法则下还算成立（qie 去声母和介音 ei），但以今天广东粤语中的语气助词"jiē"来代替，其语感效果会更佳。如《国风·郑风·褰裳》："子惠思我，褰裳涉溱。子不我思，岂无他人？狂童之狂也且！"翻译成白话就是："你要是爱我想我，就赶快提起衣裳蹚过溱河。你要是不再爱我想我，难道会没有别人来找我？真是一个狂妄自大的傻哥哥耶！"

倘若原诗用粤语来念，其语感和语义会比普通话读起来更加生动。让我试着用汉语拼音来拼写粤语的读音，可大致为：

"jí wǎi xī ngó，qīn sǎng xī zēn。jí bā ngó xī，héi móu tā yǎn？kuǎng tǒng jī kuǎng yá jiē/且！"（注：粤语中的我字发音 ngó，其实

有点偏向于 ngáo。）

这里"jiē/且"在粤语中的确已属于一个很常用的语气助词，其音长约为正常字音的 2 至 3 倍，是"没什么大不了"或"无所谓"的意思。

此外，还有其他一些"ei"音（韵）系列的字则与"他/它指"和"语气助词"都没关系，比如"喜/嘻""力""开""启"等。

首先，我们来看"力""开""启"三字。

"力""开""启"这三个字，徐山已在他的《汉语言的起源》之"汉语言原始层次中的儿童语言"中介绍说自己女儿在 18 个月时用力发出的感叹声/gə/与之有莫大的关联。原文如下：

S（作者女儿名）在两个月前为了打开某物，用力而发出感叹声/gə/，现在凡是要打开某物，如打开饼干袋、瓶盖，以至橱门，均发此声。

S 因为用力而发出感叹声，其行为目的是明确的，类似的语义环境多次重复以后，这样/gə/声和"开"义的声义关系得以建立并巩固，母语中有"开"这个词，但 S 仍不学母语"开"的语音，而习惯使用从自我行为体验中已抽象出"开"义的源于感叹声的/gə/音。不过，在母语"开"的规范语音的影响下，S 最终放弃了持续了两个多月的/gə/声。

《说文》："启，开也。"启的甲骨文形体为开门状。又《说文》："开，张也。"本义即开门的"开"。启，溪母脂部、开，溪母微部，两字当为同源字。"开、启"的上古音和 S 表示"开"义的/gə/声相近。也就是说，"启、开"的命名理据应源于用力打开某物发出的感叹声，只是"启、开"的语义已具体指打开门。

严格来说，这里的/gə/音与我所说的"ei"音还是有点区别的，虽然它们在总体上比较近似。

其次，来看下"嘻"，"嘻"字在普通话念 xī；粤语发音近似念 hēi；闽语和客家话发音近似念 hí；上海话发音近似念 xì。就这四个音，很容易就能排列出一条 hei→hi→xi 的语音渐变线，这是一个从喉音部位向齿音部位的发展。显然，hei 音更为接近"嘻嘻笑"的语音原声态，而 xi 音已经完全语言符号化。之所以这么说，是因为你在今天去挠一个小孩的痒痒时，他会紧紧地缩起自己的胳膊和脚，并且歪斜着自己的脑袋以防止你对其敏感部位的袭击，而这一切动作都是在他们强烈的"heihei/嘿嘿"笑声中进行的。

至此，我们有理由相信，"喜气"的"喜"应该是从"笑嘻嘻"的"嘻"中衍生而来。注意！我在这里没有说"喜气"的"喜"字应该是从"笑嘻嘻"的"嘻"字中衍生而来，因为我讲的是汉语音，而非汉字。

第四章
动物的称谓

4-1 史前狩猎

在一个阳光还没照射到大地的清晨，远处的高山被一片浓浓的云海所包裹。而在近处，零星的积雪则像斑点一样点缀着那枯黄的山坡，微风徐来，一股寒意顿上心头。这时，只见一个蓬头垢面、手持长矛的男孩用极其期望的眼神望着远方，他内心显得有些焦急，像是急切渴望一样东西的出现。像这样的守望与等待已经持续了好多天，虽然此前总是失望而归，但他深信那东西马上就会来到这里，或者说是它们的迁徙会经过这里。

突然，这个手持长矛的男孩眼睛一亮，便立马转身向自己的部落跑去，他需要把这个信息告诉自己的族人，因为它们来了。

这是一个狩猎的季节，每年一度的猛犸象迁徙都会经过这里。狩猎的成功与否，关系着部落的生存，所以，每个人都全心全意地加入了这场狩猎行动。就这样，部落里的成年男子纷纷拿起了自己的长矛，不约而同地聚集在一位年长的猎人头目那里。头目表情严肃，右手高举着一把用动物龙骨装饰的白矛走到大家跟前，然后厉声说道：这白矛是勇气与力量的象征，是我们的图腾，今天，它将归属你们中的一个，因为这次猎杀猛犸象的人不会是我，而是你们当中的一人。话音刚落，底下的人便议论了起来，然后纷纷把目光投向平时表现最出色的那个人身上。

枯黄的草丛毫无生气，徐徐的微风使它笨拙地弯了一下自己的身躯。透过草丛是猎人们匍匐前进的身影，他们个个目光炯炯、心无旁骛地盯着前面的两个目标，一是头目的手势信号，一是猛犸象群的动向。只见头目把自己的身体尽可能压低，做到不打扰正在吃草的象群，不但自己这么做，同时也把这信息传递给身后的年轻人。

高大的猛犸象毫无警惕之意地让猎人头目慢慢靠近，在它眼里，这个人是如此的渺小，根本不可能伤害到它。头目匍匐在地，缓慢前行，粗大的象腿每次从身边踩过时，他的内心总会不自觉地打颤，因为凭它的体重，踩扁自己根本不成问题。虽然危险，但他还是继续向前，因为他要把领头的那只猛犸象给找出来，这是狩猎成功的关键。

终于，头目向身后的年轻猎人们打起了手势，说他已经找到了那只领队的猛犸象，让大家做好准备。然后他鼓足勇气在这只高大的猛犸象跟前猛然间跳起，同时手持长矛在它面前使劲挥舞并大声吼叫。这一举动着实把猛犸象给吓了一跳，使它本能地高抬前腿，且将鼻子伸得老长，然后发出了一声长长的鸣叫。这叫声打破了象群的悠闲与安逸，所有的象顿时紧张了起来，因为这叫声来自它们的头领，难道有危险向我们靠近？猛犸象们的内心肯定是这么想，而就在此时，埋伏在周边的所有猎人也一拥而起，并发出刺耳的尖叫声，手舞着长矛向它们奋勇冲来。这突如其来的变故着实把象群给惊动了，首先是那些胆小的猛犸象跑了起来，然后其他猛犸象也跟着跑，就这样，象群彻底失控了。

猎人们在象群后面追赶，最后将它们赶入了事先设好的埋伏圈，在一个狭小的隘口，他们用一张大网把跑在象群最后面的那头猛犸象给网住了。年轻的猎人们赶紧冲了上去，用自己手中的长矛使劲向它投去。然而这头猛犸象的力气实在太大，挣扎没多久便让网从石柱上脱落了，即使背上缠挂着网，仍势不可当地冲出了人群。

"拉住，拉住它，别让它跑了！"头目大声喊道。话音刚落，只见所有的年轻人争先恐后地朝网扑了上去，想用自己的力气拉住这只猛犸象。然而与猛犸象相比，所有猎人的力量之和也不够，他们虽然勇敢，最后也只能像沙子一样被猛犸象从网上拖甩得干干净净。

众人已被纷纷甩掉，但头目和另一个年轻人却始终没能松手，头目见大势已去，于是开口对那个年轻人说："松手吧，我们制服不了它，快松手。"年轻人的脸显得有些惊慌，但却没有要松手的样子，因为他的手被网给缠住了。所以在头目放弃之后仍剩他一个继续"追击"猛犸象。

他被狂拖了好长一段路程，最后在一个偶有石头突兀的山坡上，缠挂在象背上的网被扯了下来。顿时，无赘一身轻的猛犸象似乎回过了神，发现自己身后已没有大群猎人在追击，而只剩一个看似疲惫且瘦小的人在身后。于是调转方向朝这个势单力薄的猎人冲了过去，想将对方踩扁，或者说是想用自己的长牙将对方给高高挑起，然后彻底摔死他。一个愤怒的冲锋，一个求生的躲闪，在第一个回合下，年轻的猎人躲过了猛犸象的报复。紧接着又是一个调头的冲锋，他赶忙拾起缠挂在网上的一根长矛，朝迎面冲撞而来的猛犸象还击，这一还击虽激活了自己作为一个猎人的勇气，但同时也更加激起了对方的敌意。我的神啊！保佑我，让我这次一定要将它给刺杀。年轻猎人的内心在这样祈祷。而就在这一祈祷刚过，猛犸象便长啸一声再次径直地朝他冲了过来，它那庞大的身躯着实吓人，若无誓死之心，很多人肯定是会胆怯的。但他必须稳住、稳住、再稳住，然后在一个很恰当的时机，用自己手中的长矛对准一个恰当的位置刺进对方的心脏，这样他就成功了。

它越来越近，越来越近，在这危急时刻，年轻的猎人将长矛的柄插入脚下的石缝中，使自己没有后退的余地，这像是破釜沉舟、置之死地而后生的决心。然后，就在这庞然大物冲到跟前时，他仍然是扔下手中的武器后退了！猎人退却了，可猎人的长矛却没有退却，岿然不动地伫立在那，去完成自己的使命——刺杀出现于自己跟前的一切猎物，包括眼前的这头猛犸象。砰

——只见一个庞大的身影沉重地倒趴在地下，之后再也没力气站起身来向猎人发起攻击。原来它在奔跑的惯性下，将自己的胸膛对准在锋利的长矛面前，犯下一个无可挽回的致命错误。就这样，它被刺死了……

以上情节出自于电影《史前一万年》。以今天的史前史观点来看，史前一万年左右算是新石器时代早期，那时的农业应该还不是很发达，所以新石器时代初期应该是一个半农耕半采集狩猎的时代。

今天的我们对狩猎这种活动已没有什么印象，但流淌在体内的血液仍时不时地让我们有奔跑追逐的冲动以及对斗犬斗牛场景的观看兴趣，这或许是史前狩猎活动所留下的影子之一。对大多数的普通人而言，史前的狩猎活动场面究竟怎样已不得而知，比如前面刚提到的猎杀猛犸象的浪漫场景，之所以说它浪漫是因为史前人类即使再勇敢和强壮，若硬要去和大型动物搏斗，这显然是不理智的，所以《史前一万年》中的狩猎情节是不可信的。

相比之下，个人还是觉得影片《阿尔法之狼伴归途》的狩猎情节更接近现实，其剧情如下：

时当正午，一群手持长矛的猎人正匍匐在草地上，缓慢地朝着不远处的那群野牛爬去。而太阳的光芒则从云缝中斜射而出，然后毫无爱意地洒照在这片不是很肥沃的高原上。

微风拂面，一丝寒意随之而起。枯黄的野草已濒临生命最后的时光，这使野牛本能地产生了一种危机感。漫长而严酷的寒冬即将来到，食物的匮乏意味着难忍的饥饿，所以，每只野牛都专注地低垂着自己的头颅在吃草，谁也无暇顾及人类的慢慢靠近。

就在这缓慢的推进过程中，猎人头目总会配合有力的手势低声向身边同伴说道："慢点，慢点，别惊动它们。"

乙虽竖耳聆听，两眼却直勾勾地盯着前方；丙久匍未动，这使得蚂蚁也大胆地爬上它眼里的手状小山包；此外，亦有旁边的丁因当下口渴而不自觉地做出了一个吞咽动作。大家都在等待，等待那个危险与勇气、力量与收获并存的时刻。

突然，只听头目的一声叫喊：冲啊！顿时，所有匍匐在地的猎人拔地而起，同时发出最大的吼叫声，一窝蜂似的朝着野牛方向奔去。野牛群大惊，慌不择路地四处逃窜，在猎人们的一阵标枪雨的攻击下，它们是你推我挤，胡乱撞击，甚至相互践踏，最后被逼得纷纷掉下了悬崖……

以上便是《阿尔法之狼伴归途》中的狩猎场景，它体现的是人类的智取，而非《史前一万年》中的蛮力加运气。就剧情中的时间定位而言，编导是严谨的，他把故事定格在欧洲的两万年前，所以影片中的猎人们只使用长矛，而没有使用弓箭，因为那时还没有弓箭。就目前的史前岩画资料来看，人类要到公元前一万年左右才学会使用弓箭。因此今天的我们在回顾这段史前狩猎活动时，应该相信我们的祖先是有多么的勇敢且聪明，而你我正是他们的后代。

图 4-1-1 早期的狩猎者

图 4-1-2 追捕猎物的猎人-1

图 4-1-3 追捕猎物的猎人-2

以上三幅岩画均出自《世界岩画·原始语言》。（[意]埃马努埃尔·阿纳蒂著；张晓霞等译/宁夏人民出版社）

在史前的数千万年间，人类很长时期都以狩猎采集为生，处于游牧或半游牧的状态。后来由于气候变化、人口增加、猎物减少以及文化演变等因素的影响，人们逐渐定居下来，而部分动物的成功驯化也为这一状态的转变提供了合适的契机。1万年前，部分动物的驯化已经完成，城镇也开始出现，其中最成功且先进的当属中东地区。在地中海东部沿岸一直到里海和波斯湾，几乎所有主要家养动物的最早遗骸都发现于该区域。据推测，在驯养初期，人们将可驯化物种的年轻个体圈养起来，但只有那些能够适应人类约束、且愿与人接近的物种才能存活下来。家养动物经过驯化后对人类的贡献与日俱增，后来发展为畜牧产业，成为以农业经济为基础的现代文明中不可或缺的组成部分。

然而，动物的驯化却是一个非常复杂和渐进的过程，至今全球只有很少量动物被成功驯化。据统计，世界上148种体重在45kg以上的非食肉类动物物种中，只有15个物种被成功驯化。

目前，人们认为家畜驯化至少在世界12个区域发生。令人感兴趣的是并非所有的驯化中心都与我们的作物原产地密切相关。在一些地区，如在新月沃土（指中东两河流域及其附近一连串肥沃的土地，包括当今以色列西岸、黎巴嫩、约旦部分地区、叙利亚、伊拉克和土耳其的东南部），作物和家畜的驯化中心是相互混杂的，而在另一些地区（如非洲大陆）作物和家畜的驯化大多独立发生。另外，还有一些物种的驯化中心目前尚不确定，在这种情况下人们普遍认为重要作物的原产地中心，也是家畜物种的驯化和多样性中心，这些地区包括：南美洲安第斯山脉（美州驼、羊驼、豚鼠）；中美洲（火鸡、番鸭）；非洲东北部（牛、驴）；西南亚包括新月沃土（牛、绵羊、山羊、猪）；印度河流域地区（牛、山羊、鸡、河流型水牛）；东南亚（鸡、巴厘牛）；中国东部（猪、鸡、沼泽型水牛）；喜马拉雅高原（牦牛）；北亚（驯鹿）。此外，阿拉伯半岛南部地区是单峰驼的原产地，而双峰驼的原产地可能是伊朗，马的原产地可能是欧亚干旱草原。（注：以上三段内容摘于《家养动物的驯化》）

就这样，我们从狩猎走向了畜牧，从手拿长矛和弓箭的奔跑追击走向了手持长杆与挥鞭的放牧。那么，现在的问题来了，这些动物的名称是怎么来的？为什么"牛"被叫作"牛"，而不是叫作"马"？为什么"鸡"被叫作"鸡"，而不是叫作"鸭"？这的确是个有意思的话题，接下来就让我们一起去聊聊吧！

4-2 动物的称谓

是否还记得《前言》中介绍的四种语言起源说，它们分别是：
一、语言自然模仿说（Bow-Wow theory，音译为"汪汪说"）；
二、语言先天反射说（Ding-Dong theory，音译为"叮咚说"）；
三、语言感情反应说（Pooh-Pooh theory，音译为"呸呸说"）；
四、语言共同呼应说（Yo-He-Ho theory，音译为"哟嗨嗬说"）。

显然，在动物之名这节中，"语言自然模仿说"是占主导地位的。因为动物的叫声往往会被人类拿来对它们进行命名，比如猫与喵喵、鸭与嘎嘎、鸡与叽叽的对应等。然而，对动物叫声的模拟在不同的人那里也不尽相同。因此人们对"语言自然模仿说"也就变得不太相信。即便如此，我个人仍然坚信"语言自然模仿说"对动物之名的创造是重要的。比如一首名叫《象声词——动物的叫声》的儿歌，里面的动物叫声词与其相对应的动物称谓就挺相似。其歌词如下：

小鸟怎样叫？小鸟啾啾叫。啾啾啾，啾啾啾，小鸟啾啾叫；
乌鸦怎样叫？乌鸦哇哇叫。哇哇哇，哇哇哇，乌鸦哇哇叫；

斑鸠怎样叫？斑鸠咕咕叫。咕咕咕，咕咕咕，斑鸠咕咕叫；
喜鹊怎样叫？喜鹊喳喳叫。喳喳喳，喳喳喳，喜鹊喳喳叫；
燕子怎样叫？燕子呢喃叫。呢呢喃，呢呢喃，燕子呢喃叫；
大雁怎样叫？大雁嘎嘎叫。嘎嘎嘎，嘎嘎嘎，大雁嘎嘎叫；
蜜蜂怎样叫？蜜蜂嗡嗡叫。嗡嗡嗡，嗡嗡嗡，蜜蜂嗡嗡叫；
鸭子怎样叫？鸭子嘎嘎叫。嘎嘎嘎，嘎嘎嘎，鸭子嘎嘎叫；
小鸡怎样叫？小鸡叽叽叫。叽叽叽，叽叽叽，小鸡叽叽叫；
青蛙怎样叫？青蛙呱呱叫。呱呱呱，呱呱呱，青蛙呱呱叫；
母鸡怎样叫？母鸡咯咯叫。咯咯咯，咯咯咯，母鸡咯咯叫；
公鸡怎样叫？公鸡喔喔叫。喔喔喔，喔喔喔，公鸡喔喔叫；
蟋蟀怎样叫？蟋蟀蛐蛐叫。蛐蛐蛐，蛐蛐蛐，蟋蟀蛐蛐叫；
老鼠怎样叫？老鼠吱吱叫。吱吱吱，吱吱吱，老鼠吱吱叫；
小猫怎样叫？小猫喵喵叫。喵喵喵，喵喵喵，小猫喵喵叫；
老牛这样叫？老牛哞哞叫。哞哞哞，哞哞哞，老牛哞哞叫；
小狗怎样叫？小狗汪汪叫。汪汪汪，汪汪汪，小狗汪汪叫；
羊羔怎样叫？羊羔咩咩叫。咩咩咩，咩咩咩，羊羔咩咩叫；

在这首儿歌中，只有老牛的叫声"哞"与儿歌中的唱音不同，儿歌中的唱音是一个类似于声母 w 韵母 e 的音，但这个音与现实的牛叫声不符。列举这首儿歌的本意仅是想借其中的拟声词来讨论一下动物叫声与动物称谓的关系。如以同韵即为关联的标准来看，19 个动物中有 7 个动物的名字是与其叫声有关联的，占比为 38%，若减去小鸡、母鸡、公鸡的划分，占比则上升到 43.7%。但这只是以普通话的标准来看。假如放宽到方言的标准，则小鸟的"鸟"与"啾"；斑鸠的"鸠"与"咕"；喜鹊的"鹊"与"喳"；大雁的"雁"与"嘎"；老鼠的"鼠"与"吱"也都是同韵的，如此一来，占比就高达 75%。这么一个高的比例，显然不是巧合，所以"语言自然模仿说"在动物之名这节中肯定是重要的。接下来就让我们从身边的家畜开始，去认真了解一下动物之名与动物叫声的关系。

一、家畜

（一）牛

在《驯化·十个物种造就了今天的世界》一书（作者：[英]艾丽丝·罗伯茨；读者出版社。为方便起见，后面将简称为《驯化》）中，它大致被如下介绍：

大约 1 万年前，近东地区出现了家养牛；

　　9000 年前，抵达南亚，并和当地牛发生了大规模杂交，瘤牛基因和特点可能就是这样被引入到家养牛的身上；

　　8500 年前，家养牛传到了意大利；

　　7000 年前，它们已经跟随着早期农民到了西欧、中欧、北欧与非洲；

　　5000 年前，牛抵达了东北亚。

　　而绵羊和山羊从中东向外扩散时，却走入了一片未知之地，因为其他地方并没有野生同类和它们杂交。但是家养牛的情况就不一样，野牛的分布横穿欧亚大陆，家养牛到处与野牛发生杂交。

　　这是作者给我们呈现出的关于牛的驯化与迁徙的大致时间线。然而关于家畜驯化的历史终归是复杂的，在不同的人那里自然会有不同的观点。比如《家养动物驯化与品种培育》一书（作者：李宁、方美英；科学出版社。为方便阅读，后面将简称为《驯化与培育》）则如此介绍：

　　凡是属于牛科的现有家畜和野生牛属动物，都有共同的古生物学起源。它们最早的祖先也和马属动物一样是小型五趾的古动物，在进化史上与鹿科动物较为接近，最终演化成为偶蹄类，而马属动物早就与它们分支，进化成奇蹄类。因此，牛类的进化历程晚于马，但驯化成家畜却以牛居先。现代牛类家畜的直系祖先主要起源于亚洲东部和中亚草原地区。

　　读完这小段，突然觉得有一个问题，那就是"牛"这个字到底是属于哪个品种？毕竟牛有黄牛、水牛等不同种类，而不同的驯化中心都没有同时驯化两个品种的牛。让我们暂存疑问，继续翻看《驯化与培育》一书中的介绍。

　　1. 黄牛的起源和驯化

　　现今牛的祖先是原产印度的原牛，其驯化最初发生在公元前 6000 至前 4000 年的印度、近东和埃及，之后散布于欧亚两洲北纬 60°以南的大部分地区以及北非。由于分布范围广大，产生许多具有地域性的品种。原牛体躯巨大，公牛高 175~200cm，母牛高 150~170cm，恺撒曾描绘"其如大象"。牛的驯化过程被前人很好地记录下来，有可靠的证据表明 3 个独特的野牛亚属有 3 个独特的驯化事件。B. p. primigenius 是大约 8000 年前在新月沃土被驯化，B. p. opisthonomous 可能 9000 年前在非洲大陆东北部被驯化，它们分别是近东和非洲无肩峰黄牛(B. taurus)的祖先。而肩峰瘤牛(B. indica)是在较晚期，7000~8000 年前，在巴基斯坦的印度河流域被驯化。最近有学者提出东南亚是第四个驯化中心，但它是独立发生，还是本地野生牛基因渗入到近东产地牛中尚不清楚。

　　关于我国黄牛的起源问题存在两种不同的学说。一种是二元学说，该学说认为中国黄牛主要起源于早期饲养在我国黄河中下游一带的普通牛和瘤牛，二者的分化发生于距今14 100—44 500年前。在演化过程中，中国北方黄牛受普通牛的影响大，南方黄牛受瘤牛的影响大，而中原黄牛则受到普通牛和瘤牛的混合影响，是由普通牛和瘤牛长期交汇融合形成的。因此从南到北，瘤牛血统逐渐减少，普通牛血统逐渐增加。

另一种是多元学说，认为中国黄牛可能起源于普通牛、瘤牛和牦牛，甚至可能含有斑腾牛、印度野牛和非洲瘤牛的血统。比如通过一些mtDNA多态性的研究，发现黄牛群体中含有牦牛和非洲牛的血统。虽然这一学说在国内外得到了基本公认，但究竟起源于哪几个牛种，目前尚无一致观点。

由此可见，中国黄牛的起源十分复杂，其与不同时期的自然经济、文化综合因素相互融合，逐步形成了现今庞大的种群资源。

2. 水牛的起源和驯化

家养水牛的祖先无疑是亚洲的野生水牛，根据它们的表现型和染色体以及近期的线粒体DNA研究结果可确认两种主要类型：一种是分布于印度次大陆、近东、中东和东欧的河流型水牛；另一种是分布于中国和东南亚国家的沼泽型水牛。这两种类型在印度次大陆的东北部进行过杂交，并且可能是被分别驯化的。河流型水牛的驯化中心可能是在5000年前的印度河流域和/或幼发拉底河和底格里斯河流域；而沼泽型水牛的驯化至少是在4000年前的中国，与该地区水稻种植的兴起有关。

需要强调的是，在微卫星和mtDNA的研究下，人们肯定了中国水牛的沼泽型类型，而且还发现了中国水牛进化中形成的A、B两个线粒体DNA支系，即有两个母系起源，并且支系A曾经历过群体扩张事件，支系B具有较高的分化程度，为较为古老的一支，可以明显地划分为两个次要的亚支系B1和B2；A、B两支系分歧时间大约在18 000年前；中国、印度、巴西、意大利和东南亚地区、澳大利亚的水牛mtDNA D-loop区全序列分析表明，中国沼泽型水牛和来自印度半岛的河流型水牛是分别在当地独立驯化的，并在东南亚地区形成了杂交。

此外还有牦牛、大额牛和巴厘牛等，在它们的起源与形成史中，除了牦牛是用了较为肯定的语气说起源于欧亚大陆东北部，其他两种则没有具体而明确的结论。限于篇幅，在此就不多作摘引，而是回到本书的主题中去，即通过汉语音去看史前的记忆。

在《甲骨文字典》中，"牛"字的解释如下：

篆书	甲骨文										
牛	周甲探八九	四期甲五三五	三期粹一五一	一期乙七四三	一期合二六八	一期甲二六六	一期乙六七二	一期乙九○五	一期乙五七○一	一期乙七二六一	一期甲二○二
解释栏用字		**A**			**B**						

A上象内环之牛角，下象简化之牛头形，金文同，为小篆所本。又有别体作B形，系自侧面描摹牛体。

在《说文解字》中，牛的注解是：

"牛，大牲也；牛，件也；件，事理也；象角头三，封尾之形。凡牛之属皆从牛。"

大牲，意思是指祭祀用的全牛；件，徐锴《系传》中说："件，若言物一件两件，大则可分也。"《说文·人部》："件，分也。从人从牛。牛大物，故可分。"象角头三，指小篆字形上部三岐者像牛两角与头之形；封，牛肩胛坟起之处。

而在"牛"属下面的字共有47个，其中义指其毛色或纹样的字有11个，可见牛在人类的饲养下，基因开始变得多样。如唐朝韩滉创作的《五牛图》中就有一只花斑牛，若用单字来称谓，便可用"牻/pēng"，该字的解释是："牛，驳如星也。"虽然它在今人的眼里有点像奶牛（荷尔斯泰因-弗里塞奶牛），但今天的奶牛是20世纪后半叶的人工杂交产物（《驯化》一书中的观点）。

图 4-2-1 五牛图（局部）

此外，《说文解字》中还有"犙、牬/bèi、犙、牭/sì"这四个字，其解释分别为："犊，牛子也；牭，二岁牛；㸇，三岁牛；牭，四岁牛。"很奇怪,为什么会以岁数来给牛命名？难道它们的差别很明显吗？为什么五六岁乃至其他岁的牛就不见命名？这个问题挺让人好奇。但当你在《驯化》一书中看到这段文字时，便会恍然大悟。原文是：

> 欧洲中部新石器时代的牛骨揭示的不仅是牛的体型变小，还有未成年数量的增加。这说明人类对肉类生产更加重视。小牛长得快，到了三四岁成年后，生长速度就会直线下降。养一头成年牛，所得的肉增加不了多少。

这段文字不但解释了早期的牛的主要用途是作为肉类生产，同时也为前文中的沼泽型水牛在中国的驯化与该地区水稻种植的兴起有关的观点提供了佐证。以《中国远古时代》的观点来看，大约在公元前5000年的河姆渡文化中就已经呈现出发达的稻作农业，这促进了家畜饲养业的发展。遗址中普遍发现猪、狗、水牛的骨，从猪的死亡年龄及陶塑小猪的形态看，已经是人工饲养的产物,水牛此时也可能已经被驯化。而在北方的仰韶文化前期(约前第五千纪前叶后段至前第四千纪中期)，根据对居址及墓地出土的动物骨骼鉴定来看，也发现最普遍饲养的动物是猪，其次是狗，再其次是鸡和黄牛。然而，从牛被作为畜力来用的这一点上看，北方却比南方要晚，因为在龙山时代，良渚文化已经出现犁铧、破土器、耕田器等，犁耕的出现为畜力的利用提供了可能，而此时的黄河流域，耕作农具却仍是铲和石耜。正如在前文"我们从哪里来"中讲炎帝时说的：

> 即使到了周代，牛的这种畜力似乎还没有被足够重视和珍惜，如《小雅·楚茨》说："济济跄跄，絜尔牛羊，以往蒸尝。或剥或亨，或肆或将。"这就证明周人对于牛的翻地作用仍不重视，即使在准备耕种黍粟稷时，祭祀仍用牛作为重要的牺牲。

说了这么多，最终的问题还是"牛"字音究竟源自哪里。

首先，从《说文解字》中的"牛，件也"这句话来看，似乎说明"牛"字音是与舌尖齿音 i 有关的，如在普通话中的"牛"字发音就含有介音 i。但前面说过，像 i 这样的舌尖齿音在语音象征主义里通常都与"小"和"前"联系在一起，可我们的牛却不小，尤其是驯化之初的原牛，恺撒就曾将原牛描绘为大象。但身躯大并不代表其叫声也就一定大，如犀牛的叫声就很细，有点像海豚音。

其次，从目前的方言发音上看，大致可得：

普通话：niú
闽南话：[ngu2]，近似念：wú

潮州话：［ghu］，近似念：ghū(声母g偏h)

广州话：［ngau4］，近似念：ngǎo

围头话：［ngäu4］，近似念：ngǎo

客家话：［ngiu2］，近似念：ngiǔ

上海话：［gnioe］，近似念：nyér

苏州话：［nyieu223］，近似念：nyěr-ēi

无锡话：［nieu13］，近似念：nyér

南京话：［liou2］，近似念：liú(声母 l 偏 n)

此外，还有江西上饶广信区的本地腔（吴语）ngei，以及麻山腔（赣语）ngɑi。

综上可得"牛"字的方言发音有：nyer、niu、liu、ngiu、ngao、ghu、wu。据此则可得出"牛"语音树形图，详见下文。从这个树形图中看，我们得出"牛"字音的起源是一个 ei-ou 音，这个音是否正确？暂不得而知，但至少它与"哞"叫声是对应上了。

"牛"字音是否真的源自于 ei-ou 这个音？面对这一问题，就让我们现在去看一下黄牛和水牛的鸣叫声，如图 4-2-2 和图 4-2-3。（注：声波频谱图是通过 Adobe Audition CC 2017 软件生成导出的。）

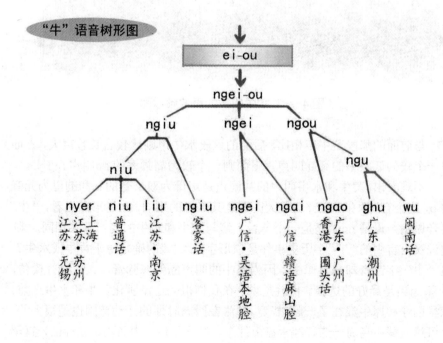

"牛"语音树形图

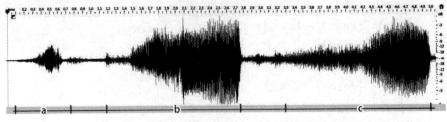

图 4-2-2 黄牛叫声的声波频谱图

这是一段黄牛叫声的声波频谱图，其中的 a 段音类似于 móu（韵偏 e），b 段音类似于 má（韵偏 e），c 段音类似于 m-má（韵偏 e）。据此，我也终于知道了在我老家为什么呼牛时会喊 m-má 这个音，根源或许就在这里。

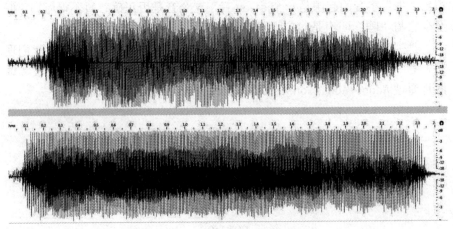

图 4-2-3 水牛叫声的声波频谱图

与前面的那段黄牛声相比，后面的这段水牛声则比较音长且声大，上面是一个较为低频率的 móu 叫声，下面则一个较为高频率的 má 叫声。

不难看出，黄牛和水牛叫声的共同点是声母为双层音的 m 和韵母为元音的 o，这个音与"牛"字音的最大区别是其声母的不同。从树形图上看，"牛"字音原始声母是 ng，ng 是一个鼻音，这与黄牛和水牛的叫声都不相同。难道说汉语言中的"牛"字历史事件是象形字的"牛"的确是源于黄牛或水牛？但"牛"字读音却来自犀牛，因为犀牛的叫声酷似海豚音，人若进行模仿，鼻音 ng 当是最好的选择。也就是说，在我们祖先还没驯化黄牛和水牛之前，就早已经和犀牛混在了一起。毕竟，犀牛在殷商时期的活动范围也是很大的，北可达内蒙古乌海一带，经六盘山往东，过子午岭、中条山、太行山，直至泰山北侧，长达一千八百多千米。

当然，犀牛的叫声没有 o 这个音，所以最终的结论就是我们汉语中的"牛"字音是源于犀牛、黄牛和水牛叫声的共同产物。

（二）羊

在汉字中，"羊"字很特别。比如我们的"羊年"这个"羊"，到底是绵羊还是山羊？就让老外犯了难。

在羊亚科中，绵羊属与山羊属极为接近。从分子遗传学上看，两者的分化时间约 500 万年。绵羊与山羊的区别在于绵羊的前肢与后肢具有腺体，面部稍呈弓状，中央圆凸，角多呈螺旋状，争斗时向前突进。山羊角多直，面部不呈弓形，在岩石上善跳舞，争斗时提高后肢，以头横撞，用角尖御敌。

首先，来看绵羊的起源与驯化：

家绵羊源于野生绵羊是不争的事实。野生绵羊的 3 个物种，东方盘羊、盘羊和欧亚盘羊被认为是家养绵羊的祖先，但是近期的遗传研究未发现东方盘羊和盘羊的遗传贡献。

绵羊起源于欧洲以及亚洲的较冷地区，原产于里海与咸海周围草原的野羊，为现今家畜绵羊的共同祖先。它由该处传布至中东，经瑞士而分布于全欧洲，再经西班牙而传布至北非。因其身上长有似发的长毛，另具柔软的短羊毛层，居住于寒冷地区的人类首选绵羊繁育，生产羊毛，供制御寒衣物之用。因此，我们在约 10 000 至 20 000 年前的尼安德特人聚居的瑞士湖遗址中发现了羊毛织物的遗迹；知道了公元前 4000 年的巴比伦人用羊毛制衣服。

据 Peters 等（1999）报道，8000—9000 年前，绵羊可能已在新月沃土被首次驯化，考古学信息表明在土耳其共有 2 个独立的绵羊驯化地区：一是土耳其东北的幼发拉底河上游；一是安纳托利亚中部。但目前的多数学者认为绵羊最初是在距今 10000 年前的西亚"肥沃新月形地带"驯化的，也就是从巴勒斯坦向北延伸到黎巴嫩、土耳其南部，然后向南延伸到伊朗、伊拉克边界。这个地带中有三个驯化的核心区域，即伊朗的克尔曼沙汗高地、土耳其的卢里斯坦地区以及伊拉克的扎格罗斯山西部地区。

对于我国绵羊的驯化，有专家认为中国的绵羊至少可以分为两种类型：一种类型与盘羊一致；另一种与羱羊一致。另外，考古发掘也认为中国的绵羊不是源于一个类型。如我国河北武安磁山遗址出土的迄今为止我国最早的羊骨（8000 年历史）及我国河南省新郑县裴李岗、陕西省西安市半坡、陕西省临潼县姜寨等出土的新石器时代羊骨或陶羊，都可以肯定我国家养绵羊驯化与中亚"新月形地带"驯化中心较为一致，进而争议部分家养绵羊是独立驯化的结果。然而，也有专家持不同看法，认为仅凭借考古发掘的羊骨骼遗存的形态学比较，及现今野盘羊与家绵羊可杂交繁育后代的事实，来断定中国家绵羊起源于盘羊是为时尚早。另外，分子遗传学的研究结果则使绵羊的驯化之源更难以解释，因为公开报道的研究结果与上述的考古学、古生物学、解剖学以及染色体核型分析不尽相同，甚至有相悖之处。例如，线粒体的研究表明，中国绵羊存在三个母系起源，C型线粒体在欧美绵羊品种中没有出现。因此对我国绵羊起源驯化的研究还需进一步深入。

其次，再来看山羊的起源与驯化：

尽管目前缺乏详细的资料，尚不足对山羊的起源下定论。如：血液生化多态性的研究结果认为全世界家山羊是单一起源，均源自弯角羚羊；细胞遗传学的研究则认为山羊的祖先与绵羊相同，山羊的核型更接近其祖先的核型。或许是角度与标准不同，所以结果才不同。即便如此，但有关山羊的驯化仍可呈现出一个大概。即从考古学的信息上看，山羊的驯化发生在 10 000 多年前，地点位于新月沃土的 2 或 3 个地区，而后才扩散到其他地方。

目前已在家养山羊中鉴别出 5 个独特的母系线粒体主要谱系，其中一个谱系在数量上占主要优势，并在世界范围出现，而另一个谱系则是当代的产物。它们可能反映了新月沃土的原始山羊的驯化过程，其他谱系的地理分布更加有限，可能与其他地区的山羊驯化有关。

家山羊在西亚初步驯化后形成三个系统：

1. 原始型：此类型仍保留着立耳、弯刀状角等许多原始特征，多为小型种。

2. 旱原型：具有旋角特征（两侧对旋或顺旋）。

3. 努比亚型：具有凸出的颜面（罗马鼻）、大垂耳、卷角或无角，多为大型乳用种。

我国具有原始型和旱原型两个系统，以及两系统间的混血类型。前者包括鄂、湘、赣、闽、粤等东南家畜文化区和西南文化区中的部分地区品种，其半驯化的先祖早在新石器时代已进入我国；后者主要分布在东北、内蒙古、新疆、青藏四个家畜文化区，于新石器时代进入我国，各绒毛山羊品种均属这个系统，在这四个家畜文化区内，同时存在着一些混血群体。

（注：以上内容摘于《驯化与培育》）

在《甲骨文字典》中，"羊"字的解释如下文：

	篆书	甲骨文
羊	羊	(甲骨文字形，自右至左：一期 前四·五〇四、三期 甲六一八、三期 甲二四八六、四期 甲六四〇四)
解释栏用字		Ⓐ 𦍒

象正面羊头及两角耳之形。《说文》："羊，祥也、从 A，象头角足之形。"按甲骨文实以羊头代表羊。

目前"羊"字在方言中的发音有：

普通话：yáng
闽南话：[iong2]、[iu2]，近似念：yóng、iǔ（音似英文字母 U）
潮州话：[iên5]，近似念：yē
广州话：[joeng4]，近似念：yuěng
围头话：[yöng4]，近似念：yǒng（韵偏ɑng）
客家话：[yong2]，近似念：yōng（韵偏ɑng）
上海话：[yan]，近似念：yán（音非"颜"）
苏州话：[yan223]，近似念：yǎ-ā
无锡话：[yan13]，近似念：yǎn-ng（yan 音非"演"）
南京话：[iang2]，近似念：yán（音非"颜"）

[注：个人觉得ang这个韵母在普通话中应该分两个音，比如就拿"方言发音字典网"上所收录的普通话发音来看，以"帮、光、荒、忙、双、汪、庄"7字为代表的ang音就比其他ang韵字的ng要重，前者偏ang偏ong，后者ang偏an。而这在好些方言中，但凡是普通话中的ang韵字，其韵母均为偏ong的ang，而无偏an的ang，或干脆变成其他音，因此这里的标音才显得如此凌乱。此外还有一个问题，那就是普通话中的yan音很尴尬，因为普通话中的yan音严格来写应该是 jæn，和韵母üan音一样都不是an，只有an和 uan 两个韵母才是an，所以我在上面才会写出"yán（音非'颜'）"这样的备注。]

综上可得"羊"字的方言发音有：yang、yong、yu、ye、yueng、yan、ya、yan-ng。据此则可得出如下树形图：

135

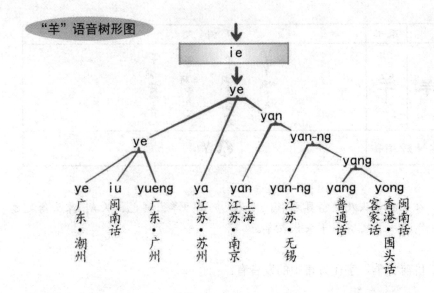

"羊"语音树形图

从这个树形图上看，"羊"字音的起源可以追溯到 ie，这与羊叫声"咩"还是很相像的。如下图：

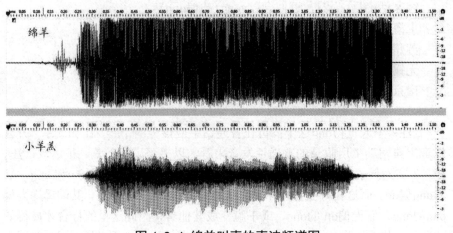

图 4-2-4 绵羊叫声的声波频谱图

这是两段绵羊叫声的声波频谱图，上图为大绵羊的叫声，音似 mái；下图为小羊羔的叫声，音似 méɑi（单纯介于 ei 和 ɑi 之间）。

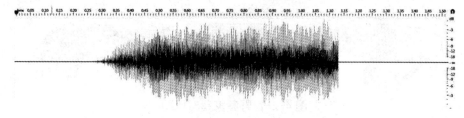

图 4-2-5 山羊叫声的声波频谱图

这是一段山羊叫声的声波频谱图，音似 méɑi。

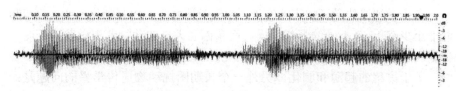

图 4-2-6 mie-eieiei 和 ye-eieie 音的声波频谱图

这是我自己用手机录制的一段 mie-eieiei 和 ye-eieiei 音的声波频谱图。从图上看，我所录制声音频率要比绵羊和山羊的叫声频率低，其中的差别或许就是我的声音是说，而它们的声音是叫，才导致声音频率的不同。但摒弃这一点看，人的模仿声"咩"和羊叫声 mái/méɑi 也算是对应上的。

（三）猪

猪属偶蹄目猪科。它与猯科、河马科组合成猪亚目。

猪种的进化与古代农业（种植业）的发展密切相关，没有定居条件的游牧生活方式难以形成特定遗传特性的猪品种。家猪是由原始人类在狩猎过程中将捕获的小野猪圈养繁育，逐渐使其失去野性而形成的。家养猪的祖先是野猪，然而家猪与野猪已经具有了显著差异，这些巨大的差异表现在体型、习性、繁殖力、产肉力等方面。家猪的下颌骨、头骨和泪骨较短，犬齿退化，鼻部上移、颜面凹陷、面部加宽、后躯加长、体重增大、体幅变宽、胃肠发达、腹围增大（图 4-2-7）。它们一般白天活动，夜晚休息，性情也颇为温顺。野猪因觅食、拱土和搏斗的需要，嘴长、头部大而伸直，头部的比例占体长的 1/3 甚至更长；由于时刻面临险恶的生存环境，反应敏捷，性格凶猛；毛色偏暗，以利隐蔽保护；四肢长而瘦，擅长奔突。

亚洲野猪　　　　　原始家猪　　　　　现代家猪

图 4-2-7 野猪家猪对比图

据记载，野猪约在 9000 年前被驯化。最新一项对全球范围内的家猪和野猪线粒体 DNA 多样性的研究结果也揭示了猪的驯化是一个复杂的过程，在横跨野生物种的地理范围内至少有 6 个独特的驯化中心。

考古学和遗传学证据表明东亚（中国）是主要的独立驯化中心，欧亚和北非至少有 16 个不同的野猪亚属。而东南亚大量的动物考古学发现表明，猪属动物是从发源地东南亚扩展到中亚、非洲和欧洲等地。

关于家猪的起源和驯化，另外一个长期困扰动物遗传学界的问题是：2n=36 野猪是否对家猪的驯化具有贡献？家猪和野猪的核型大多为 2n=38，然而自然界中还存在核型为 2n=36 的野猪。由于核型的差异，人们一直以来只肯定 2n=38 的野猪是现代家猪的直接贡献者，但 2n=36 的野猪与家猪的关系却一直未有阐述。最近发表的一项研究结果帮助我们解答了这一问题，研究结果肯定了核型 2n=36 的野猪对 2n=38 家猪的驯化具有贡献。

在中国家猪的起源问题上，起初人们认为中国家猪的起源有多个中心，主要依据有以下几点：

1. 考古研究中全国各地均有野猪化石及遗骸的发现，足以证明家猪皆由这些野猪进化而来；

2. 形态学和生态学的大量研究表明，我国各地猪种不仅具有独特的品种多样性，而且在形态学水平上具有丰富的遗传多样性。例如，产仔数以及毛色等性状上都表现出一定的规律。

3. 对部分地方猪种的细胞遗传学多样性研究发现，银染核仁组织区（Ag-NOR）平均数在品种和类群间也存在丰富的多态性。例如，民猪为 1.99，与欧美猪种相似；八眉猪为 2.95；荣昌猪为 3.87。

由于多起源学说证据的不足，就出现了与此对立的单起源学说。该学说认为中国家猪都起源于欧洲野猪。针对多起源学说的上述三个依据，单起源论者提出以下观点：

我国相关的考古发掘表明，在将近 1 万年前我们的祖先就已经开始养猪，但尚难充分证明此时野猪已经被驯化成家畜，主要是因为野猪和家猪的遗骸在形态结构上很难区别，因此依据 1 受到质疑；依据 2 和 3 所提供的性状不能真实地记录起源进化的历史，因为它们也受到了人工定向选择和改良的影响。

　　近年来，分子遗传学的研究已经逐渐使单源论取代多源论成为主流观点。对中外猪种的研究表明，中国地方猪种可能起源于同一祖先，而不是像以前所说的那样起源于几种野猪。

　　　　　　　　　　　　　　　　（注：以上内容摘于《驯化与培育》）

　　在《甲骨文字典》中没有"猪"字，但有"豕"字，其解释如下：

　　象豕头腹尾形。甲骨文 A（豕）B（犬）形近，而以 A 垂尾 B 翘尾为别。读与豨同。C，古文。

　　此外，甲骨文还有"彘""豠"两个猪字。三字的读音差，或许正是反映猪驯养历史之悠久。目前"猪"字在方言中的发音有：

普通话：zhū
闽南话：[dy1]，近似念：/
潮州话：[de1]，近似念：/
广州话：[zyu1]，近似念：jū
围头话：[zü1]，近似念：jú
客家话：[zu1]，近似念：zú
上海话：[tzyu]，近似念：zì
苏州话：[tsyu44]，近似念：zū
无锡话：[cyu44]，近似念：zī
南京话：[zhu1]，近似念：zhù

　　（注：在"方言发音字典网"中的闽南语和潮州话两个选项栏中都有"猪"字的音标，但却没有音频文件来播放其读音，故没能给出一个近似音。但在我老家上饶广信区的福建腔中，"猪"字音被念作 dē，只不过这个韵母 e 要比汉语拼音中的"e"更紧更扁；麻山腔念作 zěi。）

　　综上可得"猪"字的方言发音有：zhu、zu、jü、zü、zi、zei、de。

据此则可得出如下树形图：

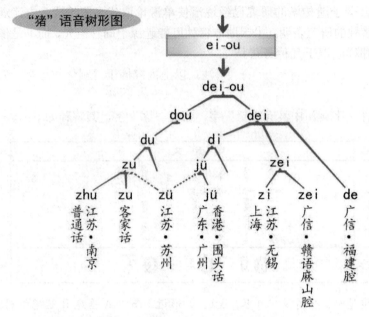

"猪"语音树形图

从这个树形图中可以看出，"猪"字音的源头是 ei-ou。是否真的如此？现就让我们动漫"听"一下猪叫声，其声波频谱图如下：

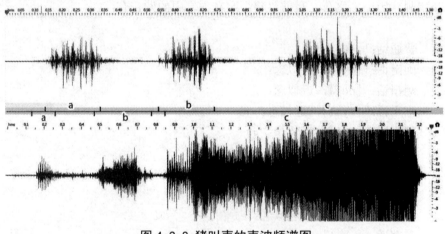

图 4-2-8 猪叫声的声波频谱图

这是两个不同的猪叫声。上图是（似）一个普通猪圈里的猪所发出的声音，打一个不是很恰当的比喻，这声音就像人熟睡时的呼噜声ðu（hgðu）；而下图则是一段挣扎中的尖叫声，仔细来看，a 两小段还是ðu（hgðu），但 b 小段就转成了ü，后面的 c 段就更是一个长长的ü音。如此看来，"猪"字音的起源仍是与猪叫声相关联的。

140

（四）马

在《驯化》一书中，马被这样介绍，其大致为：

约 5500 万年前，最初就是北美洲体型像狗一样大的始祖马。这些早期的马科动物每只脚都还有几个脚趾，即前脚有 3 个脚趾，后脚有 4 个脚趾，随着时间的推移，它们的脚趾最后只剩下了一个。

约 500 万年前，马科动物化石记录了包括十多个不同属的马。

约距今 450 万年到 400 万年间，现代意义上的马出现。

约 300 万年前，马和斑马/驴这两个谱系相互脱离。同时，马从北美洲来到了南美洲。

约 200 万年前，现代驴和斑马的祖先离开了美洲，抵达了亚洲，后来又抵达了非洲。

约 70 万年前，现代马的祖先从美洲穿过白令陆桥，进入东北亚，很快，它们又扩散到了整个欧亚大陆。

更新世时（从 2 588 000 年前到 11 700 年前），马在旧世界存活了下来，却在美洲灭绝了。

约 4.5 万年前，加亚马的祖先与普氏野马的祖先分开，形成了一个独立的品种。

约 5500 年前，人类和马的关系发生了变化，此前它们之间是猎人与猎物的关系，之后马的命运就和人类历史紧密地交织在了一起。

约公元前 3000 年前，原本生活在草原上的颜那亚人开始带着他们的马向西迁徙，来到了多瑙河下游河谷的匈牙利大草原。另一方面，他们也向东迁徙，接触了中国早期的农民。

然而，与《驯化与培育》一书相比，两者却略有不同，比如马的祖先的脚趾数就反了，原文如下：

根据地层中的骨骼化石，马的祖先可追溯到 5500 万年以前。当时的马前肢有四趾，后肢有三趾。2000 万年后，前后趾均各具有三趾，以后再退化为一趾，体躯变大，牙齿发达，可以有效地磨碎食物。

剩余的介绍则简单段摘为：

有关马驯化事件的日期和地点一直有争论，因为家养马的祖先已经灭绝，要评估留存马的考古学遗迹是野生的还是驯化的也十分困难。马可能为家畜中被人类驯化最迟者，其演化在欧亚两洲分别进行，在亚洲可能较早。哈萨克斯坦北部挖掘的大量证据表明马是公元前 3700 至前 3100 年的铜器时代在该区域被驯化的。目前认为可能有三种野生马为今日家马的祖先，它们分别是原野马、沙漠马和山林马。

1. 原野马，即现今所见 Przewalski 马的化石。原野马的体躯小而强壮，腿短，但具有中等长而笨重的头；
2. 沙漠马，站立时如原野马，但不如原野马粗壮，头亦较短。
3. 山林马，四肢长而强壮，头长而窄，体亦长。

马早期使用是作为人类的运输工具，尤其是在战争时期。它们用于拉负荷和耕种土地，是一种比较现代化的发展。大约公元前 2000 年，希腊人开始用马挽车，而埃及有关马驯养的最早记录是在公元前 1600 年。在此后岁月中，马在波斯与美索不达米亚地区的重要性日益增加，体格亦渐行变大，至公元前 750 年以后马开始供人骑乘。公元前 648 年，奥林匹克大会中开始有骑马竞赛。最近的分子生物学研究也表明母系马的多样性可能来自不同地理区域的几个群体，但是现在的证据还不足以证明马的驯化究竟是一个单一的驯化事件和其后的基因渗入，还是多个单独的驯化事件。

在中国，关于马的记载历史也十分久远，最直接的就是甲骨文的"马"字。"马"在《甲骨文字典》中的解释如下：

象马首长鬣二足及尾之形，为马之侧视形，故仅见其二足。金文作 A（录伯簋）、B（克钟）、C（虢季子白盘），承甲骨文之形而有小讹，后为《说文》篆文所本。《说文》："马，怒也，武也。象马头髦尾四足之形。D 古文。E 籀文马，与 F 同有髦。

但是，在汉代的《说文解字》中，与马相关的字共有 120 个。其中形容其毛色的字大约有 26 个，比如深黑色的马叫骊，浅黑色的马叫騘，黑毛尾的赤色马叫骝，黑鬣尾的白色马叫骆，青白色的杂毛马叫骢等，所以后来的苏轼才能轻松地写出"骓驲騧骆骊骝骟骒，白鱼赤兔骅骝騴"这样的句子。但这不免让普通人觉得有些疑惑，像这样的 26 个字在现实的口语中究竟能给我们带来多大的方便？与"那是一匹黑色的马"相比，说"那是一匹骊"的确少了 4 个字，但对普通人来说，句式之"一匹黑色的马"可以轻松地改成"一匹红色的马"或"一匹白色的马"，乃至"一头黑色的牛"或"一只黑色的羊"，可像"一匹骊"这样的词组合就很难改。拿"牛"和"羊"来说，你就找不到"牬"和"䍩"这两个字。显然这是语言发展史上的一次"错误"，但这"错误"肯定也是有原因的，比如是因为当时的养马业很发达，远胜过牛和羊，这时从管理员的笔录工作角度来看，把"一匹黑色的马"写成"一匹骊"的确是提升效率，就像隶书的诞生过程一样，如《说文解字》所记录的一段，讲嬴政统一文字后汉朝复兴和发掘传统文字的历史：

"……秦烧经书，涤荡旧典，大发吏卒，兴役戍，官狱职务繁，初为隶书，以趣约易，而古文由此绝矣"。

此外，形容马的奔走动态及神态词也大约有 33 个，如：骙，马行威仪也；骎，马行疾也；駬，马怒也；冯，马行疾也；骧，马之低仰也等。由此可见，我们古人对马的重视与认识是非同一般。

今天，"马"字在方言中的发音有：
普通话：mǎ
闽南话：[ma3]、[me3]，近似念：mè、mēi
潮州话：[bhê2]、[ma2]，近似念：bài、mà
广州话：[maa5]，近似念：má
围头话：[ma1]，近似念：má
客家话：[ma1]，近似念：má
上海话：[ma]、[mau]，近似念：má、mú
苏州话：[ma44]、[mo231]，近似念：mā、mú-ù
无锡话：[ma232]、[mu232]，近似念：má、móu
南京话：[ma3]，近似念：mā

综上可得"马"字的方言发音有：bɑi、mei、mɑ、me、mu、mou。据此也可得出"马"字音的语音树形图。

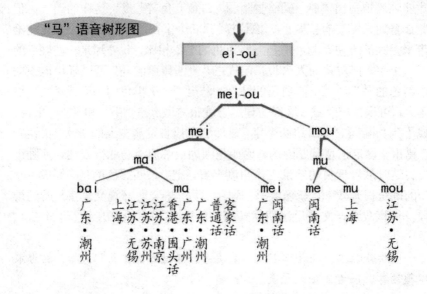

"马"语音树形图

从这个语音树形图中，我们得出"马"字的起源可以追溯到 ei-ou 这个音，与"牛"字音的溯源结果一样。然而，现实中的马叫声却是一个类似于 ei-ü 的音（如图 4-2-9），这又该怎么解释呢？

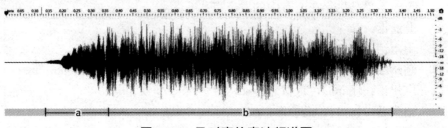

图 4-2-9 马叫声的声波频谱图

在这个声波频谱图中，a 段音类似于 ei，b 段音则是一个长串的ü。在前面的章节中，我们已经了解到 ei 音有小的象征。那ü音呢？ü音在声波频谱中则属于一个极高频的音，是 ei 音向 i 音的细化，进而高频化的结果。

马叫声的 ei-ü 和牛叫声的 mou 的确有很大差别，前者音小，后者音大。这该怎么解释呢？个人觉得，两者从体型上看是差不多的，因此胸腔中的肺部大小也应该差不多，进而得出它们在鸣叫时的气流源也差不多，唯一的区别是两者在鸣叫时的姿势不一样，马的鸣叫是"低头"的，而牛的鸣叫是昂头的，这便导致了两者的发音器官产生了根本性的变化。低头式的鸣叫，其发音器官（气管）自然就会"打折"，声音也就变小、变急（ei/ü）；反之昂头式的鸣叫，其发音器官自然就变得通畅无阻，声音也就变大（a/ou）。

144

因此，马字的原始音当是 mei，而非 mei-ou 这个音，mei-ou 只是后来语音演变历史过程中的一个片段而已。

（五）驴

前面已经介绍，驴是在约 300 万年前，同斑马和马一起从它们的共同祖先那分离出来，然后在约 200 万年前离开美洲，抵达亚洲。

驴的驯化过程看来简单得多，线粒体 DNA 研究已经证实家驴的一个非洲原始产地，并排除了亚洲野驴是家驴祖先的可能。两个线粒体谱系证明了两个驯化事件。一个谱系与 Nubia 野驴密切相关，现在还能在苏丹东北部靠近红海的地区发现野生的 Nubia 野驴；另一个线粒体谱系表明其与索马里野驴有一些亲和性。因此，尽管还不能排除驴在一个邻近区域（阿拉伯半岛或新月沃土）被驯化，但非洲很可能是其原产地，埃及的考古学证据也支持非洲是驴的驯化中心，并表明驯化时间在 6000 至 6500 年以前。

我国何时始养驴，不得而知。司马相如《上林赋》中有云：駃騠驴骡。按《本草纲目》兽部骡下云：骡，古文作骡。又云：母驴交马而生者骡也，母马交驴而生者为䯁。贾思勰《齐民要术》：陶朱公曰，子欲速当，当蓄五。下注：牛、马、猪、羊、驴五畜。陶朱公系春秋时人，所以我国可能在春秋时已开始饲养驴。驴为农家主要役畜，华北各省农作区中，甚为普遍。我国各地所产的驴，体型大小不一，成年时体高自 90 到 137cm 不等，分为大、中、小三大形体。

（注：以上内容摘于《驯化与培育》）

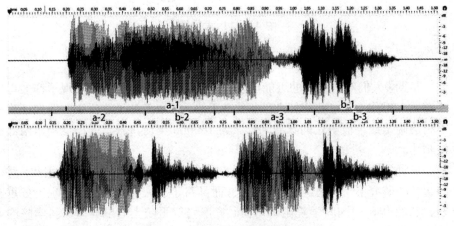

图 4-2-10 驴叫声的声波频谱图

不知道是不是错觉，驴叫声总给我一种哭腔的感觉。但这个叫声却与其他动物的叫声不大一样,它是由呼气声与吸气声共同组合成的一个叫声,前者低频,后者高频。如图 4-2-10,其中的 a-1 段音类似于一个 ɑo-u,b-1 段音则类似于 hü,而下行的-2 与-3 则是前面-1 的两个重复。

人类若模仿它的低频呼气声,则可得"骡"字音;若模仿它的高频吸气声,则可得现代普通话中的"驴"。所以,驴字声也是与其鸣叫声联系在一起的。

（六）狗

狗是唯一在新旧石器时代均被发现的驯化动物,因而其很可能是最早被驯养的动物。公元前 3400 年,狗的形象就已出现于埃及的石刻中。经考证,迄今已知的世界上最早的狗头盖骨化石距今 3.17 万年。狗曾长期供挽曳之用,但初期时则是供食用,现在的狗主要被当做宠物。如今的犬大约有 400个品种,尽管十分多样,但它们大部分都是在 19 世纪后才出现的。

图 4-2-11 犬类图

早期,人们对驯化狗的可能地区尚不清楚,但在现代狗中发现了许多母系谱系,表明它们与祖先灰狼有多重基因渗入。今天分子遗传学的研究证明了狗的确是最早被驯化的家养动物。约 16 000 年前,狼首先在亚洲东南部被驯化。

对野生动植物的驯化是人类从渔猎社会转入农耕社会的关键。因此,对狗起源的研究不仅具有其自身的意义,而且对了解人类文明的发展也十分重要。2002 年,中国科学院昆明动物研究所张亚平院士与瑞典皇家科学院的彼得·萨沃莱南教授合作,分析了一个母系遗传的线粒体 DNA 片段,发现狗的遗传多样性在东亚地区最为丰富,因此他们提出了狗起源于东亚的观点。该项成果作为封面论文在 Science 发表。但是由于当时他们研究的 DNA 片段仅有约 600 个碱基，信息量有限，且样品覆盖度不够，还难以确定狗是在东亚的哪个区域、在什么时间由狼驯化而来。狗的"东亚起源说"受到了质疑。张亚平院士与彼得·萨沃莱南教授经过数年的艰苦努力，分析了更多地区狗的 DNA 数据，进一步以群体线粒体基因组学和 Y 染色体研究充实的数据揭示狗可能起源于中国长江以南地区，因为这里分布有最多的狗单倍型类群，并且以这一地区为中心，狗的单倍型类群的数量随距离的增加而减少。从而以充分的证据力挺了狗的"东亚起源说"，这篇文章发表在 Molecular Biology and Evolution 上。

（注：以上内容摘自于《驯化》与《驯化与培育》）

狗既然起源于中国的长江以南地区，那狗的称谓是否也具中国的味道呢？在汉语之书面语中，狗与犬这两个名字多少还算是平行并用，但在口语中，狗却占据了上风。这种现象是否自古如此？在文字发展史上，"犬"比"狗"要出现得早，这是很自然的事，因为前者是个象形字，而后者是个形声字，所以"狗"字不可能出现在"犬"字的前面。但问题是象形字并不表示声音，所以今天的"犬"在上古时期也有可能是"狗"字音。现在就让我们通过今天的汉语方言去认真思考下这个问题：

在《甲骨文字典》中，有"犬"字而无"狗"字，"狗"字要到商代晚期的"狗宁簋"中才有出现。甲骨文"犬"字的解释如下：

象犬形，以瘦腹及长尾拳曲为其特征，而豕字作 A，突出其腹肥尾垂之状以与犬字区别。《说文》："犬，狗之有悬蹄者也。象形。孔子曰：'视犬之字如画狗也。'"

目前"狗"字在方言中的发音有：
普通话：gǒu
闽南话：[gao3]，近似念：gāo

潮州话：[gao2]，近似念：gào
广州话：[gau2]，近似念：gáo
围头话：[gäu2]，近似念：gáo
客家话：[giu3]，近似念：giū
上海话：[koe]，近似念：go-è(韵 o 偏 e)
苏州话：[keu51]，近似念：guì
无锡话：[kei323]，近似念：gěi
南京话：[gou3]，近似念：gě

综上可得"狗"字的方言发音有：ge、go-e、gɑo、gou、giu、gui、gei。据此则可得狗字音的语音树形图。

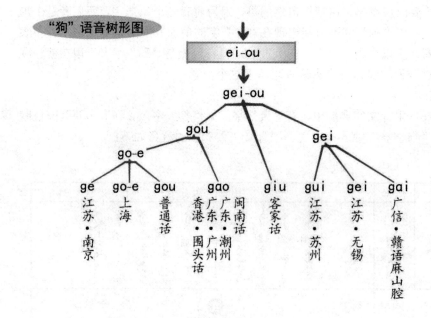

在这个树形图中，我们得出了"狗"字音的源头也是 ei-ou。但前面已经介绍，马字音的语音树形图虽然也显示 ei-ou 这个音，但结果却证实 ei-ou 并不与马叫声相符。那么狗字语音树形图中的 ei-ou 音与其鸣叫声又是怎样的呢？

通过图 4-2-12 之狗叫声的声波频谱图分析，得出上行的四小段声波频谱图所记录的音是一个类似于 òu-e(ou 音偏 e)，即我们通常所谓的"汪汪叫"；下行的长串颤音则是一个狗在呲牙咧嘴时的低吼，细听该音，有点类似于 ě/gě。该如何看待这个 ě/gě？其声母 g 属于舌根，韵母 e 属于额部，所以，这个音从整体上看还是属于模仿低吼之声的喉部音，是成立的。

148

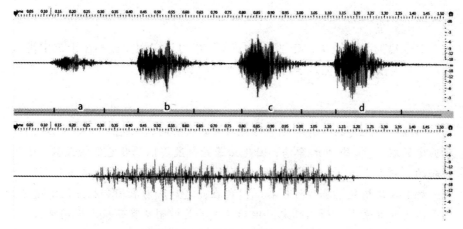

图 4-2-12 狗叫声的声波频谱图

当然，狗的叫声要比牛马猫驴丰富得多，如图 4-2-13 之狗叫声的声波频谱图，这是狗的一声长嚎，有点类似于à-ouuuuuuuuuuuuuu……这叫声既让人意料之外，同时也在情理之中，因为这声嚎叫太像狼了，而狗本就源自于狼。

狼，食肉目犬科犬属，又名野狼、豺狼、灰狼。外形与狗、豺相似，足长体瘦耳竖立，尾挺直状下垂而夹于两后腿之间。它嗅觉敏锐，听觉很好。机警，多疑，善奔跑，耐力强，通常群体行动。狼在世界上分布广泛，它们曾经的居住地遍布整个北半球，但今天已经很难看到它们的踪迹。

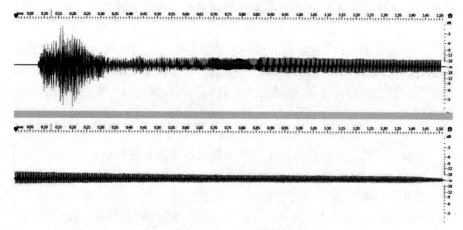

图 4-2-13 狗叫声的声波频谱图

综上可得：狗字音当源自于它的低吼（ě/gě），犬字音则源自于它的长嚎（à-ouuuuuuuuuuuuuuu……），而如今的旺财（汪汪/òu-e）则源自它的咆哮。

（七）猫

关于猫的家畜地位，让部分中国人疑惑的是它为什么不在十二生肖之列，反而老鼠占据首位？这肯定关系到猫的驯化历史，如《驯化与培育》一书中的介绍：

对猫进行人为的有意驯化应该比较晚。在早期农业文明形成后，人们有了固定的农畜群、粮仓和草房，因此土著的老鼠得以躲开它们的天敌，适应优越的室内寄生生活。从中东地区发掘的大量骨骼化石表明老鼠当时已经成为一种令人厌烦的动物。可以推测，猫在此之后成为农田和村庄的清道夫，猫与人类的关系刚开始不稳定，但后来由于其控制鼠害而被人们逐渐接受。更有学者推测猫的驯化是人类为了限制老鼠带来的传染病。猫的驯化也是从幼小动物的圈养开始，温顺的留下，较野的逃跑，这个过程也持续了很长一段时期。

在中东地区，埃及人是对动物生活最感兴趣的。他们喜欢将神灵与特定的动物联系在一起。他们认为公猫像太阳神一样神圣，而母猫则为生育女神。由于人们对神怀有敬意，养猫便在埃及变得很普遍。长期以来学者们都认为古代埃及人是最早驯化猫的人类。然而最近5年来的遗传学和考古学的发现改变了这一观点，催生出一系列新视角。2007年6月29日美国Science杂志上一项新研究提出，世界上家猫的祖先是一种近东野猫，是至少5个母系在新月沃土被家化的。研究指出，包括家猫和几种野猫的遗传系的起源时间比过去普遍认定的要早，大约在10万年前。其中一个进化支包括家猫和近东野猫，意味着该支包括了所有家猫种群的古代创始者种群。

不管怎么说，上述文字告诉我们家猫的驯化与我们没有关系，且来到我们这儿，十二生肖的座位已经坐满。至于它为什么没能坐上十二生肖的位置，这在下一节中将会讨论到，而在这里，我们只讨论猫之名与猫之叫声的对应关系。

目前，"猫"在汉语方言中的发音情况，大致是这样的：

普通话：māo
闽南话：[iao1]、[liao1]、[ma2]，近似念：yāo、liāo、má
潮州话：[ngiou1]、[mao1]，近似念：ngiū、māo
广州话：[miu4]，近似念：miǔ
围头话：[mau1]、[miu2]，近似念：máo、miú
客家话：[miau4]、[miau2]，近似念：miāo、miáo
上海话：[mho]，近似念：mōu

苏州话：[mau223]，近似念：mǎi
无锡话：[mau13]，近似念：mǎ-e（韵偏 e）
南京话：[mao2]，近似念：má-o（韵ɑ偏ɑo）

综上可得"猫"字的方言发音有：ma、ma-e、ma-o、mou、mao、miao、yao、liao、ngiu、miu、mai。据此也可得出"猫"字音的语音树形图。在这个树形图中，我们得出的是 ie 这个源头音。

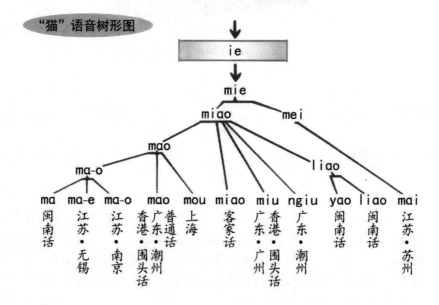

"猫"语音树形图

就我个人而言，猫之名与猫之叫声的对应还是显而易见的，因为在我老家猫之称谓就是叫 miāo。而通过对猫叫声的声波频谱图分析，得出猫的叫声也是一个类似于miè-e 或mià-e发音。如图 4-2-14　猫叫声的声波频谱图，上行的低音频谱图为miè-e，下行的高音频谱图为mià-e。

猫之名与猫之叫声的对应是如此的显而易见，造成这样的结果或许是出于这两个原因：一是猫的叫声相对来说容易模仿，不像犀牛或大象，人的发声器官很难准确而方便地对后者进行模仿；二是猫的驯化时间晚，自然来到中国的时间也晚，因此对它进行命名的时间也晚，所以就相对更接近其"原生态"。

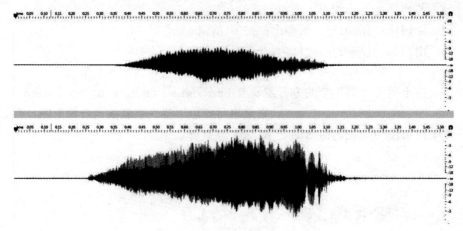

图 4-2-14 猫叫声的声波频谱图

二、家禽

（八）鸡

今天，世界上的人口有 70 亿，而鸡的数量却已超过 250 亿。如果生命演化上的"成功"仅是看其基因复制的数量，那鸡、牛、猪、羊都算是成功的，可这种"成功"对它们来说简直就是一场灾难（《人类简史》一书中的观点）。我们的优裕生活已彻底离不开它们，餐桌上的这些珍馐美味已经彻底打开了我们那潘多拉似的味蕾。我衷心希望人对自然的法则要恪守与听命，对自然的馈赠要知足与感恩，比如对待这只"鸡"。

以《驯化与培育》一书的观点来看：

鸡是人类较早驯养的动物之一，家鸡由原鸡驯化而来，原鸡是从雉科鸟逐渐演化而来，会近距离飞翔，它不受季节气温寒暖变化影响，而终年栖居在食物丰裕的热带繁殖地，故生物学家、鸟类学家定原鸡为"留鸟"。

但是由于原鸡包括红色原鸡、灰色原鸡、锡兰原鸡、绿颈原鸡 4 个种群，因而形成了单起源说和多起源说两种观点。以达尔文为代表的单起源学说派认为家鸡是由红色原鸡起源，而多起源学说派则认为 4 种原鸡都是家鸡的祖先，只不过红色原鸡是家鸡的主要祖先，而其他几种原鸡是家鸡的次要祖先。

倾向于单起源学说或单起源多个驯化中心的学者认为，家鸡是在公元前6000 年左右从印度、中国和东南亚的红色原鸡驯化而来的，其演变进化中心就是东洋界中心的北部湾沿岸地区。这些地区包括：东面的海南岛和东北面广东西部的鉴江流域、雷州半岛，北回归线以南的广西南部；西面的越南中部及北部的红河流域以及我国云南东南部地区。驯化后的原鸡在公元前300至公元300年到日本，并在铁器时代从中国经俄罗斯传到欧洲。

按照单起源说观点，家养鸡是野生红色原鸡的后代，而对5个亚种的红色原鸡进行对比后，我们进而又得知家鸡很可能是起源于泰国及其邻近地区的原鸡。但随着分子生物学技术的发展，支持多起源说的学者根据获得的线粒体和核DNA的分子数据阐明，家鸡可能拥有其他原鸡的血统，包括灰色原鸡和锡兰原鸡。其中最有力的证据来自瑞典乌普萨拉大学Leif Andersson教授课题组的研究，他们在2008年的研究发现，现代家鸡拥有的黄皮基因，事实上很可能来源于灰色原鸡，而非红色原鸡。此外，今天鉴别出至少6个独特的母系遗传谱系与至少3个独特的地理驯化中心相对应。

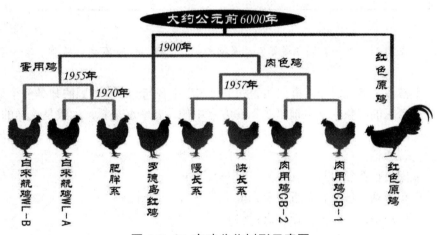

图4-2-15 家鸡分化树形示意图

2010年3月，瑞典Leif Anderson教授领导的研究小组在Nature杂志发表的一篇文章提出：几千年来鸡的驯化变异及其后来向肉鸡和蛋鸡的分化，是一个可以提供众多关于家养动物驯化及基因型演化等信息的优异模型。他们用重测序方法比较了家鸡及其野生祖先红色原鸡的全基因组序列发现，在若干"选择性片段"上，一种极大增强鸡个体存活能力的有利基因突变频率在家鸡群体中有所增加。

2010年7月，英国科学家研究发现，蛋壳的形成有赖于一种在鸡的卵集中特异表达的蛋白质，即被称为Ovocledidin17(OC-17)的蛋白质。此蛋白质可作为催化剂加速蛋壳的形成，雏鸡胚胎发育时，坚硬的蛋壳对于保护蛋黄和蛋清至关重要。因此，必须先有鸡，蛋才可能存在。这项研究为我们解开了"先有鸡还是先有蛋"这个千古难解的哲学和科学之谜。

在甲骨文中，鸡是以一个形声字的形式被记录的。这说明至少在 3000 多年前养鸡在我国已相当普遍了。然而以《中国远古时代》的资料来看，早在公元前 4300 年至前 2300 年的大汶口文化中就已经出现鸡了。

在《甲骨文字典》中，"鸡"是这样被解释的。

	篆书	甲骨文
鸡	（篆书字形）	（甲骨文字形，多个）一期 前七·三二·二　三期 粹九六六　三期 粹一五六三　三期 京四五五　三期 人二○二八　三期 南明七八七　五期 续五·二五·五　五期 候三·八·三　同甲探一八八
解释栏用字		Ⓐ（字形）

象雞形，或加声符 A（奚）。《说文》："雞，知时畜也。从隹、奚声。"

然而，当我们今天再回头去探究"鸡"字音起源时，看到的却是一个如此有意思的现象。从目前"鸡"在方言中的发音情况来看，大致是这样的：

普通话：jī
闽南话：[ge1]、[gue1]，近似念：gēi、guī
潮州话：[goi1]，近似念：gō-ei
广州话：[gai1]，近似念：gāi
围头话：[gäi]，近似念：gái
客家话：[gai1]，近似念：gái
上海话：[cij]，近似念：jì
苏州话：[ci44]，近似念：jī（声母 j 偏 z）
无锡话：[ci44]，近似念：jī
南京话：[ji1]，近似念：jì

综上可得"鸡"字的方言发音有：ji、gei、gui、go-ei、gai。据此则可得出如下树形图：

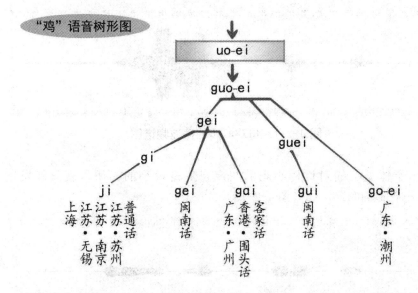

"鸡"语音树形图

但事实很可能不是这样的，比如公鸡、母鸡、小鸡的叫声就分别对应着 go-ei、gei/gɑi、ji 这三个音。如图 4-2-16，这是一个公鸡打鸣的声音，该叫声可分四个音段：a 段类似于 e；b 段类似于 gū（声母g偏 h）；c 段类似于 ge；d 段类似于 e/o（一个介于 e 与 o 之间的音，普通话中的"喔喔喔"当源自此处）。

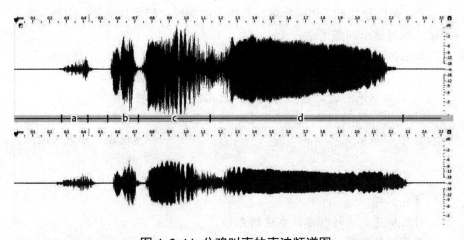

图 4-2-16 公鸡叫声的声波频谱图

反之，母鸡的叫声则没有公鸡那么洪亮。如图 4-2-17 所显示的那样，a、b 两小段的声波频谱是一个类似于 gɑo 的音；c、d、e 小段组的声波频谱则是一个类似于 gāoāogēi 的声音，组合起来就是一个类似于 gǎo-gǎo-gǎogēi 的声音，这是一个十足的母鸡下蛋后所发出的叫声。

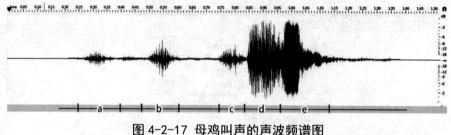

图 4-2-17 母鸡叫声的声波频谱图

出于体型上的对比，小鸡的叫声自然是最小的，所以就只能发出 ji-ji-ji-似的叫声。如（图 4-2-18）：

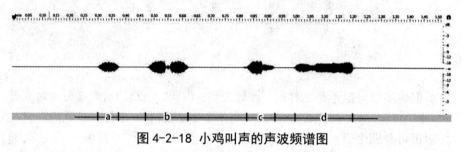

图 4-2-18 小鸡叫声的声波频谱图

如此看来，无论是今天的哪门方言，鸡的称谓都是与其叫声相对应的，这可以说成是多元论。然而历史的真实情况可能并不是这样，单元论才是普世真理。但即便如此，鸡的称谓与其叫声的对应已经求证完毕，因此也就不再继续探讨这个问题了。

最后，有关"鸡"的称谓话题，我想在一首古诗中结束，该诗如下：

> 风雨凄凄，鸡鸣喈喈。既见君子，云胡不夷。
> 风雨潇潇，鸡鸣胶胶。既见君子，云胡不瘳。
> 风雨如晦，鸡鸣不已。既见君子，云胡不喜。

——《诗经·郑风·风雨》

（九）鸭

竹外桃花三两枝，春江水暖鸭先知。
篓蒿满地芦芽短，正是河豚欲上时。

作为家禽类的鸭有家鸭和番鸭两种。但可以肯定的是，这只出现在北宋苏轼的《春江晚景》之鸭只能是家鸭，而非番鸭。

以《驯化与培育》一书的观点来看：

家鸭在动物分类学上属于雁形目鸭科河鸭属，分别在中国和欧洲独立驯化而育成。我国驯养家鸭的时期较欧洲早，据考证，欧洲在 1 世纪才有繁育鸭的记载，而我国在公元前 11 世纪开始的西周时代的古籍中即有这方面记载，大群养鸭则最早出现于吴(公元前 514 至前 495 年)。关于家鸭的起源与演化模式在学术界历来也存在两种看法：一是"一元论"，即家鸭是由野生绿头鸭长期驯养而来；另一种是"二元论"，即家鸭是由绿头鸭和斑嘴鸭在我国不同地区单独驯养，或绿头鸭与斑嘴鸭自然杂交的杂种后代驯养而来。

两种观点都具有一定的立论依据，即使在分子水平上的研究结果也很难显示哪种观点更为准确。虽然对家鸭的起源与演化存在不同看法，但一般认为，野鸭的驯化是在北半球的不同地区不同时期独立进行的。

而番鸭作为家禽的一种，与家鸭同类，但从分类学上看却与家鸭不同，其形态特征和生物学特点均与河鸭属家鸭有很大差别。因为番鸭是鸭科栖鸭属的野生番鸭驯化后的产物。作为近似种的还有南亚的白翅栖鸭，但驯化的品种仅有番鸭一种。一般认为，家鸭的祖先都是在北半球栖息的野鸭，作为家禽的历史也超过 2000 年，而番鸭的祖先是在南半球的中南美洲栖息的野生番鸭，二者的原产地差异很大。番鸭的野生种现广泛分布于南美大陆，羽毛是黑色，无成对习性。16 世纪初，西班牙人征服了南美的秘鲁、哥伦比亚后，在美洲印第安人居住地发现了唯一作为家禽饲养的番鸭。据说西班牙人随后把番鸭带入了欧洲，而后传到亚洲、非洲。因此可以推断番鸭作为家禽的历史至西班牙人发现时，至少六七百年以前就开始了，而印第安人其本身的历史也不清楚，因此番鸭的家禽历史可能更长。

与猫相比，鸭子之名与鸭子之叫声的对应更是显而易见的。如目前"鸭"在方言中的发音情况来看，大致是这样的：

普通话：yā
闽南话：[a7]，近似念：ā
潮州话：[ah4]，近似念：à
广州话：[aap3]，近似念：ā
围头话：[ap2]，近似念：á(短音)
客家话：[ap5]，近似念：à(短音)
上海话：[aq]，近似念：ā(短音)
苏州话：[aeh43]，近似念：ā(短音)
无锡话：[aeh4]，近似念：ā(短音)
南京话：[ia5]，近似念：yā(短音)

综上可得"鸭"字的方言发音只有 yɑ 和 ɑ 两个音，这与鸭子的嘎嘎叫声就很接近。

鸭子之名与鸭子之叫声的对应也是如此的显而易见,造成这样的结果或许也是出于这两个原因:一是鸭子的叫声相对来说容易模仿,不像其他鸟类,人的发声器官很难准确而方便地模仿;二是鸭子的驯化时间不算太长,不比牛、马、狗等其他家畜。

(十)鹅与鹤

鹅,鹅,鹅,曲项向天歌。
白毛浮绿水,红掌拨清波。

据说,这首《咏鹅》诗是唐朝骆宾王小时候作的。有一天,家中来了一位客人。客人见他面容清秀,聪敏伶俐,就问他几个问题,骆宾王皆对答如流,使客人惊讶不已。当骆宾王跟着客人走到骆家塘时,只见一群白鹅正在池塘里浮游,于是客人有意试试骆宾王,便指着鹅儿要他以鹅作诗,骆宾王略略思索便创作了此诗。

同样以《驯化与培育》一书的观点来看:

家鹅在分类学上属于雁亚科,由于雁族配偶固定,不与其他雁杂交,久而久之就很可能在不同的繁殖区内形成许多不同的亚种。不同的亚种在不同的繁殖区内,又在不同的时间可在多个中心被驯化成不同类型的家鹅。因此一般认为家鹅的起源在世界上不只限于一个地方一个时间,家鹅也不是由一个雁种驯化而成。

根据雁属鸟类的地理分布以及家鹅在形态、生理和杂交试验的比较,目前多数学者认为家鹅起源于两种不同的野生雁种,欧洲鹅种起源于灰雁,而以中国鹅为代表的亚洲鹅种起源于鸿雁。非洲鹅与鸿雁及中国白鹅的染色体形态一致,因而也将其列入鸿雁起源家鹅的范围之内。

至于鹅的驯化时间目前尚不确定,但它们在基督教时代的几百年里由古代的罗马人养殖,并上演了鹅将罗马从入侵者手中拯救出来的传奇。在公元前390年,罗马人被高卢人击溃,围困在卡皮托林山丘上。在高卢人的一次夜袭中,山丘上的朱庇特神庙中的一群大白鹅叫醒了酣睡中的罗马官兵,从而避免了罗马被吞并的厄运。鹅从此也在罗马人的心中成为"圣鹅"。

这里还需说明一点,中国鹅与中国家鹅是两个概念。中国家鹅按其来源可分为两种类型:中国鹅和伊犁鹅。中国鹅头上有肉瘤,颈细长弯曲,体躯与地面呈一定角度。从我国有关鹅的文字记载看,中国鹅是由鸿雁驯化而来的唯一品种。近期的考古资料记载,中国鹅的驯养历史可追溯到距今约6000年的新石器时代。伊犁鹅是我国唯一起源于灰雁的家鹅品种,已有200余年的驯化历史。

从目前"鹅"在方言中的发音情况来看，大致是这样的：

普通话：é

闽南话：[ngia2]、[ngo2]，近似念：ngiá、ngóu

潮州话：[gho5]，近似念：ghōu（声母g偏h）

广州话：[ngo4]，近似念：ngǒu

围头话：[ngo4]，近似念：ngǒu

客家话：[ngo2]，近似念：ngóu

上海话：[ngu]，近似念：ngóu

苏州话：[ngou223]，近似念：ngǒu

无锡话：[ngou13]，近似念：ngǒu

南京话：[o2]，近似念：óu

与鸭相比，鹅之名与鹅之叫声的对应虽不是特别明显，但其特征仍是强烈。就从上面的这组方言发音来看，"鹅"之名的语音特征就是 ou 这个音。让我们在自己的脑海中好好想想，大自然中的鸟叫声都有哪些？小巧短颈的鸟叫声是 jiujiujiu，长嘴大开的鸭子叫声是gagaga，它们的叫声在某种程度上是与它们的体形对应的。那鹅的外貌特征又是什么？很显然，鹅的最大特征是它那长长的脖子，正如骆宾王说的"曲项向天歌"是也。所以，"鹅"的称谓音 ou 指的就是它那长长的喉音，而像普通话的é音则是后来语音历史演变的一个分支结果而已。

这让我想起了鹤，鹤是鹤科鸟类的通称，是一些美丽而优雅的大型涉禽，鹤科分为鹤亚科和冕鹤亚科2亚科。其中鹤亚科有3属13种，在南美洲以外的各大陆均有分布，而在东亚种类最多，中国有2属9种，占世界15种鹤的一大半，是鹤类最多的国家，这9种鹤全部是中国的国家重点保护野生动物。鹤亚科后趾小而高位，不能与前三趾对握，因此不能栖息在树上。鹤在中国文化中有崇高的地位，特别是丹顶鹤，是长寿、吉祥和高雅的象征，常被与神仙联系起来，又称为"仙鹤"。

在《甲骨文字典》中，"鹤"字没有出现，但"鹤"字在今天的汉语方言读音有：

普通话：hè

闽南话：[hok8]、[hou8]，近似念：hǒu、hōu（短音）

潮州话：[hoh8]，近似念：hào-o（短音）

广州话：[hok6]，近似念：hǒu

围头话：[hok6]，近似念：hüě（似üe，但ü音不明显）

客家话：[hok6]，近似念：hāo（短音）

上海话：[ngoq]，近似念：náo（短音）

苏州话：[ngoh23]，近似念：ngóu（短音）
无锡话：[ngoh23]，近似念：ngáo（短音）
南京话：[ho5]，近似念：hōu（短音）

很显然，"鹤"之名的语音特征也是"ou/喉"音，这不是一个偶然的巧合，而是必然的吻合。如图：

图 4-2-19 鹅与鹤的身形图

三、野生动物之走兽

（十一）老鼠

老鼠，哺乳纲啮齿目鼠科啮齿类动物，俗称"耗子"。其繁殖方式是胎生，是哺乳动物中繁殖最快、生存能力很强的动物。全世界有鼠类大约 480 种，无论室内、野外都可以看到它们的足迹。在中国传统文化中，鼠是十二生肖之首，这让它在古人的心目中充满着无限的魅力与传说。因此嫁接到它身上的象征意义便是灵性，以及生命力强的象征。

在《甲骨文字典》中，"鼠"是这样被解释的：

	篆书	甲骨文	
鼠	𨖷	𨖷 一期京二○○五	𨖷
解释栏用字		Ⓐ 𨖷	

从 A，前有液点之形，或释鼠。

"鼠"字在今天的汉语方言读音中有：

普通话：shǔ
闽南话：[cy3]，近似念：cù
潮州话：[ce2]，近似念：cèɑi（韵介于 ei 和ɑi 音之间）
广州话：[syu2]，近似念：xú
围头话：[sü2]，近似念：xú
客家话：[cu3]，近似念：cū
上海话：[tsyu]，近似念：sì
苏州话：[tshyu51]，近似念：cì（音偏 sì）
无锡话：[chyu323]，近似念：chǐ
南京话：[shu3]、[chu3]，近似念：shū、chū

综上可得"鼠"字的方言发音有：shu、cu、xü、ceai、ci、chi、si。
据此则可得出如下树形图：

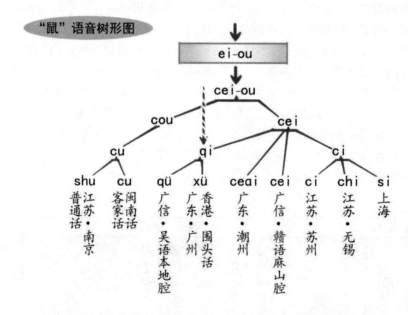

"鼠"语音树形图

真没想到，像老鼠这样的小东西居然也能得出和牛马一样的 ei-ou 原始音。常识告诉我们，这显然是不对的。前面的经验告诉我们，ei-ou 这个音一定是汉语音历史上的某一时段代表音，大量与之相邻的音正是通过它而转向其他别的音。因此，结合老鼠的实际叫声"叽叽叽"（图4-2-20），可得出 qi 或许才是其原始音。

161

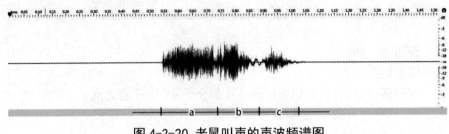

图 4-2-20 老鼠叫声的声波频谱图

不管怎么说，虽然"鼠"字音的语音树形图错了，但鼠之称谓与鼠之叫声的对应联系还是找到了。

（十二）虎

虎为大型猫科动物。其体态雄伟，毛色绮丽，头圆，吻宽，眼大，嘴边长着白色间有黑色的硬须，长达 15 厘米左右。颈部粗而短，几乎与肩部同宽，肩部、胸部、腹部和臀部均较窄，呈侧扁状，四肢强健，犬齿和爪极为锋利，嘴上长有长而硬的虎须，全身底色橙黄，腹面及四肢内侧为白色，背面有双行的黑色纵纹，尾上约有 10 个黑环，眼上方有一个白色区，故有"吊睛白额虎"之称，前额的黑纹颇似汉字中的"王"字，更显得异常威武，因此被誉为"山中之王"或"兽中之王"。所属亚种有：西伯利亚虎（东北虎）、华南虎、巴厘虎、印度支那虎、马来亚虎、爪哇虎、苏门答腊虎、孟加拉虎、里海虎等，以及变种白虎、雪虎、纯白虎和金虎等。

在《甲骨文字典》中，"虎"是这样被解释的：

	篆书	甲骨文			
虎	（篆）	（甲骨文） 一期 八二二五	（甲骨文） 三期 粹九八七	（甲骨文） 一期 京二一九七	（甲骨文） 一期 前四四八六

象虎形，《说文》："虎，山兽之君。从虍，虎足象人足，象形。"甲骨文上部为虎头，下部为虎身及足尾之形，与人足无涉。许氏据讹变之形为说，不确。

"虎"字在今天的汉语方言读音中有：

162

普通话：hǔ

闽南话：[ho3]，近似念：hōu

潮州话：[houn2]，近似念：hòu-n

广州话：[fu2]，近似念：fú

围头话：[fu2]，近似念：fú

客家话：[fu3]，近似念：fū

上海话：[hu]，近似念：hòu

苏州话：[hou51]，近似念：hào-o

无锡话：[hu323]，近似念：hǔ

南京话：[hu3]，近似念：hū

综上可得"虎"字的方言发音有：hu、hou、hou-n、fu、hao-o。据此则可得出如下语音树形图。从这个树形图中可得出 ou 音才是虎字的原始音。是否真的如此？现在就去"听"一段老虎的叫声，如图 4-2-21。

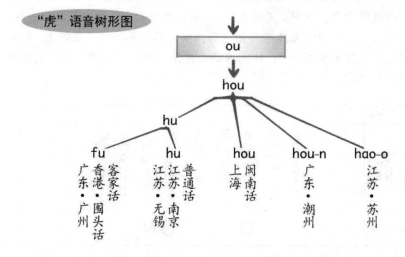

"虎"语音树形图

图 4-2-21 老虎叫声的声波频谱图

从图像上看，这段语音频谱图可明显地划分为两个音，前面的是一个大口的ao，后面的则是一个类似于颤音的 ou（音偏 u）。也就是说，虎字音也是与其叫声相关联的。当然，大口音的ao 和颤音的 ou（音偏 u）合起来也可以是一个ao-u，这更加明确了老虎之名与其虎啸之声的对应。

（十三）鹿

鹿科是哺乳纲偶蹄目的一科动物，有 16 属约 43 种。可分为 4 亚科：鹿亚科、獐亚科、麂亚科、空齿鹿亚科。其体型大小不等，为有角的反刍类，分布于欧亚大陆、日本、菲律宾、印度尼西亚、北美洲、南美洲的南纬 40°以北地区及西南非洲，全世界约有 34 种，共 16 属约 52 种。鹿科动物其特征是生有实心的分叉的角，一般仅雄性有 1 对角，雌性无角，体长 0.75～2.9 米，体重 9～800 千克。

在《甲骨文字典》中，"鹿"是这样被解释的：

象鹿形，以多歧之两角为其特征。或有作一角者，当为侧视之身形，乃为鹿字，旧或释为廌，不确。《说文》："鹿，兽也。象头角四足之形。鸟、鹿足相似，比比。"甲骨文鹿字为侧视形，仅见其二足，二足或作 A，象悬蹄形，《说文》篆文讹而为 B，许氏据篆文遂谓象四足，并谓"鸟，鹿足相似，比比。"不确。

	篆书	甲骨文							
鹿	麗	三期合集三五三六四	一期合集三五三六七	三期合集三六三七	二期合集一九六六	一期粹九五〇	一期合集一〇二六〇	一期合集一〇九五〇	一期合集一九五三六
解释栏用字		Ⓐ ʌʌ			Ⓑ ʌʌ				

"鹿"字在今天的汉语方言读音中有：

普通话：lù
潮州话：[dêg8]，近似念：dēɑi（短音）
广州话：[luk6]，近似念：lǒu（短音）
围头话：[luk6]，近似念：lǒu（短音）
客家话：[luk6]，近似念：lōu（短音）
上海话：[loq]，近似念：láo（短音）
苏州话：[loh23]，近似念：láo（短音）
无锡话：[loh23]，近似念：láo（短音）
南京话：[lu5]，近似念：lū（短音）

综上可得"鹿"字的方言发音有：lu、deai、lou、lao。据此可得出"鹿"字语音树形图。从这个树形图中可以看出鹿的原始音是 o-ei。而通过对鹿叫声的声波频谱图分析，则可得出类似于颤音的ɤai，如图 4-2-22 鹿叫声的声波频谱图上行；和类似于ɤ-wai-e 音的鸣叫声，如图 4-2-22 之鹿叫声的声波频谱图下行；以及 m-má（ɑ音偏 e）和ɤ，这两个音分别对应着图 4-2-23 之鹿叫声的声波频谱图的上下两行。鹿(lo-ei)音虽与其鸣叫的对应不是十分明显，但也还算是有一点关系。

值得注意的是 m-má（ɑ音偏 e）很像前面提到的牛叫声，这该如何解释？难道正如前面在给牛作介绍时所说的："（牛）在进化史上与鹿科动物较为接近，最终演化成为偶蹄类，而马属动物早就与它们分支，进化成奇蹄类。"

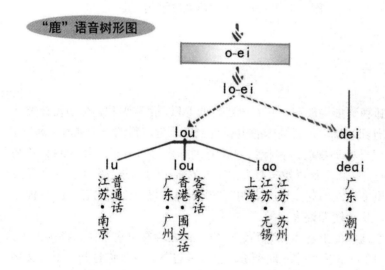

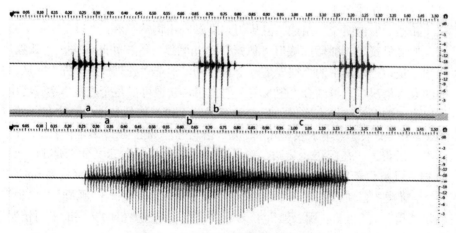

图 4-2-22 鹿叫声的声波频谱图

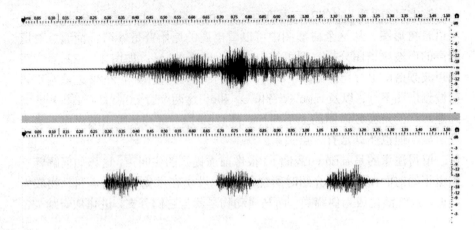

图 4-2-23 鹿叫声的声波频谱图

（十四）狐与蜥蜴

怎么把狐狸与蜥蜴放在一起？没道理呀！狐，俗称狐狸，在动物分类学上，属于食肉目犬科，人工饲养的主要有银狐，为赤狐的一个亚种。蜥蜴，属脊索动物门脊椎动物亚门爬行纲双孔亚纲蜥蜴目石龙子亚目蜥蜴科蜥蜴属。俗称"四脚蛇"又称"蛇舅母"，在世界各地均有分布。属于冷血爬虫类，其种类繁多，在地球上分布大约有 3000 种，我国已知的有 150 余种。

先别急，让我慢慢说来：

今天，仅从字面上看"狐狸"这一名，你很难看出它有什么特别来历，即使你把许慎的《说文解字》翻个破，也没有答案，直到你打开《甲骨文字典》，真相才浮出水面。

狐狸一名由两个字组成，但从历来文章的用词情况看，"狐"才是核心词，如"狐疑""狐假虎威""狐妖""九尾狐"等。如此看来，"狐狸"一词当是口语，其中的"狸"是一个后缀词，而非"狸猫"之"狸"。从目前的方言情况看，再结合"狸"字音的推想，它很可能是个"儿"字。理由是口语中的名词称谓有实词加后缀的习惯，无论是物品名还是动物名，如：鸭子、耗子、石子、车子或鱼儿、鸟儿、花儿等。"狸"正是属于"子""儿"这类的后缀词。在闽语、吴语、粤语中，"子"字的发音又分别是 li、ni 和 yi，以及我老家赣语麻山腔中的个别例子，如："鸭子"一词发音 ngali 和"小罐类的器皿"发音 buoli（钵儿）等，基本可以推测出"狐狸"的"狸"就是"儿"或"子"。那"狐"字又是什么？这回就要借助文字的书写情况来看，如《甲骨文字典》中的解释是：

篆书		甲骨文
狐	𤝔	𤜂 𤜶 𤜖 𤜢 𤜝
		五期前二·四三·三 三期後下四一·三 三期甲二八二 一期存二·三五九 一期乙二九○八
解释栏用字		Ⓐ 匕

从犬从 A（亡），亡音古读无，无字与瓜字古音同在鱼部，故叶玉森、郭沫若皆谓此即狐字。（见《殷虚书契前编集释》及《卜辞通纂考释》）可从。盖亡音渐入阳部，故后世以瓜代亡为声符。《说文》："狐，妖兽也，鬼所乘之，有三德，其色中和，小前大后，死则后首。从犬，瓜声。"

从字面上看，甲骨文与篆文中的"狐"都是形声字，但其声符却发生了脱胎换骨的变化。甲骨文的"狐"字声符是"亡"，个人觉得这个"亡"字读音很可能与颜色之"黄/红"有关（详见后文"火的使用"），而非《甲骨文字典》中所说的"亡""瓜"两字古音同这么简单，因为"黄/红"之颜色正好与狐狸的毛色相吻合。如《诗经·秦风·终南》诗篇中的句子：

"君子至止，锦衣狐裘。颜如渥丹，其君也哉！"

如此看来，古人的"狐狸"一词若换成后人的口语来说就会成为"红孩儿"。

无独有偶，因颜色而得名动物还有很多，如翠鸟、黄鹂、白鹭、乌鸦等皆是。但在这里我不准备讲它们，因为有一个更加颜色控的家伙在等着我们，它就是变色龙，或准确说是蜥蜴。

变色龙是一个非常奇特的动物，它有适于树栖生活的种种特征和行为，特征为体色能变化；每2～3趾并合为二组对趾、端生牙，舌细长可伸展。

图 4-2-24 变色龙

顾名思义，变色龙的意思就是善于随环境的变化，随时改变自己身体的颜色。这有利于隐藏自己和捕捉猎物。变色这种生理变化，一种说法是在植物性神经系统的调控下，通过皮肤里的色素细胞的扩展或收缩来完成的，另一种说法是在最近的研究中发现，变色龙不是靠色素细胞变色，而是靠调节皮肤表面的纳米晶体，通过改变光的折射而变色的。

　　今天，蜥蜴两字的普通话发音是 xī yì，但在方言中，各地方的叫法可能就不是蜥蜴，毕竟蜥蜴一词的概念范围实在太大。如我老家就把身体较为光滑且还有鳞片的四脚蛇称之为泥鳅蛇，而把会断尾的蜥蜴称为田埂仔（因为它经常出没于田埂间）。所以，要想知道"蜥""蜴"两字的方言发音，就只能把这两个字的声符"析""易"拿出来看。

　　如方言发音字典网中的"析"字音就有：

闽南话：[siak7]，近似念：xiē
潮州话：[sêg4]，近似念：sěɑi（短音）
广州话：[sik1]，近似念：sēi（短音）
上海话：[siq]，近似念：sēi（短音）
上饶广信区·吴语，近似念：sēɑi（短音）
……

　　很意外，这个"析"字音居然与"色"字音如此相近。在方言发音字典网中的"色"字音就有：

闽南话：[siak7]，近似念：xiē
潮州话：[sêg4]，近似念：sěɑi（短音）
广州话：[sik1]，近似念：sēi（短音）
上饶广信区·吴语，近似念：sēɑi（短音）

　　如此看来，若从语音上去分析，蜥蜴两字的本字当是"色易"。易为日月交替，即变换的意思，两字合在一起，即我们今天口语中的"变色龙"。

　　（十五）象

　　象属哺乳纲长鼻目象科哺乳动物。有非洲象和亚洲象 2 种。绝种的猛犸象亦属长鼻目。它们皮肤粗糙，体毛浅灰至褐色；鼻与上唇愈合成长鼻，强壮有力，能蜷曲，用来获取食物（树叶、树枝及其他植物）和饮水；上颌有一对切牙，为不断生长的獠牙。

在《甲骨文字典》中，"象"是这样被解释的：

篆书	甲骨文
象	（甲骨文字形，含一期合集八九三、一期蒐二〇三、一期乙七三四二、一期乙三三二九、一期乙二九六〇、一期粹六一〇、一期前五三〇五）

象大象之形。甲骨文以长鼻巨齿为其特征。《说文》："象，南越大兽，长鼻牙，三年一乳。象耳牙四足之形。"《吕氏春秋·古乐篇》："殷人服象，为虐于东夷。"又据考古发掘知殷商时代河南地区气候尚暖，颇适于兕象之生存，其后气候转寒，兕象遂渐南迁矣。

今天，在汉语方言中的"象"字发音有：

普通话：xiàng
闽南话：[ciu4]、[siong4]、[siong6]，近似念：qiú、xiáng、xiāng
潮州话：[ciên6]，近似念：qié
广州话：[zoeng6]，近似念：jūēng
围头话：[zöng6]，近似念：jūāng
上海话：[zian]，近似念：xián（音非"咸"）
苏州话：[zian231]，近似念：dián-an（音非"颠"）
南京话：[siang4]，近似念：siāng（韵偏an）

综上可得"象"字的方言发音有：qie、qiu、jüeng、jüang、siang、xiang、xian、dian-an。据此则可得出如下树形图：

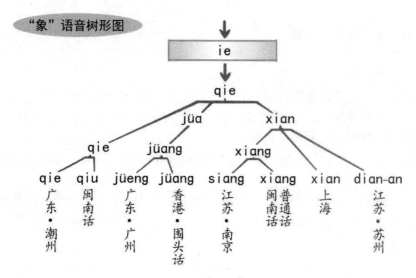

"象"语音树形图

从这个语音树形图上看，"象"字的语音变迁幅度是很大的。正如《甲骨文字典》中所说的那样，殷商时代河南地区气候尚暖，颇适于兕象之生存，其后气候转寒，兕象遂渐南迁，等到了汉代，人们对它的印象就变成了象是南越大兽的认识。因此在商朝到汉朝的中间时段，肯定有好长一段时间，人们是见不到大象的，那象的称谓自然也就用不上了，这对它的传承肯定是有影响的。

那 ie 这个音与今天大象的叫声有没有联系？答案是有那么一点，因为今天的大象叫声是一串长长的高频率音，是近似于从 ei 到 u 到 ü 的一串长而高频的鸣叫。如图：

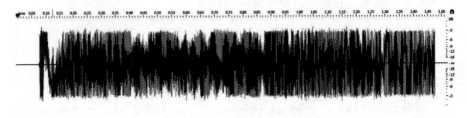

图 4-2-25　大象叫声的声波频谱图

相比之下，与这个音略为相似的反而是"豫"字，而不是"象"字，因为"豫"字音也是一个高频率的音，这正好与大象叫声相符合。

四、野生动物之飞禽

（十六）鸟

鸟，其定义是：体表被覆羽毛的卵生脊椎动物。它的主要特征有：

1. 身体呈流线型（纺锤型或梭形），大多数飞翔生活。体表被覆羽毛，一般前肢变成翼（有的种类翼退化）；

2. 胸肌发达；直肠短，食量大消化快，即消化系统发达，有助于减轻体重，利于飞行；

3. 心脏有两心房和两心室，心搏次数快。体温恒定。呼吸器官除具肺外，还具有多个气囊辅助呼吸，使得鸟类无论在吸气和呼气时，均有氧气通过肺，即双重呼吸。

真好奇"鸟"在今天是怎么成为鸟（禽）类的统称？之所以这么说是因为兽类中却找不出一个能统称兽类的词，你能用"犬"或"牛"或"马"来统称兽类吗？显然没这惯例。

在《甲骨文字典》中，"鸟"是被这样解释的：

象鸟形，与A（隹）字形有别，但实为一字，仅为繁简之异。《说文》："鸟，长尾禽总名也。"与说隹为"短尾总名"是强为分别。

在汉语方言中，目前的"鸟"字发音有：

普通话：niǎo
闽南话：[liao3]、[ziao3]，近似念 liāo、jiào
潮州话：[ziou2]，近似念：jiòu
广州话：[niu5]，近似念：niú
围头话：[niu1]，近似念：niú
客家话：[diau1]、[ngiau3]，近似念：diáo、niāo
上海话：[knio]、[tio]，近似念：niào、diào
苏州话：[tiau51]，近似念：diè
无锡话：[niau44]、[tiau323]，近似念：nyěr、dyěr
南京话：[diao3]、[liao3]，近似念：diǎo、liǎo

综上可得"鸟"字的方言发音有：nyer、niu、niao、liao、diao、die、jiao、jiou。据此则可得出如下树形图：

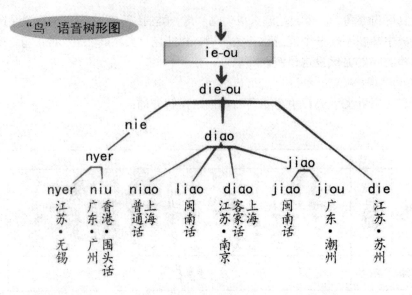

"鸟"语音树形图

从这个树形图来看，鸟的原始音是一个 ie-ou。这个 ie-ou 音能反映出什么？让我们借用语音象征主义来分析，可得如下结论：

1. ie 音是 i 与 ei 的组合，而 i 在语音象征里面是象征小的，故这个音可代表麻雀、黄鹂之类的小鸟；

2. ou 音与 ie 音相比，它的语音象征明显是指向大的，故这个音可以代表鸽子、斑鸠、布谷等中型的鸟类。

综上可知，鸟（diě-ou）之音所代表的并不是某一种小鸟，而是涵盖像麻雀、黄鹂、鸽子、斑鸠、布谷等中小型的大多鸟类。

（十七）黄鹂

黄鹂属是今鸟亚纲雀形目、黄鹂科的 1 属。共有 31 种。中型鸣禽。喙长而粗壮，约等于头长；鼻孔裸露，盖以薄膜；翅尖长；尾短圆，跗跖短而弱。体羽鲜丽，多为黄、红、黑等色的组合，雌鸟与幼鸟多具条纹。

"鹂"字在《甲骨文字典》中没有出现，但却以"黄鸟/仓鹒"的身份在《诗经》中出现，如：

《周南·葛覃》："黄鸟于飞，集于灌木，其鸣喈喈。"
《凯风·黄鸟》："睍睆黄鸟，载好其音。有子七人，莫慰母心。"
《秦风·交交黄鸟》："交交黄鸟，止于棘。"
《小雅·出车》："春日迟迟，卉木萋萋。仓庚喈喈，采蘩祁祁。"

在《尔雅》中的注解是："仓庚、商庚，即鵹黄也。"只要稍加分析，你就会发觉仓、商两字与黄字是同韵的，这很容易让人怀疑它们在作为该鸟类称谓时是同源的，自然，庚、莺、鹨、鹂四字也可能是同源。说到这，你会发现汉语音历史演变中一个很有趣的现象，且这一现象在后面还会一而再，再而三地提到。以今天普通话的语音体系来看，即音韵 i 向 eng 或 ing 的转变是快速的，均没有经过 en 或 in，比如这里的黄鹂、鸳黄、仓鹨及黄莺名就是。这在清代就已经被孔广森发现，他称这种音变为阴阳对转。

可以肯定的是，无论是 i 或 ing 或 eng，都是对黄鹂鸟叫声的模拟，接下来就让我们看下哪个音更接近其鸣叫声。

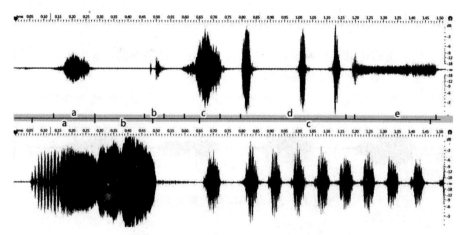

图 4-2-26 黄鹂鸟叫声的声波频谱图

这是一段黄鹂鸟叫声的声波频谱图，上行的 a 小段音类似于 diwɑi；b 小段音也类似于 dīwāi；c 小段音则变成了 ji；d 小段音则变成了 jü；e 小段音则变成了 ü。再来看下行，a、b 两小段合在一起是一个类似于 dilü 的音；c 段则是一个类似于一连串的 jie（偏 jü）音。

真没想到黄鹂鸟的叫声居然如此复杂，但复杂背后的意义正是它们"语言"的丰富。不管怎么说，从刚才的分析来看，黄鹂鸟的叫声是细的（ei、i、ü），因此"鹂"之名与其"鹂"之声也是相对应的。

（十八）乌鸦和麻雀
乌鸦属今鸟亚纲雀形目鸦科鸦属中数种黑色鸟类的俗称，又叫老鸹，为雀形目中体型最大的鸟类，体长 50 厘米左右，体长 50 厘米左右。其特征是嘴大，喜欢鸣叫，因全身或大部分羽毛为乌黑色，故名乌鸦。

在《甲骨文字典》中，有出现"雀"字，而无"鸦"字，今天在汉语方言中的"鸦"字发音有：

普通话：yā
闽南话：[a1]，近似念：à

潮州话：[a1]，近似念：ā
广州话：[aa1]、[ngaa1]，近似念：ā、ngā
围头话：[a1]，近似念：á
客家话：[a1]，近似念：á
上海话：[au]、[ia]，近似念：wù（音偏e）、yà
苏州话：[ia44]，近似念：yā
无锡话：[ia44]、[u44]，近似念：yā、wū
南京话：[ia1]，近似念：yà

从上面的这组方言发音来看，"鸦"字音也是简单的，这与它的叫声嘎——嘎——嘎——也是极其相似。

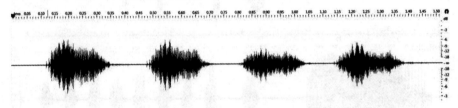

图 4-2-27 乌鸦叫声的声波频谱图

前面说乌鸦的特征之一是嘴大喜欢鸣叫，这让我突然想起了麻雀，在我们老家，麻雀通常会被用来形容一群吵闹的小孩，且还特指他们讲不出一个道理来。

刚提到乌鸦的"鸦"与其"嘎——嘎——嘎——"的鸣叫声是关联的，那同样爱吵闹的麻雀之"雀"是否也与其啼鸣声有关？答案是肯定的。在此，我们不用去细致入微地查看它的啼鸣声与"雀"字读音如何对应，而只需关注乌鸦的体型与"嘎"和麻雀的体型与"叽喳"的对应就会明白。

以今天的普通话为例：

"嘎"是舌根音g加开口音a；

"叽"是舌面前音 j 加齿音 i；

"喳"是舌尖后音 zh 加开口音a；

两相对比就会发现声母g比 j、zh 的开口度要大，韵母的a比 i 的开口度也要大，而这正好与乌鸦的体型比麻雀的体型大是对应的，因为体型大，其发声器官也会大。

最后，我觉得有必要和大家分享一个小插曲。这个插曲是当我试着写出如下文字：

乌鸦老树频聒噪，麻雀枝头闹叽喳。

同样人前多嘴去，体型音量已距差。

其间，我想用五笔输入法打出"聒噪"一词，可怎么也打不出来，原因是我把"聒噪"想成了"咶噪"。既然五笔不行，那就用拼音吧，结果更糟，因为我把guō zào想成了guā zào。但让我觉得不可思议的一件事是，"咶噪"一词在百度汉语中的标音居然是 huài zào！如果"咶噪"是"聒噪"，"聒噪"是声音杂乱和吵闹的意思，那"咶"字音就不应该是 huài，因为huài 音已经细化，它在情绪表达上就没有像guō或 guā来得痛快，虽然 h 与 g 同是舌根音，但在语音象征主义里却是有等级差别的。

（十九）杜鹃和竹鸡

杜鹃鸟属脊索动物门鸟纲鹃形目杜鹃科的统称。主要是大杜鹃、三声杜鹃和四声杜鹃。有三分之一的杜鹃有巢寄生现象。属于林业益鸟。

大杜鹃叫声似"布谷、布谷"，所以又叫布谷鸟；三声杜鹃叫声似"米贵阳"，所以有些地方就叫它米贵阳；四声杜鹃又称子规鸟叫声似"快快割麦""割麦割谷""不如归去"。

巢寄生是一种鸟类将卵产在其他鸟的鸟巢中，由义亲代为孵化和育雏的一种特殊的繁殖行为。所以在《诗经》中才有"维鹊有巢，维鸠居之"这样的句子出现。它们自己不会做窝，也不孵卵，却把产的蛋放在其他鸟类的巢窝里，让它们替自己精心孵化。

关于杜鹃的诗词歌赋很多，最典型的典故是望帝化杜鹃的故事。比如宋人刘克庄《忆秦娥》词：

"……枝头杜宇啼成血，陌上杨柳吹成雪。吹成雪，淡烟疏雨，江南三月。"

词中提到的是一个神话故事：

在周朝末期，蜀王杜宇称帝，号望帝。当时有个死而复生的人鳖灵当了宰相。而那时洪水为灾，民不聊生，鳖灵凿巫山，开三峡，除了水患。望帝见他功高，便把帝位让于他，自己隐居于西山中。杜宇生前注意教民务农，死后仍不改其本性，他化为子规鸟（即杜鹃鸟，又叫布谷鸟），每到春天，总要呼唤人们"布谷""快快布谷"，以提醒人们及时播种。而此时，正是杜鹃花开放之时，古人因见杜鹃嘴上有一块红斑，认为它是苦啼而流出的鲜血，故有"尽是冤禽血染成"，俗称杜鹃花。

所以，杜鹃花与杜鹃鸟在后世的诗词作品中也常这样出现，如：

"杜鹃花与鸟，怨艳两何赊；尽是口中血，滴成枝上花。"（成彦雄）

"杜鹃花发杜鹃啼，似血如朱一抹齐。 应是留春留不住，夜深风露也寒凄。"（秋瑾）

在《甲骨文字典》中，"鹃"字没有出现。但在汉语方言中，目前的"鹃"字发音有：

普通话：juān
闽南话：[guan1]，近似念：guān
潮州话：[giêng1]，近似念：giē-n
广州话：[gyun1]，近似念：gūn
围头话：[güng1]，近似念：gúng
客家话：[gien1]，近似念：gən
上海话：[cieu]，近似念：jyèr
苏州话：[cioe44]，近似念：jūo(韵偏 e)
无锡话：[cioe44]，近似念：jyēr
南京话：[jüän1]，近似念：jüàn

综上可得"鹃"字的方言发音有：jüan、guan、gie-n、gün、güng、gən、jyer、jüo。据此则可得"鹃"字语音树形图。

从这个语音树形图中可以得知"鹃"字的原始音为 i。这与杜鹃鸟的叫声是否相符？现在就来"听"下它的叫声，如图4-2-28。着实让人惊讶，本以为黄鹂鸟的叫声是最丰富的，现在看来，叫声最丰富的当是杜鹃鸟才对。不然，我们怎么从它们那里听出了"快快割麦""割麦割谷"及"不如归去"等意思呢？

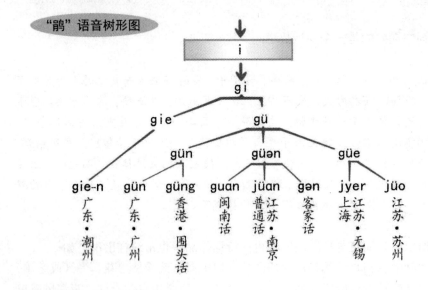

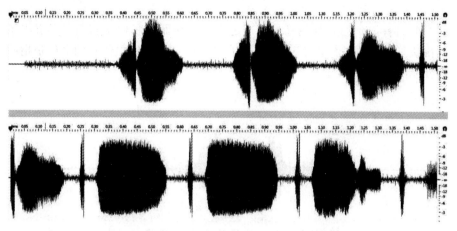

图 4-2-28 杜鹃鸟叫声的声波频谱图

在图 4-2-28 中，上行的声波频谱是三个类似于 jüo 的音；下行的声波频谱则是四个类似于 di-ü——的音。而在图 4-2-29 中就变成了一个短音的 ji。

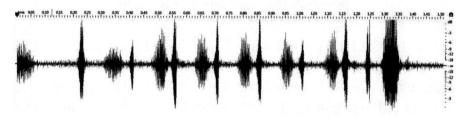

图 4-2-29 杜鹃鸟叫声的声波频谱图

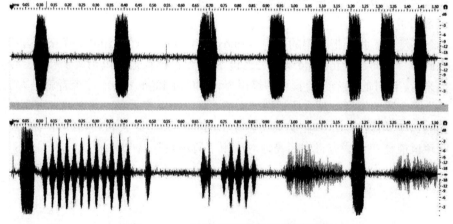

图 4-2-30 杜鹃鸟叫声的声波频谱图

等到了图 4-2-30 时，上行则是一个比声波频谱图-2 稍长点的 ji 音；下行就成了 jü。

前面有说到因为杜鹃鸟的叫声之丰富，从而让我们从它们那里听出了"快快割麦""割麦割谷"及"不如归去"等叫声，这里的它们具体是指四声杜鹃的叫声，如图 4-2-31。

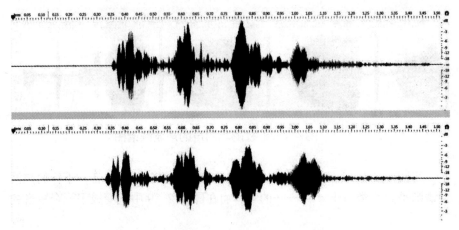

图 4-2-31　四声杜鹃鸟叫声的声波频谱图

该叫声类似于 ghū-ghū-ghū-ghǔ-，（感觉声母介于 g 与 h 之间）但人们通常会模仿成 guō-guō-guō-guǒ-，其原因自然是与人类的发音器官有关。比方说 ghū-ghū-ghū-ghǔ-这个音就有点像是在吹口哨，可在现实生活中并不是每个人都能吹出一口流利的口哨，所以我们终归还是选用了 guō-guō-guō-guǒ-这个较容易操作的音。而 guō-guō-guō-guǒ-这个音在今天的好多方言语音体系中是很容易拼凑出"快快割麦""割麦割谷"及"不如归去"等意思的语音句子。

多年前，我还把竹鸡的叫声 jùguáiguái 听成了 xùkěiguǐ（我家方言的"回家"一词发音正是 kěiguǐ/去归）从而让自己误把竹鸡当成了杜鹃。今天来看，当时的这个判断真可谓错得离谱，因为 jùguáiguái 这个音就是"竹鸡"两个字的发音。是否还记得前面的"鸡"字发音采集，其中就有闽南话的 gēi、广州话的 gāi 和围头话与客家话的 gái。所以，jùguáiguái 这个竹鸡叫声就能够在这些方言中轻易地对应上"竹鸡鸡"这个词。

（二十）雁（燕）

雁属脊椎动物鸟纲鸭科雁亚科鸟类的通称。为大型游禽，善飞行。大小、外形一般与家鹅相似或较小。嘴宽而厚，嘴甲也较宽阔。啮喙具有较钝的栉状突起。多数种类的体羽以浅灰褐色为主，并布有斑纹。我国常见的有鸿雁、豆雁、白额雁等。

家鹅源于灰雁，而雁又属于鸭科，因此"大雁"在某些方言中不叫"雁"，比如在我老家的方言发音就是"ngá-ngóu/鸭鹅"，我的理解就是一种长得像鸭子的鹅。但该称谓的缘由是否真的如此，我不得而知。可在汉代杨雄所著的《辎轩使者绝代语释别国方言》一书中，也有一句关于雁的介绍："雁，自关而东谓之甿鹅，；南楚之外谓之鹅或谓之鸧甿。（今江东通呼为甿）"

鸭与鹅的发音，前面已经讲过，它们的叫声与自己的称谓是相互关联的。那"雁"呢？大雁个头这么大？燕子个头那么小，为什么两者的普通话发音是一样的？现在我们就来讨论下：

在《甲骨文字典》中，"雁"是被这样解释的：

从雁从 A，当即《说文》之"雁"字。金文雁作 B（应公簋）、C（应公解），与甲骨文构形略同。《说文》："雁，鸟也。从隹，瘖声。或从人，人亦声。"

在汉语方言中，目前的"雁"字发音有：

普通话：yàn
闽南话：[ngan6]，近似念 ngǎn:
潮州话：[ngang6]，近似念：ngán
广州话：[ngaan6]，近似念：ngǎn
围头话：[ngæng6]，近似念：ngǎn
客家话：[ngan4]，近似念：ngān
上海话：[i]、[nge]，近似念：yì、ngéi
苏州话：[ie523]、[nge231]，近似念：yì-í、ngěi-èi
无锡话：[ie334]、[ngae213]，近似念：yí、ngǎi
南京话：[iän4]，近似念：yān

综上可得"雁"字的方言发音有：yan、ngan、yi、ngei、 ngai。据此则可得出如下树形图：

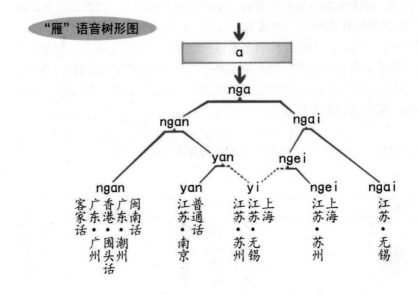

"雁"语音树形图

在这个树形图中，我们得出了雁的原始音是 nga（a音偏点 e），这是一个比较响亮的音，与雁的鸣叫声也可以对应上，如图 4-2-32。但燕子叫声则是细腻的，这从它的体型上也能看出，正如本节一开头就介绍的那首儿歌，其中就把燕子的叫声拟作"呢喃"。虽然现实中的燕子声远比这复杂得多，也动听得多，但归之于细腻与"呢喃"叫声当是正确的。

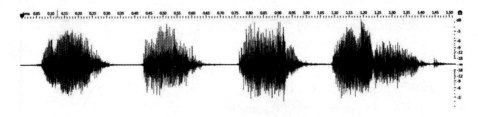

图 4-2-32 大雁叫声的声波频谱图

也就是说，今天的燕雁之称谓从表面上看虽有些不相称，但往上追，其发音仍是源自自己的鸣叫。以普通话为例，"雁"字语音演变是 nga 到 ngan 到 yan；而"燕"字语音演变则可能是从 ni 到 yi 到 ye 到 yan 这样一个过程。

180

（二十一）斑鸠（雎鸠、鸠、布谷、鸽）

斑鸠，别称斑鸠咕咕，属今鸟亚纲鸽形目鸠鸽科斑鸠属。

从这个名字来看，"鸠"才是该鸟的核心词，这个"鸠"正是它的鸣叫声，而"斑"只是形容词，形容它羽毛的颜色。正如百度百科上的介绍：

（斑鸠）上体羽以褐色为主，头颈灰褐，染以葡萄酒色；额部和头顶灰色或蓝灰色，后颈基两侧各有一块具蓝灰色羽缘的黑羽，肩羽的羽缘为红褐色；上背褐色，下背至腰部为蓝灰色；尾的端部蓝灰色，中央尾羽褐色；颏和喉粉红色；下体为红褐色。雌雄羽色相似。

从这段描述中，相信你可以体会出一个"斑"字，因为它与燕子、翠鸟、番鸭、鹅、鹤等鸟的羽毛颜色相比，颜色的确很斑驳。

在《甲骨文字典》中，"鸠"字没有出现。而以今天的汉语方言来看，"鸠"字的声符"九"只有在粤语中的发音是一个近似念gáo的音。这多少与珠颈斑鸠的叫声有点相似，因为珠颈斑鸠的叫声是一个类似于gǔgūgù——gǔgūgù——gǔgūgù——的三音节叫声。如图：

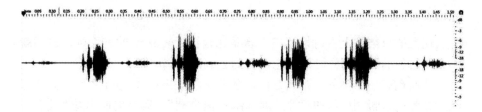

图 4-2-33 斑鸠叫声的声波频谱图

如此看来，人类给动物命名的确是很钟爱叫声模拟这条路线。然而当我们去鉴赏鸟类的鸣叫声时，大多数人的水平是很低的，只能感觉出一个大概。因此斑鸠到底是不是布谷？为什么斑鸠会是鸽形目鸠鸽科？这与它们的叫声有关吗？比如布谷声就是一个很明确的gūgǔ——gūgǔ——声，只是其元音u有点偏向o，如图：

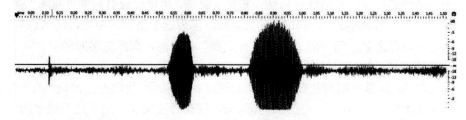

图 4-2-34 布谷鸟叫声的声波频谱图

再比如鸽子的叫声，也差不多是gūgūgù的声音。如图：

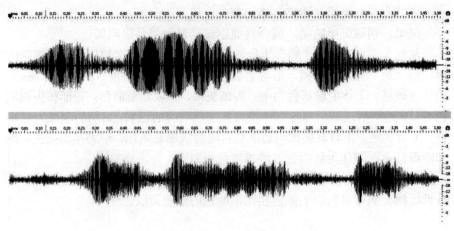

图 4-2-35 鸽子叫声的声波频谱图

从语音历史演变规律来看，gou 与 gu 这两个音是很容易相互转换的。所以斑鸠的"鸠"和布谷的"布、谷"及鸽子的"鸽" 4 字也正是对其声音的模拟。

现在的总结是上古时期"鸠"音是比较接近gou/gu 的。否则，斑鸠就不会与布谷搞混，同样鸠与鸽也不会同处鸽形目鸽鸠科。

然而也有一个例外，那就是雎鸠的叫声似乎不在gou/gu 之列。如《诗经·周南·关雎》中所说的"关关雎鸠，在河之洲"，雎鸠的叫声是"关关"，以今天的普通话来念，其发音肯定是不对的，无论怎么说，guan 音中的前鼻音 n 在鸠的鼻子中肯定发不出来，所以"关关"就只能念成guagua，除非这只雎鸠当时正躲藏在一个水边的岩洞中，岩洞的半封闭空间充当了它的鼻腔。

至此，更有意思的东西又来了，这guagua之声听起来怎么就像是一只小水鸭在周南的河边游荡呢？难道是先秦的诗人百鸟不分吗？可《诗经》中的国风基本上都属民歌性质，非诗人第一手创作，也就是说，"关关"的雎鸠声当是普通百姓的生活经验总结，非文人臆造。所以比较合理的"圆场"就是"关关"当念gougou 或guoguo 与gugu，因为这才是鸠的叫声，而考虑到鸣之声即鸟之名，句中的"鸠"又与"洲"相押韵，因此先秦时的"关关"读音按理来说就可定位在gougou 这一读音。

注意，这里强调的是按理来说，而绝非现实。因为我没有把握说"关关"一词在上古时期的读音一定会念gougou，这在语音象征主义中是不成立的。（详见后文"对植物的称谓"之"葛之覃兮"一节）

（二十二）鹡鸰

鹡鸰，俗称张飞鸟，因为形状有点像舞台上张飞的脸谱，所以浙东一带人称张飞鸟，是鸟纲鹡鸰科鹡鸰属各种候鸟的通称。因多活动于水边，停息时尾上下摆动，故又称"点水雀"。通常栖息于海拔在400～2000米的山区、河谷、池畔等各类环境中。鹡鸰为地栖鸟类，生活于沼泽、池塘、水库、溪流、水田等处。

原以为鹡鸰这个鸟名的出现时间会挺晚，却不曾料到在《诗经》中就已经出现，只是当时的"鹡鸰"写作"脊令"，有声符而无义旁。原诗句为：

脊令在原，兄弟急难。每有良朋，况也永叹。

——《小雅·鹿鸣之什·常棣》

该鸟名与它自己的啼鸣声也是对应，其叫声就是一个很声急音细的"脊令"声。如图：

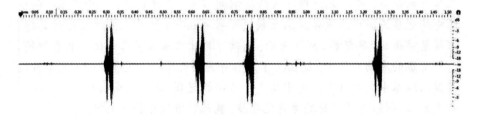

图 4-2-36 白鹡鸰叫声的声波频谱图

最后，想与大家"谈和"的是，利用声波频谱图来检测两个声音的相似度，感觉是个好主意，但实施起来还真有点困难，比我想象的麻烦多了。首先，动物的鸣叫声录音具不具代表性？其次，我的普通话及我的方言和音色与你的相不相同？这些都会影响声波频谱图的成像。因此，从某种程度上说，这里的求证仍为我个人的求证。

4-3 十二生肖的缘起

十二生肖亦称十二属相，它们分别是鼠、牛、虎、兔、龙、蛇、马、羊、猴、鸡、狗、猪。但它们究竟起源于什么时候，为什么是今天这个排序，你有想过吗？在此，让我们先看下《细说天干地支》（戴兴华、杨敏、戴坤宸编著；气象出版社）中是怎么说的：

属相的起源和远古时期人们对动物的崇拜有关，也就是和那时人们对自己所信仰的图腾的崇拜、敬奉有关。中外有关研究者都持此说。据《左传》《诗经》等书记载可知，在春秋时期就有了属相之说。稍后的战国时期，方士等人将属相定为 12 种，但还是支离破碎不成体系的。到了东汉末年，王充写的《论衡》一书的《物势篇》正式记载有十二属相。接下来是东汉末年文人蔡邕的《月令问答》、东晋时期葛洪的《抱朴子·登陟卷》也都有了十二生肖的记载。南北朝时期陈代的沈炯创作《十二属》诗，"十二属"的说法也随之在民间广为流传。南北朝《齐书·五行志》中就有"东昏侯属猪""崔景慧属马"等记载。到了唐朝，出现了以十二属动物作为纹饰的青铜镜。后人发掘的唐朝墓葬中，还出土了成套并完整的十二属泥俑。在珍藏于敦煌石窟的经卷中，就有不少关于马年、兔年的记载，这说明属相可用作纪年。垂及元朝，则形成了完整的生肖纪年法，载入官方的史籍或文献中，如"帝生于猪年""鼠年春，帝会诸将于铁木该"等。元朝以后至今，属相之说一直在民间递相沿传，经久不衰。

地支与属相的关系实际上就是十二地支与十二属相相互对应的关系。这种关系早在战国时期就有阴阳五行家探究过，但既不完整又不系统。大约到了东汉末年，经过王充等人的整理，才正式确定地支逢子之年就定所属动物为鼠，称鼠年；地支逢丑之年就定所属动物为牛，称牛年；等等。

十二地支与十二属相对应表											
地支	子	丑	寅	卯	辰	巳	午	未	申	酉	戌	亥
属相	鼠	牛	虎	兔	龙	蛇	马	羊	猴	鸡	狗	猪

有人认为，12 种动物以趾数阴阳配以地支，奇趾配阳地支，偶趾配阴地支。为什么将老鼠列第一位配以子呢？子时在一天中也就是午夜，相当于当天 23 时至次日 1 时。按阴阳家看来，子时前半部分属阴，后半部分属阳，居于阴尽阳生阶段，其所对应的属相也应兼备之。老鼠的前足 4 趾属阴，后足 5 趾属阳，阴阳两性兼而有之，所以就将老鼠对应子，占了第一位。

十二属相与十二地支形成固定的对应关系,便于确定生肖纪年。在以60年为一周期的干支纪年中,不问天干如何,凡地支是子的都是鼠年,是丑的都是牛年。

综上可得3个意思:

1. 十二生肖于东汉末年确立,到南北朝时期的沈炯《十二属》诗问世之后,"十二属"的说法也随之在民间广为流传。

2. 十二生肖与十二地支的对应关系早在战国时期的五行家那里就有讨论,但不是很完整,等到了东汉末年,经王充整理之后才正式定下子年为鼠年,丑年为牛年……

3. 虽然王充整理清楚了"子鼠、丑牛……"的对应关系,但人们却不清楚这种对应关系背后的依据是什么,从而猜测这种对应关系是基于动物趾数的阴阳来配地支的阴阳。

然而,从1、2点来看,我们知道"该事件"的正确顺序当为先2后1,因为"十二生肖"的概念是必须建立在与"十二地支"的关系对应上,如果这种关系还没有对应,那就谈不上"十二生肖",除非你说的仅是"生肖文化",比如说某个人贼眉鼠眼、某个人虎背熊腰等。我相信这种"生肖"比喻在东汉之前肯定是存在的,只不过那时还没与地支对应上。

从第3点来看,说目前的生肖与地支的对应关系是基于动物趾数的阴阳与地支的阴阳对应。是否真的如此,且让我们来先列一张图表:

生肖	鼠	牛	虎	兔	龙	蛇	马	羊	猴	鸡	狗	猪
前脚趾数	4	2	5	5	?	0	1	2	5	4	5	2
后脚趾数	5	2	5	4	?		1	2	5		5	2

据此可以看出趾数阴阳对应地支阴阳也不完全正确。

1. 如果说鼠居于子时是因为它的脚趾数有阴有阳,那兔子又该怎么说呢?

2. 龙是神话中的动物,现实并不存在,但在传统的绘画作品中就有四爪龙和五爪龙,这又该怎么分呢?

3. 蛇是没有脚的,所以它的脚趾数是零。零在今天的数学概念里是一个特殊的偶数,但在中国传统文化里,偶有成双成对及团圆的意思,如从这个层面来看,0数显然算不上是偶数。

而关于十二地支的起源,书中则介绍了一个这样的神话传说:

《山海经》之《大荒西经》说,帝俊的妻子常仪生了12个月亮。月亮也像太阳一样轮流值班，但每个月亮值班的周期是一个朔望月。12个月亮轮流值班一个周期就形成月亮年，也就是后来人们所说的一个阴历年。为有所区分，12个月亮名字分别被命名为：子、丑、寅、卯、辰、巳、午、未、申、酉、戌、亥。

在我看来，这则神话反映出了古人的世界观，一年中的每个月的月亮是不一样的，这符合古人的"地平说"，不像今天的我们在知道地球是球形的情况下，说天上的月亮其实就一个。所以给十二个月亮起十二个名字也就显得很合乎情理，因为这不是给一个绕了地球十二圈的月亮起十二个名字。

接着是十二地支的原始含义介绍，作者则把古人的观点总结成了如下文字：

子：原字形像下身被包裹于襁褓中的婴儿，引发出"初始"和"人"两方面的意义。子者，滋也。十一月阳气微动，万物开始滋荣于地下。万物莫灵于人，故后来"子"被假借而含"人"意，如老子、夫子等。

丑：纽也，鲜也。十二月阴气固然渐鲜，万物已萌动。原字形像举起的横斜形手掌，表示阳气初生，春将来临，举手思奋。

寅：正月阳气动，如水泉欲上行，但阴气尚在，阳气只好津涂于其下。原字形表示阴气如屋罩于上。

卯：茂茂然，二月万物冒出地面，原字形呈开门之形。故二月被称为"春门"。

辰：震地。三月阳气浮动，雷电始震，万物伸舒而长，生气方盛。"辰"最初的字形简单，有些像原始石犁，表示民众进入农忙时。

巳：四月阳气已出，阴气已藏。原字形有些像蛇弯曲垂尾，表示阳气已出，阴气消藏。

午：逆也。五月阴气逆阳，冒地欲出，呈纵横交错状。原字形表示阴气与阳气相忤逆。

未：味也。六月万物初成，有滋味也。原字形含有枝叶繁茂、木老结实之意。

申：伸也。原字形表示雷电延伸。七月阳气成体，以自伸束。

酉：就也。八月万物皆老，粟成可制酒。原字形含闭门之意，指万物已入。故酉被称为"秋门"。

戌：灭也。九月万物毕成，阳气收敛入于地下。原字形为会意字。戌为土，一代表阳，"戌"字表示阳气入土了。

亥：根也，十月伏于土中阳气欲起，上接盛阴，欲出不能。原字形系"二"之下有一男一女。"二"字上面的横含义为阴气强，阳气欲上不能。

在我看来，这种解说也是后来者的附会。因为就汉字体系中的假借、转注等用字法和中国文人所独有的"草蛇灰线""微言大义"的做文章风格，要把"白"说成"黑"，把"东"指成"西"是很容易办到的。比如其中的"卯"与"茂茂然"；"辰"与"振"的联系就是因声求义的结果。

但"文化"不是科学，在有和没有、是与不是之间没有那么绝对。所以，当古人对古古人的十二地支名做出一个符合自己时代的解释，即使这个解释在此之前并不存在或并不正确，但当它被立著成说后，这个解释对后人来说就已然成立。

接下来我将阐述一则个人对十二地支与十二生肖关系的看法。即十二地支与十二生肖的如此对应不完全是通常所说的"阴阳对应"，而是十二生肖的读音在一定程度上与十二地支的读音相似造成的。为什么会出现这样的情况？想必是因为十二地支的名声实在太高贵高雅，这种高贵与高雅在殷商时期的待遇之一就是被帝王用来给自己取名。然而当高雅走向通俗时，民间就会不自觉地将其低俗化。但什么是低俗？为什么老百姓的创造就是俗？个人觉得，这里的俗本没有贬意，仅是一个不同群体的认知体系而已。子丑寅卯等十二字在它的传播之初，给人的第一感觉肯定是很茫然、不知所措的。别说古人，就是让现在的年轻人说下十二地支的顺序，也不一定全都说得出来。所以，绝大多数人在学习新知识时通常都会做个能让自己增加记忆的注，比方说战国七雄的增强记忆法，记得初中时的历史老师曾教我们一句"吃醋嫌少难为情"，从而让我们很轻松地记住了"齐、楚、燕、赵、韩、魏、秦"这七个国名。当然，这个谐音是建立在上饶广信区的本地腔（吴语）基础上的，因为该方言的"吃"念 qiē（短音），与"齐"字的普通话读音较为相似。

为方便记忆，我们通常会把陌生的东西给形象化。同样，我们为了强化某物的形象则会想办法使其更加生动。比如狮心王查理、太阳王路易十四等称谓。所以，古人（老百姓）把文雅高贵的十二地支"子、丑、寅、卯、辰、巳、午、未、申、酉、戌、亥"谐音成自己所熟悉的东西也就可以理解了。比如换成自家圈栏里的牲畜、笼子里的家禽、洞穴里的老鼠乃至传说中的神龙，这不更让人觉得可爱和可亲吗？

接下来就让我们从语音的角度出发，去看一下十二生肖与十二地支的对应关系究竟如何。

1. 子与鼠
"子"字的方言（采自"汉语方言发音字典"网。为方便阅读，后文将不再重复备注）发音有：
闽南话：[zi3]，近似念：jī

广州话：[zi2]，近似念：jí

围头话：[zi2]，近似念：jí

……

而"鼠"字音在前面刚讲过，它的原始音是 qi，是人类从它那"叽叽叽"的叫声中模拟过来的发音。所以，"子""鼠"两字的读音是相似的。

2. 丑与牛

"丑"字的方言发音有：

普通话：chǒu

闽南话：[tiu3]，近似念：tiù

潮州话：[tiu2]、[ciu2]，近似念：tiù、qiù

广州话：[cau2]，近似念：cáo

围头话：[cäu2]，近似念：cáo

客家话：[ciu3]，近似念：qiú

……

而"牛"字音在前面也刚讲过，它的方言发音有：niu、liu、ngiu、ngao 等。所以，"丑""牛"两字的读音算是同韵相似的。

3. 卯与兔

"卯"字的方言发音有：

普通话：mǎo

广州话：[maau5]，近似念：má-ao

围头话：[mau1]，近似念：máo

客家话：[mau1]，近似念：máo

上海话：[mo]，近似念：móu

无锡话：[mau232]，近似念：máo（元音a偏e）

南京话：[mao3]，近似念：mǎo

……

而"兔"字的方言发音有：

闽南话：[to5]，近似念：tòu

潮州话：[tou3]，近似念：tóu

广州话：[tou3]，近似念：tōu

……

188

所以，"卯""兔"两字的读音也是同韵相似的。

4．辰与龙
"辰"字的方言发音有：
普通话：chén
闽南话：[sin2]，近似念：xín
潮州话：[sing5]，近似念：xīn
客家话：[sin2]，近似念：séin（韵介于 en 与 in 之间）
上海话：[zen]，近似念：sén
无锡话：[zhen13]，近似念：shěn
南京话：[chen2]，近似念：chén
……

而"龙"字的方言发音也有：
闽南话：[ling2]，近似念：lǐn
潮州话：[lêng5]，近似念：lēin
……
所以，"辰""龙"两字的读音也是同韵相似的。

5．巳与蛇
"巳"字的方言发音有：
普通话：sì
闽南话：[sy4]，近似念：sī
客家话：[su4]，近似念：zū
上海话：[zy]，近似念：sí
南京话：[sy4]，近似念：sī
……

而"蛇"字的方言发音也有：
闽南话：[zua2]，近似念：zuá
潮州话：[zua5]，近似念：zuā
广州话：[se4]，近似念：sěi
上海话：[dzau]，近似念：zú
南京话：[she2]，近似念：séi
……
所以，"巳""蛇"两字的读音也算是同韵相似的。

6. 午与马

"午"字的方言发音有：

闽南话：[ngo3]，近似念：ngóu

潮州话：[ngou2]，近似念：ngòu

上海话：[wu]，近似念：óu

无锡话：[ngu232]，近似念：ngú

……

而"马"字的方言发音在前面也刚讲过，有 mu、mou 等读音，所以，"午""马"两字的读音也是同韵相似的。

7. 未与羊

"未"字的方言发音有：

闽南话：[me6]，近似念：miē、

广州话：[mei6]，近似念：mēi

……

而"羊"字的方言发音在前面也刚讲过，通过语音树形图的分析，最终可追溯到 ie 这个音，与羊叫声"咩"正好吻合。所以，"未""羊"两字的读音也是同韵相似的。

8. 申与猴

"申"字的方言发音有：

普通话：shēn

闽南话：[sin1]，近似念：xīn

潮州话：[sing1]，近似念：sein（韵介于 en 与 in 之间）

客家话：[sin1]，近似念：séin（韵介于 en 与 in 之间）

上海话：[sen]，近似念：sèn

无锡话：[shen44]，近似念：shēn

南京话：[shen1]，近似念：shèn

……

从"猴"字的方言发音来看，它与"申"字的确没有关系。但猴子这一称谓在我们老家却是被叫作 hái sēin（广信赣语麻山腔）与 hèi sēin（广

190

信吴语本地腔），它们对应的汉字是"猢狲"。此外，我也相信大部分吴语片区也是称"猴子"为"猢狲"的，因为我曾经问过一个苏州的朋友，他说苏州话就把"猴子"称为"猢狲"。

所以，从"狲"字出发，"申""猴"两字的读音也是同韵相似的。

但是，从这里所透露出的上古时代信息远非这一点，它还关系到十二生肖与十二地支的对应。当时，究竟是哪个邦国的人在起作用？比如今天的粤语就把猴子称作 mālāo，这个 mālāo 似乎就与汉语没半点关系，因为在壮语中也有把猴子称作 mālāo 的。但别忘了古人的口中还有一只"母猴"，这只"母猴"并不是今天人们眼里的雌猴，而是后世所称的猕猴。如此一来，mālāo 这一称谓就与"猕猴/母猴"有着很神秘的读音关联。但从"猴""申"两字的关联来看，这就让我们有了一丝线索去探究在当时究竟是哪个邦国的人在起作用。

9. 酉与鸡

"酉"字的方言发音有：

普通话：yǒu

闽南话：[iu3]，近似念：yōu（音似英文字母 u）

潮州话：[iu2]，近似念：yòu（音似英文字母 u）

广州话：[jau5]，近似念：yáo

围头话：[yäu1]，近似念：yáo

客家话：[yiu1]，近似念：yōu（音似英文字母 u）

上海话：[yoe]，近似念：yér（非"耶"音）

无锡话：[yeu232]，近似念：yáo

南京话：[iou3]，近似念：yēr

······

从"酉"字的方言发音来看，它与"鸡"字的确也没有关系。但要是改从另一个侧面去看，就会变得很有意思，即把"鸡"当成"鸟"，你就会猛然发现对应上了。因为"鸟"字在前面也讲过，它的方言发音有：nyer、niu、niao、liao、diao、die、jiao、jiou 等。所以，"酉""鸡"两字的读音也是毫无例外地同韵相似。

10. 戌与狗

"戌"字相对于其他十一个地支来讲，是比较冷僻的，因为很少有以它为声符的汉字。但在今天的方言读音上仍可呈现出些许多样性，而不是清一色的文读结果，这点颇让我感到意外。如：

普通话：xū

闽南话：[sut7]，近似念：sù（韵偏 i，短音）

潮州话：[sug4]，近似念：sū（短音）

广州话：[seot]，近似念：sē（短音）

围头话：[säk2]，近似念：sá（短音）

客家话：[sut5]，近似念：sū（短音）

上海话：[siq]，近似念：sēi（短音）

无锡话：[sih4]，近似念：sēi（短音）

南京话：[sū5]，近似念：sv1（短音）

而目前"狗"字在方言中的发音有：

普通话：gǒu

闽南话：[gao3]，近似念：gāo

潮州话：[gao2]，近似念：gào

广州话：[gau2]，近似念：gáo

围头话：[gäu2]，近似念：gáo

客家话：[giu3]，近似念：giū

上海话：[koe]，近似念：go-è（韵 o 偏 e）

苏州话：[keu51]，近似念：guì

无锡话：[kei323]，近似念：gěi

南京话：[gou3]，近似念：gě

两相对照，发现"戌"与"狗"在读音上并没有很明显的读音对应关系。但别忘了，在"狗"字出现之前，我们还有一个"犬"字。"犬"字在方言中的发音有：

普通话：quǎn

广州话：[hyun2]，近似念：qún

客家话：[[kien3]，近似念：kiē-n

上海话：[chieu]，近似念：qū

无锡话：[chioe323]，近似念：qǔ

好了，现在让我们综合起来看，它们的对应关系又是怎样的呢？

1. 普通话的"xū/戌"与上海话和无锡话的"qū/犬"是对应的；

2. 广州话的"se/戌"和南京话的"ge/狗"是对应的；

3. 上海话和无锡话的"sei/戌"和无锡话的"gei/狗"是对应的；

4. 南京话的"sv1/戌"和苏州话的"gui/狗"也算是对应的。

由此看来，"戌""狗/犬"两字的读音也是同韵相似的。

11. 亥与猪

"亥"字的方言发音有：

普通话：hài

闽南话：[hai4]，近似念：hāi

潮州话：[hai6]，近似念：hái

广州话：[hoi6]，近似念：hō-ei

围头话：[fui6]，近似念：fuì

客家话：[hoi4]，近似念：huo-ēi

上海话：[re]，近似念：éi

南京话：[hä4]，近似念：hāi

而"猪"字的方言发音在前面也已经讲过，它有 zhu、zu、jü、zü、zi、zei、de 等读音。进而通过树形图的分析又得出"猪"字音的源头是一个 ei-ou 音。所以，"亥""猪"两字的读音也算是同韵相似的。

12. 寅与虎

"寅"本是十二地支中的第三个，但我却把它放到了最后来说，这的确也是因为"寅"和"虎"这两字的读音相差太远，一时很难找到能让它们有关联的证据。

"寅"字的方言发音有：

普通话：yín

闽南话：[in2]，近似念：yín

潮州话：[ing5]，近似念：yīn

广州话：[jan4]，近似念：yǎn（音非"焉"近"央"）

围头话：[yäng4]，近似念：yǎn（音非"焉"近"央"）

客家话：[yin2]，近似念：yín

上海话：[yin]，近似念：yín

无锡话：[yen13]，近似念：yǐn（音偏 en）

南京话：[i2]、[in2]，近似念：yí、yín

而"虎"字的方言发音也在前面讲过，有 hu、hou、hou-n、fu、hɑo-o 等读音，进而通过树形图的分析，也只是得出 ou 这个音。不难看出，这两个音的确相差甚远。但在汉代扬雄所著的《方言》一书中，虎却有这样的文字介绍：

"陈魏宋楚之间或谓之李父；江淮南楚间谓之李耳，或谓之於㹠；自关东西，或谓之伯都。"

简单来说，其中的"李父""李耳"四字读音是与 i、ei、ie 音有关联的，而其中的 ie 最与"yin/寅"有明显的接近。同时"㹠"字的结构也告诉我们它的声符字当是"兔"，这更加明确了它与"寅"字读音的联系，因为以"寅"字为声符的"演"字音就是 yan。虽然，晋代郭璞有注："於音乌，今江南山夷呼虎为'㹠'，音狗窦。"

为此，"寅"和"虎"的对应关系也与"申"和"猴"的对应关系一样，这里所透露出的上古时代信息远非这一点，它还关系到十二生肖与十二地支的对应。当时，究竟是哪个邦国的人在起作用？

4-4 东南西北

男人说："向前走 3000 米，然后向东转。"女人说："开车穿过学校，看到绿色的房子后右转。"其实，这两条路线都可以很容易地带你找到同一家杂货店。也就是说，男女两性之间的方向感是差不多的，只是表达方式不同而已。

黛博拉·索塞尔是加拿大莱斯布里奇大学的一名神经学教授，她的研究证实了这个观点。在研究过地图、并被询问如何到达指定的地点时，女人一般都会通过地标性建筑和左、右转来描述方向，而男人则更愿意使用东南西北来描述方向，使用分钟或千米来衡量距离。

这种差异可能与人类诞生初期男人和女人的工作分工有关。远古时期，男人负责狩猎活动。在狩猎过程中，为了捕捉到野生动物，男人经常要走到离家很远的地区，需要依靠对太阳位置的判断和天生的定位技能找出最近的回家路线。而史前的女人负责采摘，她们有可能通过最茂盛、最有营养的植物作为地标找到自己的路。

此外，德国科学家研究发现，男性通常拥有更强的方向感，这是因为他们在辨别方向时使用的大脑区域与女性存在差别，男性在辨别方面时使用的

是他们的左脑部分区域，而女性使用的则是右脑部分区域，这种差别使得男性的导航能力更强。（据《科技新时代》）

是否真的如此，男人的方向感要比女人强？在指示一个地点时更爱用东南西北来表述？如果这是真的，那是不是说东南西北四个方位名称当是男人们的发明与创造？而通过对目前汉语音的分析，会不会还有别的答案？

我们在寻找自己语言的源头时，在面对整个语音系统时，感觉它就像是一个迷宫，但它实际上却是一棵树，虽然这棵树有些时候也像一张网。我们现在说的每一个字词发音，它们或处于这棵树的主干、支干乃至叶子上都是有可能的，但其"根本"却是同出"一处"。明白这个道理，就可以顺藤摸瓜而找到那个最为根本的接近自然现实的起源。

一、东

《说文》："东，动也。从木。官溥说，从日在木中。凡东之属皆从东。得红切。"这话虽是许慎说的，但归于许慎的句子却只有："东，动也"，这才是他对"东"的解释。

我觉得许君的这句"东，动也"还不如贡布里希的《简明世界史》说的更加唯物合理，他这样写道："……你想写'树'，你就简简单单地用几笔画一棵树，这就是'木'，如果想写'白'，那怎么办？把白的颜料涂上去吗？或者竟然想写东方！东方是画不出来的。你看着吧！这完全可以合乎逻辑地依此类推下去。人们把太阳的图画画在树的图画的后面，这就是'東'，即太阳升起的地方。"

总的来说，目前的好多兴趣者仍然停留在解说该"字"被造的原理，而非该个"词（语音）"的诞生之源，而我正是要从读音上去寻找它们的根源。接下来便是我的寻根之旅：

"东"给我们的印象是什么？是太阳升起的地方，于是会意的"东"字便被造了出来。当然，这也只是篆文的"东"字，而非甲骨文的"东"，《甲骨文字典》的解释是："象橐中实物以绳约括两端之形，为橐之初文。甲骨文金文俱借为东方之东，后世更作橐以为囊橐之专字。""橐"是一种口袋，而"袋"字出现得比较晚，《说文解字》中没有出现。意思就是说"东"字像一个两端被绳子扎起了的袋子，这就是说"东"字的本字是"橐"字的初文，是后来被假借为"东方"之"东"的。大家都知道，所谓的假借其实就是两者在读音上的相似，然后被借用了。据此，可得"东""橐/袋"三字的读音在殷商时期很可能是相近的。

现在通过"方言发音字典网"来看它们的发音情况。

1-1 东

普通话：dōng

闽南话：[dang1]、[dong1]，近似念：dāi、dōng

潮州话：[dong1]，近似念：dōng

广州话：[dung1]，近似念：dōng

围头话：[dung1]，近似念：dóng

上海话：[ton]，近似念：dòng

苏州话：[ton44]，近似念：dò-n

无锡话：[ton44]，近似念：dōng

南京话：[dong1]，近似念：dòng

1-2 袋

普通话：dài

闽南话：[dai6]、[de6]，近似念：dái、dēi

潮州话：[do7]，近似念：dǎo

广州话：[doi6]，近似念：dò-ēi

围头话：[[döi6]，近似念：dò-èi

上海话：[de]，近似念：déi

无锡话：[de213]，近似念：děi

南京话：[dä4]，近似念：dāi

1-3 橐

普通话：tuó

闽南话：[tok7]，近似念：tōu（短音）

潮州话：[tag4]，近似念：tà（短音）

广州话：[tok3]，近似念：tōu（短音）

上海话：[thoq]，近似念：tōu（短音）

苏州话：[thoh43]，近似念：tōu（短音）

南京话：[to5]，近似念：tōu（短音）

从以上系列发音来看，其声音 d、t 都属于相同的舌尖中音，韵母看上去则较为分散，但除"袋"字外，"东""橐"两字也还算是邻近。当然，这三个字的发音仍然可以合成一组语音树形图。如下：

196

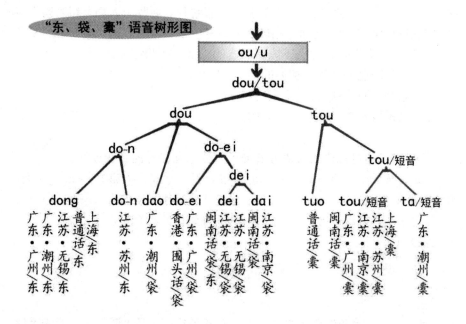

"东、袋、囊" 语音树形图

这组语音树形图告诉我们 "东" 字的 "上上古音" 的韵母很可能就是一个 ou，那 ou 音来自哪里？我的理解是它来自 "火"。（详见后文《火之使用的记忆》）

让我们回顾一下日出是什么样的场景。即使不登泰山，也能看到一个红彤彤的大圆球从东方冉冉升起，假如此时的天边有浮云，那你多半还会有 "朝霞藻绘舜衣裳，天碧山青认赭黄" 的感慨。所以，我相信 "东" 字读音很可能借自 "红" 字的读音。那 "红" 字的读音又源于哪里？"红" 字读音源于火，而 "火" 字读音本自燃烧时的声音模拟。想想距今约 70 万年至 20 万年之前的北京人，他们就已经学会了使用火，所以对火的认知以及从火身上所汲取的营养，都是后来人类文明诞生的重要源头之一。

综上所述，仅通过普通话的语音体系便可大致感觉出它的音变过程，即：

dōng（东）→hóng（红，红色的旭日东升）→huáng（黄，黄靠近于红，均属暖色系）→huǒ（火）。

二、南

在《甲骨文字典》中，"南" 字的解释是：

"甲骨文南字下部像一个倒置的瓦器，上部则是一个类似树枝形状的符号，这符号像悬挂瓦器的绳索，唐兰以为古代瓦制之乐器，这个说法可从。后借为南方之称，卜辞或用作祭祀之乳幼牲畜名。《说文》：'南，草木至南方，有枝任也。' 但是这个说法从形和义上看都不正确"。

从《甲骨文字典》对"南"字的解释来看，它只解决了"南方"之"南"字的来历，对"南方"之"南"的音却没有解释。而我个人仍觉得"南"字音可能借自"暖"，因为南方相较于北方来说的确够暖，而"暖"字的发音则可归源于"火"。试想一下熊熊燃烧的火都有哪些特征：

1. 它是暖色调（红、黄）的；
2. 它是不断晃动的；
3. 它是散发热量（热、暖）的。

所以，仅通过目前的汉语方言便可大致感觉出它的音变过程：

nán（南/普通话）──→náng（南/客家话及其他汉语方言）──→uáng（南/赣语及其他汉语方言）──→nuǎng（暖/普通话及其他汉语方言）──→huáng（黄、晃/普通话及其他汉语方言）──→huǒ（火/普通话）。（详见后文《火之使用的记忆》）

三、西

简而言之，"西"字音的源头可能有两条线：一是"西"字音源于"棲（栖）"，"棲（栖）"字读音源于"息"，"息"字读音则是"呼吸"声模拟；二是"西"与"死"两字同音，而"死"字的读音源于"逝"，"逝"字的读音可归之于"去"，"去"源于"他/它指"性的"ei/欸"音。

《说文解字注》："西，鸟在巢上也，象形。日在西方而鸟栖，故因以为东西之西。"但是徐铉校定的《说文解字》并没有"栖"这个字，原文是"日在西方而鸟棲"，而"日在西方而鸟栖"这句则是清代段玉裁写的。两者的差异或可折射出"棲""栖"两字的读音在历史上发生了变化，虽然今天"棲""栖"两字并为了一个"栖"字，但读音却仍是两个。由于"栖"和"息"通常会组合"栖息"一词，所以"栖"与"息"两字很可能也是同源词。因此，现在让我们通过"方言发音字典网"来看下"棲/栖、妻、西、息"四字方言发音，然后再看一下能否合成一组语音树形图。

3-1 栖/棲
普通话：qī、xī
闽南话：[ce1]、[cue1]，近似念：cēi、cuī
潮州话：[ci1]、[si1]，近似念：qī、xī
广州话：[cai1]，近似念：cāi
围头话：[cäi1]，近似念：cái
上海话：[sij]，近似念：xì
苏州话：[si44]，近似念：sī（声母 s 偏 c）
无锡话：[si44]，近似念：xī

南京话：[si1]，近似念：sì（声母 s 偏 c）

3-2 妻
普通话：qī
闽南话：[ce1]、[cue1]，近似念：cēi、cuǐ
潮州话：[ci1]，近似念：qī
广州话：[cai1]、[cai3]，近似念：cāi、cǎi
围头话：[cäi1]，近似念：cái
上海话：[tsij]，近似念：qì
苏州话：[tshi44]，近似念：sī
无锡话：[tshi44]，近似念：xī
南京话：[ci1]、[ci4]，近似念：cì（声偏 q）、cī（声偏 q）

3-3 西
普通话：xī
闽南话：[sai1]、[se1]、[si1]，近似念：sāi、sēi、xí
潮州话：[sai1]，近似念：sāi
广州话：[sai1]，近似念：sāi
围头话：[säi1]，近似念：sái
上海话：[sij]，近似念：xì
苏州话：[si44]，近似念：sī（声母 s 偏 c）
无锡话：[si44]，近似念：xī
南京话：[si1]，近似念：sì（声母 s 偏 c）

3-4 息
普通话：xī
闽南话：[siak7]、[sit7]，近似念：xyèr（短音）、xi（短音）
潮州话：[sêg4]，近似念：sěi（短音）
广州话：[sik1]，近似念：sēi（短音）
围头话：[säk2]，近似念：sá（短音）
客家话：[sit5]，近似念：sī（短音）
上海话：[siq]，近似念：sēi（短音）
苏州话：[sih43]，近似念：sēi（短音）
无锡话：[sih4]，近似念：sēi（短音）
南京话：[si5]，近似念：sēi（短音）

综上可得这组字的读音有：qi、xi、cei、cui、cai、si、sai、sei、ci（声偏 q）、xyer、sa 11 个不同的音。因此，其语音树形图如下：

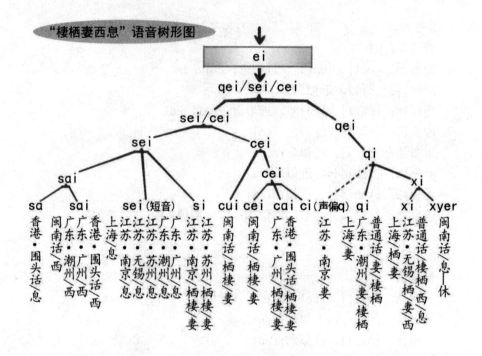

"棲栖妻西息"语音树形图

从这组语音树形图中可以看出"西""息"两字的语音关系较近，而与"妻"字的语音关系较远。同时考虑到"棲""栖"两字诞生的先后顺序，就可以进一步列出下面这张时间表格：

时期	同音字	大致读音
早	棲栖妻西息	qei/sei/cei……
中	棲妻	qei/qi/cei……
	栖西息	Sei/xi……
后	棲妻	qei/qi/cui/cei/cai/ci……
	栖西	sei（短音）/sai/xi……
	息	sei（短音）/xi……

而把"西"与"死"联系在一起的这一思路也出自《说文解字》。《说文解字》："白，西方色也，阴用事，物色白。"用现在的话来说，大意就是："白，代表西方的颜色，一种办丧事时用的颜色。"这让我们大概感觉出了"西""死""白"三字似乎有一定的关联，比方说读音上的相似，因为音相似，便可义相求。

因声求义、同音转义是一种惯性，这在广告招牌中最能体现，比如奶茶

200

果汁店的名称叫作"榴芒",汽车售卖店的名字叫"青松购",以及大家较为熟知的"真功夫"快餐店,因其特色为"蒸菜",故谐音之。此外还有大量的广告语对这种谐音双关的技巧更是屡试不爽,比如:"衣衣不舍"之服装广告;"有口皆杯"之啤酒类广告;"一步到胃"之胃药广告;"乐在骑中"之赛马/摩托车广告;"百衣百顺"之电熨斗广告;"咳不容缓"之止咳药广告等。

那"西""死""白"的上古音究竟如何?我们现在也通过方言发音字典网来看一下:

3-5 死
普通话:sǐ
闽南话:[si3]、[sy3],近似念:xī、sū
潮州话:[si2],近似念:sèi
广州话:[sei2]、[si2],近似念:séi、xí
围头话:[si2],近似念:xí
上海话:[sij]、[sy],近似念:xì、sì
苏州话:[si51],近似念:sì(声母 s 偏 c)
无锡话:[sy323],近似念:sǐ
南京话:[sy3],近似念:sī

3-6 白
普通话:bái
闽南话:[be8]、[biak8],近似念:běi、byěr
潮州话:[bêh8],近似念:bēɑi(韵介于 ei 和ɑi 之间,短音)
广州话:[baak6],近似念:bǎ
围头话:[bæk6],近似念:bēɑi(短音)
客家话:[pak6],近似念:pā(短音)
上海话:[baq],近似念:bá(短音)
苏州话:[bah23]、[beh23],近似念:bá(似含介意 u,短音)、béi(短音)
无锡话:[bah23],近似念:buá(短音)
南京话:[bä5],近似念:bēɑi(韵介于 ei 和ɑi 之间,短音)

不难发现,"西""死""白"三个字也与 ei 音有关,而"ei/欸"音的语音象征意思是"他/它指"的。"西""白"两字都算是名词,唯"死"字是动词,这样一来,最先从"ei/欸"音那衍生出来的就可能是"死"字,"死"即是"逝","逝"如同"去",这是一条明显起源于"ei/欸"音的语音渐变线。如图：

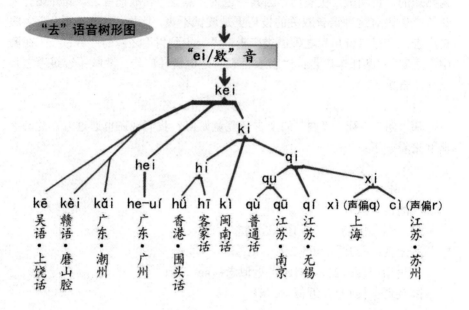

"去"语音树形图

"ei/欸"音

kei

ki

hei hi qi xi

qu

kē kèi kǎi he-uí hú hī kì qù qū qí xì(声偏q) cì(声偏r)
吴语·上饶话 赣语·磨山腔 广东·潮州 广东·广州 香港·围头话 客家话 闽南话 普通话 江苏·南京 江苏·无锡 上海 江苏·苏州

综上所述，可以得知"西"字音源（之一）于"死"字音，"死"字音源于语音象征主义中的那个"他/它指"性的"ei/欸"音。

但是，有关西字起源的这两条语音演变线若进行一个比较，我则更相信第一条线的推测，因为第二条线顶多求证出了"送你上西天"的意思为什么是"送你去死"。

四、北

在我老家上饶市广信区，其本地腔（吴语）中的"北"与"白"两字是属相同读音的。同时还有一个形容颜色很白的词叫"雪白"，这不免让我臆想，难道是因为北方冬天会下雪的缘故，所以才把"白"与"北"联系在了一起？当然，这种解说也只能是一个臆想。

关于"白"，战国时期著名哲学家公孙龙曾有"坚白石，三，可乎？"这样一问，可见白色在古人眼里也是不怎么白的。但《诗经》又说"蒹葭苍苍，白露为霜"，因此在古人眼中，白色应该是一个范围比较大的阈值。本想通过"白"字来把"北"字给解开，这显然不通。

还是看《说文》："北，乖也。从二人相背。凡北之属，属从北。博墨切。"唐兰《释四方之名》："北，由二人相背，引申而有二义：一为人体之背，一为北方。"想想也是，人有背，房屋自然也有背，中国地处北半球，房屋的最佳朝向当然是"坐北朝南"，有了这个坐标，房屋之"背"便很自然地引申到了北方之"北"，而不会是"南""东""西"。但是"背"字的读音又是从哪里来？

现在就让我们去看下"背"字在目前方言中的发音情况，如下：

普通话：bèi、bēi
闽南话：[be6]、[bue6]，近似念：bēi、buo-ēi
潮州话：[buê3]，近似念：buo-éi
广州话：[bui3]、[bui6]，近似念：buī、buǐ
围头话：[bui1]、[bui6]，近似念：buí、buì
客家话：[boi4]、[poi4]，近似念：buo-ēi、puo-ēi
上海话：[be]、[pe]，近似念：béi、bèi
苏州话：[be231]、[pe44]、[pe523]，近似念：běi-èi、bēi、bèi-éi
无锡话：[be213]、[pe334]，近似念：běi-ēi、béi
南京话：[bei4]，近似念：bēi

可见"背"字音的源头很可能就是"ei/欸"，那这个"ei/欸"有没有可能是语音象征主义中的那个"他/它指"性的"ei/欸"音？这要看"背"字所表达的究竟是什么意思。"背"如果作为动词，那显然与"他/它指"性的"ei/欸"音是没关系的，但作为名词"背脊"之"背"，则与"他/它指"性的"ei/欸"音是有关联的。这个"背脊"之"背"倘若用来自指，在脑海中的空间关系似乎不怎么明显，但要是用来指向他人的背后，则空间感是强烈的，即在语音象征主义中的"他/它指"是强烈的。

因此，"北"字的语音衍变过程其实也很简单，以今天普通话的语音体系来看，其过程是"北/běi"源于"背/bèi"，"背/bèi"源于语音象征主义中的那个"他/它指"性的"ei/欸"。

从目前的读音上分析，"北"源于房屋之背，而房屋之背显然是借喻于人的背脊之背。但从房屋之背到北方之北，则必须建立在这幢房屋是坐北朝南的前提之下，否则两者便无法联系。

那么，这就有两个问题：

一、人类是什么时候开始盖房的？
二、有了房子以后，又是在什么时候产生坐北朝南这一意识的？

以《中国远古时代》的观点来看，一万年之前的我们还是居住在洞穴里的，比如江西万年仙人洞、湖南道县玉蟾岩，以及更远点的北京山顶洞。

当时间来到公元前 6000 年左右，在位于今天陕西华县的老官台遗址中就有发现房子的遗迹，它们都是圆形半地穴，面积只有 6 平方米左右，屋子中部及四壁都有柱洞，柱洞直径一般在 20～25 厘米、深 30～40 厘米，四壁的柱洞向屋内中心倾斜。根据柱洞的位置及倾斜角度推测，房子是圆形攒尖顶。屋内都有一段伸向门口的斜坡门道。室内地面没有灶，仅见一定范围的烧土面。这当是用于炊事、取暖的处所。

注：遗址底部堆积红烧土残块，上层为木炭及植物灰烬，两层各厚30厘米左右，可知此屋内部涂有防火泥层，屋面铺植物茎叶。

图 4-4-1 河南洛阳市涧西孙旗屯遗址袋形半穴居复原（《建筑学考古文集》）

公元前 5875 年至前 4350 年间，处于这时期的山东滕县北辛遗址则有发现很多椭圆形或不规则形状的坑，有些是储存物品的窖穴，还有一些坑内出土了较多的陶质、石质的生活用品和工具，考古学家们因而也不排除其作为居址的可能性。

公元前 5800 年左右，在今天的河北省武安县的磁山遗址中有发现分布稀疏的房屋，所有的房子都是圆形或椭圆形半地穴式建筑，面积也是在 6～7 平方米，近门口处有二至三级台阶通往室外。

然而位于河南新郑县的斐李岗遗址的碳 14 显示年代却稍早于磁山文化，在该遗址中共发掘了 6 座半地穴式建筑，其中一座是方形，且门已向南而开。这是否可以拿来佐证东、西、南、北四个方位概念的诞生的时间？因为当我们环顾四周时，凭什么把 360 度的圆角分成四等分，而不是五等分、六等分？这显然需要一个现实的观念依据来作支撑，虽然我们自身也可分成前、后、左、右四个方向。

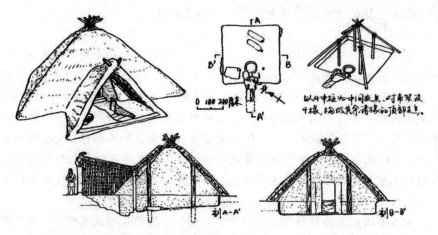

图 4-4-2 陕西西安市半坡仰韶文化 F21 复原（《建筑学考古论文集》）

仅此一例，似乎不可确信。但属仰韶三期（公元前 3500 年后）淅川下王岗的长屋侧可明确反映坐南朝北已成意识。这房子坐北朝南，通长约 85 米，进深约 6.3 米至 8 米不等。而阔 29 间，东头向南伸出 3 间，共有 32 间居室，如果加上门厅，总共便有 49 间。这是我们史前房屋遗迹中最长、分间最多的一座。

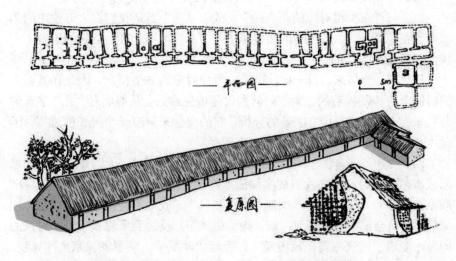

图 4-4-3 淅川下王岗的长屋（《中国远古时代》）

据此，可得如下分析：

一、从人类迁徙的角度来看，向着太阳升起的方向前进当是东亚人的信仰，比如我国的远古神话之"夸父追日"。而这种信仰的特征之一便是对太阳的崇拜。

用陈兆复在《中国岩画发现史》中的话来说：

在我国岩画中太阳的符号样式是很多的，有的只画一个简单的圆圈，有的圆圈中有加一个圆点，有的加上放射状的短线，以表示四射的光芒。还有一种人性化的太阳符号，那就是人面像的周围放射着光芒，大约表示太阳神。

古代的人类有关自然的崇拜，主要体现在对天体的崇拜，其中太阳的形象描绘最多。那些人格化了的太阳神是有着人类面孔的人面像，放着四射的光芒，形状犹如太阳，细看则又像是人面，并有点点簇簇的星星环绕着。在我国的北方，这一类人面像的岩画点，大多数是古代北方草原游牧人举行天神祭祀的遗址。

在岩石上刻画各种符号、印记中，"卍"字符号最耐人寻味。"卍"字形符号在我国各地发现得很多，在新疆温宿县的一块岩石上，刻满了这样的符号，在库鲁克山和昆仑山的岩画点中，也都发现了这种符号，而且在我国新石器时代的马家窑文化以及古代中亚地区文化中也有发现，在古代印度和波斯文化中也屡见不鲜。据考古发现和研究，一般都把"卍"字符看成是太阳或火的象征。而后又普遍作为吉祥的标志等。但从其分布地域之广泛、历史之久远等现象来分析，可能还具有一定民族学的内涵，似为某些民族迁徙或文化传递的信息标志，或许还有一定的族属联系。

从这个角度来看，"东方"当属我们四大方位中的第一个方位。

二、与"东"相对应的是"西"，故而"西"当是我们四大方位中的第二个方位。"西"在其创造的出发点上与"东"很不一样，从它的语音上分析，其根源是久远的。

三、南、北与东、西一样，也是一组相对应的方位概念，因此在其诞生的时间上应该是挨着的，剩下的问题仅是谁先谁后。从前面对"北"字音的分析来看，相较于"南"字音的分析，它的概念来源有一个漫长的过程，因此"北"的概念当比"南"的概念出现要早。

四、"南"字音源于"暖"的概念借用，由此可见"北"才是我们的家园或本部。因为，假如我们的家园或本部是在南方，那"北"应该与"冷"联系起来才对，比如那个"寒风"或"朔风"。我们不会把春风形容成"朔风"，而只会说它是"暖风"或"徐徐微风"，反之到了深秋季节，对风的印象才变成了"风飕飕，风飕飕"，近而"哆啰啰，哆啰啰，寒风冻死我，明天就垒窝"的哀求。

最后，由前面对"东、南、西、北"四字的语音分析可得出如下史前记忆：

7万年前，我们（祖先之一）走出非洲，然后一路向东，朝着太阳的方向前进，最后来到了东亚（暂时还不清楚这是第几批）。在这期间，我们的方位概念只有两个，一是东，一是西。当时间来到8000年前左右，我们学会盖房子，进而产生了四个方位的概念，"北"由此率先因坐北向南的房屋之背而产生。（注：这时的我们与前面刚提到的7万年前的我们或许不是同一批人）后来，我们在黄帝时代（5000年前）开始逐渐从北向南发展，进而"南方"之"南"便与南下的切身感受之"暖"联系在一起。

4-5 左右为难

真没想到，东、南、西、北四大方位的全部出现竟然是如此之晚。看来，团体性的狩猎活动在没有东、南、西、北这样的大方位概念来做支撑，其相互间的配合、包抄猎物也能够做得很好。比如：A我从左边突袭，B你从右边拦截，C他将在前面的隘口处设下陷阱，一切都已经准备就绪，现在我们开始吧……

然而，左与右也不是那么容易分辨的。今天的我们对东、南、西、北四大方位概念是很清晰的，但对左、右这两个方位概念有时候却很糊涂。

右手版和右手版的东西，从亚原子粒子到生命原始物质再到地球的旋转，都是从根本上不同的。但心智通常把它们当作是相同的，且同等对待：

小熊看了它的两个爪子，它知道其中一个是右爪，它还知道当你确定了哪一只是右爪时，另一只就是左爪了，但它永远也不记得该如何开始。

我们都不善于记住如何开始。左右鞋看上去非常相似，所以必须教给孩子们区分它们的窍门，比如将鞋子并排放好并估算间距。一美分硬币上林肯面朝哪个方向？你答对的概率只有50%，这和你抛硬币赌运气的概率一样。惠斯勒的著名油画如何呢？我指的是那幅《黑与灰的协奏曲：画的母亲肖像》。甚至英文对于左右也常常描述不清：beside和next to表示并排的，而没有明确说明谁在左边，但没有像behove或是aneath这样的词表示上和下，而不说明谁在顶上的。我们对左—右的不在意与我们对上—下以及前—后的超级敏感形成了鲜明的对比。很显然，人类心智没有一个预设标签供它以物体为中心参考框架的第三个维度来使用。当看一只手时，可以用上下来校准手腕—指尖的轴向，用前—后来校准手背—手掌的轴向，但小指—拇指的轴向还空缺着。心智称其为"拇指朝向"，左右手在心理上成为同义语。我们对左右的不确定性需要一个解释，因为几何学家会说，它们从上还是下或从前还是后都没有什么不同。

这个解释是，镜像困惑对于一个双边对称的动物来说很自然就形成了。从逻辑上讲，一个完全对称的生物是不能区分左右的。

——以上内容摘自【美】史蒂芬·平克所著的《心智探奇》

左右的确很难分辨，你还记得自己在军训时的列队表现吗？当教官喊出向左转、向右转，开始时总有那么几个同学会转反，现在看来这是"正常"的。正如史蒂芬·平克说的那样，对于左右对称的动物来说，左和右其实没什么区别。所以，在我老家的方言中是没有"左、右"，取而代之的是"反、顺"，反为左、顺为右，这是站在大多数人都是右利手的角度来定位的。

以"方言发音字典网"上的读音来看今天的汉语发音，左和右的区分又会是怎样呢？如下：

一、左
普通话：zuǒ
闽南话：[zo3]、[zou3]，近似念：zōu、zào（韵偏 ou）
潮州话：[zo2]，近似念：zào（韵偏 ou）
广州话：[zo2]，近似念：zóu
围头话：[zo1]，近似念：zóu
客家话：[zo3]，近似念：zōu
上海话：[tzu]，近似念：zōu（短音）
苏州话：[tsou523]，近似念：zòu-ó
无锡话：[tsou323]，近似念：zǒu
南京话：[zo3]、[zo4]，近似念：zǒu、zōu

综上可得"左"字的方言发音有：zuo、zou zou-o zao（韵偏 ou）。据此则可得出如下树形图：

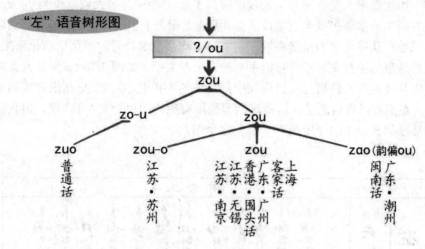

"左"语音树形图

二、右

普通话：yòu

闽南话：[iu6]，近似念：yòu(音偏英文字母 u)

潮州话：[iu6]，近似念：yóu(音偏英文字母 u)

广州话：[jau6]，近似念：yǎo-o

围头话：[yäu6]，近似念：yào-o

客家话：[yiu4]，近似念：yōu(音偏英文字母 u)

上海话：[yoe]，近似念：yér(音非"ie/耶")

苏州话：[yeu231]，近似念：yér(音非"ie/耶")

无锡话：[yeu213]，近似念：yě-u(音非"ie/耶")

南京话：[iou3]、[iou4]，近似念：yěr、yēr(音非"ie/耶")

　　综上可得"我"字的方言发音有：you、you(音偏英文字母 u)、yao-o、yer、yer-u。据此则可得出如下树形图：

"右"语音树形图

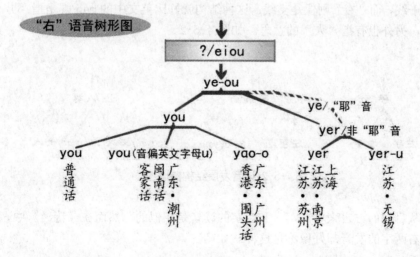

209

如此看来，左的读音可大致定位为 zou，右的读音可大致定位为 ye-ou，左右两字不单单在概念上难以区分，就连在读音上也很相似，难道其源头同出一处？从甲骨文的角度来看，左右两字均从象形符号的手那里演化而来，虽然这里的甲骨文象形符号的手有分左手和右手，如图 4-5-1。但让人觉得可惜且怀疑的一件事是在目前徐中舒主编的《甲骨文字典》里却没有找到手字，然而可以肯定的是在殷商时期即使没有明确的甲骨文"手"字，但我们仍然坚信在口语中一定会有"手"这个词。

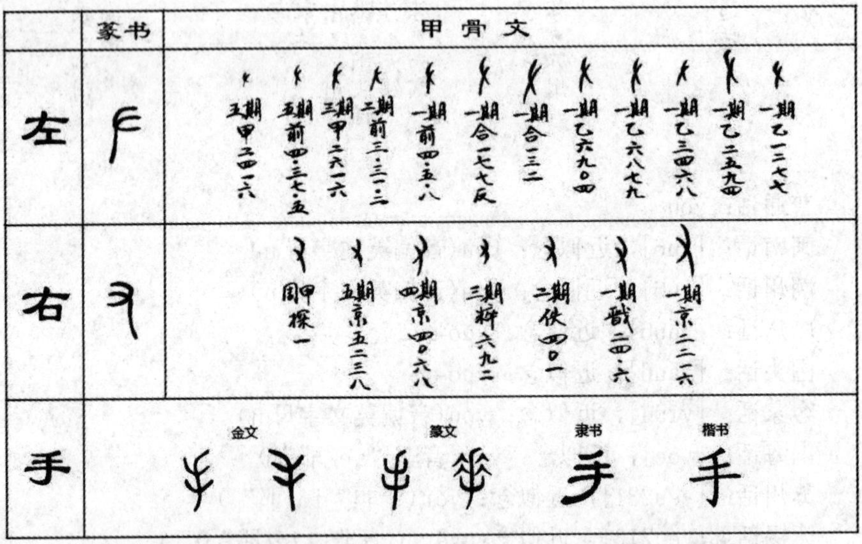

	篆书	甲骨文
左	⻌	ᐟ 三期 甲二四二六 ᐟ 五期 前四三七五 ᐟ 三期 前二六三二 ᐟ 三期 前三三二 ᐟ 一期 前四三二 ᐟ 一期 合二七五反 ᐟ 一期 合三三 ᐟ 一期 乙六八七九 ᐟ 一期 乙三四六八 ᐟ 一期 乙二五九四 ᐟ 一期 乙二三七
右	⺕	ᐟ 同探一 ᐟ 五期 京五三三八 ᐟ 四期 京四〇六八 ᐟ 三期 粹六九二 ᐟ 二期 侠四〇一 ᐟ 一期 戬二〇六 ᐟ 一期 京二二六
手	手	金文 ᐟ 篆文 ᐟ 隶书 手 楷书 手

图 4-5-1 《甲骨文字典》中的"左、右"和"手"字演变

造成这样的局面或许是出于这样一种可能，即左右这两只手的其中一只肯定是"手"这一概念的通称之"手"，今天从读音上看，"左"似乎是"手"的主干线，而"右"则像是支线。这种结构就好比英文中的 man 既是指"男人"，另外也有指"人"的意思。如图 4-5-2。

图 4-5-2 语音发展结构树形图

从目前的方言来看，左、右两字的读音是相似的，然而在《诗经》中，左、右两字的发音却好像不是这样。如：

《卫风·竹竿》：“淇水在右，泉源在左。巧笑之瑳，佩玉之傩”中的“左”；

《唐风·有杕之杜》：“有杕之杜，生于道左。彼君子兮，噬肯适我？”中的“左”；

《大雅·下武》：“受天之祜，四方来贺。於万斯年，不遐有佐”中的“佐”；

《卫风·竹竿》：“泉源在左，淇水在右。女子有行，远兄弟父母”中的“右”；

《大雅·文王》：“有周不显，帝命不时。文王陟降，在帝左右”中的“右”；

《秦风·蒹葭》：“蒹葭采采，白露未已。所谓伊人，在水之涘。溯洄从之，道阻且右。溯游从之，宛在水中沚”中的“右”；

《小雅·彤弓》：“彤弓弨兮，受言载之。我有嘉宾，中心喜之。钟鼓既设，一朝右之”中的“右”。

在《诗经》中，“左”与“傩、我、贺/佐”三字押韵，所以可被大致估为一个 ou 韵的音；“右”则与“母、时、已、涘、沚、载、喜”七字押韵，所以可被大致估为一个 ei/i 韵的音。是否真的如此？现在就让我们假设“手、左、右”三字的读音是同源的（上一章中的“致远的歌声”中有“手”的语音树形图），其新的语音树形图则会变成这样：

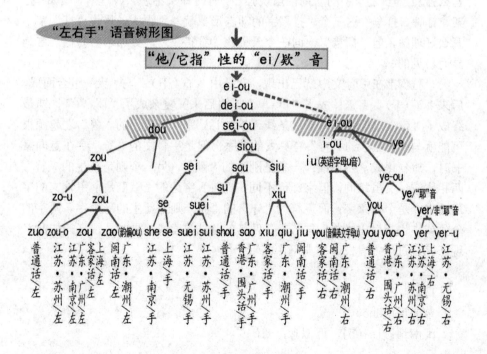

“左右手”语音树形图

211

图中的阴影部分，当是"诗经时代"的大致读音。如此一来，恰好也解释了历史上的另一个事件，即古人常把长江下游南岸地区称为江左，江南西部称为江右，如魏禧《日录杂说》云："江东称江左，江西称江右，盖自江北视之，江东在左，江西在右耳。"不难发现，左（zou/dou）与东（dong/dou）、右（ei-ou/ye）与西（xi/sei）在读音上也是相近的，这似乎又回到前面刚讨论过的十二地支与十二生肖的对应关系。把江东称为江左、江西称为江右并不是古人的背北向南世界观，而仅仅是因为读音上的相近才相互"串门"，后来也的确是因为左右太让人头痛（比如地图中的左西右东和左东右西概念就很让人头痛），故而舍弃江之左右，而保留江之东西至今天。

4-6 何以为狩

"狩猎"即"打猎"，只是"狩"字与"打"字相比，其动词性似乎不怎么强烈，但"打"字的动词性虽说强烈，有时却又不怎么好理解，比如"打架、打牌、打车"这三个"打"字的动态形象就差别很大。虽说"打"字不怎么好理解，但"打猎"一词在今天仍比"狩猎"一词更加通俗易懂，这是显而易见的。

"狩"字在甲骨文中就已出现，它是由"丫（干）"与"犬"组合而成，后来"丫（干）"字繁体成了"單/单"，再后来又复杂成了"嘼/兽"，即最终成了"獸"这个字。倘若这条线无误的话，那"野兽"的"兽"之起源很可能就与"狩猎"的"狩"有莫大的关系。但是甲骨文的"狩"字在走向篆书时，却分化成了两条线：一条是刚讲的"獸"，另一个则是新生的"狩"。两相比较，义虽相同，但字却已不同，"兽"字旁的"獸"是继甲骨文的字形而来，是个会意字；而声符为"守"的"狩"则是新生的形声字。两字的分化或许也折射出"兽"与"守"两字在当时的读音差异。是否真的如此？现在就通过"方言发音字典网"来看一下：

1. 兽

普通话：shòu
闽南话：[siu5]，近似念：xiù

潮州话：[siu3]，近似念：siú
广州话：[sau3]，近似念：sāo-o
围头话：[säu1]，近似念：sāo-o
上海话：[soe]，近似念：sè
苏州话：[[seu523]，近似念：suì-éi
无锡话：[shei334]、[shieu334]，近似念：séi、xiú-o
南京话：[shou4]，近似念：shē

综上可得"兽"字的方言发音有：shou、xiu、siu、sao-o、se、she、
sui-ei、sei、xiu-o，要是再加上一些别的方言或自拟音，则可得出如下树
形图：

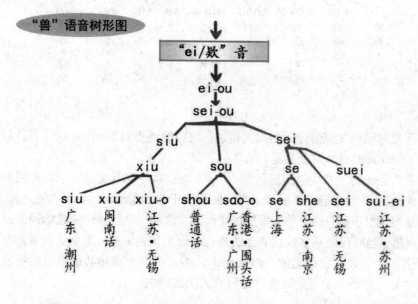

"兽"语音树形图

2. 守
普通话：shǒu
闽南话：[siu3]、[siu5]、[siu5]，近似念：xiū、xiù、jiù
潮州话：[siu2]，近似念：xiù
广州话：[sau2]，近似念：sáo-o
围头话：[säu2]，近似念：sáo-o
上海话：[soe]，近似念：sè
苏州话：[seu51]，近似念：suì
无锡话：[shei323]、[shieu323]，近似念：sěi、xiǔ-o
南京话：[shou3]，近似念：shē

综上可得"守"字的方言发音有：shou、xiu、jiu、sao-o、se、she、

sui、sei、xiu-o。要是再加上一些别的方言或自拟音，则可得出如下树形图：

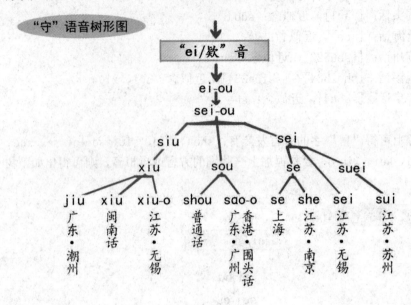

"守"语音树形图

两相对照，发现读音并无太大差别，均明确地指向了 ei-ou 这个音，那这个 ei-ou 音的具体象征又是什么？

是否还记得上章中"致远的歌声"讲"ei/欸"音其实是一个具有强烈的"他/它指"性的音，手、脚、指、趾均源于它。而动词"狩猎"的"狩"正是从名词"手脚"的"手"那里转变而来，这是一个名词转变成动词的过程。可惜，当时仅是从字的读音上去推测，而无其他证据，难免让人觉得有点牵强。接下来，我将提供一组依据来证实从语音上推测其最初始的根源——"狩"源于"手"是对的，是符合人类思维的。

图 4-6-1 手印、工具、动物岩画-1

这是一幅早期猎人的涂绘岩画，位于西班牙的卡斯蒂略（castillo）洞

214

穴。该幅岩画是由两个不同时期的内容组合而成。一个是早期阶段，是手印和部分表现工具符号的积累，这种组合被定义为"古代语法"；一个是后期的岩画，表现的是四足动物组合，主要是野牛和马，这种组合被定义为"经典句法"。

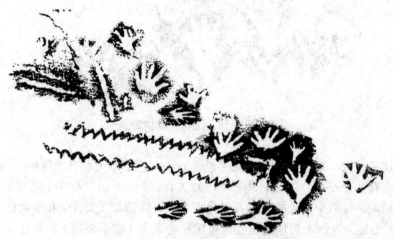

图4-6-2 手印、工具、动物岩画-2

这是一幅早期猎人表意文字组合的岩画，位于澳大利亚昆士兰。画中的内容是由人类手印与动物四肢相联系的图案，描绘部分的长度达1.5米。

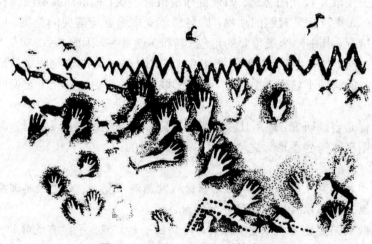

图4-6-3 手印、工具、动物岩画-3

这是一幅早期狩猎者的手印和其他符号的岩画，位于阿根廷的巴塔戈尼亚地区。岩画内容包含人类手印、长之字形和动物蹄印，动物图像和一排排小点都是后期叠加的图像。描绘部分的长度是2.6米。

图 4-6-4 手印、工具、动物岩画-4

　　这是一幅早期猎人的表意文字组合岩画，位于澳大利亚的阿纳姆地区。图像中有 3 个要素：手印、动物蹄印和工具。4 个手印中有 3 个是残缺的，再往后期，有两个以上的表意符号是新增的，即圆盘（女性）和小树枝（男性）。当然，这两个后加的符号也可解释为果实（被手采摘）和树枝（被刀砍伐而致林地开垦）。

　　以上四幅岩画，均摘自《世界岩画——原始语言》。不难看出，这四幅岩画的共同点就是手印与工具、动物的结合。这种寓意是很好理解的，即手拿工具去攫取和收获的意思。如果目标是植物茎块，那自然就是挖掘和摘取的收获；如果目标是奔跑的动物，则自然就变成追逐与捕捉的狩猎。但无论是哪种情况，其中一个最重要的角色（特征）就是手，因此"手"即是"狩"，即是"捉/抓"和"获"。即便图 4-6-1 和图 4-6-3 中的动物图案是后期加上去的，但丝毫不妨碍"手"与"狩"的联系，反而更加强化了它们的意思对接。

　　同样是岩画研究，最后让我们来看下陈兆复在他所著的《中国岩画发现史》第四节"符号图形"之"手印"是怎么说的：

　　手印岩画遍及全世界。从旧石器时代欧洲洞穴壁画，到近代澳洲原始部落的岩画，都可以发现手印这一种题材。

　　在欧洲洞窟壁画中，手印往往与动物画一起发现，手印有成群的，也有单个的。从描绘方法看，一种是先把手掌压在石面上，再在手掌周围喷上颜料，显出阴型的手型；另一种是直接把颜料涂在手上，再印到石面上去的阳型手印。例如西班牙的卡斯特罗（Castllo）洞窟，在巨象、野牛、牡鹿等动物的周围有成群的手印，也有把手印直接印在动物形体上的。法国西南部诸洞窟如加加斯（Gargas）等发现尤多，数目可达 100 个以上。在澳洲土人的洞窟壁画和美洲印第安人的岩画中也时有发现。

在我国的南方，云南的沧源和耿马两处岩画点中，就发现正反（阴阳）两种手印。

在我国的北方，新疆的库鲁克和昆仑山两处岩画点也都有手印。库鲁克岩画中的手印，其手指都很短，不知是否表现残缺的手形？宁夏的贺兰口岩画的手印却很写实，与库鲁克的奇特的形状大不相同。内蒙古阴山一个岩画点发现的宽阔的手印，其凿刻的风格与库鲁克一样。

……

云南耿马大岩房崖画，在画面显要的位置上有三只大手印，一只在上，是用左手蘸满赭色印在岩石上的。下面左右各一只，左边的是空心的；右边的是实心的，也是蘸着颜料印上去的。在三只手印的中间是一幅围猎图，后面的一个猎人手执弓弩，前面的一个猎人举手驱赶，中间一头狂奔的野牛。这手印与围猎的关系是清楚的，作者意在借助模拟巫术的力量，以震慑凶猛的野牛。

手印的意义，一般解释为驱邪的手势。但在另一些例子中，则被解释为占有的符号，当它们被画在、刻在动物图形之上或旁边的时候，往往就是表示对这些动物的占有。

第五章

植物的称谓

5-1 树木之名

山有榛，隰有苓。
云谁之思？西方美人。
彼美人兮，西方之人兮。
——《邶风·简兮》

两千多年前，我们的祖先就是这样用树木隐喻人的托兴手法唱出了自己的情歌、民歌，乃至于略带讥讽的劝世歌曲。如：

郑风·山有扶苏
山有扶苏，隰有荷华。不见子都，乃见狂且。
山有桥松，隰有游龙。不见子充，乃见狡童。

其大致意思是讲一位女子在与情人欢会时，怀着无限惊喜的心情对自己恋人的俏骂。

唐风·山有枢
山有枢，隰有榆。子有衣裳，弗曳弗娄。
子有车马，弗驰弗驱。宛其死矣，他人是愉。
山有栲，隰有杻。子有廷内，弗洒弗扫。
子有钟鼓，弗鼓弗考。宛其死矣，他人是保。
山有漆，隰有栗。子有酒食，何不日鼓瑟？
且以喜乐，且以永日。宛其死矣，他人入室。

这是一首友人劝勉自己的朋友享受人生的诗。他看到自己的朋友拥有财富却不知享用，当然，也可能是因为节俭，抑或是生性吝啬等原因，从而无法过上悠游安闲的生活，无法真正地享受人生，因此，他才忍不住怒从中来，以激烈的言语、厉声的警告来劝勉朋友，可见其一片赤诚。

在《诗经》中，我粗略统计一下大约有 21 种树木的称谓，它们是：榛、扶苏、松、枢、榆、栲、杻、漆、栗、杨、栎、六驳、檖、棣、杞、梿、桃、棘、李、桑、梅等。与动物的称谓相比，植物的称谓是来之不易的，因为植物不会开口说话，自然也就不能"自我介绍"。所以我们肯定没在第一时间来对它们进行命名，而只能在"语言"略为生成之后，借用一些看似与之相

219

似的其他词汇来对它们进行形容与描述，比如:鸡冠花、喇叭花、绣球花、杨树、柳树、桃树、苹果树、荆棘丛等。

今天，仅在中国，已被认知的植物就有35 000种左右，而在《说文解字》中，含有木字边的字仅445个左右。当然，在这445个字中也不全都是树木的称谓，比如"休、材、栋、模、柱、呆"等这类型字就不是。若按其释义为"木"或"木也"的标准来看，则只有63个左右；要是加上"果"或"果名"这样的释义，则可增加到72个左右，总之，与树木称谓相关的字在120个左右。须知《说文解字》的作者是东汉时期的许慎，但该书到了北宋时期，又被徐铉、句中正、葛湍、王惟慕等人进行了一些校正与补漏，而这里所得的数据正是北宋的徐铉校正版。那还有没有更早时期的数据，比如殷商时期的甲骨文中又是什么情况？

以今天《甲骨文字典》所呈现情况来看，明确含有木字边的字竟然只有37个左右，它们分别是：木、杜、䑣、柳、杞、榆、柏、朱、枚、杕、楠、宋、栅、茉、相、槃、柄、柲、萁、梟、樂、采、析、休、柩、柁、東、棘、林、楚、麓、森、才、桑，以及半肯定的树、果、呆3字。但这里需要注明的是"桑"字，从字形上看，"桑"字无疑是从"木"的，但在《说文解字》中却没有被列在"木"字属的行列，而是归于"叒"字属。

"树木"一词，在《辞海》中的解释是：

木本植物的通称。如："请勿滥伐树木。"种植树木。《管子·权修》："十年之计，莫如树木；终身之计，莫如树人。"《儒林外史·第四九回》："树木譬如名节，非素修弗能成。"

但是，在《说文解字》中的"树"和"木"则是这样被解释的：

树，生植之总名。从木，尌声，常句切。
木，冒也。冒地而生，东方之行。从屮，下象其根。凡木之属皆从木。徐锴曰：屮者，木始申坼，万物皆始于微，故木从屮。莫卜切。

相比之下，"树"字的读音像是外来音，而"木"字音才像是源自本土。为什么这样说呢？现在就让我们来细看一下这两字的方言发音，大致情况如下：

树
普通话：shù
闽南话：[ciu6]、[su6]，近似念：qiù、sū(声母偏c)
潮州话：[ciu7]、[su6]，近似念：qiǔ、sú(声母偏c)

广州话：[syu6]，近似念：xū
围头话：[sü6]，近似念：xù
客家话：[su4]，近似念：zū
上海话：[zyu]，近似念：sí（声母偏 z）
苏州话：[zyu231]，近似念：rí（调值阳平+去声）
无锡话：[zhyu213]，近似念：sǐ（声母偏 z，调值上声+阴平）
南京话：[shu4]，近似念：shū

综上可得"树"字的方言发音有：shu、su、qiu、xü、zu、si、ri。若再结合《说文解字》中的"树，尌声，常句切。"则可得出如下树形图：

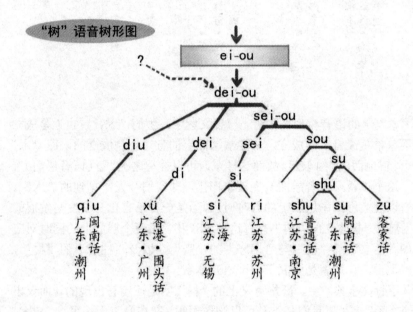

"树"语音树形图

木
普通话：mù
闽南话：[mak8]、[mok8]，近似念：mā（短音）、mōu（短音）
潮州话：[bhag8]，近似念：dā（短音）
广州话：[muk6]，近似念：mōu（短音）
围头话：[muk6]，近似念：mōu（短音）
客家话：[muk5]、[muk6]，近似念：mū（短音）、mù（短音）
上海话：[moq]，近似念：mó（短音）
苏州话：[moh23]，近似念：mó（短音）
无锡话：[moh23]，近似念：mó（短音）
南京话：[mu5]，近似念：mū（短音）

综上可得"木"字的方言发音有：mu、mɑ、mou、dɑ、mo。据此则可得出如下树形图：

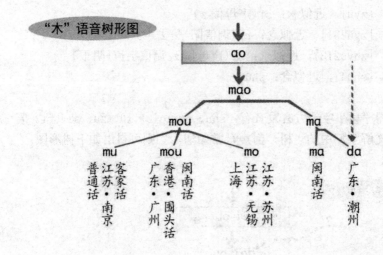

"木"语音树形图

从"木"字的语音树形图上看，《说文解字》中的"木，冒也"是成立的。这不单单是读音上的成立，其隐喻层面上的意思也是成立的，即"木"就是一个"冒地而出"的东西，故而这样东西可以被称之为"冒（语音层面）"，再后来，这个"冒（语音层面）"被象形化，即我们今天所见到的"木"。这种语音以及意思两个层面上的同时对应，当是一种语言自身演变与发展的现象。当然，"树木"的"树"也有这种语音及意思两个层面上的同时对应现象，如"树立"的"树"与"横竖"的"竖"，以及"柱子"的"柱"，某种程度上说，它们就是同属于一个语音体系。

在《甲骨文字典》中，严格意义上的"树"字是还没有出现的，而仅出现了一个"尌"字。那我们是不是可以这样理解，即在商王朝那里，"树木"这一概念用"木"字音就可以完整表达，但商王朝在约公元前1046年被周王朝所代替，于是华夏语也相应地发生了变化，作为外来语的"树"便借甲骨文的"尌"字以形声字的形式定格到了中原的华夏语当中。

将不同特征的树木进行分类，这的确是一件很困难的事情。如果它们的特征还算明显，那倒还好。比如枝条上扬的杨树与下垂的柳树，这种命名的依据就很容易被找到。具体分析如下：

在汉语方言中，"杨"字的发音情况有：
普通话：yáng
闽南话：[ciu2]、[iong2]、[iu2]，近似念：qiú、yáng（韵偏ong）、iǔ（音偏英文字母U）
潮州话：[iang5]，近似念：yāng

广州话：[joeng4]，近似念：yüǎng

围头话：[yöng4]，近似念：yǎng（韵偏 ong）

客家话：[yong2]，近似念：yāng（韵偏 ong）

上海话：[yan]，近似念：yán（音非"焉"）

苏州话：[yan223]，近似念：yǎ（调值上声+阴平）

无锡话：[yan13]，近似念：yǎ-n（调值上声+阴平）

南京话：[iang2]，近似念：yán（音非"焉"）

（注：iu 音在汉语拼音中等于 you，但拼音 you 在现实的口语中有时却会出现两种音，一是偏 ou 一点的 you，一是等于英文字母 U。为避免此误差，所以闽南话中的"杨"字音之一便写成 iu。）

综上可得"杨"字的方言发音有：yang、yang（韵偏 ong）、qiu、yüang、yan、ya-n、ya。据此则可得出如下树形图：

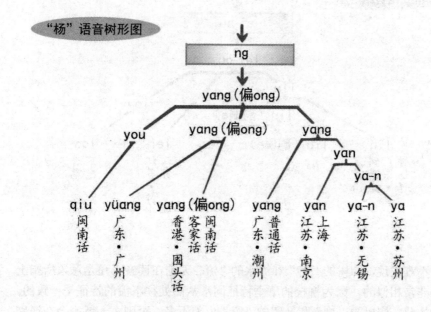

"杨"语音树形图

杨树的"杨"与上扬的"扬"在读音上的一致是明确的，但在这里需要继续史前追忆的是，为什么 yang 这个音的意象所指可以和上扬这一概念联系？其实这在前面的《语音象征主义》章节中已经讲过，即 ang 音属于鼻音，鼻音相对于自己下方的口腔音（喉、牙、舌、齿、唇）来说，它的确是位居上层的，自然，这个音在语音象征主义中就有向上的意思，比如"昂、仰、望、向、上"等字/词就是。

接下来再看"柳"字音：

普通话：liǔ

闽南话：[liu3]，近似念：liù

潮州话：[liu2]，近似念：liù

广州话：[lau5]，近似念：láo

围头话：[läu1]，近似念：láo

客家话：[liu3]，近似念：liū

上海话：[lioe]，近似念：lyér

苏州话：[leu44]，近似念：lēi

无锡话：[lei232]，近似念：léi

南京话：[liou3]，近似念：liū（韵带 e 音）

综上可得"柳"字的方言发音有：liu、liu(韵偏e)、lao、lyer、lei。据此则可得出如下树形图：

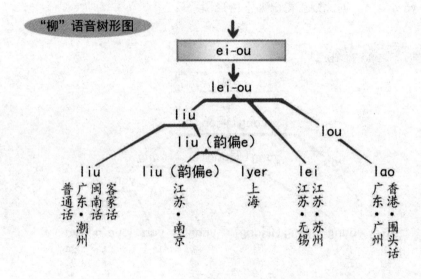

"柳"语音树形图

不难发现，柳树的"柳"和流水的"流"无论在读音上还是意象所指上都是非常相似的，因为柳枝的下垂特征同水从高处往下流的特征是一致的。不但如此，柳树的"柳"和挽留的"留"也差不多，否则古人就不会在送别亲朋好友时以摘柳枝来表示内心的挽留惜别之情。

"流"字在汉语方言中发音有：

普通话：liú

闽南话：[lao2]、[liu2]，近似念：láo、liú

潮州话：[liu5]，近似念：liū

广州话：[lau4]，近似念：lǎo

围头话：[läu4]，近似念：lǎo

客家话：[liu2]，近似念：liú

224

上海话：[lioe]，近似念：lyér
苏州话：[leu223]，近似念：lě
无锡话：[lei13]，近似念：lěi(调值上声+阴平)
南京话：[liou2]，近似念：liú(韵带 e 音)

综上可得"流"字的方言发音有：liu、lao、lyer、lei、le。外加我的家乡话之麻山腔 lài，则可得出如下树形图：

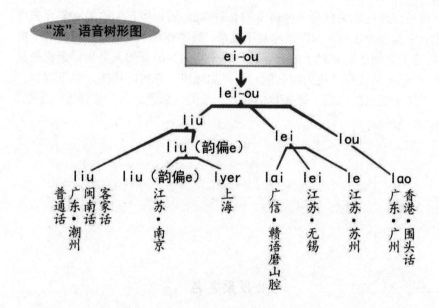

"流"语音树形图

从"柳"和"流"的语音树形图来看，它们的源头均可以追溯到 ei-ou音。然而，这里需要继续史前追忆的是 ei-ou 这个音为什么与流水的"流"联系在一起？这个答案其实可以在"人的称谓"那一章节中找到，即这个ei-ou音也属于"他/它指"性的"ei/𣢼"音范畴之内，是一个从高点往低点的指向。在这个 ei-ou 音系中，还有依赖的"赖"，濑粉的"濑"，溜走的"溜"，以及下垂的"垂"等。

当然，并不是所有的树木都有一个这么好分辨的外在特征，能用至简的一字或一词便可形容，所以在甲骨文中真正属于木之名的字是很少的。其中的确有文字体系自身的历史发展阶段原因，但相对于动物称谓而言，它们真的太少了。

除去树枝的长势特征外，还有什么可以拿来名状的呢？比如树皮的纹路或树叶的颜色。还真别说，在《诗经》中就记载了一种名叫"六驳"的树，其解释就是一种皮青白如驳的梓榆属中的一种树名。原文是：

225

山有苞栎，隰有六驳。未见君子，忧心靡乐。如何如何，忘我实多！

——《秦风·晨风》

而说到因树叶颜色而名的树，想必"枫"树算是一种。秋天到了，北方树木的叶子都会变得枯黄，但唯独枫树叶却红得那么耀眼。因声求义，枫树的"枫"与红色的"红"显然是有联系的，这两个字在诸多的南方方言中，其发音也基本相似。

最后，开花结果也是一些树木的显著特征，所以用它们的果实差异来命名也就变得顺理成章。如板栗相对于桃李，酸枣相对于雪梨，枸杞相对于梅子等，它们之间的差异对于旧石器时代靠采集为生的原始人来说肯定也是显著的，所以果名就有了成为树名的可能，如桃树、李树、梅树、苹果树等。

而关于果树的称谓，就让我们在下一节的《瓜果之名》中详细阐述吧。

5-2 瓜果之名

采集与狩猎是直立人赖以生存的两项基本手段，北京人也不例外。从北京人地层中发现大量的朴树籽来看，北京人可能采集朴树果为食。朴树果为球形果，味道甘甜，是一种较为理想的食物。对北京人地层中出土的植物孢粉的分析表明：榛、胡桃、松、榆等植物大量存在。因此除朴树果以外，北京人还采集榛子、胡桃、松、榆等果实或种子为食。另外，北京人地层中发现了石球，可能是他们砸击坚果的工具。这从侧面传达出了北京人采集食物坚果的信息。坚果可以储存，作为冬季和打不到猎物时的备用品。估计北京人还挖掘一些禾本科和豆科的茎以及采集其叶和种子充饥。就北京人的生产力水平而言，狩猎不可能是他们的主要经济形态，采集活动才应该是北京人主要的经济活动，也就是说北京人的经济生活不是单方面的，而应该是多方面的。人类学家研究过现成的狩猎—采集社会，认为这种社会中往往有一定的劳动分工，男人负责狩猎，女人担负着采集的工作。这种模式也适用于北京人。

以上内容，段摘于《文物史前史》。在这一节中，就让我们通过水果之名去追忆那段与之相关的史前记忆。

瓜果，《辞海》的解释是：

"瓜类植物之下位子房形成的果实。成熟后，果皮坚厚，内果皮及胎座成为浆质。如西瓜、甜瓜等。泛指瓜与果。"

图 5-2-1 水果

现在，我们知道了瓜果的意象所指，但"瓜果"两字的发音又是源于何处？从瓜果之名来看汉语之源，其实也是一件挺有趣的事情。比如像桃、李、梨、枣等水果，仅看字面就有一种不用多说的亲切感，反之像榴莲、佛手、菠萝、波罗蜜这样的字眼，就或多或少有些异域的感觉。虽然今天的我们早已见多识广，可在我们的语言及文字层面，它们都有挥之不去的土特产与进口的身份烙印。

今天的瓜果名称可谓五花八门，从植物类型上看，它们有：
梨果类：苹果、沙果、海棠、野樱莓、枇杷、欧楂、山楂、梨等；
核果类：杏、樱桃、桃、李子、梅子、西梅、白玉樱桃等；
合核果类：黑莓、覆盆子、云莓、罗甘莓、白里叶莓等；
柑果类：橘子、橙子、柠檬、青柠、柚子、香橼、佛手等；
瓠果类：哈密瓜、香瓜、白兰瓜、刺角瓜等；
浆果类：葡萄、提子、醋栗、蓝莓、蔓越莓、猕猴桃等。
但要是改从字面上分类，则会变成：
子类：桃子、李子、橘子、橙子、柚子、枣子、梅子、栗子、椰子等；
瓜类：冬瓜、南瓜、西瓜、木瓜、哈密瓜、香瓜、白兰瓜等；
桃类：毛桃、油桃、水蜜桃、猕猴桃、阳桃、樱桃等；

果类：苹果、无花果、人参果、蛇皮果、坚果等；

莓类：草莓、山莓、黑莓、蓝莓等。

　　不难看出，从字面上分类的称谓是口语的，但也正是这种口语上的文字组合才告诉了我们究竟是谁先来谁后到。人类对世界的认知也如同个人对世界的认知一样，是一个慢慢积累的过程，因此，古人不可能拥有今人的自然科学知识。所以，作为实用的沟通工具之语言也就自然而然地会留下一些不同时代的烙印，即便后来一再翻新，但对那些早已经占据要津的"人"来说，他们的位置多半只会更加"核心"。

　　接下来就让我们从一首古诗开始谈起，去慢慢揭开瓜果称谓中的汉语之滥觞。

> 投我以木瓜，报之以琼琚。匪报也，永以为好也！
> 投我以木桃，报之以琼瑶。匪报也，永以为好也！
> 投我以木李，报之以琼玖。匪报也，永以为好也！
>
> ——《诗经·卫风·木瓜》

　　这是一首男女青年互赠礼物表达爱情的诗。作者似乎是个青年男子，他接到女子赠给的平常礼物，却用贵重的美玉来报答，但又不只为了报答，而是为了表示爱情的深沉和永久。但该诗吸引我的其实是"瓜""桃""李"三字。

　　前面已经简单罗列出了一些水果，但这远非今天所有水果的名称。那处在诗经时代的瓜果名称又有多少呢？现在，让我们仅就《诗经》的角度出发，去看下上古时期的汉语之瓜果品类究竟几何。

　　《周南·桃夭》："桃之夭夭，灼灼其华。之子于归，宜其室家。桃之夭夭，有蕡其实。之子于归，宜其家室"中的"桃"；

　　《召南·何彼襛矣》："何彼襛矣，华如桃李？平王之孙，齐侯之子"中的"桃"和"李"；

　　《王风·丘中有麻》："丘中有李，彼留之子。彼留之子，贻我佩玖"中的"李"；

　　《郑风·将仲子》："将仲子兮，无逾我里，无折我树杞。岂敢爱之？畏我父母。仲可怀也，父母之言亦可畏也"中的"杞"；

　　《魏风·园有桃》："园有桃，其实之肴。心之忧矣，我歌且谣。不知我者，谓我士也骄。……园有棘，其实之食。心之忧矣，聊以行国。不知我者，谓我士也罔极"中的"桃"和"棘"；

　　《小雅·南山有台》："南山有杞，北山有李。乐只君子，民之父母。乐只君子，德音不已"中的"李"和"杞"；

228

《陈风·墓门》："墓门有棘，斧以斯之。夫也不良，国人知之。知而不已，谁昔然矣。墓门有梅，有鸮萃止。夫也不良，歌以讯之。讯予不顾，颠倒思予"中的"棘"和"梅"；

《曹风·鸤鸠》："鸤鸠在桑，其子在梅。淑人君子，其带伊丝。其带伊丝，其弁伊骐。鸤鸠在桑，其子在棘。淑人君子，其仪不忒。其仪不忒，正是四国"中的"梅"和"棘"；

《豳风·七月》："六月食郁及薁，七月亨葵及菽，八月剥枣，十月获稻，为此春酒，以介眉寿。七月食瓜，八月断壶，九月叔苴，采荼薪樗，食我农夫"中的"枣"和"瓜"；

《小雅·湛露》："湛湛露斯，在彼杞棘。显允君子，莫不令德"中的"杞"和"棘"；

《小雅·常棣》："常棣之华，鄂不韡韡。凡今之人，莫如兄弟"中的"棣"；

《小雅·四月》："山有嘉卉，侯栗侯梅。废为残贼，莫知其尤！"中的"梅"；

《小雅·信南山》："中田有庐，疆埸有瓜。是剥是菹，献之皇祖。曾孙寿考，受天之祜"中的"瓜"；

《大雅·绵》："绵绵瓜瓞。民之初生，自土沮漆"中的"瓜"。

综上可得，上古时期《诗经》中的汉语瓜果大约有桃、李、郁李/常棣、瓜、棘（枣）、杞、梅等。当然，这不是《诗经》中全部瓜果。

接下来，就让我们简单地去了解下。

一、枣

枣，《辞海》中的解释是：

植物名。鼠李科枣属，大灌木或乔木。枝倾垂有刺，叶互生，卵形或长椭圆形，边缘具细钝锯齿。花小，黄绿色。所结核果也称为"枣"，橙黄或暗红色，椭圆形，可食。种类很多，主要产于亚洲热带地区及欧洲南部。

"枣"字的出现比较晚，所以在国学大师网中，没有看到该字的字形字源演变栏。但在《说文解字》中，枣的解释是："枣，羊枣也，从重朿。子皓切。""枣"字的篆体是上下结构的两个朿，即"棗"字。而"朿"在《说文》中的解释就是木芒。如此看来，"枣"字与"刺"字是有很大关联的，比如两字在读音上的相似就是一个凭证。

1-1 枣

普通话：zǎo

闽南话：[zou3]，近似念：zòu

潮州话：[zo2]，近似念：zòu(ou 偏ɑo)

广州话：[zou2]，近似念：zóu

围头话：[zäu2]，近似念：záo

客家话：[zau3]，近似念：zāo

上海话：[tzo]，近似念：zào

苏州话：[tsau51]，近似念：zài

无锡话：[tsau323]，近似念：zě

南京话：[zao3]，近似念：zāo

综上可得"枣"字的方言发音有：zao、zou(韵偏ɑo)、zou、zai、ze。据此则可得"枣"字语音树形图。

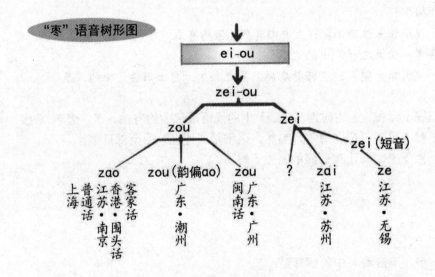

"枣"语音树形图

在这个语音树形图中，"枣"字的原始读音可以追溯到一个 ei-ou 音。这个 ei-ou 音在本章上节中的"柳"字那里已经讲过，也算是"他/它指"性的"ei/欸"音范畴之内。当然，在语音象征主义中，"ei/欸"音除了有"他/它指"的这层意思外，同时也还有小的意思。"小"自然就意味着"尖"，"尖"自然就意味着"刺"，这也是为什么在上古时期的《诗经》中常把"枣"通假为"棘"。

1-2 刺

普通话：cì

闽南话：[ci5]、[cia7]、[ciak7]，近似念：qī、qiè、qiē（短音）

潮州话：[ceng3]、[ci3]，近似念：cən2、qǐ

广州话：[ci3]、[cik3]、[sik3]，近似念：qī、cēi(短音)、sēi(短音)

围头话：[ci1]、[säk2]，近似念：qí、sá(短音)

客家话：[ci4]，近似念：qī

上海话：[tsy]，近似念：cì

苏州话：[tshy523]，近似念：crì

无锡话：[tshy334]，近似念：cī

南京话：[ci5]、[cy4]，近似念：qī(短音)、cī

综上可得"刺"字的方言发音有：ci、qi、qie、cei、cən、sei、sɑ、cri。据此则可得"刺"字语音树形图。

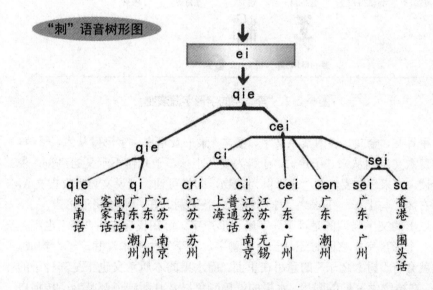

"刺"语音树形图

可问题是，为什么人类会把圆圆的小枣称作"棘"呢？两者有关系吗？让我们重看一下"枣"《辞海》中的解释：

植物名。鼠李科枣属，大灌木或乔木。枝倾垂有刺……

对，枣树枝是有刺的。你能想象原始人在采摘枣子时，一不小心被刺扎了一下的感受吗？注意，本文的开头曾引用《文物史前史》中的一段话，负责采集的原始人可不是男人，而是女人，因为男人们都去狩猎了。我的理解，"枣"的本义就是"刺"，所以，口语中的"枣"便成了"枣子"。在我老家，要是和人对话说"枣"时不称"枣子"，听者多半是懵的。

二、李

李，《辞海》中的解释是：

植物名。蔷薇科樱属，落叶乔木。叶互生，倒披针形或倒卵形，叶缘呈锯齿状。春天开白花。果实为圆卵形，熟时为红紫色或黄色，味酸，可供生食或作蜜饯用。

在"国学大师网"中，该字的字形字源演变是：

图5-2-2 "李"字的字形字源演变

甲骨文、金文、战国秦系文字、篆文、隶书及楷书，字形俱从木、子声，战国楚系文字则从来、子声。"子"为婴儿小孩，于此作不示义的声符，表示音读。"来"为麦，和"木"俱为植物，同类可通。《说文》另收古文A，左形右声，与上形、下声之"李"构字之意无别。在六书中属于形声。

以上的文字强调的是"李"字属于形声字。可在我看来，"李"也不完全是一个形声字，它同时还是一个会意字。"李"由"木"和"子"构成，自然就会有"树木之子"的意思在里面，而水果的本质意义也正是其种子的传播。在植物学家们的眼里，水果的鲜艳颜色以及甘甜味道都是为了传播自己的种子才进化出来的，唯有如此，鸟类和猿类才会频繁地光顾它们，这样种子便可依附在它们身上而传播到更远的地方去。这层生命繁衍的功利流程在汉语音中的"子"字身上也有存在，如《晋书·乐志上》说："子者，孳也。"所以，"李"字的原始本义应该就是"木之子"，而不是后来的李树之"李"。

倘若我们再从"李"是"木之子"的意思这个层面去看，有意思的事又来了，即"木之子"中的"木"本是所有树木的统称，但却被人类用来形容李树的李子，也就是说，李树的称谓是因李子，而李子的称谓是因为它本身的"木之子"属性。但"木之子"的这种繁殖方式在很多树木身上都有，与竹子式的根系扩张完全不同，可这种繁衍属性为什么偏偏被李树给抢先"注册"了呢？答案是李子可能是汉语言中的最早水果名称，甚至没有"之一"。

三、桃

桃，《辞海》中的解释是：

植物名。蔷薇科樱属，落叶小乔木。叶椭圆而长，春初开花，有白、红
二色。果实呈圆形，顶端有尖，味酸可口。

在"国学大师网"中，该字的字形字源演变是：

图5-2-3 "桃"字的字形字源演变

而在《说文解字》中，"桃"字的解释是："果也，从木，兆声。徒刀
切。"《说文解字》的解释虽寥寥几字，但却把"桃"字的读音说得十分详
细，九字当中，五字是关于读音的。仅从"桃，兆声，徒刀切"这几字来看，
汉代的"桃"字读音与元音 o 肯定离不开干系。是否真的如此，且看今天方
言中的"桃"字发音，大致如下：

普通话：táo
闽南话：[to2]，近似念：tǒu
潮州话：[to5]，近似念：tōu(ou 略偏ao)
广州话：[tou4]，近似念：tǒu
围头话：[täu4]，近似念：tǎo
客家话：[tau2]，近似念：tāo
上海话：[do]，近似念：dáo
苏州话：[dau223]，近似念：dǎi
无锡话：[dau13]，近似念：dě
南京话：[tao2]，近似念：táo

综上可得"桃"字的方言发音有：tao、tou、tou（韵偏ao）、dao、d
ai、de。据此则可得"桃"字语音树形图。

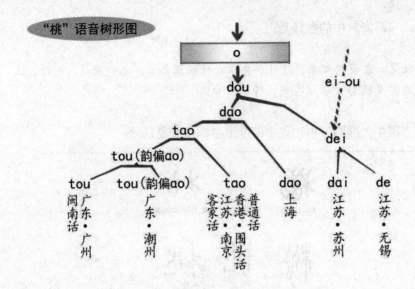

"桃"语音树形图

从这个语音树形图上看，"桃"字的读音明显源自于"o/欧"。这又是为什么？"o/欧"音与水果有什么关系？这其中的道理很简单，因为发"o/欧"音时的嘴形是圆的，所以在语音象征主义中，"o/欧"音自然就会与圆的东西联系在一起。正如《汉语语言研究史》之第四节"清代的词源学"中的第二篇"和《尔雅》有关的词源学著作《果裸转语记》"就写道：

《尔雅·释草》："果赢之实，栝楼。"郭璞注："齐人呼为木瓜。"《尔雅·释虫》："果裸，蒲卢。"郭璞注："即细腰蜂也。"又《方言》卷八："桑飞（郭注：即鹪鹩也），自关而东谓之工爵，或谓之过裸。"这些东西，不管是植物还是动物，不管是蜜蜂还是鸟雀，实物不一，但命名都以声象其外形，这些东西外形长而圆，故唤起人们易滚动，会发出gulugulu声音的意象，人们便以意象中的声音命名凡外形长而圆的事物，以声象物形，以声象物。

四、梅
梅，《辞海》中的解释是：

植物名。蔷薇科樱属，落叶乔木。性耐寒，叶卵形，早春开花，花瓣五片，色红或白。果实味酸，可食。全国各地均有栽培。

在"国学大师网"中，该字的字形字源演变是：

234

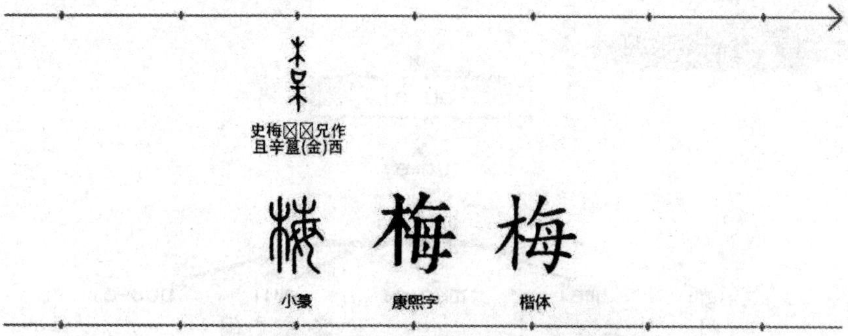

史梅□兄作
且辛鬘(金)西

椒　梅　梅

小篆　　康熙字　　楷体

图 5-2-4　"梅"字的字形字源演变

而在《说文解字》中，"梅"字的解释是："梅，枏也。可食。从木每声。莫栝切。"今天方言中的"梅"字发音，大致如下：

普通话：méi

闽南话：[m2]、[mui2]，近似念：ngm、muí

潮州话：[bhuê5]，近似念：buō-ei

广州话：[mui4]，近似念：muǐ

围头话：[mui4]，近似念：muǐ

客家话：[moi2]，近似念：muí

上海话：[me]，近似念：méi

苏州话：[me223]，近似念：měi

无锡话：[me13]，近似念：méi

南京话：[mei2]，近似念：méi

综上可得"梅"字的方言发音有：mei、ngm、mui、buo-ei。外加我的家乡话之麻山腔 muó-ei，则可得"梅"字语音树形图。（见后图）

我突然感觉"梅"字很可能也与"李"有着差不多的悠久身世，因为它的音中也含"ei/欸"。可转念一想，其实不然，在"梅"字的这个语音树形图中，其实也可以找到"ou/欧"音的影子，比如我老家的"梅"发音就念 muó-ei。

通过前面"桃"和"李"的介绍，我们已经知道了"ou/欧"音是圆形果实的声音象形，"ei/欸"音是"子"的语音象征。那也就是说，"梅"字音无论是从"ou/欧"或从"ei/欸"都说得过去。如果我们把问题追踪到这里就停了下来，其实也可以。但是，真正有趣的东西却还在后面，这就是闽南话中的"ngm"这个音。

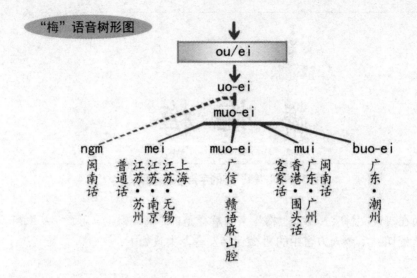

"梅"语音树形图

从语音上分析，"ngm"这个音肯定是"梅"字的声符"每"字的发音，并且还可以肯定是该字系的声母 m 的根源。把"ngm"这个音与"每"字联系在一起，就会让人想起一个成语——毋庸置疑，因为"ngm"其实就是现在普通话中的"毋"。也就是说，"ngm"这个音有"不要"或"否定"这方面的意思，比如今天的粤语：

"不要"的发音是：ngm3 īu；

"不知道"的发音是：ngm3 jī；

"不用谢"的发音是：ngm3 sái，

再比如我老家的福建腔（闽南话）：

"不要"的发音是：ngm3 dī；

"不允许"的发音是：ngm3 tán，

以及老家的本地腔（吴语）也含有一个"ngm4 máo（韵ao 偏a，短音。）"的否定语，这个词通常是用在被提问的情况下，如：

1. 甲：你吃饭了没？乙：ngm4 máo（没有）；

2. 甲：你事情做完了？乙：ngm4 máo（没有）；

3. 甲：你昨天给自己放假了？乙：ngm4 máo（没有）。

说了这么多，其实目的只有一个，那就是梅子的"梅"在其初始阶段很有可能就是念 ngm（阳平），而这个 ngm 音传达出的信息就是"不要"或"否定"的意思，就好比一个坐在学步车里的小孩，当妈妈用勺子送来自己讨厌的食物时，他的嘴巴通常会紧紧闭起，并发出含有厌烦和生气的声音 ngm，然后把头甩向一边，就拒绝了。那也就是说，"梅"的初始音有"不要"或"否定"的意思，从这点出发，你能想到什么吗？想一想，先别急着看我下面的答案。

我能想到的就是梅子的酸，它相对于其他水果来说，其酸味是最浓的。酸味并不是每个人都可能接受的，以小孩为例，他们从不拒绝甜味，但百分百会拒绝酸味。所以，"梅"字音自然就与"不要"或"否定"的 ngm 音联系在一起，因为它酸呀！

五、杞

这里的杞是枸杞，枸杞一词《辞海》中的解释是：

植物名。茄科枸杞属，落叶灌木。高一至三公尺，叶具短柄，披针状长椭圆形或倒卵形。花淡紫色，浆果红色，圆形或椭圆形。果可入药，有明目、滋补的功能。根皮、枝叶也可作药用，能解热，消炎。

在"国学大师网"中，该字的字形字源演变是：

图5-2-5 "杞"字的字形字源演变

而在《说文解字》中，"杞"字的解释是："枸杞也，从木，已声，墟里切。""枸"字的解释却是："木也，可为酱，出蜀，从木，句声。俱羽切。"在今天方言中。"枸""杞"两字的发音大致如下：

枸
普通话：gǒu
潮州话：[gao2]，近似念：gào
广州话：[geoi2]、[gau2]，近似念：gé-ui、gáo

围头话：[gäu2]，近似念：gáo
客家话：[giu3]，近似念：giū
上海话：[ciu]、[koe]，近似念：ji(音偏 zi)、gè
苏州话：[keu44]、[keu51]，近似念：gē-ui、gè-ui
无锡话：[kei323]，近似念：gěi
南京话：[gou1]、[gou3]、[jü3]，近似念：gè、gē、jǔ

杞
普通话：qǐ
闽南话：[gi3]、[ki3]，近似念：gī、kī
潮州话：[ki2]，近似念：kì
广州话：[gei2]，近似念：géi
上海话：[chij]，近似念：xì
苏州话：[chi51]，近似念：zì
南京话：[qi3]，近似念：qī

综上可得"枸"字的方言发音有：gou、gao、ge-ui、giu、ji、ge、g
ei、jü；"杞"字的方言发音有：qi、gi、ki、gei、xi、zi，外加我的家
乡话之麻山腔的gāi/枸和 jī/杞，则可得出如下两个语音树形图。

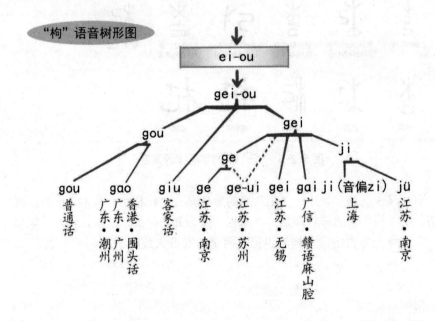

"枸"语音树形图

238

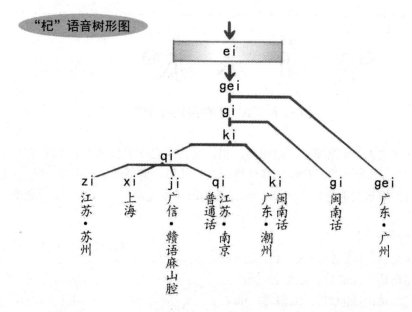

"杞"语音树形图

ei

gei

gi

ki

qi

zi	xi	ji	qi	ki	gi	gei
江苏·苏州	上海	广信·赣语麻山腔	江苏·南京普通话	闽南话广东·潮州	闽南话	广东·广州

　　"枸杞"一词，在今天的普通话里只能算是一个很普通的连绵词，但从它们的语音树形图上看，它们不但连绵，而且还双声，不但双声，而且还叠韵。由此可见，"枸杞"一词就如同"给予"一词，同一词组下面的两字在今天看来虽有不同的读音，但其根源肯定是相同的。"枸""杞"两字的原始音可以上溯到gei，或者是gei-ou，巧合的是，"给""予"两字的原始音居然也可以上溯到gei，或者是 gi，两组词的韵母如此相似，可意思却为什么如此不同？答案是，"枸杞"的"ei/欸"音是刺，如同前面刚谈到的"枣"与"棘"一样。而"给""予"的"ei/欸"音则是"他/它指"性的，这在前面"人的称谓"那一章节中已经介绍过。

　　此外，还需提到的是板栗的"栗"，与"枣"和"枸杞"相比，"栗"的刺属性是最明显的，可以说，在它还没脱去外壳的时候，其样子就和蜷缩起来的小刺猬没什么区别。所以，板栗的"栗"从语音角度出发，也可以上溯到"ei/欸"音中的"刺"之终点。

六、瓜

瓜，《辞海》中的解释是：

葫芦科植物的总称。种类很多，叶呈掌状，茎末端卷曲，可攀爬蔓生。多开黄色花，果实可食用。如黄瓜、西瓜、冬瓜等。

在"国学大师网"中，该字的字形字源演变是：

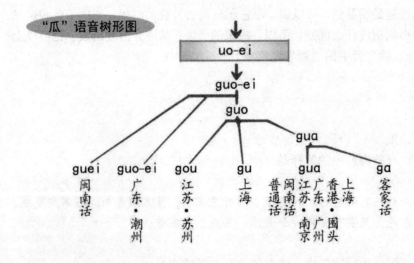

金文　篆文　隶书　楷书

A **B**

图 5-2-6 "瓜" 字的字形字源演变

　　金文之 A，外像藤蔓，内像茎、果。篆文承之，酷似瓜形。字经隶书，形变作 B，果形不著，且藤、茎分离，显失其形。楷书沿之，中间一笔上提而加点，果形又著。以上诸形，都据具体的实象造字。在六书中属于象形。

普通话：guā

闽南话：[gua1]、[gue1]，近似念：guā、guēi

潮州话：[guê1]，近似念：guǒ-ei

广州话：[gwaa1]，近似念：guā

围头话：[gwa1]，近似念：guá

客家话：[ga1]，近似念：gā

上海话：[kau]、[kua]，近似念：gù、guā

苏州话：[ko44]，近似念：gōu

无锡话：[ku44]，近似念：gū

南京话：[gua1]，近似念：guà

　　综上可得"瓜"字的方言发音有：gua、guei、guo-ei、gɑ、gu、gou。据此则可得"瓜"字语音树形图。

"瓜"语音树形图

uo-ei

guo-ei

guo

gua

guei	guo-ei	gou	gu	gua	gɑ
闽南话	广东·潮州	江苏·苏州	上海	普通话 闽南话 江苏·南京 广东·广州 香港·围头 上海	客家话

从"瓜"字的语音树形图上看，它的初始音是 uo-ei。这个 uo-ei 音虽然也含有 ei，但后来的语音发展却是偏向于 uo 这个音。如此看来，在语音象形这块，它是模仿"果"字音的，即它是一个可以被称之为圆圆果实的东西，虽然今天的丝瓜、黄瓜、苦瓜都是长条形，但西瓜、南瓜、香瓜却无一例外是圆的。

据此，我们似乎又可得出这样的史前追忆：

最早出现在我们的祖先眼里的瓜应该是一个果实比较偏圆的葫芦科藤蔓植物，后来是因为藤蔓这一特征，"瓜"的称呼才慢慢扩散到其他葫芦科藤蔓植物上。

七、郁李

郁李与李子同属蔷薇亚纲蔷薇目李亚科，不同的是前者属于樱属，而后者属于李属。所以，这两种水果在很多人眼里应该是没有太大区别的。

"李"字在前面已经介绍过了，这里所关心的问题是"李"与"棣"的读音关系。郁李在《诗经》被称之为常棣，所以"李"与"棣"在上古时期很可能就是两个近音字，因为那时的文字使用标准还没像今天这么统一，尤其是形声字的使用。对于这个猜测，还是让我们通过今天的方言发音来求证一下，其情况大致如下：

棣
普通话：dì
闽南话：[dai6]、[de6]、[te5]，近似念 dái、dēi、tèi
潮州话：[di6]，近似念：dí
广州话：[dai6]，近似念：dāi
上海话：[de]、[dij]、[thij]，近似念：déi、dí、xì
苏州话：[di231]，近似念：drí
南京话：[di4]，近似念：dī

李
普通话：lǐ
闽南话：[li3]，近似念：lǐ
潮州话：[li2]，近似念：lǐ
广州话：[lei5]，近似念：léi
围头话：[li1]，近似念：lí
客家话：[li3]，近似念：lǐ

上海话：[lij]，近似念：lǐ
苏州话：[li231]，近似念：rí
无锡话：[li232]，近似念：lǐ
南京话：[li3]，近似念：lī

综上可得"棣"字的方言发音有：di、dai、dei、tei、xi、dri；
"李"字的方言发音有：li、lei、ri。据此则可得出"棣""李"两字语
音树形图。

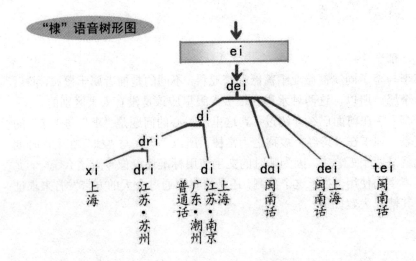

"棣"语音树形图

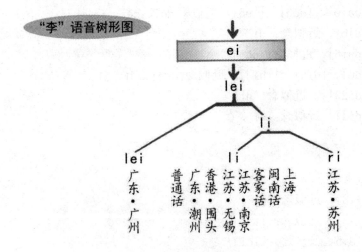

"李"语音树形图

从两字的语音树形图上看，它们的韵母就是一样的，唯一的微小区别是声母 d 和 l。但 d 和 l 都属于舌尖中音，所以"棣"和"李"的读音在上古时候可能是差不多的。

最后，在本文的末尾来做一个简单概括，即一部分树木的称谓是因为它们所长的果实，而这些果实的称谓则又是因为果实自身的外形、味道，以及它作为种子的属性所产生的。

5-3 花卉之名

花之名究竟缘何而起？比如中国十大名花，它们的称谓之初衷缘由是什么？如果从语音上去分析，大致可作如下臆想。

1. 梅花
梅花之名显然缘于梅树，而梅树在"瓜果之名"中已经讲过，它缘由于果实梅子。

2. 牡丹
牡丹之名中的"丹"字是红色的意思，而"牡"字的本意是雄兽，但牡丹的"牡"并不是"雄性"的意思，故李时珍说："牡丹以色丹者为上，虽结子而根上生苗，故谓之牡丹。"所以，我们可以把它的意思简单地转换成"大红花"。

3. 菊花
菊花这个名字，我暂时还分析不出来。从"菊"字的造型结构来看，它表示的应该是一个细音，这可能与菊花的花瓣多而细长的形态有关。

4. 月季
月季花又名月月红。所以，它的名字也很好理解，是对其生长（开花）习性而言的。

5. 杜鹃花

杜鹃花之名缘于杜鹃鸟，而杜鹃鸟在"动物之名"中也已经讲过，它缘于自己的叫声。

6. 荷花

荷花是一个很有趣的花卉名称，因为荷花长于莲，莲长于藕，所以荷花也叫莲花、藕花。那问题来了，荷花的"荷"究竟是什么意思？从目前的方言来看，"荷"字很可能就是"花"字，因为在很多吴语中，"花"就念hou。如此一来，百合花也变得有问题了，因为"百合"两字在读音上与"白花"两字也是相对应的。

7. 茶花

在《影响世界的中国植物》中，茶花被介绍为中国西南部，喜马拉雅山东麓的植物，所以在因声求义这条路上是很难把握的，因为这个"茶"字音很可能不是"汉语体系中的音"。

8. 桂花

桂花很香，但却很小。从"桂"字的组成结构上看，声符"圭"字应该是一个细音，即与桂花的体型微小有关。

9. 水仙

水仙花之名，自然是一个美丽动人的比喻，即说这种花就像是一位美丽的水中仙子。

10. 兰花

从《说文解字》的角度来看，兰花的"兰"应该衍生自香气的"香"，因为它的解释是："兰，香草也。"但"香"字又缘于何处？这我就臆想不出来了。

综上所述，花卉之名的缘起无外乎如下缘由：
因其自身的颜色，如牡丹、朱槿等；
因其自身的形态，如菊花、桂花、蝴蝶兰、鸡冠花等；
因其生长的环境，如水仙、石斛兰等；
因其生长的规律，如月季、报春花等；
因其自身的气味，如兰花；
因"花"字音历史演变而讹传，如荷花、百合等；
因与其他事物联系在一起，如杜鹃花等；
从树名，如梅花、李花、桃花等。

至此，花卉之名的缘由看似解决，但有一朵"花"却仍处于一个未解之谜当中。这个未解之谜便是该朵"花"和"家"的联手绑架一个名叫"斜"的字，从而让无数人争论不休。所以，接下来就好好聊一下这朵"花"。

杜牧曾写下一首名叫"山行"的诗。该诗原文如下：

> 远上寒山石径斜，白云生处有人家。
> 停车坐爱枫林晚，霜叶红于二月花。

这首诗在意思层面上是通俗易懂的，但在韵脚上却让人产生分歧。

前不久，我就在网上看到了一篇文章《"远上寒山石径斜"的"斜"咋念？老师无奈：家长不懂就别乱教》。文章说，有一位姓杜的女士在监督自己孩子在家上网课时，就教他把《山行》中的"远上寒山石径斜"中的"斜"字念成了"xiá"。可当孩子念完之后，网课上的老师出来指正说："'斜'应该读作'xié'，而不是'xiá'，家长不要误导孩子。"杜女士听到老师这么说以后，内心有些生气，于是跑到屏幕前指责道："怎么就不能这么读，当年我的老师就是这么教我的，你到底会不会教？"看到家长这么指责自己，老师也很无奈回道："课本早就改革了，'xié'的读法才是正确的，我们都是按照教材标准来教学的。"

对于这件事，文章的作者也给出了一些自己的看法，说：

中国的教科书经过多年的改革，父母学习的知识和孩子学习的知识有分歧也可以理解，特别是古诗词的发音，以前正确的读音经过改革，可能到现在就变成了错误的。家长遇到类似的问题要冷静分析，不可盲目自信干扰孩子的课堂教学。

那为什么要将古诗词中的读音进行修改呢？

一个原因是，古人写诗的时候，为了押韵，所以会用同一韵母的字来结尾；另一个原因是，有些字是通假字。由于时代变迁，有些字的读音渐渐改变，以前的读音只存在于一些方言里。结果就是有些字被错读太多（相对于教学用的普通话而言），于是为了统一读音、方便交流，只好对个别古诗词的读音进行修改，虽然读起来没有那么押韵，但似乎也没有什么问题。

倘若我是在一年前看到这篇文章，相信我也会和大多数网友一样觉得这老师是"无知"的，但幸运的是，我是在今天才看到它。所以，我要告诉大家有关"斜"字音的另一个读法，即这个"斜"字的正音很可能就是 xie，而不是 xiɑ。

在《山行》这首诗中，"斜"是与"家"和"花"两字押韵的，可在《诗经》中，与"家""花"两字同为韵脚的其他字则有：

《周南·桃夭》："桃之夭夭，灼灼其华。之子于归，宜其室家。"

《召南·何彼襛矣》："何彼襛矣，唐棣之华？曷不肃雍？王姬之车。"

《王风·有女同车》："有女同车，颜如舜华。将翱将翔，佩玉琼琚。彼美孟姜，洵美且都。"

《王风·山有扶苏》："山有扶苏，隰有荷华。不见子都，乃见狂且。"

《桧风·隰有苌楚》："隰有苌楚，猗傩其华，夭之沃沃。乐子之无家。"

《小雅·采薇》："彼尔维何？维常之华。彼路斯何？君子之车。戎车既驾，四牡业业。岂敢定居？一月三捷。"

《小雅·出车》："昔我往矣，黍稷方华。今我来思，雨雪载涂。王事多难，不遑启居？岂不怀归？畏此简书。"

注：在古文中，"华"通"花"。所以，和"家""花"两字同韵的就有：车、琚、都、且、业、捷、涂、居、书等字。当然，今天的普通话可看不出它们的共同韵母是哪个，但通过方言的及语音树形图的分析，你就会清晰地看清那是一个 xie 的读音。它们的方言发音情况分别如下：

车
普通话：chē、jū
闽南话：[cia1]、[gy1]，近似念：qiā、gū
潮州话：[cia1]、[ge1]，近似念：qiā、gāi
广州话：[ce1]、[geoi1]，近似念：qiē、gē-ui
围头话：[ce1]、[gü1]，近似念：qié、gú
客家话：[ca1]、[gi1]，近似念：cá、gí
上海话：[ciu]、[tsau]，近似念：jù（韵ü偏i）、cù
苏州话：[tsho44]，近似念：cōu
无锡话：[cha44]、[ciu44]、[tsho44]，近似念：cā、jū、cū
南京话：[che1]、[jü1]，近似念：cèi、jù

综上可得"车"字音有：che、cei、cu、cou、ca、jū、qia、qie、gi、gu、gü、ge-ui、gai。从中可以看出，"车"字中的 ei 音是存在的。

琚
（考虑到"琚"字不是常用字，所以改它的声符字"居"字来采集方言的发音。）
普通话：jū
闽南话：[gy1]，近似念：gū

潮州话：[ge1]，近似念：gāi

广州话：[geoi1]，近似念：gē-ui

围头话：[gü1]，近似念：gú

客家话：[gi1]，近似念：gí

上海话：[ciu]，近似念：jù（韵u偏i）

无锡话：[ciu44]，近似念：jū

南京话：[jü1]，近似念：jù

综上可得"居"字音有：jü、gu、gü、gi、gɑi、ge-ui。虽然"居"字中的ei音不是很明显，但通过语音树形图分析，是可以追溯到一个gei音的。如图：

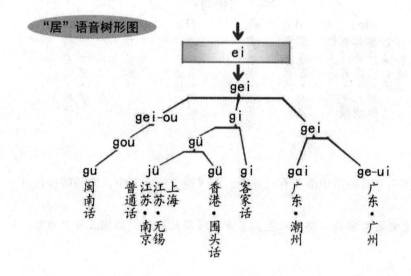

"居"语音树形图

都

普通话：dōu、dū

闽南话：[do1]，近似念：dōu

潮州话：[dou1]，近似念：dōu

广州话：[dou1]，近似念：dōu

围头话：[du1]，近似念：wú（可能有误）

客家话：[du1]，近似念：dú

上海话：[tu]，近似念：dōu（短音）

无锡话：[tou44]，近似念：dōu

南京话：[du1]，近似念：dù

综上可得"都"字音有：dou、du、wu。从目前的方言读音来看，"都"

字的 ei 音是不存在的。但作为"都"字的声符"者"字，潮州话就近似念 jià、广州话近似念 zéi、客家话近似念 zā，据此又可得出如下一个语音树形图：

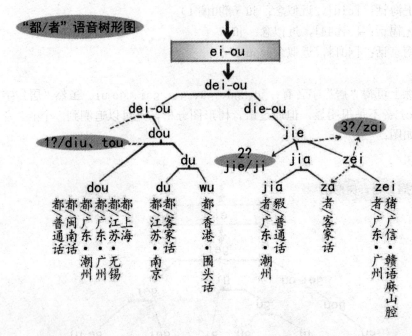

"都"字音的历史演变有点复杂。在《说文解字》中，它的解释是：

"有君之旧宗庙曰都，从邑，者声。《周礼》：'距国五百里为都。'当孤切。"

从"当孤切"这个提示来看，汉代的"都"字音是偏 dou 的。但考虑到前面又有说"从邑、者声"，所以，更为准确的汉代读音应该是 dei-ou，因为只有这个音才可以和右边的"者"字音联系上。

此外，这个语音树形图似乎还给我们解答了三个疑问：

疑问 1：
首都的"都"为什么念 dou，从这个音来看，它与意思是第一位的"头"有关，因为在方言中，dou/tou 和 diu 都是"头"的读音；

疑问 2：
当"者"读音来到 jie 或 ji 时，是不是正好与夫子、老子、孔子等此类后缀词的"子"字音撞上，所以才又有了"前不见古人，后不见来者"的人称代词"者"了呢？

疑问 3：

同"疑问 2"一样，这个音正好与今天的"仔""崽"两字撞音。

且
普通话：qiě；
闽南话：[cia3]，近似念：tiā；
广州话：[ce2]、[zeoi1]，近似念：céi、zūi；
围头话：[ce2]，近似念：céi；
潮州话：[cian2]，近似念：qià；
客家话：[cia3]，近似念：qiā；
上海话：[dzu]、[tsia]、[tsij]、[tziu]、[tzu]，近似念：zóu（短音）、
qiā、qì、jù、zōu（短音）；
无锡话：[tshia323]，近似念：qiǎ；
南京话：[cie3]、[zü1]，近似念：qiē、jù。

综上可得"且"字音有：qie、tia、cei、zui、zou、qia、qi、jü。很
明显，"且"字也是明确含有 ei 音的。

业
普通话：yè
闽南话：[ngiap8]，近似念：giā
广州话：[jip6]，近似念：yī
围头话：[yip6]，近似念：yē（短音，偏 yī）
客家话：[ngiap6]，近似念：ngiā
上海话：[gniq]，近似念：ngiá（短音）
无锡话：[nieh23]，近似念：nié
南京话：[ie5]，近似念：yē（短音）

综上可得"业"字音有：ye、gia、yi、ngia、nie。同前面的"且"字
一样，"业"字也是明确含有 ei 音的。

捷
普通话：jié
闽南话：[ziap8]、[ziat8]，近似念：jiā、jiē（短音）
广州话：[zit3]、[zit6]，近似念：jī、jī
围头话：[zip2]，近似念：jié（短音，偏 jí）
客家话：[ciap6]，近似念：jiā
上海话：[dziq]，近似念：zéi（短音）
无锡话：[dzih23]，近似念：zéi（短音）

南京话：[zie5]，近似念：jiē（短音，声母 j 偏 z）

综上可得"业"字音有：jie、jia、ji、zei。同前面的字一样，"捷"字也是明确含有 ei 音的。

涂

普通话：tú

闽南话：[do2]、[dy2]、[to2]，近似念：dǒu、dǔ、tōu

潮州话：[tu5]，近似念：tū

广州话：[tou4]，近似念：tǒu

围头话：[tou4]，近似念：tǒu

客家话：[tu2]，近似念：tǔ

上海话：[du]，近似念：dóu（短音）

无锡话：[dou13]，近似念：dóu

南京话：[tu2]，近似念：tú-

综上可得"涂"字音有：tu、dou、du、tou、ca，但作为"涂"字的声符"余"字，普通话念 yú、客家话念 yí；而作为是同样声符的"徐"字，广州话就近似念 cě-ui、香港围头话就近似念 qǔ、而广信吴语本地腔则念 jì、麻山腔则念 qí，据此可得下文所示的语音树形图：

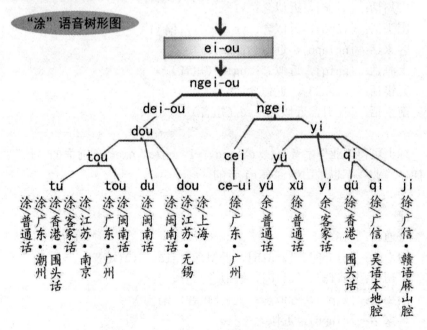

"涂"语音树形图

注：《小雅·出车》中的"今我来思，雨雪载涂"中的这个"涂"字通"途"，是路的意思。但个人认为，与其把它解释成"路"，还不如干脆说

250

它通假于"道"，因为这在读音上更能呼应。"途"字没有在《说文解字》中出现，想必也正是出于这个原因，所以在方言中采集"途"字的发音，就会发现它的发音是比较单一的。

《说文解字》中的"涂"字发音是"同都切"，而"都"字在前面刚讲过。所以只需做一个简单的对比，结果就会再一次表明 ei-ou 这个韵是对的。

书

普通话：shū

闽南话：[sy1]、[zy1]，近似念：sū、zū

潮州话：[ze1]，近似念：zāi

广州话：[syu1]，近似念：xū

围头话：[sü1]，近似念：xú

客家话：[su1]，近似念：sú

上海话：[syu]，近似念：sì

无锡话：[shyu44]，近似念：shī

南京话：[shu1]，近似念：sù

综上可得"书"字音有：shu、su、zu、zɑi、xü、si、shi，此外再加广信赣语麻山腔的 sěi，以及广信福建腔的 zí，则可得出如下语音树形图：

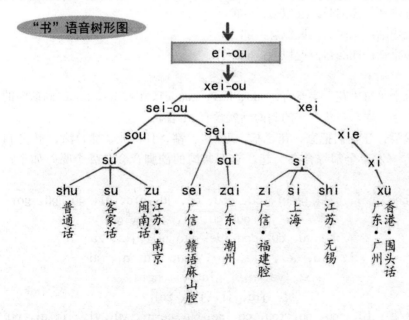

"书"语音树形图

家

普通话：jiā

闽南话：[ga1]、[ge1]，近似念：gā、gēi

潮州话：[[gia1]，近似念：giā

广州话：[gaa1]、[gu1]，近似念：gā、gu

围头话：[ga1]，近似念：gá

客家话：[ga1]，近似念：gá

上海话：[cia]、[ka]、[ku]，近似念：jià、gà、gòu

无锡话：[ku44]，近似念：gū

南京话：[ja1]，近似念：jià

综上可得"家"字音有：jia、gia、ga、gei、gu、gou。同前面的"且""业""捷"一样，"家"字也含有 ei 音。

花

普通话：huā

闽南话：[hua1]、[hue1]，近似念：huā、huī

潮州话：[huê1]，近似念：huō-ei

广州话：[faa1]，近似念：fā

围头话：[fa1]，近似念：fá

客家话：[fa1]，近似念：fá

上海话：[hau]，近似念：hù

苏州话：[ho44]，近似念：hōu

无锡话：[hu44]，近似念：hū

南京话：[hua1]，近似念：huà

综上可得"花"字音有：hua、hui、huo-ei、fa、hu、hou。同前面的"家"字一样，"花"字的闽南话就含有 ei 音。

最后，让我们把家、花、车、琚/居、都、且、业、捷、涂、书这 11 字的方言发音全都综合在一起，它们共同的韵脚音会是哪个呢？如下：

车：che、cei、qie、ge-ui、cu、cou、ca、jü、qia、gi、gu、gü、gai

琚/居：jü、gu、gü、gi、ge-ui、gai

都/者：wu、du、dou、dei-ou、zei、jia、za

且：tia、cei、qie、zui、zou、qia、qi、jü

业：ye、nie、gia、yi、ngia

捷：jia、ji、jie、zei

涂/余/徐：tu、dou、du、tou、ca、dei-ou、ce-ui、yü、yi、ji、qi、qü

书：shu、su、zu、zai、zi、sei、si、shi、xü

家：jia、gia、ga、gei、gu、gou

花：hua、hui、huo-ei、fa、hu、hou

从上文的那张对照表上可以看出，只有 ei 韵才是它们所共通的。现在，让我们再次回到杜牧的那首《山行》，回到杜女士和老师的争吵，坚持说"斜"字音当念成是 xiá 的观点，你们的正统性又多少呢？因为《山行》也完全可以念成：

> 远上寒山石径斜/xié，
> 白云生处有人家/gēi。
> 停车坐爱枫林晚，
> 霜叶红于二月花/huo-ei。

5-4 葛之覃兮

> 葛之覃兮，施于中谷，维叶萋萋。黄鸟于飞，集于灌木，其鸣喈喈。
> 葛之覃兮，施于中谷，维叶莫莫。是刈是濩，为絺为綌，服之无斁。
> 言告师氏，言告言归。薄污我私。薄澣我衣。害澣害否？归宁父母。
>
> ——《诗经·周南·葛覃》

大约 3000 年前，在一个名叫周南的地方正流行着一首上面这样的民歌。目前比较统一的观点是该诗的主人公是一位已出嫁的女子，她正准备回娘家探望父母。在当时的社会，已婚女子回娘家探亲是一件不容易的事情，也是一件大事。所以她做了种种准备：采葛煮葛、织成精细幕布、再做好衣服。征得公婆和师姆的同意，又洗衣、整理衣物，最后才高高兴兴地回去。

看吧！古诗就是这么让人着迷，其原因之一就是它难懂。约 3000 年前的句子固然被留了下来，但其中的某些文字在今天看来，它原本所表达的意思却"转移"到别的字身上去了。今天的我们想要去了解它，办法之一就是"因声求义"。所以，这首诗中的"维叶萋萋"中的"萋"就是"密/密集而拥挤"，"维叶莫莫"中的"莫"就是"茂"。而"葛之覃兮"中的"覃"虽被解释为"蔓延"，但从读音上分析则更应该是一个摊开的"摊"。接下来，就让我借着本章"植物篇"的名义来讲一个有关"覃/摊"诞生的故事。

去年，上中班的女儿突然在我面前唱起了一首儿歌，歌的名字叫"五只猴子荡秋千"。其实，这首歌在幼儿园是一个手指游戏，目的是为了培养小孩子的语言表达能力。它的歌词是：

> 五只猴子荡秋千，嘲笑鳄鱼被水淹。
> 鳄鱼来了鳄鱼来了，an-m　an-m　an-m。
> 四只猴子荡秋千，嘲笑鳄鱼被水淹。
> 鳄鱼来了鳄鱼来了，an-m　an-m　an-m。
> 三只猴子荡秋千，嘲笑鳄鱼被水淹。
> 鳄鱼来了鳄鱼来了，an-m　an-m　an-m。
> 二只猴子荡秋千，嘲笑鳄鱼被水淹。
> 鳄鱼来了鳄鱼来了，an-m　an-m　an-m。
> 一只猴子荡秋千，嘲笑鳄鱼被水淹。
> 鳄鱼来了鳄鱼来了，an-m　an-m　an-m。

（注：准确来讲，其中的an-m 应该拼写成an-ngm 才对，因为这里的 m 是一个闭口鼻音。）

然而，当我到网上探索这首儿歌时，却发现有好多个版本，彼此间的差别仅存在于每段的最后一句。粗略看了一下，就大概有：

1. ào　ào　ào
2. a-wū　a-wū　a-wū
3. òu　òu　òu
4. à　à　à
……

与之相比，我还是觉得an-m　an-m　an-m 这个音是最形象的。当然，最合理的则应该是an-m　an-m　an-m 才对。为什么这样说呢？这是因为a是张口，而m/ngm是闭口，两个合在一起便组成了一个吃和咬的动作。那为什么不念成a-m这个音呢？个人觉得这与后面的闭口鼻音 m/ngm 有关，假如我们只是念一次，那a-m这个音应该是明显的，但要是连续接着念，出于"经济原则"，原本为a的这个音自然就会偏向an。因为a与 m/ngm 的跨度还是挺大的，而an 与 m/ngm 的跨度则相对较小。

前面刚说到an-m这个音其实是吃或咬的语音象形，那有没有证据证明它就是这个意思呢？这在游戏中是明确的，因为小朋友在唱的同时也伴有手势动作的表演，具体来说是这样的：

1. 唱"五只猴子荡秋千，嘲笑鳄鱼被水淹"时的动作是：五指张开且掌心向外，然后在自己面前左右摆动，以表示五只猴子在树上荡秋千。

2. 唱"鳄鱼来了鳄鱼来了"时的动作是：右手模仿波浪起伏的样子，朝左手的方向荡漾而去，以表示鳄鱼靠近猴子了。

3. 唱"an-m an-m an-m"时的动作是：右手拇指与其他并排的四指组合成了一张大嘴，正一张一合地"咬"向猴子。

接下就是四个手指、三个手指……直到所有猴子被鳄鱼吃掉为止，游戏才结束。

在这个游戏中，我们能够清晰地看到an-m这个语音的象征意义，即有吃掉、消灭、包裹覆盖对方的意思。说到这，我突然想起了前不久的一次工作会议探讨，导演在给领导讲述恐龙追击游客时，居然也用了这个an-m来表示恐龙在追击时还在不停地想要咬游客的剧情。所以，从an-m这个音中就很自然地衍生出了man。这个man在普通话中对应的字有："幔""漫""蔓""瞒"等。注意，在好些方言中，"遮盖"这一词的发音就是man，比如我的家乡话之赣语麻山腔就念mǎn。倘若我们把这个音的范围再放大一点的话，那就会出现更多与遮蔽意思有关的字或词，如盲、瞑、蒙、朦、曚、眛等皆是。

当an-m从大口吃掉的意思转向包裹覆盖的màn时，自然，容器的"满/mǎn"也就诞生了。而在容器满了之后，液体就会漫过瓶口而溢出来，此时an-m的语音象征仍没有消退，所以流向地面的液体仍旧还可以称之为"漫"过地面，或者来个新词，液体"摊/tān"开在了地面上。这个"摊"便是《诗经·周南·葛覃》中的那个"覃"。

现在，让我们再回到前面刚说的"莫"即是"茂"、"萋"即是"密"的意思解读上。不难发现，其中的"莫/茂"与"màn/蔓"就明显有很大的关系，而"萋"和"密"用语音象征主义来看，细音的"ei/i"与细密的概念也正好联系上。此外，《诗经》中还有一首名叫《葛生》的诗也用到了这个"màn/蔓"，该诗出自《唐风》，其原文如下：

葛生蒙楚，蔹蔓于野。予美亡此，谁与？独处？
葛生蒙棘，蔹蔓于域。予美亡此，谁与？独息？
……

最后，让我们再一次从语音上去分析，其中"葛生蒙楚"的"蒙"也当是从"màn/蔓"这里衍生，进而是"弥""埋"等字。

5-5 何以为"采"

目前比较统一的观点是,早在旧石器时代,男性和女性就有了比较明确的分工。比如山顶洞人,大家只要稍作观察就会发现,在那个复原的场景中,男性山顶洞人的职责是狩猎,而女性山顶洞人的主要工作就是采集。

前面已经谈过"狩猎"的"狩"字源于"手",现在看来,似乎可以更加明确地说它是源于史前时期男人们的手,而非女人的手。但是,我们史前时期的女性也没闲着呀!那从她们的手中又衍生出了哪些动词呢?比方说"采摘"的"采"。

"采"字在《甲骨文字典》中的解释是:

从 A(爪)从 B,B 或作 C(木),同。罗振玉释 B 为果,故谓采象取果于木之形。(《增订殷虚书契考释》中)郭沫若释 B 为枼,为叶之初文,故谓采象采取树叶之形。(《卜辞通纂考释》)。《说文》:"采,捋取也。从木从爪。"

"采"字在今天的方言发音中有:

普通话:cǎi

闽南话:[cai3],近似念:cài

潮州话:[cai2],近似念:cài

广州话:[coi2]、[coi3],近似念:cō-ui、có-ui

围头话:[cöi2],近似念:có-ui

客家话:[cai3],近似念:cāi

上海话:[tse],近似念:cèi

无锡话:[tshe323],近似念:cěi

南京话:[cä3],近似念:cēai(韵介于 ei 与 ɑi 之间)

"摘"字在今天的方言发音中有：

普通话：zhāi
闽南话：[diak7]，近似念：dyèr（短音）
潮州话：[diah4]，近似念：diā
广州话：[zaak6]，近似念：zǎ（短音）
围头话：[zæk6]，近似念：zěɑi（韵介于 ei 与 ɑi 之间）
客家话：[zak5]，近似念：zǎ（短音）
上海话：[tzaq]，近似念：zā（短音）
无锡话：[tseh4]，近似念：zē（短音）
南京话：[ti5]、[zä5]，近似念：tī（短音）、zēɑi（短音）

综上可得"采"字的方言发音有：cɑi、co-ui、cei、ceɑi，"摘"字的方言发音有：zhɑi、dyer/短音、diɑ、zɑ/短音、zeɑi、zeɑi/短音、 ze/短音、ti/短音。很明显，"采摘"不是一个普通的连绵词，就目前的发音情况来看，它是"叠韵"的。不但如此，只要我们稍加分析，便会发现这两个字算是"双声"。因为声母 z 和 c 都是舌尖前音。据此，我们完全有理由相信它们就是同源的，如图：

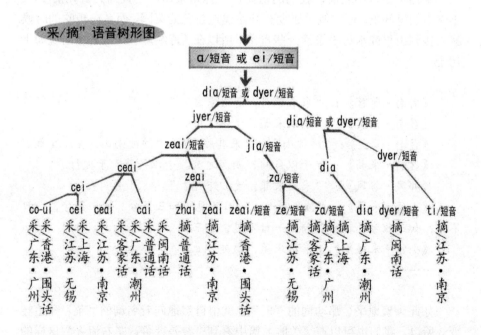

从这个语音树形图中可以看出"摘"字音是比较原始的。但有意思的却是"摘"字并没有在甲骨文中出现。"摘"字在《说文解字》中的解释是：

拓果树实也。从手，啻声。一曰："指近之也。"

从汉代许慎的"啻声"一句来看，"摘"字音还是有树形图中"dia/短音"或"dyer/短音"的影子在里面的，因为"啻"字是由"帝"和"口"组成。然而到了北宋时期，徐铉等人又校正补充道：

臣铉等曰：当从適省，乃得声。他历切，又竹戹切。

从"他历切，又竹戹切"这句话来看，说明"摘"已经成了一个多音字。而其中的"竹戹切"则表明该音已来到树形图中的"jyer/短音"这个分枝下面的"ze/短音"。

总的来说，树形图告诉我们象形字的"采"在读音上晚于形声字的"摘"。但这显然是不对的。

当动词的"采"字被引申为名词的"菜"字时，它的读音在人们的脑海中也就不自觉地与"菜"字绑在了一起。但"采"字的原始音"zhai"并没有因为"采"字的离开而消失，于是人们便又创造一个新的形声字"摘"来填补现实语音环境下的文字空席。我想故事就是这样：

虽然早在万年之前，我们的祖先已经开始采摘，但直到约公元前1000年左右的时间里，他们似乎还没有开始建造自己的菜园，而是在想吃的时候就直接到山里或水边去采摘一些青菜。所以在《诗经》中就频繁地出现如下句子：

《周南·芣苢》："采采芣苢，薄言采之。"
《召南·采蘩》："于以采蘩？于沼于沚。"
《召南·草虫》："陟彼南山，言采其蕨。"和"陟彼南山，言采其薇。"
《召南·采蘋》："于以采蘋？南涧之滨。于以采藻？于彼行潦。"
《邶风·谷风》："采葑采菲，无以下体？"
《王风·采葛》："彼采葛兮，一日不见，如三月兮！彼采萧兮，一日不见，如三秋兮！彼采艾兮！一日不见，如三岁兮！"
《小雅·采薇》："采薇采薇，薇亦作止。"
……

如此频繁地采，那动词的"采"也就很自然地向着名词的"菜"开始转变。所以，我们也可以在《关雎》篇中看到"参差荇菜，左右流之"这样的句子。

在上一章中，已有讲过动词"狩"字音是源于"手"，而"手"字音是源于"他/它指"性的"ei/欸"音。那作为名词的"菜"呢？"菜"字音源于"采集"的"采"是明确的，这从字形上也能看出。但采字又源于哪里？我的答案是它源自于脆嫩的水草被人摘断时的声响。这是一个短音，是一个既偏α又偏 ei 的短音。如前面的语音树形图。

真有意思，"狩猎"的"狩/兽"字不从手，但发音却源于"手"，"采摘"的"采"字从手，发音却不从"手"那里来。真可谓是：

山有木兮木有枝，心悦君兮君不知。

我本将心向明月，奈何明月照沟渠。

第六章
使用石器的记忆

6-1 石器之光

当茂密的森林缓缓退去，
我们遥远的祖先
不得已而从树上来到地下；
当食物资源慢慢变得稀缺，
我们遥远的祖先
不得已而站立，并以高度警惕之态，
成群结队地走向远方；
当饥肠辘辘已久，觅食无策之际，
我们遥远的祖先
亦铤而走险，尾随大型食肉猛兽，
与鬣狗一起争夺它们吃剩下的尸骸。

与狮虎豺狼比，人无利爪与尖牙；
与瞪羚猎豹比，亦无敏捷与速度；
与大象犀牛比，更无力量与体格。

当辽阔的草原发出一声吼叫，
当茂密的丛林传出一声咆哮，
我们的祖先，
肯定是胆战心惊地四处躲藏；
当高远的天空出现雄鹰飞翔的影子，
当浩渺的江湖闪现鱼儿自由的样子，
我们的祖先，
肯定有发出无比羡慕的感叹！

哀哉我呼！痛哉我心！
苍天宠爱非人类，生存面前当自强。
体毛褪去奔耐久，石器手中是武装。

从此
坚果石敲打，根茎利器挖。

骸骨面前无难色，吸髓敲骨有办法。
进而刀斧锯，断木为柄复合新，
为我坎坎伐檀用，为我伐木许许听。

在经历了百万年之久，
我们终于开启了
那扇通往文明的大门！

很难想象，石器同我们人类相伴的时间是如此之长，以至于可推到几百万年之前。如《文物史前史》中介绍说：

南方古猿，距今约 400 万年至 100 万年，已经具备了人的基本特征，脑容量较小，平均为 500 毫升，但在结构上与人相近，能直立行走，会制作简单的砾石工具。

能人，距今 200 万年至 150 万年，雄性的脑容量为 700 毫升至 800 毫升，雌性的脑容量为 500 毫升至 600 毫升，石器加工技术高于南方古猿，除制作大量砍砸器外，还制作盘状器、原型手斧等。

所以，在我们的远古时代，在约 180 万年前至 1 万年前的中国远古时代，最先登场的西侯度文化（山西省芮城县西北隅的中条山阳坡，黄河从西边和南边绕过）便发掘出了三棱大尖状器、凹刃刮削器、直刃刮削器、砍砸器等，其年代距今约 180 万年。

图 6-1-1 石器打制法：1. 捶击法、2. 碰砧法、3 砸击法。

接下来，就让我们通过苏秉琦主编，张忠培、严文明撰写的《中国远古时代》一书，去大致浏览下我们中国的史前石器。具体情况如下：

一、旧石器早期
1. 蓝田人石器
蓝田人是旧石器时代早期人类，属早期直立人，生活的时代是更新世中期、旧石器时代早期。1964年发现于陕西省蓝田县公王岭。其年代据古地磁法测定，分别为距今98万年（公王岭）和53万年（陈家窝）或110万至115万年和65万年。在蓝田人产地有发现的石制品34件，原料主要是石英岩和脉石英，有石核、石片和石器。石器种类有大尖状器、大型多边砍斫器、中小型多边砍斫器和单边砍斫器，还有刮削器和石球等。

2. 匼河文化石器

匼河村属山西省芮城县，位于西侯度西南的黄河岸边。1959年调查时发现若干石器地点，1960年对其中几个点进行了发掘，总共在11个地点，发现石制品138件。从石器特点上分析，应是同蓝田人一起继承西侯度而发展起来的石器文化。

其原料除极少数为脉石英外，绝大多数是采自当地河滩的石英岩砾石，不少制品还保留有原砾石的岩面。匼河石器的制法主要是捶击法和碰砧法，也有砸击法，有的用原砾石的平面做台面，有的则用已打过石片的疤痕做台面。石片大多宽短。石器器型有砍斫器、刮削器、大三棱尖状器、小尖状器和石球等，多用石片加工而成，也有由石核制成者（如石球等）。砍砸器分单面刃和双面刃两种，刮削器则多为单面加工，即从劈裂面向背面加工而成。

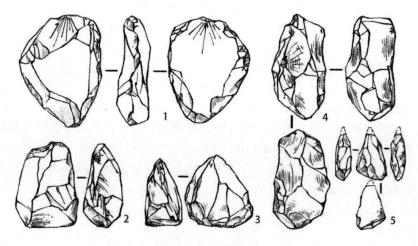

图6-1-2 匼河石器

1-3. 砍砸器；　4. 大三棱尖状器；　5. 小尖状器。

3. 北京人石器

北京人遗址位于北京周口店的龙骨山上的山洞里，遗址堆积厚达40米，年代距今约71万—23万年。

北京人所用石器的原料有脉石英、绿砂岩、石英岩、燧石和水晶等，制法有捶击法、碰砧法和砸击法，并已懂得对不同的石料采用不同的制法。石器个体大多较小，仅少数为大型器，主要类别有刮削器、尖状器、砍斫器、端刮器、雕刻器和石球，以刮削器数量最多，尖状器次之，其他几类较少。大多数是石片石器，单面加工。其中以用砸击法制成的两极石片和用两极石片加工而成的两端刃器最富特色。

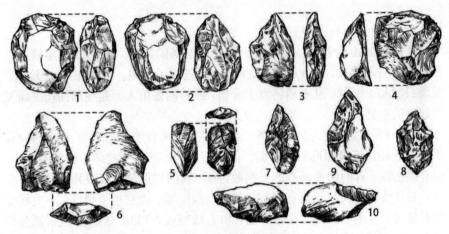

图 6-1-3 北京人石器

1、2. 砍砸器； 3、7、9. 尖状器； 4、5、6. 刮削器；
8. 雕刻器； 10. 砾石石器。

4. 观音洞石器

在我国南方，属于更新世中期（距今 100 万年至 10 万年）的遗址首推贵州黔西观音洞。该遗址发现的石制品有 3000 多件，原料为燧石、硅质灰岩、细砂岩和火成岩。石核大部分不经修理即行打片，只有少数修理台面。多数使用捶击法，也有用碰砧法制造的。石器多用石片做成，形状不甚规则，大小相差悬殊，类型也较复杂，主要有刮削器、端刮器、砍斫器、尖状器、雕刻器等，以刮削器数量为最多。许多器物有细致的第二步加工，多为单面加工，也有错向加工和交互加工的。加工之细致和方法之多样，为同期各地石器之冠。

旧石器早期文化虽有一些地方差别如上述，而统一性仍是主要的。不论哪个文化区，最基本的工具都是刮削器、砍砸器和尖状器，有的还有石球和雕刻器。它们有的是砍伐或修理木质、骨质器具的，所以我们推测那时还会有一些木器和骨器。有些遗址发现的骨制品是否为骨器虽然还存在不同的看法，但只要做些对比实验是会搞清楚的。而砍斫器和石球同时是猎捕野兽的重要工具，尖状器、刮削器可以处理兽肉兽皮，有些大尖状器更可用来挖掘块根等植物性食物，由此可知当时的经济主要是狩猎和采集。

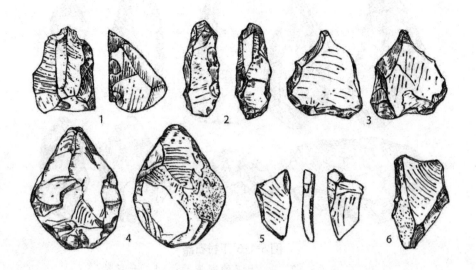

图 6-1-4 观音洞石器

1. 端刮器；　2. 长刮器；　3. 尖状器；　4. 砍砸器；　5. 雕刻器；　6. 刮削器。

二、旧石器中期

1. 丁村石器

丁村文化发现于山西襄汾丁村附近，其年代大约距今 10 万年（《文物史前史》数据）。该遗址石制品共发现 2000 多件，以角页岩为主要原料。多数石器用碰砧法打制，石片角偏大，也有用捶击法打制的。石片石器约占三分之二以上，以单面加工为主，交互加工的不到四分之一。一般个体较大，主要类型有刮削器、砍斫器、单边形器、多边形器、尖状器、厚尖状器和石球等。其中大三棱尖状器最富特色。

2. 许家窑石器

许家窑遗址位于山西省阳高县古城乡许家窑村，其年代大约距今 10 万年（《文物史前史》数据）。许家窑文化多小型石器，类型较多，加工不甚精细，小型刮削器占绝大多数。

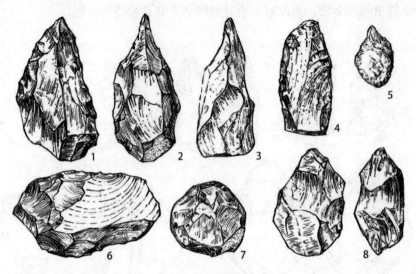

图6-1-5 丁村石器

1. 尖状器； 2、3. 大三棱尖状器； 4. 舌形器；
5. 小尖状器； 6. 多边形器； 7. 石球； 8. 砍砸器。

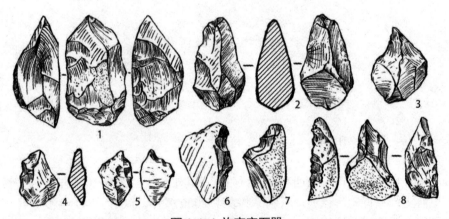

图6-1-6 许家窑石器

1. 龟背状刮削器； 2、8. 尖状器； 3. 喙形尖状器；
4. 雕刻器； 5. 小石钻； 6、7. 凹刃刮削器。

三、旧石器晚期

旧石器时代晚期文化较中期文化又有明显的进步。例如在石器制作中普遍修理台面，许多地方出现了细石器，能用间接打击法生产出细长石片，还能用压制法加工石器。石器的种类更加多样化，往往有各种类型的刮削器、尖状器、雕刻器、锥或钻等，甚至还有少量的箭头。其中不少应为复合工具。这些石器技术的进步和类型的分化，反映了狩猎经济的进一步发展。

266

由于技术的进步，人们开发自然的能力也大为提高。许多过去没有人去过的地方，这时也已被广泛占领。至今发现的旧石器时代晚期遗址，远远超过旧石器早期和中期遗址的总和。在华北地区的旧石器晚期遗址甚多，尤以山西最为密集。其中最重要的有内蒙乌审旗的萨拉乌苏、宁夏灵武的水洞沟、山西朔县峙峪、沁水下川、河南安阳小南海、河北阳原虎头梁和北京周口店山顶洞等。

1. 峙峪石器

峙峪遗址位于大同盆地西南朔州黑驼山东麓。石器类型相当复杂，石制品中有扇形小石核、石锯、斧形小石刀和石镞等从前没有的新类型；同时又有一些刮削器、尖状器和雕刻器等，（其风格）明显是承袭许家窑文化的传统。

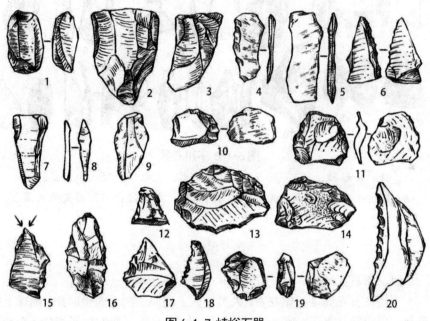

图 6-1-7 峙峪石器

1、2、3.石核；　　4、5、7、8、9.石片；　　6、15、17、18.雕刻器；
10、11、13、14、20.刮削器；　　12、16.尖状器；　　19.石核石器。

2. 下川石器

下川遗址位于山西省沁水县城西 70 千米的下川乡，是一处旧石器时代晚期文化遗址。出土的石器不仅有许多小型器，也有一些大型石器，种类相当复杂。石制品中有锥状石核、棱柱状石核、扇形石核、漏斗石核，以及大量小石叶、石镞、石钻等细石器制品。

总之，我国旧石器时代晚期的遗址已经遍布全国各地，并且出现了明显的地方性差异，有的已可划分出不同的地方性文化。这就是为什么我国新石器时代文化一开始就是多元的和不平衡的。再者，我国旧石器时代晚期出现的若干因素，如复合工具、细石器镶嵌技术、磨制和穿孔技术等都为往后的新石器文化所继承和发展。随着考古工作的发展，这两大阶段文化的承袭演变关系将会越来越明朗。

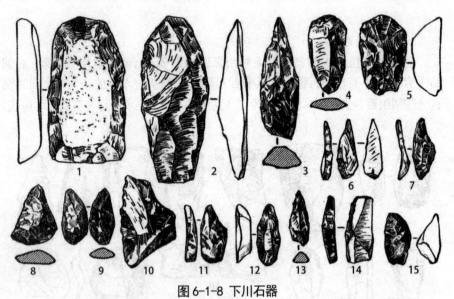

图 6-1-8 下川石器

1. 锛形器；　2、3、7、13. 尖状器；　4、5、15. 刮削器；
6、14. 小刀；　8、9. 镞；　10. 锯；　11. 雕刻器；　12. 刃尖两用器。

四、新石器时代

大约在公元前 1 万年左右，人类进入了地质上的全新世时期，地球上的最后一次冰期结束了。随着气候的逐渐变暖，自然环境发生了变化。在新环境下，原始人群的生产活动也随之改变，导致了旧石器时代的结束，而慢慢开始向崭新的新石器时代前进。

1. 灵井和沙苑的细石器

河南许昌的灵井和陕西大荔的沙苑两遗址的发现，提供了一种新的文化类型。两处遗址的遗物分别采自地下 10 米深处的砂层和地面流动的沙丘，遗物基本上都是石器。两地石器的质料并不相同，灵井以石英为主，沙苑的燧石石器占 80% 左右，但在石器制法及类型上，二者却有许多共同之处。

两处遗址中的细石器及产生细石器的石核都相当丰富。灵井遗址中的细石器占全部石器的多数。在制作方法上，几乎所有的细石器都采用间接打击石片的技术，第二步加工则以压削法为主，加工方式主要为单面加工。石核以圆锥形、半锥形、扁锥形、柱形、楔形、扇形（亦称船底形）为典型。从这几种石核上，采用间接或直接打击法，就可以打下形状规整、厚薄均匀的石片，这些石片再经压削法加工，就形成适于各种用途的细石器。

遗址中典型的细石器有各种形状的刮削器、尖状器、雕刻器等。另外，灵井遗址发现的一种特小型的窄长石片，一般长 0.9～1.7 厘米，宽 0.3～0.7 厘米，厚 0.1～0.3 厘米，个别有使用痕迹，这应是一种复合工具的刃部，与沙苑遗址的石叶是同一类物。沙苑遗址细石器特点基本与灵井相同，锥状石核、小圆刮削器石叶等的形制亦很接近，加工方式也以单面为主，只是两地部分石器的种类及数量略有区别，沙苑遗址发现较多的石镞不见于灵井遗址。

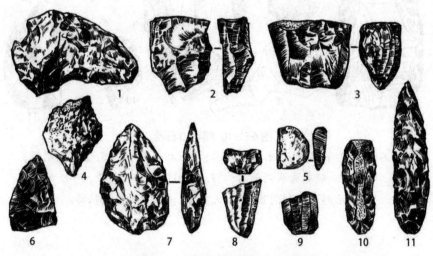

图 6-1-9 灵井和沙苑采集的细石器

1. 弧背长刮器；2、3、8、9. 石核；4、7. 尖状器；

5. 扁平小砾石；6、11. 石镞；10. 刮削器。

2. 鹅毛口石器

鹅毛口石器遗址位于山西省北部怀仁县境内，桑干河的支流鹅毛口河附近几个相连的小山包上，山包高出现在的河床 80～100 米，山体主要由岩石构成。在现今鹅毛口村附近的两条冲沟的源头及附近山包地表，分布着大量的打制石器，整个遗址范围约 2 万平方米。

石器以厚重型的为主，一般重量有几百克，大的可达千余克。石器种类有锄、刮削器、砍砸器、手斧、尖状器、斧、龟背状斧形器、锤、弯尖厚尖状器等。数量最多的是石锄，基本为长方形，宽度是长度的二分之一稍弱。

有大、小两种，大型的长近 20 厘米、宽在 9 厘米左右；小型的长约 10 厘米、宽在 5 厘米左右。刮削器的数量仅次于锄，器形稍小，有盘形、矩形、凹刃、凸刃、直刃、圆刃等多种。石斧有 27 件，器身长柱形，断面椭圆形，刃口或与两侧边垂直，或向一面偏斜。实际上，后一种形式的斧亦可称为锛。石斧中有一件的两面和顶端经过磨制，其余部分表面仍遗留砸击痕。根据这件石斧推测其加工程序，首先是打制毛坯，然后敲去表面因石片疤显示出的棱脊，使之成为平面，最后一道工序是磨光。此地其余的石斧，在加工程序上比磨光石器只少一个工序。

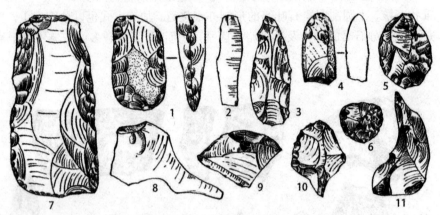

图 6-1-10 鹅毛口石器

1. 石斧； 2. 长石片； 3. 厚尖状器； 4. 磨光石斧； 5. 盘形刮削器；
6. 短身圆头刮削器； 7. 石锄； 8. 歪尾石斧；
9. 扇形凸刃刮削器； 10. 尖状器； 11. 弯尖厚尖状器。

3. 北辛石器

北辛遗址位于山东省滕县境内。该遗址的文化堆积被分成三期，碳 14 测定的数据指示出，遗址早期堆积的年代为公元前 5875 年，大体与磁山、裴李岗文化的年代相当；晚期遗存中的相当多的因素，文化面貌很接近后岗一期文化，年代在公元前 4550 年—公元前 4350 年间，早于此地的大汶口文化，而与仰韶时代的早期大体相当，故很可能它已进入后岗一期文化范畴，或是后岗一期文化的直接前身。

北辛遗址的石器种类很多，以打制石器为主，磨制石器只占全部石器的五分之一。打制石器中数量最多的是器身扁薄、平面略呈梯形、横剖面为扁椭圆形的石斧，这种形式的斧，用于砍伐树木或翻土都很合适，是一种用途较广泛的工具。打制的盘状器、敲砸器基本不见于同时期的其他文化遗址。磨制石器中铲的数量最多，其次还有刀、镰、斧、锛、凿、磨盘、磨棒等。石铲的原料质地较软，容易打磨，这种铲一般都通体打磨得很光滑，制作精致。从遗址中发现的一些由残石铲改制的石器得知,当时的人们很珍惜磨制石器,而努力做到物尽其用。这里的磨盘为圆角长方形或长三角形,以后者居多,且都无足。

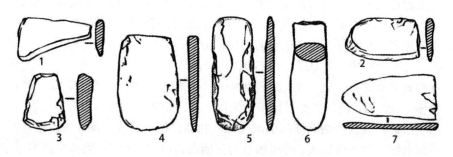

图 6-1-11 北辛石器

1. 石镰; 2. 石刀; 3. 石斧; 4、5. 石铲; 6. 石磨棒; 7. 石磨盘。

4. 磁山石器

磁山遗址位于河北省武安县境内。从文化面貌上看,其年代早于"仰韶文化",碳14测定的结果也与人们的认识相吻合。已经发表的数据表明磁山文化的年代在公元前5800年左右,是该地区目前发现年代最早的新石器时代文化。

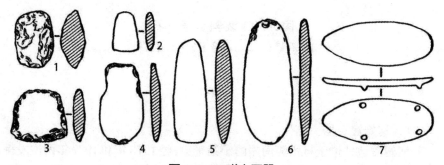

图 6-1-12 磁山石器

1、5. 石斧; 2. 石锛; 3. 刮削器; 4、6. 石铲; 7. 石磨盘。

石器有打制、磨制、打磨兼制三种,以磨制为主,约占60%,其次为打制的。石器中斧的数量最多,占全部石器的50%,基本上以横剖面为扁椭圆形的那种为主。这里出土的石磨盘、磨棒近60套,是同时代遗址中发现数量最多的。磨盘长度在半米左右,以平面近似椭圆形、一端稍尖、底有四足者最有代表性。

5．裴李岗石器

裴李岗文化是根据 1977 年—1979 年在新郑县裴李岗遗址的发掘而命名的。目前，经过正式发掘的裴李岗文化遗存主要有新郑裴李岗、密县莪沟等。这类遗存的分布区与磁山文化相邻，其碳 14 测定年代稍早于磁山文化。

裴李岗一类遗存中发现的石器基本上都是磨制的，但通体磨制精细的还不是很多，大部分石器是在表面略加打磨。石磨盘、磨棒则是琢磨兼用。此外，这类遗址中还发现了一些打制的燧石石片及由这类石片制成的刮削器。这种石器是北辛、磁山文化的遗址中所不见的。石器种类有铲、镰、磨盘、磨棒、斧、刀、凿等，数量最多的为铲，其次是镰。铲多呈舌形，还有一种凸字形铲。有些铲的两端都磨出圆刃，并都有使用痕迹。镰都做得很精致，刃部有细密整齐的锯齿，近尾端有为安柄而留出的缺口。石磨盘平面多呈前宽后窄的椭圆形，底部有四足。

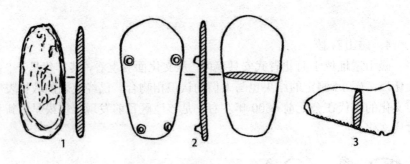

图 6-1-13 裴李岗、莪沟石器

1．石铲；　2．石磨盘；　3．石镰；

6．河姆渡石器

河姆渡遗址位于杭州湾南岸的宁绍平原，经 1973 年和 1977 年两次发掘，揭露面积达 2600 余平方米，发现了四个相继叠压的文化层。在第二次发掘中，又将第四层分为上、下两层。河姆渡遗址的第三、四层以新的文化面貌区别于这一地区以往发现的所有新石器时代文化遗存，被命名为河姆渡文化。经河姆渡遗址第四层中的十几个碳 14 数据表明，这一层的年代大约在公元前 5000 年。

与骨器相比，该遗址的石器颇显逊色，数量少，种类单纯，只有斧凿、砺石等。但是这里出土的一种蝶形器（以木、骨、石为原料制作）却很特别，外形似蝴蝶，两翼展开，上端较平，下端圆弧，正面微微弧凸，锉磨平整光滑，背面中部有一道或两道平行的纵向突脊，两脊之间形成一道不通上端的凹槽，脊上部往往有钻孔，两翼上端亦常有横脊或钻孔。一般长十几厘米，宽二十几厘米。这种器物的用途，目前还不是十分清楚，有意见认为是安在标枪头或矛头尾端的定向器，在其飞行过程中起定向和平衡的作用。

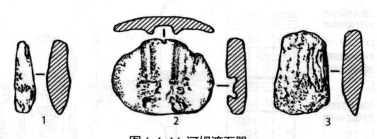

图6-1-14 河姆渡石器
1. 石凿； 2. 石斧； 3. 蝶形石器。

至此，石器的光辉在越来越繁荣的新石器时代、铜石并用时代中，开始慢慢褪去它在史前文明中耀眼的颜色。往后，能接力上石器这条生产工艺的，想必只有玉器。两者最大的差别应该是"礼制"与"生产实用"的不同。比如浙江余杭良渚遗址中的玉器文化。

7. 良渚玉器

良渚文化因发掘浙江余杭良渚遗址而得名。该文化主要分布在太湖至杭州湾一带，考古学家一般认为良渚文化是承袭崧泽文化发展而来的，其年代约在公元前3100年至2200年。

良渚文化的玉器加工技术代表了当时的最高水平。在浙江余杭反山和瑶山，江苏武进寺墩、吴县张陵山和草鞋山，上海福泉山等遗址都出土了大量精美的玉器，计有礼器琮、璧、钺等，装饰品玉冠状器、山形器、璜、玦、瑗、管、坠、镯山形玉饰带钩等，肖形玉器蝉、鸟、蛙、鱼、龟等。良渚文化的玉器运用了圆雕、浮雕、透雕、线刻等多种技法，线刻图案的线条细如发丝，并且十分流畅。良渚文化的玉器无论在数量上、种类上，还是制作工艺上，都非其他同时期的文化所能比拟。良渚文化的权贵人物有用上百件玉器覆身、环身随葬的习俗，考古学家把这种丧葬习俗称为"玉殓葬"。权贵人物也往往葬在人工堆砌的祭台上，并随葬大量的玉礼器和玉装饰品。这些权贵阶层掌握着财富、宗教权力乃至军事权力。（注：此观点摘于《文物史前史》）

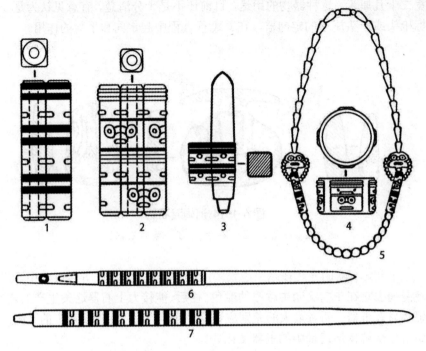

图 6-1-15 花厅大墓随葬的良渚玉器

1、2、4. 琮；3、6、7. 锥形器；5. 项饰。

6-2 经久不息的石器之声

通过前面的简单介绍,现在可大致知道史前石器的种类都有哪些,比如:

1. 旧石器种类

尖状器、厚尖状器、三棱大尖状器、小尖状器、刮削器、端刮器、砍砑器、单边砍砑器、多边砍砑器、砍砸器、单面刃砍砸器、双面刃砍砸器、雕刻器、石钻、石锯、石片、石球、石镞、斧形小石刀、小石叶、单边形器、多边形器、锥状石核、棱柱状石核、扇形石核、漏斗石核等。

2. 新石器种类

圆锥石核、半锥形石核、扁锥形石核、柱形石核、楔形石核、扇形(船底形)石核、刮削器、盘形刮削器、矩形刮削器、凹刃刮削器、凸刃刮削器、直刃刮削器、圆刃刮削器、砍砸器、尖状器、弯尖厚尖状器、石斧、龟背状石斧、石锛、石锤、石锄、石刀、石镰、石铲、石凿、石磨盘、石磨棒等。

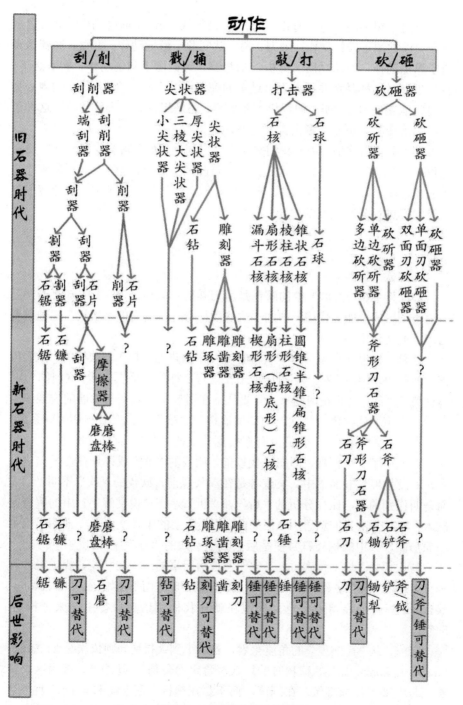

图 6-2-1 石器演变树形图

倘若对它们进行一个系统性的分类，则可得出大致约为 5 个动作的树形结构图。这 5 个动作分别是刮削、戳捅、敲打、砍砸、摩擦。但从功能上看，其中的摩擦动作当衍生自刮削。如图 6-2-1。

　　从这个树形图中可以看出，刀、斧、铲、锄同源于砍砸动作；锤子自成一系，单独源于敲打动作；刻刀、凿、钻同源于戳捅动作；磨盘、磨棒虽源自于摩擦动作，但从功用上分析，却与镰、锯同源于刮削动作。初看之下，我们也许对这种联系并不会表示过多的惊讶或"欣赏"，因为我们的内心会不自觉地在说本该如此。但我仍不想放弃，还是想带大家去欣赏一下这种语音历史演变其实是一个多么奇妙与好玩的过程。

　　在"动物的称谓"中，我们知道了"名词"是如何源自一种声音，而在这里，同样即将开启部分动词又是如何源自一种声音。这些动词正是刚才提到的砍、砸、敲、打、戳、捅、刮、削、摩、擦等字。接下来，就让我们逐一对它们进行分解与溯源。

一、砍

　　"砍"字在《辞海》中的解释是用刀斧劈，但在《诗经》中却有着明显的象声词影子。如《伐檀》中的"坎坎伐檀兮"，其中的"坎坎"就被解释为象声词之伐木声。

　　但是，你也许会说，刀斧砍树时所发出的声响"坎"与砍树的"砍"应该是两回事，不能混为一谈。的确，站在语言定格的截面图上看，坎坷的"坎"与砍树的"砍"的确是两回事，但要是站在语音历史演变与发展的宏观角度上看，象声词砍树声的"坎"与动词砍树的"砍"应该有着密切的联系。

　　在《说文解字》中，我们没有查找到砍伐的"砍"，而只有坎坷的"坎"，这或许说明了一个问题，即在汉代以前，砍伐的"砍"或许只存在于口语当中，而没呈现到书面语中。又或者是在汉代以前，砍伐的"砍"不叫"砍"，而是叫作别的字，比如分析的"析"，"析"字在《说文解字》中的解释是破木，即破开木头的意思。不但如此，"析"字的甲骨文更是一把柄斧伐木的象形图，其中的柄斧符号便是后来我们熟知的"斤"字。

　　与坎坷之"坎"和砍树之"砍"当是两回事的这一问相比，我觉得改问为什么是用"坎"字音来形容砍树时所发出的声响，而不是如 ka、kao、kong、kei、ki 等音会显得更有意义。现在就让我们用语音象征主义来分析这 5 个音。

　　首先，从"声响度"的角度来看，若从小到大排序，则依次是 ki、kei、ka、kao、kong。显然，砍树时的坎坎声肯定不会是 ki 这个音，因为这个音实在是太细了，细得像是在割草，而不是在砍树。而 kei 和 kong 这两个音也不理想，前者所折射出来的影子是砍树木的枝干，后者所折射出来的影子则是像砍梧桐树这类的空心木或竹子一般,但现实中的树木基本上都是实心的。剩下的是 ka、kao 两个音,之所以把它俩放到最后,因为它俩相对于 ki、kei、kong 三个音来说是比较理想的,但相对于 kan 来说则显得有些不足。与 a 和 ao 相比,an 是不够"硬气"的,但正是这种不够"硬气"的声音才符合石斧伐木的声响。之所以这么说,是因为假如在石斧砍向树木之前没有出现过别的砍砸事件,那砍树时的坎坎声还真有可能变成 kaka 或 kaokao,但可惜的是在我们拿起石斧准备砍向树木之前,石核与石核之间的敲敲打打却早又在先,因为我们的石斧、石刀等工具就是用石材打制出来的,所以石器敲打石器就只能是 a 和 ao,而石器砍伐树木就只能是 an 了。

其次,从声母 k 的角度来看,舌根音的属性正好证明了"砍"的身份属性。怎么理解呢?这么说吧!舌根音 k 当是一个还没有上升到"说话"层面的一个音,以今天普通话的角度来看,无论是曰、云、言、讲、话、谓、道等说话声,它们所动用的唇部变化都是大弧度的。这就是说,k 音所代表当是一个开阔音,即这个音不从"洞穴/口"中来,而砍树的这个动作正好是石斧砸击在树干上,所以,这里的声响自然就是一个开阔音 k。

二、砸

"砸"字在《辞海》中的解释有打坏/打碎、压、积压等意思,但我们这里的砸字显然是指打坏或打碎。和前面的"砍"字一样,"砸"字在《说文解字》中居然也没出现,如此看来,"砸"字音就只能是语音历史演变的后期结果。考虑到汉语音的演变历史上有出现过 d 向 zh 的现象,比如"中"字的普通话发音是 zhōng,但江西万年话就念 dōng,福建安溪话就念 diǎng,故"砸"字音很可能源自"打"。

三、敲

"敲"字在《辞海》中的解释有叩或击、斟酌或推究以及揩油、讹诈和勒索等意思,但我们这里的"敲"仅是指叩和击。然而在《说文解字》中,它的解释则是"横擿也,从支,高声。口交切"。从"横擿也"这三个字来看,它的意思似乎与叩和击没有太大关系,因此,叩击意思的"敲"字前身很可能就是"叩",这在方言读音上能找到证据,比如闽客吴赣等方言发音就念 kou 或 kao。所以,在唐代诗僧皎然的《寻陆鸿渐不遇》一诗中也就出现了"扣门无犬吠,欲去问西家"的句子。但让人意想不到的是叩头的"叩"在《说文解字》的意思却是:"京兆蓝田乡。从邑,口声,苦后切。"而扣子的"扣"在《说文解字》中的意思也是:"牵马也。从手,口声。丘后切。"两者与叩击意思的 kou 或 kao 居然一点瓜葛都没有。所以,正确的理解就只能是"扣子"的"扣"字和"叩头"的"叩"字读音一定是在某一历史阶段中撞上了，所以作为叩击意思的 kou 或 kao 才转嫁到它们头上。因此，当我们再次认真仔细地翻阅《说文解字》时，终于查到了一个左符为"句"右文为"攴"的"敂"字（注：目前《新华字典》中录的字是"敂"，而在《说文解字》中录的字则是"敂"），该字的解释正好是："击也。从攴，句声，读若扣。苦候切。"

总的来说，敲、叩、扣、敂 4 字的关系当是左边为"句"右边为"攴"的"敂"字为本字，而"扣子"的"扣"字和"叩头"的"叩"字只因为与它是同音字，所以才有了敲击这层意思。而今天敲门的 qiao 则应该是与叩门的叩字属于近音，所以也同样有了敲击这方面的意思。如唐代诗人贾岛的《题李凝幽居》中就有写道："鸟宿池边树，僧敲月下门。"（如图 6-2-2）

最后，剩下的问题就是"敲"字音的出处应当源自哪里。其实，这个问题的答案已经在前面的"砍"字中说过，它应该源自石材的相互敲打声，即我们祖先在石器打制过程中所发出的声音。

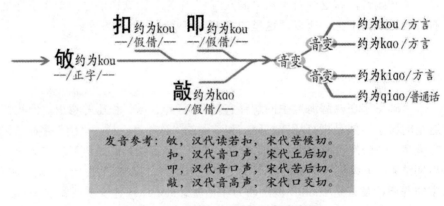

图 6-2-2 "敲"字语音历史演变图

四、打

"打"字在《说文解字》中的解释是："击也，从手，丁声，都挺切。"但有一个问题，那就是这个"打"字及"打"字的解释并非汉代许慎所写，而是宋代徐铉等人的补编，所以他说"打"字的读音是丁声，是都挺切，这个读音与今天的"打"字是有很大区别的。但它的意思"击"也就摆在那里，这又该怎么解释呢？

让我们再一次从语音象征主义出发，进而将"打"字的前世今生给好好捋一捋。

首先，让我们来看今天的汉语发音 dǎ，这个音从语音渐变的角度上看，它是可以和前面说的"敲"字音联系上的。其语音渐变的过程可大致为：

kao（短音）—→ ka（短音）—→ da（短音）—→ dǎ

其次，我们再来捋一捋徐铉等人所说的"丁声，都挺切"。从这 5 个字

278

的意思来看，"打"字在宋代的读音怎么也不可能是 dǎ，而很有可能是 ding 或 dian 或 dan，总之它含有一个鼻音。如此一来，那问题就回到了在前面分析的"砍"字音时所说的那句话上，即"与a和ao相比，an 是不够'硬气'的，但正是这种不够'硬气'的声音才符合石斧伐木的声响。"所以，在《诗经·伐木》中才有说道："伐木丁丁，鸟鸣嘤嘤。"这里的丁丁就是指砍树的声音。那怎么解释同为砍树声音的"坎坎"和"丁丁"呢？从语音象征主义的角度来看，"坎坎"的象声会显示出被伐的这棵树干不够硬气和结实，比如杉树与梧桐等；反之，今天普通话的"丁丁"两音则显示出这棵被伐的树干比较硬气与结实，因为介音 i 是一个细音，细则象征着密，密自然就是结实，比如铁木或紫檀等。所以，"坎坎"和"丁丁"虽然从表面上看都是砍树声，但在意向所指方面还是有区别的。如图：

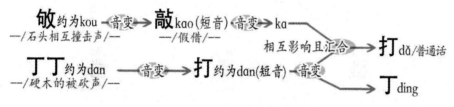

图 6-2-3　"打"字语音历史演变图

最后，我们从"打"字的语音历史演变图中也可以看到，虽然"打"字在今天语意中是打击的意思，但它与敲打的"打"还是有着本质的不同，因为"打"本伐木，而非砍砸敲打。

五、戳

"戳"字在《辞海》中的解释是"以物体的尖端触刺"。但它却没有在《说文解字》中出现，由此可见它应该属于这个动词的后来音，即语音历史演变的后期结果。

"戳"这个形声字既然是该动作的后来音，那它在演变之前又会是什么样子呢？粗略地讲，语音的纵向演变过程其实就是一个从简单到复杂、从原始向现代的发展过程，即声母不断从喉部往唇部的前移和韵母不断从单元音向介音和韵尾丰富的过程。所以，普通话的"戳"字音前身就应该是：

1．从韵母出发，chuo 会"复原"到 chou（cho）；

2．接着从声母出发，chou 又会被"复原"到 dou（do）。

3．假如 dou 音已经接近"原始"，那接下来就从 dou 音这个位置再出发去看它的发展。

4．发展 A：元音韵母 o 加个后鼻音 ng，结果就变成 ong，声母舌尖中音 d 进行一个轻微的前移，来到同样属于舌尖中音 t，合在一起就成了 tong，此时，普通话中的"捅"字正好对位上。

5. 发展 B：元音韵母 o 简单升级成一个前响复韵母 ao，声母舌尖中音 d 前移至舌尖前音 z，结果就是 zao，此时，普通话中的"凿"字正好对位上。如图 6-2-4。

前面已经说过，"戳"字没有出现在《说文解字》中，由此可见它应该属于这个动词的后来音，即语音历史演变的后期结果。而从这个"戳、捅、凿"字语音历史演变图来看，结果是相吻合的，因为从读音的相似度来看，"凿"字才是该动词的本音。因此，我们在《说文解字》中其实是可以查到"凿"字的，只不过它的写法有点复杂，共 28 笔，其字形结构为"鑿"。

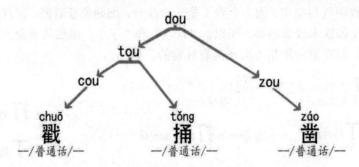

图 6-2-4　"戳、捅、凿"字语音历史演变图

语音的不断演变导致形声字的不断产生，这是历史发展的必然。所以，"戳、捅、凿"字语音历史演变图所呈现的也仅是该动词语音之下的局部之局部，我们只需通过稍微地借助方言，就能丰富出一个简单的语音树形图，如下：

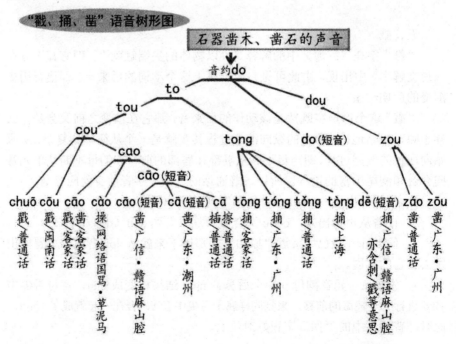

280

六、捅

详见刚才的"戳"字。

七、刮

"刮"字在《辞海》中的解释是："用刀削去物体表面的东西。"但它在《说文解字》中的解释是："掊把也。从刀，'昏'音。古八切。"实不相瞒，我从"掊把也"3个字当中感觉不出它有用刀削去物体表面东西的意思。当然，"刮"字在东汉时的许慎那里没有刮削的意思，但等到了西晋时的史学家陈寿那里，他所著的《三国志》就明确有说华陀为关羽进行过刮骨去毒。如此看来，"刮"字具有刮削意思当是西晋时的事情。那在西晋之前，刮削的"刮"字原形又是哪个呢？

如同在前面的"戳"字中所讲的那样，语音的纵向演变过程其实就是一个从简单到复杂、从原始向现代的发展过程，即声母不断从喉部往唇部的前移和韵母不断从单元音向介音和韵尾丰富的过程。所以，普通话的"刮"字音前身就应该是：

1. 从韵母出发，guɑ就会"复原"到gɑ；

2. 从声母出发，gɑ则是无法再"复原"，因为声母 g 已经是很后位的舌根音了。

3. 从gɑ这个读音的角度来看，普通话中与它比较接近的有"割/ge"。而"割"字在《说文解字》中的解释是："剥也，划也。从刀，害声。古达切。"这正好是与今天"刮削"中的"刮"字意思相近的。不但如此，其中的"害声"更是敲开了"刮"字音的前世今生。以今天的方言为例，"刮""割"两字的发音有：

刮
普通话：guā
闽南话：[gua7]、[guat7]、[gui7]，近似念：guɑ̀i、guɑ̀i（短音）、guì
潮州话：[guêg4]、[guêh4]，近似念：guěi、guǎi
广州话：[gwaat3]，近似念：guā
围头话：[gwæk2]，近似念：guái
客家话：[gat5]，近似念：gā
上海话：[kuaq]，近似念：guā（短音）
无锡话：[kuaeh4]，近似念：guā（短音）
南京话：[gua5]，近似念：guā（短音）

割

普通话：gē

闽南话：[gat7]、[gua7]，近似念：gā（短音）、guài

潮州话：[guah4]，近似念：guá

广州话：[got3]，近似念：gōu

围头话：[gwuk2]，近似念：guó

客家话：[got5]，近似念：gōu

上海话：[keq]，近似念：gē（短音）

无锡话：[keh4]，近似念：gāi（短音）

南京话：[go5]，近似念：gōu（短音）

综上可得，"刮""割"两字的粗略读音有：ga、ga（短音）、gua、gua（短音）、guei、gui、guai（短音）、ge、ge（短音）、gou、gou（短音）、guo、gai，另外，再加上广信赣州麻山腔的"割"字音gěi，共有 14 个音。据此，则可得出如下一个语音树形图：

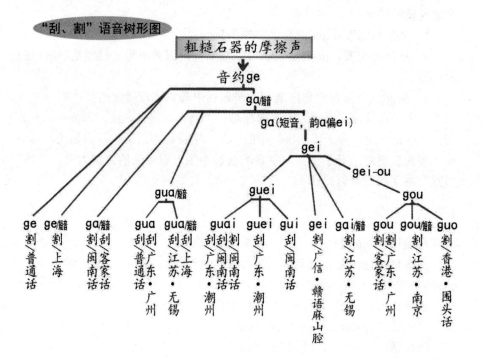

"刮、割"语音树形图

八、削

"削"字在《辞海》中的解释是："用刀斜刮除去物体表层。"而在《说文解字》中，它的解释则是："鞘也。一曰析也。从刀，肖声。息约切。"其中的"鞘"字在《说文解字》中意思是："刀室也。从革，卑声。并顶切。"而"室"字在《说文解字》中意思又是："实也。从宀，从至。至所止也。

式质切。"所以，对于"鞞也"的这个解释，我是不怎么理解的，但它的另一个解释"析也"却算是打开了我解锁的密码。为什么这样说呢？原因如下：

从现实中的语境来看，削器显然比刮器更锋利，且在实际操作中，前者的速度比后者也更快。因此普通话的"削/xiāo"字读音，其中的介音 i 是符合语音象征主义的。但这并没有完全解释"削"字的起源，因为其中的前响复韵母 ao 就摆在那里，这又该怎么解释？所以，这时候就要从"析也"的这个解释出发，从而不必探"削"字音的起源。

其实，"析"字在前面的"坎"字那里已经讲过，它在《说文解字》中的意思是破木，即破开木头。不但如此，"析"字的甲骨文更是一把柄斧伐木的象形图，其中的柄斧符号便是后来我们熟知的"斤"字。所以，此时的"削"字音就可以回到"敲打"的"敲"和砍砸的"砍"，以及伐木丁丁中的"丁丁"身上，若把这些综合起来，就能得出一个大约是 dao 的音，这与声符的"肖"字音算是吻合的。不但如此，让人意想不到的是在这个 dao 音下面的普通话居然也有"刀""捣"两个字可以对应上，它们虽属不同的名词和动词，但在实际中的意思表象上却也同处一线。如图：

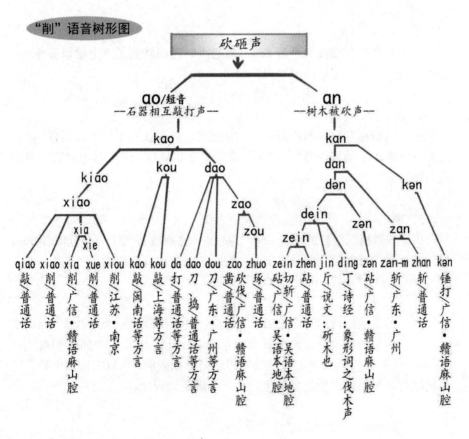

此图虽然叫作"削"字的语音树形图，但内容却已远远超过了"削"字

的语音范围。但也正是如此，我们把敲、削、打、刀、凿、砍、砧、斩等字都统一在了一起，这不免会引起反对的声音。因此，我想在此表达下我个人的观点：其一，我承认语言的起源应该是多元的，即不光只有自然模仿说，其实也还有先天反射说、感情反应说以及共同呼应说等。其二，语言的历史演变与发展，其本质是一棵树，但实际更像是一张网。第三，每当我准备串联一组词汇时，其标准是双重的：其一是意思层面必须有一个递进的关系；其二是读音层面必须相同或相近。理由既然已经摆明，接下来就简单看一下我个人心中的这组串联，具体如下：

1. 敲

由"石器相互敲打的声音 kao"为起点，进而就到了象声词 kao（叩），进而就到了今天普遍话中的象声词 qiao（敲）。

2. 削

由史前石器相互敲打时所发出的象声词 kao 为起点，进而就到了动词 kiao，进而就到了今天普遍话中的削除之 xiao（削）。

3. 刀

由"石器相互敲打的声音 kao"为起点，进而就到了一个近似音 dao，进而就到了今天普遍话中的"刀"。

4. 捣、捅

由"石器相互敲打的声音 kao"为起点，进而就到了一个近似音 dao，进而就引申出了动词"捣"。"捅"字的诞生也属这一系，只不过它的分裂演变路线要比"捣"字复杂一点。

5. 凿

由"石器相互敲打的声音 kao"为起点，进而就得到了一个近似音 dao，进而就到了声母前位化的结果 zao，结果这个音动词化便成了"凿"。

6. 斩、砧

由"木头被砍伐的声音 kan"为起点，进而得到了一个近似音 dan，进而就到了声母的前位化，结果就变成了 zhan（斩）。与动词"斩"相对比，名词砧板的"砧"从读音上看是基本相近乃至相同的，所以它们的出处肯定是同源的，只不过一个是名词化，另一个则是动词化。

7. 象声词——坎坎、丁丁

由"木头被砍伐的声音 kan"为起点，进而就到了声母前位化的 dan，进而就到了韵母的轻微演变 dən，进而又到了韵母的再次轻微演变 dein，进而到了韵母的最后一次轻微演变 ding。

以上便是我个人的语音演变思路，看上去的确有些烦琐，但不管怎么说，我们总算是回答了"削"字音的起源问题，即该音起源于石器相互敲打时所发出的声响，而非石斧伐木时所发出的声响。

九、摩

"摩"字在《辞海》中的解释是："两物接触后，来回擦动。"而在《说文解字》中，它的解释则是："研也。从手，麻声。莫婆切。"从意思层面上讲，今天的《辞海》与汉代的《说文解字》是一致的，所以，我们不必纠结该字的意思演变，从而可以直接进入到这个字的读音问题上。

如果说"摩"字音起源于新石器时代磨制工具时所发出的声音，你也许会不认同，因为象声的标准的确很难去数据式地精准化。所以，我们还是从现成的读音开始讲起。就前面提出的资料而言，从许慎说"摩"字是"麻声"和徐铉等人说是"莫婆切"来看，该字的韵母可能有些轻微的变化，但声母则基本是一致的，即都是双唇音 m。那这个双唇音 m 能带给我们什么样的信息呢？

从语音象征主义上看，双唇音 m 能给人一种用力均匀的感觉，而不像其他声母那样，比如塞音 b、p、d、t、g、k 等，总给人一种力量爆破的感觉。显然，无论是石磨的旋转还是装修墙面的刮灰打磨，爆破式的力量都不适合，适合的只有力度均匀且持久的操作。

最后，在有关"摩"字音的语音历史演变情况下，我想往"下"添加一个"摸"字，这个字无论是从读音还是意思层面上看，与"摩"都很相似，所以我们完全有理由相信"摸"和"摩"这两个动词是同源的。

十、擦

"擦"字音的起源在前面的"戳"字中已经讲过。只不过在这里还需一个简单的说明，那就是插秧的"插"为什么和擦桌子的"擦"同源？我的观点是这两个动作基本相同，都是重复往前推去或顶去。问题到此，本该结束，但插秧这个词组却无意间把这方面的动词面给扩大了。这又是怎么回事呢？

"插秧"一词应该是普通话的说法，我老家的方言可不这么说，而是说成"栽禾"。所以问题来了，动词"插"和"栽"同源吗？此外还有植树的"植"，这又是怎么回事？

在《说文解字》中，"栽"字的解释是："筑墙长版也。从木，𢦏声。《春秋》传曰：'楚围蔡，里而栽。'昨代切。""植"字的解释是："户植也。从木，直声。常職切。"如此看来，今天栽种的"栽"与植树的"植"在汉代并没有像今天把它们当作动词来用。当然，在《说文解字》中，木字边的"植"虽没有种植的意思，但禾字的边"稙"明确有栽种的意思在里面，且标音也是"直"声。总的来说，这种现象并不是"坏事"，因为栽种的"栽"字"晚起"就给它上游的语音演变留下了足够的时间。同时，对于我们人类来说，在面向大自然时，首先肯定是挥出索取的拳头，然后才是伸出建设的双手，即前者的砍伐采，后者的栽种植。如图：

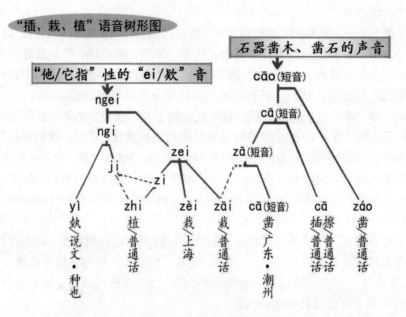

"插、栽、植"语音树形图

真让人意外和惊喜，我这次的感觉居然是错的。从这个语音树形图来看，"栽"和"植"并不与"插"有关联。

好了，有关经久不息的石器之声就差不多讲到这里。在这一节中，我们知道了一些动词其实是源自史前新旧石器时期的石器打制过程中所发出的声响，这算是语言自然模仿说的范畴。当然，有关汉语音中的史前记忆故事也不仅仅只有这些，就放到下一节中再讲吧！

286

6-3 玉之名

距今一万年前左右，我们终于迎来了一个新的历史时期，这便是新石器时期。在这期间，简单打制的粗糙石器工具已不能满足我们的需求。功能与审美的不断增加，使得史前石器在这段时间里发生了根本性的变化，如石刀、石锛、石镰、石磨盘和石磨棒等功能性很明确的石器生产工具，以及如玉琮、玉璧、玉环等祭祀用的玉器，正是这些东西才慢慢开启了我们那扇文明的大门。

所以早在远古时期，玉就成了礼器（等级制度）和王权的象征。人们用它来祭祀，如良渚文化中广泛使用玉琮、玉钺、玉璧，这些都是礼器。不管是北方的红山文化还是南方的良渚文化，其雕刻的玉石都非常精美。像玉猪龙、玉琮，在当时的简陋条件下需要好几个月甚至一年的时间的精雕细琢才能完成，价值与意义自然非同一般。

故宫玉研究员杨伯达说："远古时代，人们在用石器做工具时发现玉比一般石头优越美观，玉含蓄坚韧，温润莹泽，它既不像宝石那样清澈透明，一眼望穿，也不像石头那样浑浊不透，坚硬干脆，它含蓄内蕴，生动而富有灵性，这些都与史前人们内心的一种愿望、一种内涵相吻合，为文明时代华夏民族所继承。玉就是我们的祖先找到的最能代表中华民族性格、文化和理念的物质载体。"

在人类的精神文明世界里，一样东西（文化）的成立固然离不开它称谓的诞生。在前面的章节中，我们知道了动物的称谓多半源自它们的叫声，而植物的称谓则多半源自它们各自的形象，那玉石之"玉"这个称谓究竟源于何处？

玉，在《辞海》中的名词解释是：

"质地温润坚硬而有光泽的美石，呈半透明状，一般用作装饰品或雕刻材料。"

在《说文解字》中的解释是：

"石之美。有五德：润泽以温，仁之方也；䚡理自外，可以知中，义之方也；其声舒声，専以远闻，智之方也；不挠而折，勇之方也；锐廉而不忮，絜之方也。象三玉之连。丨，其贯也。凡玉之属皆从玉。"

在《甲骨文字典》中的解释是：

	篆书	甲骨文		
玉	王	丰 三期 佚七八二	羊 一期 乙三四八六	半 一期 庚三
珏	玨	卅 四期 郯三四二六	羊 一期 后下二〇·五	丰丰 一期 存一三九七	丰丰 一期 乙八三五四
解释栏用字		Ⓐ丰 Ⓑ羊 Ⓒ丰丰 Ⓓ丰丰		

"《说文》：'玉象三玉之连。｜，其贯也。'卜辞作A、B，正象以
｜贯玉使之相系形，王国维释玉是也。参见珏部珏字详解。"而珏字的解释
则是："王国维曰：'殷时玉与贝皆货币也……其用为货币及服御者皆小玉
小贝而有物焉以系之。所系之贝玉，于玉则谓之珏，于贝则谓之朋，然二者
于古实为一字。珏字殷墟卜辞作A、作B，或作C，金文亦A，皆古珏字也。'
《观堂集林卷三说珏朋》证以考古发掘，如周原墓葬即有C、D状物出土，
故王说可从。"

综上可得，我们知道了玉是一种质地温润坚硬而有光泽半透明状的美
石，而"玉"字是三块玉由一根绳串连成的象形，在汉代人眼里，它具有五
德的象征。当然，今天的我们在互联网的帮助下对玉的外观还是比较熟悉的，
在看《说文解字》时，内心又难免有些疑问，那就是它的解释太过于简单和
虚幻，简单的"石之美"三字根本就没有传达出《辞海》的意象所指，而虚
幻则是指它的五德"玉"意。那么在古代或远古时代，当人们第一次发现玉
的时候，它的称谓是建立在什么基础之上的呢？

万物之名，肯定不是凭空出现，它一定是建立在人类已有的认识基础上，
然后才慢慢演变成自己的专属称谓。比如前面提到的动物之名多半源于其叫
声，植物之名又多半源于各自的外在形态。如此说来，即前者的称谓可以归
纳为声音象形，是象声词转名词的过程，而后者的称谓则可说成是形态的比
喻或形容，是形容词转名词的过程。那玉又属于哪一种情况呢？从"玉"又
可称之为"玉石"的情况来看，答案只能是后者。紧接着，问题就变成了"玉"
到底是什么？在它还没有变成玉石之"玉"的时候，"玉"这个读音究竟是
什么？

既然要深究"玉"这个读音的本义究竟是什么，那还是得从今天的各方言读音看起，看能不能在方言读音中找到一点遥远过去的蛛丝马迹。如下：

玉

普通话：yù

闽南话：[ngiak8]、[ngiok8]，近似念：yēi(短音)，yōu(音偏 yao)

潮州话：[ghêg8]，近似念：yēi(短音)

广州话：[juk6]，近似念：yǒu(短音，音偏 yao)

围头话：[yuk6]，近似念：ú-yǒu(音偏ú-yǎo)

客家话：[ngiuk6]，近似念：ngiū(短音)

上海话：[gnioq]，近似念：nióu(短音，音偏 niáo)

苏州话：[nyioh23]，近似念：niáo(短音)

无锡话：[nioh23]，近似念：nióu(短音，韵偏 o)

南京话：[ü4]、[ü5]，近似念：yū、yū(短音)

（注："汉语方言发音字典网"中的闽南话发音，个人觉得自己所给出的近似音很不准确。）

综上可得，"玉"字的方言发音有：yu、yu(短音)、ngiu(短音)、niou(短音)、niao(短音)、ü-you、you、yei，再加上我老家的广信吴语本地腔的nüá和赣语麻山腔的nū(短音)，则共有 10 个方言音，据此可得如下树形图：

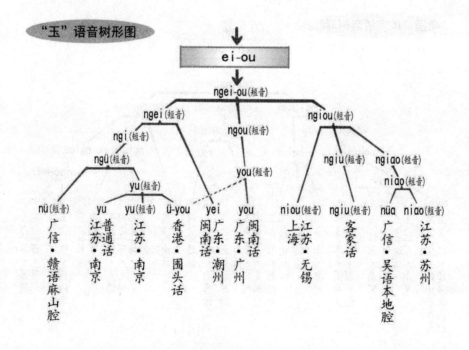

"玉"语音树形图

作为一个南方人，直觉告诉我"玉""肉"两字似乎存在着莫大的关系，因为两者的发音实在是太相似了。无论是我老家的赣语麻山腔还是吴语本地腔，乃至我今天略为熟悉的粤语，他们的"玉""肉"两字发音都是一样的。而其他的方言发音情况又会是怎样呢？具体如下：

肉

普通话：ròu

闽南话：[hiak8]、[liok8]，近似念：hēi（短音）、liōu（音偏liao）

潮州话：[nêg8]，近似念：nèi（短音）

广州话：[juk6]，近似念：yǒu（短音，音偏yao）

围头话：[yuk6]，近似念：ú-yǒu（音偏ú-yǎo）

客家话：[ngiuk5]，近似念：ngiǔ（短音）

上海话：[gnioq]，近似念：nióu（短音，音偏niáo）

苏州话：[nyioh23]，近似念：niáo（短音）

无锡话：[nioh23]，近似念：nióu（短音，音偏o）

南京话：[rou4]、[ru5]，近似念：rē、rū（短音）

综上可得，"肉"字的方言发音有：rou、hei（短音）、liou、nei（短音）、you、ú-you、ngiu、niou（短音）、niao（短音）、re、ru（短音），再加上我老家的广信吴语本地腔的nüá和赣语麻山腔的nū（短音），则共有13个方言音。倘若此时再结合前面的"玉"字发音情况，则可得出如下树形图：

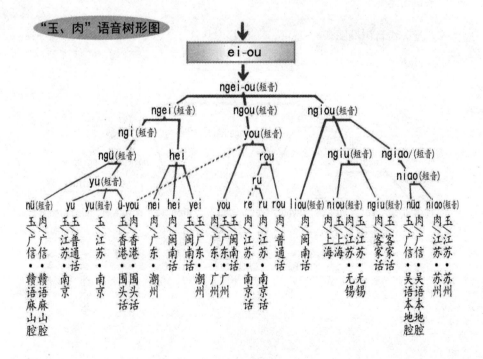

"玉、肉"语音树形图

290

从上文的那个树形图上看，"玉""肉"两字的读音是有明显同源性的。

6-4 岩画的启示

岩画是指在岩穴、石崖壁面和独立岩石上的彩画、线刻、浮雕的总称。是人类祖先以石器为工具，用粗犷、古朴、自然的方法——石刻，来描绘、记录他们的生产方式和生活内容，它是人类社会的早期文化现象，是人类先民们给后人的珍贵的文化遗产。

"逝去的人们已经沉默，然而岩石还会说话"。我们知道，用文字记载的历史，在世界大部分地区只有几百年，个别文明古国也只有几千年。因此，岩画以它全球性的广度和历史性的深度，已经成为世界性的研究课题了。所以，联合国教科文组织有关单位在 1980 年成立了国际岩画委员会，并于 1981 年提出编辑全世界岩画目录的任务，其目的在于使世界范围内的岩画研究系统起来。

但是，在国际范围内的岩画研究中，好长一段时间内都没有把我们中国罗列进去。1983 年，美国《考古学》杂志上发表过一幅《世界岩画分布图》，在中国 960 万平方千米的陆地版图上却还是一片空白。1984 年，国际岩画委员会意大利卡莫诺史前研究中心在它第 21 期学报上刊登了一篇世界岩画研究的报告，在岩画分布图上，被苏联、蒙古、巴基斯坦、阿富汗和印度这些重要岩画地区所包围的中国却仍是一片空白。

但在一年以后，准确来说是在 1985 年 4 月，该学报终于接到一封来自中国读者的信件，这封信的署名便是今天中央民族大学教授、联合国教科文组织国际岩画委员会执行委员，中国岩画研究中心名誉主任陈兆复先生。他在信中说道："事实上，最近三十年来，中国发现的岩画地点有一百多处，但这些却很少为国际学者所知晓，对这些岩画的研究工作正在进行。"就这样，中国的岩画才慢慢被世人所知晓。然而，事实真的是如此吗？

从中国岩画发现史的角度上看，中国岩画被世界所知晓的时间的确是 1985 年。但是，倘若我们把从岩画领域发展而来的某些中国文化给摘选出来，你便会发现中国岩画的影子其实早在很多年前便已经走向世界。

的确，岩画不比水墨国画和油画，所以在世人的眼里，岩画是陌生的。今天，相信世人都应该知道宋代张择端的《清明上河图》与文艺复兴时期达·芬奇的《蒙娜丽莎》，或者是现代画家徐悲鸿的《八骏图》和近代荷兰画家凡高的《向日葵》等。然而在说到岩画时，又有几人了解？除非你了解过西方的美术史，或许还能说出个《阿尔塔米拉洞穴壁画》。但是《阿尔塔米拉洞穴壁画》中的这个"壁画"称谓就给人一种错觉，因为在我们的心里，壁画更偏向后世莫高窟壁画的那种类型，而岩画则是裸露在岩石外表的岩画或岩刻。所以，陈兆复在他所著的《中国岩画发现史》一书中，在其"前言"部分就明确说道：

> 岩画，这个名词现在已经较为人们所熟知了。在中国，岩画这个名词实际上包括画的和刻的，与国外"岩石艺术"这个名词相似，主要指的是一种制作在岩石上的原始艺术。为了区别画的和刻的这两种不同的艺术形式，本书采用了"崖画"（或"崖壁画"）和"岩刻"这两个不同的术语，而"岩画"则作为这两者的统称。

所以，我们心中的岩画终归还是以下这些形式的岩画。

1．内蒙古阴山岩刻

阴山横亘于内蒙古自治区的中部，东西绵延一千多千米，由断续相连的大青山、乌拉山、色尔腾山、狼山所组成。目前发现岩刻的主要是在狼山地区。

今天，阴山岩刻是河套文化重要的元素，是反映我国古代北方各民族文化历史的千里画廊，是河套先民留给后人的一部无字天书。通过阴山岩刻，我们可以从文化学、人类学、传播学、民俗学、美学、原始宗教史、美术史、艺术史、民族史等多学科多角度去进一步研究和理解河套文化，更好地传承和弘扬河套文化所蕴含的人文精神与理念。

阴山岩刻的题材内容应有尽有：如狩猎骑射、放羊牧马、各种野生动物和家畜、日月星辰、天地神祇、穹庐毡账、车辆畜圈、原始数码、图形符号、手印脚印蹄印以及各种民族文字等。如图 6-4-1 和图 6-4-2。

图 6-4-1 阴山岩刻（摘于《中国岩画发现史》）

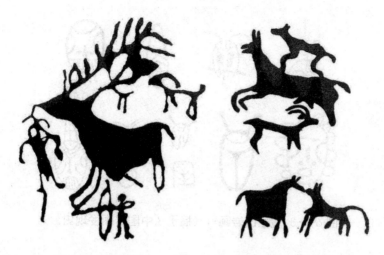

图 6-4-2 阴山岩刻（摘于《中国岩画发现史》）

2. 宁夏贺兰山岩画

贺兰山岩画属全国重点文物保护单位，国家 4A 级旅游景区、全国研学旅游示范基地，是中国游牧民族的艺术画廊。

贺兰山在古代是匈奴、鲜卑、突厥、回鹘、吐蕃、党项等北方少数民族驻牧游猎、生息繁衍的地方。在南北长 200 多千米的贺兰山腹地，就有 20 多处遗存岩画。其中最具有代表性的是贺兰口岩画。

贺兰口又称"豁了口"，在贺兰山东麓的中段，属宁夏贺兰县。是一个海拔 1448 米的峡谷口，山势陡峭，巍峨挺拔，怪石嶙峋，山巅沟畔时有云雾缭绕，充满着一种神秘而诱人的魅力。

贺兰口岩刻的特点是拥有多种多样的人面像（图 6-4-3），几乎占全部岩刻图形的三分之二。这些人面像形象怪诞，面目各异。他们之中，有的五官俱全，有的只画眼睛，也有的仅有眉毛和鼻子却偏偏缺少一对眼睛。此外，那些头饰就更是五花八门，有长着犄角的，有插着羽毛和树枝的，有戴着尖顶或圆形帽子的；也有挽着发髻，戴着耳环，好像是当时妇女的梳妆打扮。另外，有的人面像上长许多毛，有的被画上许多条纹或几何图案，可能与当时的黥面或戴面具的习俗有关。

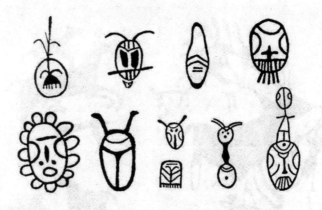

图 6-4-3 贺兰山岩画-1（摘于《中国岩画发现史》）

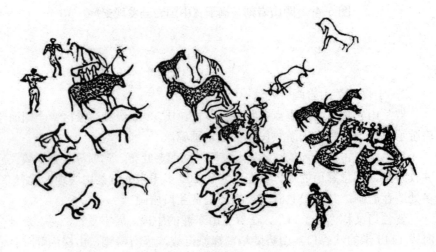

图 6-4-4 贺兰山岩画-2（摘于《中国岩画发现史》）

当然，贺兰口岩刻毕竟是丰富的，所以除了人面像以外，还有狩猎、畜牧、舞蹈、祈祷等岩刻。比如贺兰口附近的小西伏沟就有一幅"畜牧图"（图6-4-4），就表现了 50 多个图像，有野牛、骆驼、骏马、大头绵羊等动物。

3. 新疆阿尔泰岩画

北疆最重要的岩画点在阿尔泰山。

关于我国阿尔泰山区的岩画，过去除了点滴的报道之外，基本上无人问津。1965 年，新疆社会科学院考古研究所王明哲等，曾在该地区进行考古调查，发现了大量的古岩画遗迹。后来当地的考古工作者又经过了几年的努力考察，共发现数十个岩画点图像，很多还没有计算出具体的数字来。

阿尔泰山岩画的内容极其丰富，为新疆地区岩画之冠，绝大部分是动物的图像，包括野生动物和家畜，诸如羊、鹿、牛、马、狼、犬、虎、豹、骆驼、飞鸟、狐狸等等。许多作品或反映踏歌舞蹈和神灵崇拜，或表现古代的狩猎和游牧生活，或描绘久远的群婚制的情景，或追忆部落间的激烈争夺，或刻划劳动之余的欢乐……种种画面描绘了大量不为文献所记载的我国阿尔泰山地区古代的自然和历史，为研究我国各族人民开发阿尔泰山及其周围地区的进程提供了丰富的资料。

同时，岩画中留下的图形，如单峰骆驼、大象等，这动物现在早已从阿尔泰地区消失了，所以这些岩画形象的出现，就成为阿尔泰地区和我国西北部草原生态变迁史研究者的珍贵资料，同时也为岩画的年代提供了证据。如图：

图 6-4-5 阿尔泰岩画（摘于《中国岩画发现史》）

4. 云南沧源崖画

沧源崖画位于云南省沧源佤族自治县境内，自 1965 年发现以来，先后经过数次调查，共发现岩画点十处。岩画分布区内，山峦起伏，森林茂密。作画的崖面一般较平滑，崖前往往有一块小平台，崖壁内凹，形成岩厦，可以避免雨水的冲刷。

在沧源的十个岩画点，共发现有图形 1000 多个。其中最多的是人物图像，有头饰羽毛、穗状物的，有头饰兽角、兽尾的，耳饰和腰饰也很丰富。其次是动物，有牛、猴、猪、大象等。此外，还有树木、道路、房屋、村落、岩洞、太阳、手印和一些表意符号等。图形一般较小，就人物而言，大者身高不过 20 至 30 厘米，小者不足 5 厘米。

崖画的内容丰富，表现出当时人们各种各样的生产和生活的场面。描写狩猎的，多数是持弓而射，也有长兵器刺杀，或追逐围猎的，还有持叉猎蟒和设栅捉猴的画面。有的猎人身边有狗相随，说明当时狗已被驯养。牛的图像最多，有牛群成行或颈上套着绳索被拖拉的图形，反映的是放牧的场面。如图：

图 6-4-6 沧源岩画-1（摘于《中国岩画发现史》）

图 6-4-7 沧源岩画-2（摘于《中国岩画发现史》）

5．广西左江崖壁画

广西壮族自治区位于我们的西南边陲，自古以来是壮族人民聚居的地区。

左江流域的崖壁画大都绘制在沿江的灰黄色、灰白色或银灰色的陡峭崖壁上，在周围嶙峋的黑色岩石和葱茏的绿色植物的衬托下，赭红色的画面更加突出醒目，蔚为壮观。

岩画距水面一般为 50 米以上，最高可达 120 米。画面用赭红色绘制，经光谱分析，红色颜料为赤铁矿或类似的物质。非洲岩画颜料的调和剂是人血或动物血，北美印第安人岩画的调和剂则使用过人尿，而左江流域崖壁画也是用牲口血、动物胶作为涂料和黏合剂的。

崖壁画大大小小、重重叠叠，画面反复出现的人物，一律双臂高举，即所谓"祈祷者"，也是全世界岩画中普遍表现的题材之一。学者们认为这种形象之所以得到广泛的流行，是因为它包含着作者对死亡的否定，和对于生命的讴歌。左江流域 80 多个岩画点皆以"祈祷者"作为主要的题材，它所反映的思想也就成为整个崖壁画的核心，尽管画面上也有动物、禽鸟、铜鼓、铜钟、刀剑和舟船，但这些只是"祈祷者"的陪衬。在人物形象中，画于中央位置的是身材高大、双臂上举、两腿分开的正面像。他们之间也有细微的不同，有的圆头、宽胸、细腰，有的头和颈连成一个长方形，更为简化；但是人物裸不着衣，头饰变化多样，这些又都是共同的。围绕着正面人像的侧身人像姿势虽然相同，却总是小于正面人像很多，头饰也很少变化。在正面人像的头上或脚下，绘有类似狗的动物(有些画有生殖器)，鸟则总是绘在正面人像的头顶上，形象也不很清楚。这些动物与图腾信仰有关。

在左江流域崖壁画中，花山崖画的图像最多，规模最宏大，是左江崖壁画的代表作。花山与"画山"谐音，意思是图画之山。花山崖画高达 40 米，宽约 221 米。这里共有图像 1818 个，最大的高达 3 米，最小的也有 30 厘米，祈祷的人群分布在几千平方米的崖壁上。

花山崖画气势雄伟，内容丰富，是我国迄今发现的最大的一处岩画点。画中人物皆为双臂上举，两脚分立下蹲，这些"祈祷人"正在作祭祀舞蹈。其中几个大型的正面人物，腰佩刀剑，是他们中的首领、巫师或勇士。画面反复重叠，造型独特，风格简洁，色彩鲜明，构图饱满，给予人们以奔放、勇猛、亢奋的感受，很有艺术感染力。(如图 6-4-8)

图 6-4-8 左江崖岩画（摘于《中国岩画发现史》）

说了这么多,其实只想表达中国岩画的艺术风格在制作手法上大体上可分为刻、绘两种:

一是北方岩画的刻制。其手法有3种:

1. 磨刻,线条无明显的凹陷,画面平整光洁;

2. 敲凿,用坚硬器物在岩石上敲击出许多点窝;

3. 线刻,似用金属凿头勾勒出形象轮廓,然后掏深线条。作品风格具有粗犷、简洁、明快的特点。

二是南方岩画的制作。大都以红色涂绘,颜料经取样化验,证明内含较多的铁质,以赤铁矿粉调和牛血等调和料较为可能。

两相比较,其中的刻制手法是特殊的,虽取材简单,但在岩画制作上就比涂绘的方式显得更加"用功"。当然,如果以严格的标准来衡量北画岩画的制作手法,就会发现用刻制一词来统称是不完全正确的,反倒是磨、敲、凿这三个动词的形容会显得比较合理。今天,"刻"这个动词的标准形象应该是一个类似于刻印章的形象,是刻具相当锋利,且硬度远远高出被刻物的时候才能称之为刻,否则就只能用敲、凿、磨、刮等动作来慢慢与"被刻物"对抗,从而消耗对方的顽固抵抗。

在前面"经久不息的石器之声"一节中,敲、凿、磨(摩)、刮4个动词都有讲过。其中,"敲"和"凿"都有追溯到史前石器的制作与生产的环节,"刮"则追溯到它与"割"的同源,均源自粗糙石器的摩擦声,而磨(摩)也道出了它读音上的合理性。虽然,"刮"这个动词被追溯到粗糙石器的摩擦声，但却只是以语音树形图的方式来呈现，而没有用文字来进行描述。接下来就让我们在名为"岩画的启示"这一节中，彻底地把"刮"这个动词的前世今生给好好捋一捋，从而去看看它究竟有一个怎样的庞大家族。

前面有说北方的岩画大致分为3种制作方式，分别是磨刻、敲凿、线刻。但不管怎么说，今天北方的岩画给世人的主要印象就是由凹线所构成的各种图案，虽然这线时宽时窄。如果说点和面的制作可以在敲、凿、磨三个动作下完成，那线条的制作在除了敲、凿两个动作的先锋开路后，后面肯定是要刮来收尾的，否则这根线条的完整性就会显得不足。因此，北方岩画制作离不开刮，而"刮"这个动词的起源正是源自粗糙石器的摩擦声，这种粗糙石器的摩擦声正是来自北方史前岩画的制作。因此，我们完全有理由说是北方史前岩画的制作才导致了动词刮的诞生，而非动词刮造就了北方史前的岩画。

今天，从《中国岩画发现史》的资料来看，以刻制手法制作出的岩画范围有内蒙古、宁夏、甘肃、青海、新疆、西藏，乃至东南沿海等地区，而以涂绘方式制成的崖画却仅处中国西南一隅。在如此大面积的艺术创作中，难道史前先民的劳动结晶就仅是一个"刮"字吗？答案显然不是，至少我们已经知道了还有一个"割"。那有没有更多的动名词可被囊括进来的可能？

接下来，就让我们以"刮"为起点，然后借着目前汉语方言的帮助以顺藤摸瓜的方式去一探究竟。具体操作如下：

1. 由普通话的"guā/刮"为起点，可以上溯到闽南话的短音"gā/割"，进而导出客家话的"gā/刮"，进而溯源到原始粗糙石器的摩擦声"ghe"，进而又演变出普通话"gē/割"和上海话的短音"gē/割"。

2. 由大约为原始粗糙石器的摩擦声的"ghe"为起点，进而演变出一个大约为gei的音进而得出广信赣语麻山腔的"gěi/割"，进而又可得出广信赣语麻山腔的"gèi/锯"。

3. 由普通话的"guā/刮"为起点，可以牵连出一个"huɑ"的读音，这个huɑ音在普通话中就是有计划的"划"和画画的"画"等。

4. 由大约为原始粗糙石器的摩擦声的"ghe"为起点，进而演变出一个大约为gei的音，进而又演变出一个大约为giè的音，进而终于演变出普通话中介入的"jiè/介"和边界的"jiè/界"（注：在《说文解字》中，介入的"介"字是画的意思。）。

5. 由大约为原始粗糙石器的摩擦声的"ghe"为起点，进而演变出一个大约为gei的音，进而演变出客家话中的"gì/锯"，进而又演变出一个大约为jì的音，进而终于演变出普通话的"jù/锯"。

6. 由大约为原始粗糙石器的摩擦声的"ghe"为起点，进而演变出一个大约为gei的音，进而又演变出一个大约为gɑi的音，这个音在南方众方言中正是解剖的"解"。

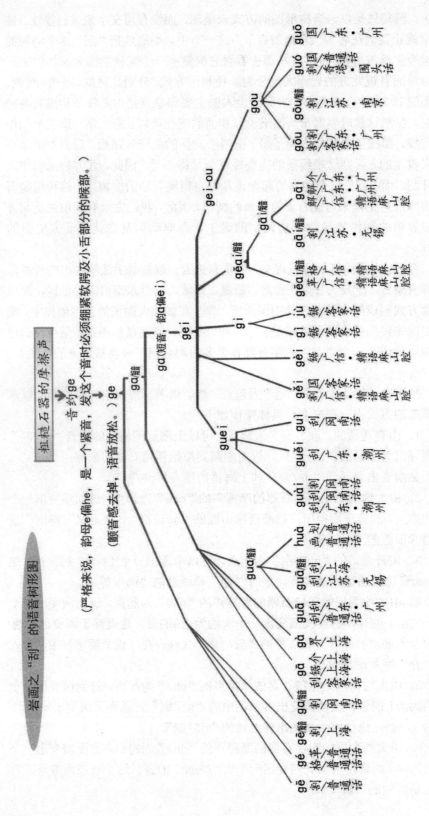

岩画之 "刮" 的语音音树形图

粗糙石器的摩擦声

音 约 ge

（严格来说，韵母e偏he，是一个紧音，发这个音时必须绷紧软腭紧及小舌部分的喉部。）

（颤音感去掉，语音放松。） ge

gɑ (短音，韵ɑ偏ei)

7. 由大约为原始粗糙石器的摩擦声的"ghe"为起点,进而演变出一个大约为gei的音,进而又演变出一个大约为gei-ou的音,进而再演变出香港围头话中切割的"guó/割",进而终于来到普通话中城郭的"guō/郭"和国家的"guó/国"。

8. 由普通话中城郭的"guō/郭"为起点,进而可衍生出一个近似音 kuò,这个音在普通话中就包含有括弧的"括"和扩展的"扩"等等。

据此联想与分析,便可得出前面这样的一个"岩画之'刮'的语音树形图"。但可以肯定的是,这幅语音树形图还远没有完整。所以,从史前岩画的制作上和史前人们的艺术创作实践中看,因粗糙石器的相互摩擦声ge而发展成我们今天汉语言中的词汇是众多的。

但现在的问题是,凭什么说ghe这个音是史前人在创作岩画时用粗糙石器刮划岩石表面所发出的摩擦声呢?我所依据的正是一块小尖石划刮另一块大石表面的录音,其声波频谱图如下:

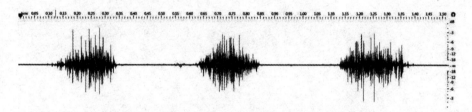

图 6-4-8 小尖石刮划大石表面的声波频谱图

接下来,让我们对比一下ghe、ge、ga、gei 这四个音的声波频谱图。具体情况如下:

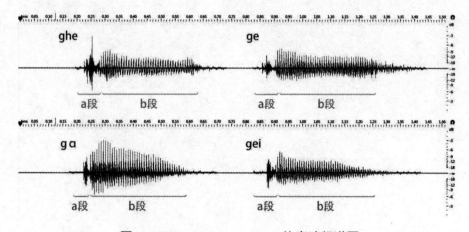

图 6-4-9 ghe、ge、ga、gei 的声波频谱图

初看之下，也许你并不能够看出它们之间的具体差异究竟在哪，但这四个音在现实中的确有着明显的差别，这可能与人的发声器官有关。

但前面那个小尖石刮划大石表面的录音的确很偏向ghe，所以，当我们再次细细查看这四个音的声波频谱图时，你就会发现ghe音中的 a 段与其他3 个音的 a 段差别才是问题的关键。在这 4 个音当中，只有ghe音中的 a 段与小尖石刮划在大石表面上的声波频谱图最为相似，因为它比其他三个更为高频。

最后，让我们回到本文前面提出的那个问题，即中国岩画是在 1985 年之后才为世人所知晓的，但如果我们把因岩画的制作工艺"刮"而产生的汉语词汇也纳入到中国岩画的一部分，那世人知晓"中国岩画（文化）"的时间就远远不是在 1985 年之后了。

第七章

火之使用的记忆

7-1 火的使用

众所周知，火的发现和使用，对于人类社会发展具有重大的意义，尤其是摩擦生火的发明。比如熟食的获取和对北方冬季寒冷的抵抗，前者使人类的疾病得以减少，后者则使人类的活动范围更加向北推进。

此外，熟食的获取很可能还导致了人类身体组织器官的变化，如肠道的"变短"。动物肠道的长短和它们的食性有着对应关系，食草动物的肠道长度就比食肉动物的肠道长好几倍，因为植物中有很多纤维素，需要慢慢发酵才能完全消化和吸收。也就是说，食物的精粗与食物的消化成本是有关的。虽然我们目前还没有明确的科学数据来进一步证明人类的肠道比猩猩的肠道也要短，但人类具有较大的小肠，猩猩则具有较大的直（结）肠。我们知道小肠是吸收化学营养物质的地方，结肠是水分重吸收的地方，这就从另一个侧面再次证明了食性与肠道的关系。总之，熟食的获取肯定导致了人类肠道"变短"，这里的变短或许不是尺寸上的，因为它也有可能是时间上的。

肠道的变短，进而又会导致人类脑容量的增大，就像哈佛大学人类进化生物学教授丹尼尔·利伯曼在他《人体的故事》一书中所说的那样：

> 人类有一个奇怪的特点，那就是我们的大脑和排空时的胃肠道大小差不多，都比一千克稍微重一点。在体型相近的大多数哺乳动物中，它们的大脑大约是人类的1/5，肠道却有人类的2倍大。换句话说，人类的肠道相对较小，而大脑相对较大。在一项里程碑式的研究中，莱斯利·艾洛（Leslie Aiello）和彼得·惠勒（Peter Wheeler）提出，我们的肠道和大脑有着如此独特的大小比例，是始于最早期狩猎采集者的能量转变，这种转变影响深远。在此转变中，早期人属转向较高质量的饮食，从而明显牺牲了硕大的肠道来换得比较大的脑容量。

在这里，作者的观点是人类较大的脑容量是早期人属转向较高质量饮食的结果。而"较高质量的饮食"除了在素食谱中添加肉类以外，用火把食物加工成熟食则更应该是较高质量的饮食。

脑容量的增加，其意义是不言而喻的。在古人类学家那里，史前人类的种类划分，其中一项重要的标准就是脑容量的大小对比。所以，丹尼尔·利伯曼接着说道：

按照这种逻辑，通过在饮食中加入肉类，并更多依靠食物加工，早期人属可以将较少的能量用于消化食物，而投入更多能量用于使大脑长得更大一些，并维持它的运作。从实际的数字上看，南方古猿的大脑约重 400～550 克；能人的大脑稍大一点，大约为 500～700 克；早期直立人的大脑在 600～1000 克之间。因为直立人的体型也变得更大，所以对体型大小进行调整以后，典型直立人的大脑比南方古猿大 33%。

那么，人类究竟是从什么时候开始使用火的呢？

从神话的角度上看，中国有燧人氏钻木取火，古希腊有普罗米修斯盗火。这两则神话似乎反映出东西方对火的认识和使用在时间上是有所区别的。燧人氏钻木取火至少表明他的后世子孙对火的"发明"还有一个简单模糊的人为事件记忆，这就表明了它的时间不会太过遥远。而普罗米修斯盗火神话则反映出他的后世子孙对火的"发明"记忆是模糊的，因此在追溯该事件时，就只能想到天上的神，这就表明它的时间相对来说比较遥远。当然，这里的远近关系不是绝对的，比如两个民族文化性格的不同，就会导致对同一事物产生截然不同的两种看法。所以，从神话中看人类究竟是在什么时候开始使用火就变得毫无意义。故而，我们还是从考古学的角度出发，去看下考古学家们又是怎么告诉世人的。如《中国远古时代》的观点：

1. 西侯度文化（约距今 180 万年）

与石器共存的一些遗物中有带切割或刮削痕迹的鹿角，也有烧过的动物骨骼、角和牙齿，许多动物的头骨被砸碎。说明当时的人们猎取动物后，曾经肢解、烧烤……

2. 元谋人及其文化（约距今 170 万年）

化石产地中发现有许多哺乳动物肢骨碎片，有的碎片上有明显的人工切削等痕迹。伴随这些骨片还有一些烧骨和大量炭屑，看来元谋人和西侯度文化的主人一样都已懂得用火了。

3. 匼河文化（距今 100 万年内）

在匼河发现烧骨一块，表面呈灰褐色，骨壁里面呈灰蓝色或黑色，应是用火的一个证据。

4. 周口店的北京人（约距今 70 万—23 万年）

北京人居住的洞穴中有许多用火的痕迹，包括成堆的灰烬，烧过的骨头、石块和土块等。灰烬堆中还有烧过的朴树籽和紫荆木炭块。这说明北京人已会控制用火。虽然元谋人和西侯度文化的主人也可能已会用火，但不像北京人遗址中那种成堆灰烬等所表明的会控制火并保存火种。有了火不但可以熟食，还可御寒和抵御猛兽侵害，对于人类社会的发展具有重要的意义。

以上便是《中国远古时代》有关旧石器时代早期文化中火的使用的介绍。然而，并不是所有人的观点都完全一致，所以《文物史前史》就如下介绍道：

用火在现代人眼里是最普通不过的一件事。但在远古时代，火的使用使人摆脱了茹毛饮血的境况，这在人类发展史上有着特别重要的意义。

在许多直立人遗址中都发现了用火的遗迹。1988 年在南非德兰士瓦博物馆和开普敦大学的考古工作者在南非的斯特克兰斯山洞发现了 270 块烧焦的羚羊、野猪、斑马和狒狒的骨化石，距今约 100 万年至 150 万年。这被认为是人类用火最早的证据之一。中国元谋人蓝田人等遗址中的相应地层中也发现了灰烬、灰屑，但这些是否为人类使用火的遗迹尚存争议。在世界直立人的遗址中，被人们最肯定的、最丰富的用火遗迹当属北京人的用火遗迹。

那北京人的用火情况究竟是怎样的？会和《中国远古时代》对北京人的用火情况描述一样简单吗？还好，《文物史前史》的描述稍微详细一点，具体如下：

1930 年，在北京人遗址中首先发现被火烧过的鹿角，以后又陆续发现了大量使用火的痕迹。北京人遗址从上至下的 13 层文化堆积中，共发现了五层面积较大、堆积较厚的灰烬和其他用火的遗迹。灰烬层集中见于第 10 层底部、第 8 层至 9 层、鸽子堂 2 层、第 3 层至 5 层。其中第 4 层的灰烬最厚，有的厚达 6 米。灰烬成堆分布，内含烧过的朴树籽、木炭、石块、烧过的鹿角和各种动物骨骼。朴树籽被烧后呈灰白色，石块上有烧烤后的裂纹，烧过的动物骨头成黑色、褐色、黑褐色和黑灰色。所有灰烬层的包含物基本一致，均含朴树籽。所以科学家们推测：朴树的树枝可能常被北京人用作燃料，甚至食用后的兽骨也常被北京人当做燃料。

北京人用火遗迹中的灰烬成堆，成层分布的现象表明，北京人已具备了管理火的能力。估计当时的北京人是利用天然发生的火，如雷电击中树木、大风吹动树枝剧烈摩擦或物质腐烂发热引起的火。北京人从这些天然火中获取火种，在洞口或洞内升起篝火，然后加以保管，不断添加燃料，使之长存不熄。

从北京人遗址各层位发生的用火遗迹来看，越到后来，北京人保存火种的能力越强，时间越久，可见火对北京人来说越来越重要了。可以想象北京人在洞穴里点燃篝火，大家围坐在火前烧烤兽肉，分食烧熟了的、香喷喷的兽肉，这是多么有趣的场景啊！有了火，人们才开始熟食，熟食缩短了咀嚼和消化的过程，可吸收更多的营养，有利于人体特别是大脑的进化。不仅如此，火还可以驱除洞内的潮湿、寒冷，给黑暗的洞穴带来光明。火更是北京人与野兽争夺栖息处的有力武器。野兽最惧怕火，北京人掌握了火，便守住了自己的家，也保护了自身安全。

图 7-1-1 北京人烧烤兽肉想象图

不难发现，从考古学的角度来看，火的发现和使用的历史是悠久的，居然可以上溯到一百多万年以前。但是，当我们再次回到前面说的熟食获取导致肠道"变短"，肠道"变短"导致脑容量增加的课题上时，你便会觉得火的发现和使用就该拥有如此悠久的历史。如《人体的故事》第四章"冰河时代的古人类"中一幅插图，分别介绍了脑容量随人类进化而增加与人族不同种类的脑容量范围对比（如图 7-1-2）。

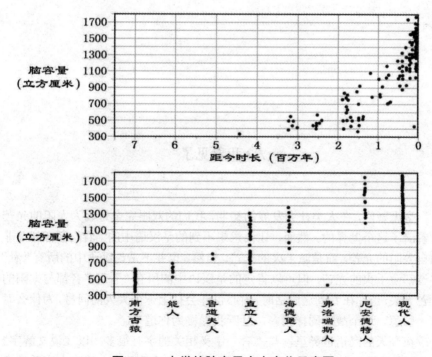

图 7-1-2 人类的脑容量大小变化示意图

所以，火的使用的确不是后来智人的专利，它的发现和使用当远在人类学会说话之前。

最后，就让我们在一个想象的情景中结束这次有关火的使用之讨论。该情境出自河森堡所著的《进击的智人》一书，原文如下：

在距今大约 50 万年前北京郊区的一个傍晚，乌云低沉，风起荒野，气压的骤变预示着一场暴雨的到来，几个北京猿人正朝着龙骨山的洞穴走去，如果被大雨淋湿，他很可能会病倒，而在旧石器时代，病倒往往意味着变成一具枯骨或者野兽的粪便。就在他们马上就要走入洞口的时候，突然整个天空亮了，紧接着一声响雷，远处山坡上的一棵枯树在雷击之下化作了一团光明。

其中一个北京猿人看了看走进山洞的同伴们，又转头看了看那山坡上的光，远处的光芒在他的瞳孔中跳跃闪烁，他下定决心要去看一看那里发生了什么，于是他嘴里发出了呼呼声，迈开双腿跑向了远处的山坡。

下雨了，沿着洞口而下的水滴渐渐连成了线，洞外的世界在雨声中变得朦胧，就在洞里的几个北京猿人因为寒冷蜷缩在一起时，一团微弱的橙色光亮出现在洞口不远处，渐渐的，那团光越来越亮、越来越清晰，霎时，一个浑身湿漉漉的同伴从雨雾中闪了进来，手里举着一根木棍，木棍的尖端，一颗豆子大小的光在跳跃着。

那是火。

7-2 我看见了

毫无疑问，在人类社会发展的初期，我们的双眼完全是因为太阳的光芒才看清了这个世界的。然而，让人意想不到的是汉语中的"看"字音却并非源自太阳的光芒，而是源于火的光芒。当然，也并不是说汉语中的所有"看"字音都源于火的光芒，但可以肯定的是汉语中的所有"看"字音都与太阳的光芒无关。当你在看到这段话时，内心也许会打上一个大大的问号，为什么？

别急，这个故事同样精彩，且听我慢慢为你道来。

在今天的汉语世界里，与"看"字义相关的字有很多。以《说文解字》为例，带"目"字旁的字有 119 个。而在这 119 个字当中，明确含有看的意思的字是 49 个左右。它们分别是：

1. 睒（shǎn）："暂视皃。从目炎声，读若白盖谓之苫相似。失冉切。"
2. 晍（dòng）："吴楚谓瞋目顾视曰晍。从目同声。徒弄切。"
3. 眇（bì）："直视也。从目必声，读若《诗》云'泌彼泉水'。兵媚切。"
4. 瞴（móu）："瞴娄，微视也。从目无声。莫浮切。"
5. 眄（xié）："蔽人视也。从目开声，读若携手。一曰直视也。□，眄目或在下。苦兮切。"
6. 睌（mǎn）："睌瞖，目视皃。从目免声。武限切。"
7. 眂（shì）："眂皃。从目氏声。承旨切。"
8. 晲（nì）："衺视也。从目兒声。研计切。"
9. 瞀（mào）："低目视也。从目冒声。《周书》曰：'武王惟瞀'。亡保切。"
10. 瞂（huò）："视高皃。从目戉声，读若《诗》曰'施罛濊濊'。呼哲切。"
11. 眈（dān）："视近而志远。从目冘声。《易》曰：'虎视眈眈'。丁含切。"
12. 盱（xū）："张目也。从目于声。一曰朝鲜谓卢童子曰盱。况于切。"
13. 旰（gàn）："多白也。一曰张目也。从目干声。古旱切。"
14. 睘/瞏（qióng）："目惊视也。从目袁声。《诗》曰：'独行睘睘'。渠营切。"
15. 瞸（zhǎn）："视而止也。从目亶声。旨善切。"
16. 眜（mèi）："目冥远视也。从目勿声。一曰久也。一曰旦明也。莫佩切。"
17. 眕（zhěn）："目有所恨而止也。从目参声。之忍切。"
18. 瞟（piǎo）："暸也，从目，□声。敷沼切。"
19. 睽（qì）："察也，从目，祭声。戚细切。"
20. 睹（dǔ）："见也。从目者声。当古切。"
21. 眔（dà）："目相及也。从目，从隶省。徒合切。"
22. 眽（mò）："目财视也。从目，□声。莫获切。"
23. 瞗（tì）："失意视也，从目，脩声。他历切。"
24. 矉（pín）："恨张目也。从目宾声。《诗》曰：'中步斯矉'。符真切。"
25. 睢（huī）："仰目也。从目隹声。许惟切。"
26. 矆（huò）："大视也。从目蒦声。许缚切。"
27. 睦（mù）："目顺也。从目坴声。一曰敬和也。□，古文睦。莫卜切。"

28. 瞻（zhān）："临视也。从目詹声。职廉切。"

29. 瞀（mào）："氐目谨视也。从目敄声。莫候切。"

30. 瞒（mái）："小视也。从目买声。莫佳切。"

31. 监（jiān）："视也，从目，监。古衔切。"

32. 督（qì）："省视也。从目，启省声。苦系切。"

33. 相（xiāng）："省视也。从目从木。《易》曰：'地可观者，莫可观於木'。《诗》曰：'相鼠有皮'。息良切。"

34. 瞋（chēn）："张目也。从目真声。瞋，祕书瞋从戌。昌真切。"

35. 鵰（diāo）："目孰视也。从目鸟声，读若雕。都僚切。"

36. 睗（shì）："目疾视也。从目易声。施隻切。"

37. 睊（juàn）："视皃。从目肙声。于绚切。"

38. 睼（tiàn）："迎视也。从目是声，读若珥瑱之瑱。他计切。"

39. 暥（yǎn）："目相戏也。从目晏声。《诗》曰：'暥婉之求'。于殄切。"

40. 督（dū）："察也。一曰目痛也。从目叔声。冬毒切。"

41. 睎（xī）："望也。从目，稀省声。海岱之间谓眄曰睎。香衣切。"

42. 看（kān）："睎也。从手下目。□，看或从倝。苦寒切"

43. 瞫（shěn）："深视也。一曰下视也。又，窃见也。从目覃声。式荏切。"

44. 瞥（piē）："过目也。又，目翳也。从目敝声。一曰财见也。普灭切。"

45. 眺（tiào）："目不正也。从目兆声。他弔切。"

46. 眣（dié）："目不正也。从目失声。丑栗切。"

47. 睇（dì）："目小视也。从目弟声。南楚谓眄曰睇。特计切。"

48. 眙（chì）："直视也。从目台声。丑吏切。"

49. 盻（xì）："恨视也。从目兮声。胡计切。"

须要说明的是，以上这些字的拼音均出自中华书局出版的《注音版说文解字》，个人觉得，这些拼音不一定完全正确，比如"睼"念 tiàn 就不是很妥。从《说文》的解释来看，它念 tì 或 tèi 是很有可能的。

与"看"字义相关的字还有视、见、瞰、瞷、望、瞧、瞅、观等。有意思的是见、瞰、瞷、瞧、瞅等字居然没出现在《说文解字》里，所以，这些形声字一定是汉语音后来发展和演变的结果。因此，它们在某种程度上说也一定是先前某个"看"字的重字，比如看、瞰、瞷、盰四字就完全可以定义为一个字。而在这些"看"字当中，从目前现有的读音上分析可大致分为 5 组：

第1组

以 an 为韵母的系列字：

看、瞰、瞻、盰、睏、瞳、睒、晚、眈、矔、瞳、睑、瞋、盱、睊、暖、瞼、见……

第2组

韵母含 i 的系列字：

睎、睼、睗、瞥、眤、眠、睆、盰、睟、眣、睇、眙、盼、视……

第3组

以 m 为声母的系列字：

望、眉、瞒、眽、瞢、瞀、眑、矒、睦、目……

第4组

以 ao 为韵母的系列字：

瞟、鶓、眺、瞧…

第5组

其他：

相、睹、督……

不同的分类自然表明不同的起源，但第5组除外，仅是因为普通话读音让它们和其他4组分开。所以，汉语绝对是一门多元混合的语言。这与史前考古发现是一致的，即从新石器早期以来，中国的文明一向都是星空闪烁的布局，只是到了中晚期才慢慢进入一个众星捧月的格局。面对如此众多的"看"，本篇将重点讨论第1和第3两组的"看"字。

首先，我们来看第3组，即以 m 为声母的这一系列"看"字。这组"看"字比较特别，因为它们的发音可以追溯到"望"，然后再溯源到"光"，而这"光"正是人类所掌握的火光之光。

仅以今天普通话的发音来看，望、晃、光等字的相似读音就已经充分证明了它们的同源性。也许你会说："从'光'演变至'望'是可以理解的，但'晃'字与'光'又有什么关系呢？"别急，这完全可以合乎逻辑地推理出来。如：火把因风起而晃动，那它投在周边的光影自然也会跟着晃动，对于这点常识，但凡吃过"烛光晚餐"的人都应该知道。所以，在我们的语言还处在欠发达的早期时，借用摇晃不定的"光"来动词化为晃动的"晃"，其灵感显然是不言而喻的。

当然，若想把声母为 m 的这一组"看"字归入到"光"字音下，以证明它们是一个历史发展的系列，那我们就得知道"望"字的方言发音情况，在读音上，它能不能起到一个很好的"中介"作用？很幸运，它居然做到了。其具体发音情况见下文：

望

普通话：wàng

闽南话：[mong6]，近似念：mòng

潮州话：[mo7]、[bhuêng6]，近似念：mǎo、bún（un 偏 en）

广州话：[mong6]，近似念：mōng

围头话：[mong6]，近似念：mèng

客家话：[mong4]，近似念：mōng

上海话：[maon]、[vaon]，近似念：máng、wáng（声音重唇齿）

苏州话：[maon231]，近似念：máo-n（调值约阳平+去声）

无锡话：[maon213]、[vaon213]，近似念：mǎo-n（韵 ao+n）、wǎo-n

南京话：[uang2]、[uang4]，近似念：wán-ng（音偏 wán）、wān-ng

[注：潮州话中的 bún（un 偏 en）很可能不是"望"字音，就像广州话的"看"通常念成 tái/睇一样。]

综上可得，我们知道了"望"字的方言发音有：wang、meng、mong、mao、mang、mao-n、wan-ng7 个音。据此可得出这样一个"光、望"字树形图。如下：

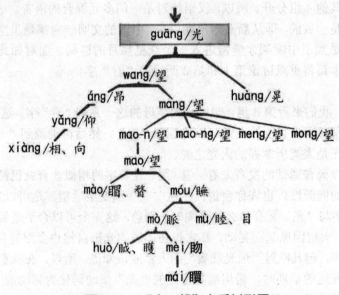

图 7-2-1 "光、望"字系树形图

注意，这张树形图是以普通话为起点画出来的，它不是真实的历史语音衍变图。

其次，我们再来看第 1 组，即以 an 为韵母的系列"看"字。就目前的这组字来分析，它们的普遍话读音就已然是一幅较为明显的语音树形图了。

312

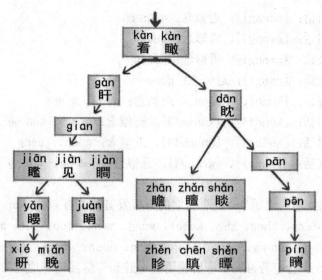

图 7-2-2 韵母为 an 的系列"看"字之语音渐变树表图

但是，要想厘清"看"字与"望"字的读音联系，其过程的确有点复杂。所以，我们就必须把"光"字也加进来，然后再去看下这三字的方言发音，唯有这样才能看清它们之间存在的联系。

1. 看
普通话：kàn、kān
闽南话：[kua5]，近似念：kuoèi
潮州话：[kang3]，近似念：kán-ng（音偏 kán）
广州话：[hon1]、[hon3]，近似念：hōu-un、hōu-un
围头话：[fung1]，近似念：féng
客家话：[kon4]，近似念：kōu-un
上海话：[kheu]，近似念：kheù（韵母 heu 的意思是一个偏喉又偏额的 u 音）
苏州话：[khoe44]、[khoe523]，近似念：khē（韵母 he 的意思是一个偏喉的 e 音）、khē（调值约去声+阳平）
无锡话：[khoe334]，近似念：khē（调值约阳平+上扬）
南京话：[kang1]、[kang4]，近似念：kàn-ng（音偏 wán）、kān
（注：广州话、hōu-un、hōu-un 两个音很可能是文读，因为"看"字在他们的口语中通常念 tái/睇。）

2. 光
普通话：guāng
闽南话：[geng1]、[gong1]，近似念：gēng、gāng

潮州话：［guang1］，近似念：guān-ng

广州话：［gwong1］，近似念：guāng

围头话：［gwong1］，近似念：guāng

客家话：［gong1］，近似念：góng

上海话：［kuan］、［kuaon］，近似念：guān、guàng

苏州话：［kuan44］、［kuaon44］，近似念：guā-n、guā-ng

无锡话：［kuan44］、［kuaon44］，近似念：guān、guāng

南京话：［guang1］、［guang4］，近似念：guà-ng、guā-ng

综合"看""望""光"三字的方言发音，共有 kan、kan-ng、hou-un、kou-un、feng、kheu、khe、kuoei、wang、mong、mao、bun、meng、mang、mao、mao-n、man-ng、geng、gang、gong、guan、gua-n、gua-ng、guan-g、guang 25 个音。若再加上广信赣语麻山腔和广信吴语本地腔的 kuang/看、以及广信闽语的福建腔 kua/看，即总共 27 个音，据此便可绘制出一幅从"光"到"望"到"看"的语音发展演变树形图。见后文。

从"光、望、看"的语音树形图上看，"光"字音居然与"看"字音更为相近，这真是万万没想到的，否则，前面就不会以"光"和"望"做开头了。

然而，这个"看"字音的起源却似乎还有着另一个可能。这便是铜石并用时代晚期，大体上相当于龙山文化的龙山时期，即公元前 2600 年至公元前 2000 年左右的这段时间内所出现的水井。如河南汤阴白营水井，据《中国远古时代》的描述，该水井深达 11 米，井壁用木棍自下而上层层叠起，累计有 46 层，木棍交叉处有榫，顶视呈井字形，于此可为井字造字时所象实物找到根据。（如图 7-2-3）

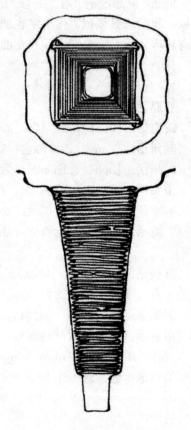

图 7-2-3 河南汤阴白营水井

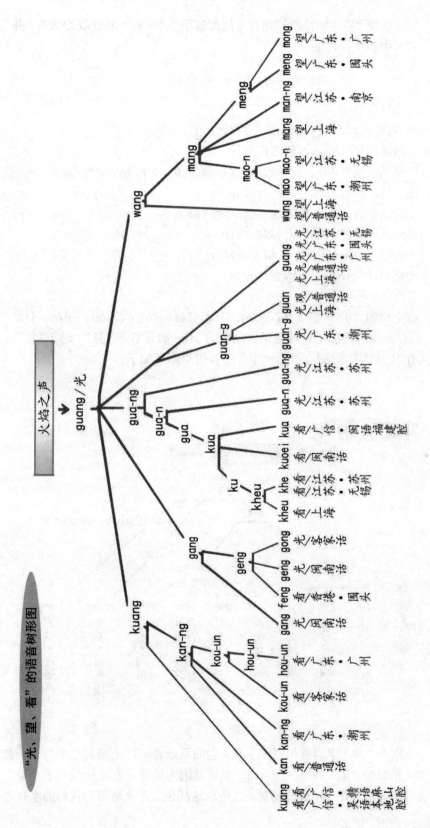

315

为什么说"看"字音的起源有可能源自于"井"呢？且让我们来看"井"字在方言中的发音。如下：

井
普通话：jǐng
闽南话：[zi3]、[zing3]，近似念：jī、jièn
潮州话：[zên2]，近似念：zài-n
广州话：[zeng2]、[zing2]，近似念：zən2、zéin
围头话：[zäng2]，近似念：zán-ng
上海话：[tzin]，近似念：jìn(声音偏 z)
苏州话：[tsin51]，近似念：zìn
无锡话：[tsin323]，近似念：zěin
南京话：[zin3]，近似念：zēin

综上可得"井"字音有：jing、ji、jien、zai-n、zən、zein、jin、zin、zan-ng，若再加上广信赣语麻山腔的 jiàn-g(读音非"见"，近于"将")，则共有 10 个音。据此可得出一个井字音树形图，如下：

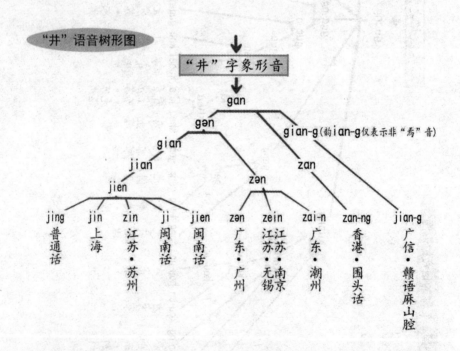

从这个"井"字语音树形图上看，它的原始音可以上溯到一个与今天普通话很相似的"看"字音——gan。也正是因为如此，它才让我有了"看"字音可能源自"井"字音的错觉，之所以这样说，完全是因为我们的水井之

316

"井"实在是出现得太晚，距今连 5000 年都还不到，这与人类发现和掌控火的时间相比，实在是短得可怜。所以,正确的汉语音演变发展史应该是"井"字的发音与"看"字的发音没有丝毫关系。但是，"井"字的发音虽与"看"字的发音没有关系，但却与另一个"看"有着强烈而明确的联系，这个"看"就是镜子的"镜"。在镜子还没发明之前，古人若想梳妆打扮一下，想必就只能去水池边照一下自己的影子了，这情景在好些影视剧中也经常出现。所以，镜子的"镜"字音便从水井的"井"字音那里衍生而来。

有关水井之"井"与镜子之"镜"的衍生关系，今天的方言发音就是充分有力的证据。情况如下：

镜
普通话：jìng
闽南话：[gia5]、[ging5]，近似念：già、gièn
潮州话：[gian3]，近似念：giá
广州话：[geng3]，近似念：gən1
围头话：[geng1]，近似念：gən2
客家话：[giang4]，近似念：giān-g(韵 iān-g非"焉"音，略偏 iang)
上海话：[cin]，近似念：jìn
苏州话：[cin523]，近似念：jìn(调值约去声+阳平)
无锡话：[cien334]，近似念：jián-n
南京话：[jin4]，近似念：jīn

综上可得"镜"字音有：jing、jian-n、gia、gien、gən、gian-ng、jin，若再加上广信赣语麻山腔的 jiān-g(读音非"尖"，近于"将")，则共有 8 个音。要是再把这 8 个"镜"字音合并到前面的"井"字语音树形图中去，其结果又会是怎样呢？详见后文的"井、镜语音树形图"。

如此看来，语言的发展和丰富之手段，正是这种语音变化的不断积累所造成的。注意，这里用的是积累，而非结果，结果通常是单一的，它会删除中途所出现的所有，但积累则不是，它会把中途所出现的语音统统纳入整个语音体系中去，然后被强分彼此地赋予不同的意思。比如看、瞰、瞷、盰等字，从它们的声符上看就应该是同一个字（词）。

然而，同处于"看"字这棵庞大的语音树下却远非只有"看"这一组字，它还包括晃、黄、红、暖等。

从读音上看，"光"衍生出"望""看""观"，乃至摇晃的"晃"等字都是可以想象并理解的，但从火光之"光"衍生出红色和黄色，以及温暖的"暖"，这又是怎么回事呢？有关这部分内容，就让我们留到下一节的《天地玄黄》中去讲吧！

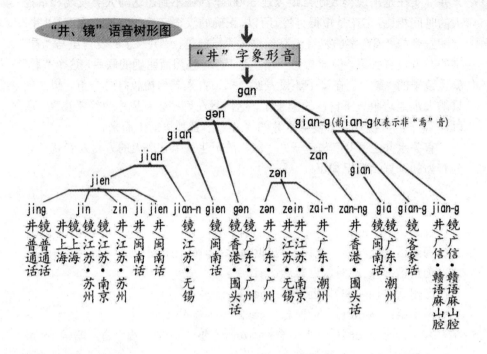

"井、镜"语音树形图

7-3 天地玄黄

  原始人咕噜一家六口在老爸瓜哥（Grug）的庇护下，每天过着重复性的抢夺鸵鸟蛋、躲避野兽追击，以及晚上在山洞里听着千篇一律的危险死亡故事的生活。大女儿小伊（Eep）是一个和老爸性格截然相反而充满好奇心的女孩，她不满足一辈子留在这个小山洞里，一心想着洞穴外面的世界。

  又是一个夜幕降临，家人们陆续睡去，只剩她独自在细细聆听外面的世界。刚才还在袭击她们的那只猛兽，此时已被瓜哥阻挡在洞穴之外。但她内心还是渴望外面的世界，因为外面的世界有她白天充满朝气与活力的影子。生活虽然艰苦，却也充满希望，而眼下在这个狭小逼仄的山洞里，除了黑暗与无聊，其他什么也没有。

  突然，远方传来一群狼嚎，随即又消失在天际，而守候在洞穴外面的那只猛兽也突然没了踪影。她好奇这里面发生了什么,于是趴在洞口的缝隙上努力朝外看。就在这时,一道锃亮的橘黄色光扫了过来,这使她本能地跳离了洞口而回到洞穴的深处。岂料光也跟了进来,然后照在石壁上,它一会儿左、一会儿右,才在洞穴顶部停留,转而又到地面乱爬,这让好奇的小伊不停地努力捕捉。突然,这束光跑到了弟弟坦克(Thunk)的嘴里,于是她赶紧跑了过来,掰开弟弟的嘴巴,想必认为是弟弟在偷吃这束光。就在这时,光突然移走了,然后便迅速地离开了洞穴,最终消失在黑暗之中。

小伊的好奇心是如此强烈,即便老爸警告说夜晚洞穴外面的世界是如何危险,她仍鼓起勇气,毅然用双脚顶开石门跑了出去,去追逐那道橘红而又耀眼的光。

在漆黑的夜色中,无名的恐惧顿时涌上心头。静谧的四野让黑暗笼罩得格外压抑,即使是根小树枝的折断,在深谷的回响中也显得像是棵大树倒塌。但是,刚才出现的那束光芒却不一样,于内心深处是那么温暖、那么让人喜悦和充满希望,它可以驱逐内心中的恐惧,让人鼓起勇气走向未知而神秘的地方。

就这样,小伊穷追不舍,终于在一小块地坪上看到了她想看的东西——火光。这火光源于一根火炬,火炬上的火焰摇曳舞动,宛若一朵艳丽的橘色红花,正充满活力而热情地向她招手。凝眸定神之下,这朵橘色红花又像是一个神秘国度的女王,自己招呼不足,更让无数小点的火星四散开来,然后飘浮在空中,好将眼前的小伊给仔细打量、上下观赏。小伊虽有勇气,但内心还是有点害怕,不敢贸然上前,只能小心翼翼地双手着地,单脚前伸地试探性推进⋯⋯

以上内容是 2013 年的电影《疯狂原始人》中的故事情节。

坦白说,有关红、黄两色与火的联系,我正是从《疯狂原始人》的这个片段中得到的启示。在漆黑的夜里,火光的颜色是橘黄色乃至红色的;在空旷的野外,任何一点微风都会让火把的火焰开始摇晃,从而使它所产生的影子也开始在周围的环境中"晃动",这便是"光"与"晃"的演变纽带,同时也是"火"与"红"与"黄"的重要演变依据。

那从"火"到"红"到"黄"的语音演变过程究竟是怎样的呢?

首先,让我们从火的象声词开始说起。今天,有关火的象声词可大致找到噗噗、呼呼、熊熊、红红/轰轰(红红火火),以及噼噼啪啪或噼里啪啦等。其实火和风在属性上没有什么区别,都是气流的运动。所以,风的呼啸也可以是火的呼啸,只不过火的气流威力不会有风那么大,不然就是森林火灾,因此,正常的普通火焰声就是呼呼或噗噗。而熊熊、红红之声则是大火和烈火的声音,至于噼噼啪啪或噼里啪啦就不应该算是火的声响,而只能算是被火烧烤时木柴的声响。所以,熊熊、红红、呼呼、噗噗 4 个象声词的语

音象征是明显的。（如图 7-3-1）

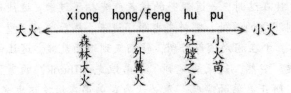

图 7-3-1 各种"火"的象声词关系示意图

其次，再来看一下今天方言中的"火"字发音情况，具体如下：

普通话：huǒ
闽南话：[he3]、[ho3]，近似念：hèi、hōu
潮州话：[huê2]，近似念：huoèi
广州话：[fo2]，近似念：fóu
围头话：[fo2]，近似念：fuó
客家话：[fo3]，近似念：fuō
上海话：[hu]，近似念：hòu
苏州话：[hou51]，近似念：hòu
无锡话：[hou323]，近似念：hǒu
南京话：[ho3]，近似念：hōu

综上可得，"火"字的方言发音有：huo hei hou huoei fou fuo，再加上学者考证出的先秦"火"字音 huǐ，则共有 7 个方言音，据此可得如下树形图：

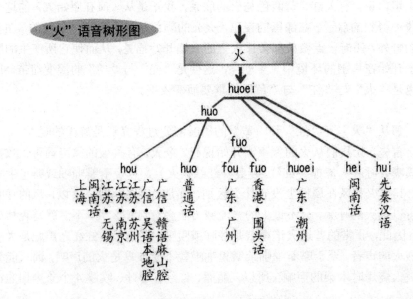

320

从这个"火"字语音树形图上看，"火"字音的源头可上溯到 huoei，即大约类似于普通话中的 hui。那这个 huoei 音能带给我们什么样的史前记忆呢？

　　第一个史前记忆，这个发 huoei 的"火"字音没有宏音，即前鼻音的-n或后鼻音的-ng，如此一来，我们便可知道汉语中的"火"字音乃源自灶膛之火的美好生活，而非森林大火的恐怖印象。

　　第二个史前记忆，huoei 的"火"字音中包含一个 ei，而这个 ei 音在前面的第三章中有讲过它是一个具有强烈"他/它指"性之音，所以"火"字音中的 huo、hou、fuo、fou 等，均没有 huoei 这个音"生动"。因为 huoei 这个音不但具备名词的定义，同时还具备一个动词属性的表达，即 huoei 这个音正是原始人在生火时朝火中的不断吹气，好使它赶快复燃，从而把新添进的木柴给燃烧起来。当然，作为合口呼的 huo、fuo 两音也可以告诉我们有这种吹气的感觉，但它俩却远不及 huoei 这个音来得明显。

　　根据"火"字 huoei 音中的第二个史前记忆，我们便知道了汉语音中的"火"字音其实不来自火的象声，而是来自原始人对火种的吹气声。面对这样的结论，我自己也感到意外。

　　最后，我们再从文字的角度来看，今天含红色义的字有赤、朱、丹等，且它们都同时出现在了殷商时期的甲骨文之中。如《甲骨文字典》中的解释：

赤

	篆书	甲骨文			
赤	（赤篆书）	三期铁一〇·三	三期後下六·八	一期乙二九〇八	一期拓续二·一
解释栏用字		Ⓐ 大		Ⓑ 火	

　　从 A（大）从 B（火），与《说文》赤字篆文同。《说文》："南方色也。从大从火。凡赤之属皆从赤。烾，古文从炎、土。"

朱

	篆书	甲骨文	
朱	（朱篆书）	五期遣三	一期後上三六

商承祚谓甲骨文"朱"象系珠形，中之横画或点象珠形，两端象三合绳分张之形。古多重赤色珠，故朱得有赤义，为珠之初文。《说文》："朱，赤心木。"为后起义。

丹

	篆书	甲骨文
丹	月	月 三期存·二六五　日 一期京·三五○　日 一期乙三三八七
解释栏用字		Ⓐ日

从A中有点，与《说文》篆文字形略同。《说文》："丹，巴越之赤石也。象采丹井，一象丹开形。"

据此，我们首先知道了赤红的"赤"字音可能与火无关，但它的外在形象却在我们祖先的思想意识里与火有关。其次是朱红色的"朱"字音也明确了它与火无关，它的本义是珠子的珠，红色只是它的后来引申义。最后是丹青的"丹"字音，从它的字义上看，似乎表明它有可能是古代蜀语和越语的发音，但从另一个以它为声符的"彤"字来看，这个"丹"字音似乎也有火的影子，只是不太强烈。比如《诗经·秦风·终南》中的句子：

终南何有？有条有梅。君子至止，锦衣狐裘。颜如渥丹，其君也哉！
终南何有？有纪有堂。君子至止，黻衣绣裳。佩玉将将，寿考不忘！

从整首诗来看，"丹"字与"梅""裘""哉"三字押韵，这与先秦时的火字音 huǐ 是比较接近的。

然而，让人感到意外的是红色的"红"字却没在殷商时期的甲骨文中出现。所以，我们只能看后世《说文解字》中的解释："红，帛赤白色。从糸工声。"按今天的话来说，"红"字的本义就是粉红或桃红。那么，我们今人眼里的中国红之红色的源头究竟在哪？还是让我们从甲骨文看起，只不过这回选的不是"红"字，而是"黄"字。

"黄"字在《甲骨文字典》中的解释是：

象人佩环之形，A象正立之人形，其中部之B、C象玉环形。古代贵族有佩玉之习。《礼记》："行步则有环佩之声。"此为佩玉有环之证。与金文黄字之作D者形同，当为黄之初文。

322

	篆书	甲骨文		
黄	黄	黄 三期明三七六	黄 一期合集六〇八〇	黄 一期合集六〇八三
解释栏用字		Ⓐ 大　Ⓑ 口　Ⓒ 曰　Ⓓ 黄　Ⓔ 茭　Ⓕ 黄		

黄本象人佩环，遂以为所佩玉之称，后假为黄白字，卒至假借义行而本义废，乃造璜字以代之，字义限于佩玉之一体（《说文》："璜，半璧也。"）。郭沫若谓黄乃玉佩之形。自甲骨文字形观之，其说不确。《说文》："黄，地之色也。从田从 E，E 亦声。E，古文光。F，古文黄。"《说文》说形不确。

据此，我们终于找到了红色的起源。只不过，从目前的文字发展角度来看，似乎是先有黄色，然后在黄色的概念下再衍生出了后来的红色。但以今天的汉语发音来看，则又像是红字音衍生出了黄字音才对。具体情况如下：

红
普通话：hóng
闽南话：[hong2]，近似念：hóng
潮州话：[hong5]，近似念：hōng
广州话：[gung1]、[hung4]，近似念：gòng、hǒng
围头话：[hung4]，近似念：hǒng
客家话：[fung2]，近似念：fǒng
上海话：[kon]、[ron]，近似念：gòng、óng
苏州话：[ghon223]，近似念：hǒu
无锡话：[ghon13]，近似念：ǒng
南京话：[hong2]，近似念：hóng

黄
普通话：huáng
闽南话：[hong2]、[ng2]，近似念：hóng、ng2
潮州话：[ng5]，近似念：ng1
广州话：[wong4]，近似念：wǎng（韵ang偏ong）
围头话：[wong4]，近似念：wěng
客家话：[vong2]，近似念：wǒng
上海话：[waon]，近似念：wáng

苏州话：[huaon44]、[wuaon223]，近似念：huā、wǎ
无锡话：[wan13]、[waon13]，近似念：wǎn、wǎng
南京话：[huang2]，近似念：huáng

综上可得，"红""黄"字的方言发音有：hong、gong、fong、ong、hou、huang、ng、wang、weng、wong、hua、ua、wan，共有 13 个方言音，据此可得如下树形图：

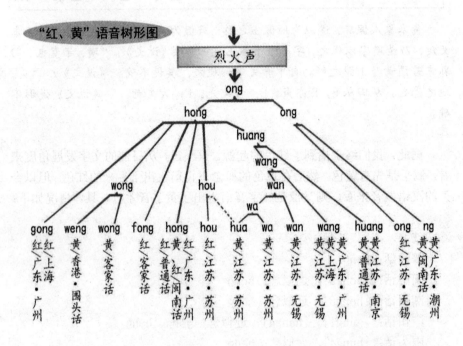

从这个语音树形图上看，"红""黄"两字的发音当起源于鼻音 ng。据此来看，这两个字的发音可能模仿于史前人的篝火生活记忆或森林大火的恐怖印象。当然，如果让我选择，我会选择前者——史前人的篝火生活记忆，因为篝火给人的印象是美好的，大家可以吃着烧烤唱着歌，跳着舞蹈聊着天等等。

而有关它们之间究竟是谁衍生出了谁，我的理解是殷商时期的"黄"字（音）当是一个既有黄色义又有红色义的字（音），就如同今天的闽南话一样，hóng 这个音的意思既有"红"也有"黄"，只是在后来的社会发展需要之下，我们的沟通工具——语音才最终明确地分化出了红色和黄色。

今天，我们已经很难想象自己语言中的好些词汇居然来得这么直率，比如红色与黄色这两个词就直白地告诉我们它来自人类对火的认知和使用。然而火的使用历史却又那么悠久，因此我们完全可以得出这样的结论，即人类只要一进化到可以开口说话的那一天，与火相关的词汇便像井喷一样地汹涌而出。因为在人类的内心深处，这股充满着美好与希望的力量之火早已经积压在心中几万、几十万甚至上百万年的时间了。

那其他颜色呢？比如橙色、绿色、蓝色、青色、紫色等颜色，它们的出处又源自哪里呢？当然，人类眼中七彩缤纷的世界可不是一蹴而就的，这些颜色的出现其实有着一个鲜为人知的先后顺序。如史蒂芬·平克在他所著的《语言本能》一书中如下说道：

事实上，就视觉而言，世界各地的人（包括婴儿，甚至包括猴子）使用的都是相同的"调色板"，这对人类关于颜色的词语的发展形成了普遍制约。虽然各种语言在"64色蜡笔"的颜色分类上存在分歧，例如焦棕色、青绿色或紫红色；但如果是一盒"8色蜡笔"，那么颜色的分类就会非常统一，例如大红色、草绿色以及柠檬黄。人们使用的语言虽然不同，但却都毫无例外地选取了这类色彩作为颜色词语的主角，即便某种语言只拥有一个描绘颜色的单词。而且，虽然各种语言的颜色词语存在一定的差异，但这种差异是有规律可循的，并非出于某些造字者的特殊偏好。语言对颜色的描绘方式有点儿像蜡笔工厂的生产线，鲜艳奇特的色彩总是在一些基本色的基础上添加而成。如果一种语言只拥有两个颜色词语，它们一定是"黑"与"白"（通常也包含"暗"和"亮"的含义）；如果拥有三个颜色词语，则分别是"黑""白""红"；如果有4个，则是在"黑""白""红"之外加上"黄"或"绿"；如果是5个，则既有"黄"又有"绿"。第6个是"蓝"，第7个是"棕"；如果超过7个，则可能是"紫""粉红""橙"或者"灰"。这份颜色"排行榜"的出炉主要归功于新几内亚高地的丹尼人，丹尼人的语言中只有两个颜色词语："黑"与"白"。心理学家埃莉诺·罗施（Eleanor Rosch）发现，丹尼人在学习新的颜色词语时，对基于红色的颜色词语学得更快。

据此，我们知道了颜色的"诞生"顺序是：
黑、白、红、黄/绿、蓝、棕、紫/粉红/橙/灰……
从这个诞生顺序排列上看，我们已经把第3位的"红"和第4位的"黄"给讲了，并且从语音树上看，今天普通话中的"红"字音也的确诞生在"黄"字音的前面（据此，似乎可以得出甲骨文中的"黄"字音很可能就是今天的"红"字音）。针对汉语音上的这种语音渐变痕迹，至少证明了我们汉语血统的纯正，比如英文 red 和 yellow 就很难看出这种语音上的演变。"红""黄"两色既然是颜色诞生序列中的第3位和第4位，那排在它们前面的第1位"黑"和第2位"白"又是怎样出现的呢？

黑与白

黑白两色有点复杂，因为在汉语中除了黑白还有暗和亮，除了暗和亮也还有乌和光等等。别的不说，就拿本文的标题"天地玄黄"中的"玄黄"两字来说，它俩就有黑和白的意思在里面。

从语音上看，"玄"就是"黑"，且还与夜晚的"夜"有关。而"黄"的意思也就是"光"或"明"。从语音衍变的角度上看，具体情况如下：

玄
普通话：xuán
闽南话：[hian2]，近似念：hiǎn
潮州话：[hiêng5]，近似念：hie-ng
广州话：[jyun4]，近似念：yǔn
围头话：[yüng4]，近似念：yǔn
客家话：[hien]，近似念：hián
上海话：[yeu]，近似念：yéu（韵偏 e，音非"耶"）
无锡话：[yoe13]，近似念：yěou（元音偏 e，字音略偏 yǒu）
南京话：[xüän2]，近似念：xué（音偏 xuán）

黑
普通话：hēi
闽南话：[hiak7]，近似念：hiē
潮州话：[hêg4]，近似念：hěi
广州话：[haak1]、[hak1]，近似念：hā、hā（短音）
围头话：[häk2]，近似念：há（短音）
客家话：[het]，近似念：hēɑi（短音）
上海话：[heq]，近似念：hē（韵偏ɑ，短音）
无锡话：[heh4]，近似念：hē（韵偏ɑ，短音）
南京话：[hä5]，近似念：hēɑi（短音）

夜
普通话：yè
闽南话：[ia6]，近似念：yá
潮州话：[ia7]，近似念：yǎ
广州话：[je6]，近似念：yě
围头话：[je6]，近似念：yǎ
客家话：[ya3]，近似念：yā
上海话：[ya]，近似念：yá
无锡话：[ya213]，近似念：yǎ

南京话：[ie4]，近似念：yē

综上可得，"玄""黑""夜"三字的方言发音有：xuan、hian、yun、hie-ng yeu、yeou、xue、hei、hie、ha、heai、he、ye、ya，共有 14 个方言音，据此可得如下树形图：

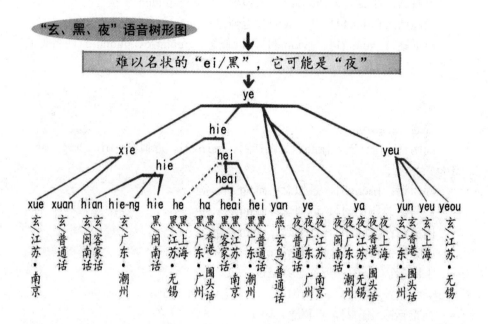

每次整理语音树形图，总会出现一些让人意想不到的收获，比如这组"玄、黑、夜"的语音树形图就让我找出了燕子的"燕"字音。在《诗经·商颂》中，燕子的称谓是玄鸟，若仅以今天的普通话来看，这两字的读音似乎根本就没有联系，但在这个语音树形图里，"燕"与"玄"的读音联系则是明显的。

总的来说，这组语音树形图告诉我们，在"玄、黑、夜"三字中，其中的"夜"字音最为原始，但要是改从单字音的丰富度来看，它们的多样性到单一性的排序则是"玄 ── 黑 ── 夜"。这个表象特征似乎可以反映出两个历史事件：一是这组字的语音源头当是"夜/ye"，但为什么是这个"夜/ye"？我就没有答案了；二是这组字的衍生顺序很有可能是"玄 ── 黑 ── 夜"。因为在今天生物基因多样性的研究中，一个普遍的规律是发源地的基因多样性会远高于新发展起来的地方，然而这种生物基因上的衍变规律能否照搬到语音的衍变规律上还有待思量。

光
普通话：guāng

闽南话：[geng1]、[gong1]，近似念：gēng、gāng（韵偏 ong）

潮州话：[guang1]，近似念：guāng

广州话：[gwong1]，近似念：guāng（韵偏 uong）

围头话：[gwong1]，近似念：guóng

客家话：[gong1]，近似念：góng

上海话：[kuan]、[kuaon]，近似念：guān、guàng

无锡话：[kuan44]，[kuaon44]近似念：guān、guāng

南京话：[guang1]、[guang4]，近似念：guàng-ɑ、guāng-ɑ（两音似有一个收尾 ɑ，给人一种guà音的感觉）

明

普通话：míng

闽南话：[mia2]、[mua2]、[min2]、[ming2]，近似念：miá、muá、mín、míng

潮州话：[mêng5]，近似念：mīng

广州话：[ming4]，近似念：mīng

围头话：[mäng4]，近似念：měng

客家话：[min2]，近似念：mǐn

上海话：[min]，近似念：mín

无锡话：[men13]、[min13]，近似念：mén、mín

南京话：[min2]，近似念：mín

综上可得，"光""明"两字的方言发音有：guɑng、geng、gɑng、guong、gong、guɑn、guong-ɑ、ming、miɑ、min、muɑ、men、meng，共有 13 个方言音。粗略来看，仅这 13 个音是不能完成一组合理的语音树形图的。难道错了吗？其实只要再加上光芒的"芒"字音，这个语音树形图便能呈现出来。详见后文的"'光、芒、明'语音树形图"。

　　诚然，"光"与"明"的语音同源性多少还是有些让人怀疑的，理由之一便是闽南话的发音实在是跑得太远。但"光"与"芒"的语音同源性却是可以肯定的。让人遗憾的是，白色的"白"字音则让我毫无头绪。然而，《汉语言的起源》一书给了一个说法：白，甲骨文字形像火苗状。白色本指火光之色。白，上古音并母铎部，其音正是燃烧木柴时发出的"劈啪"爆裂声的记录。

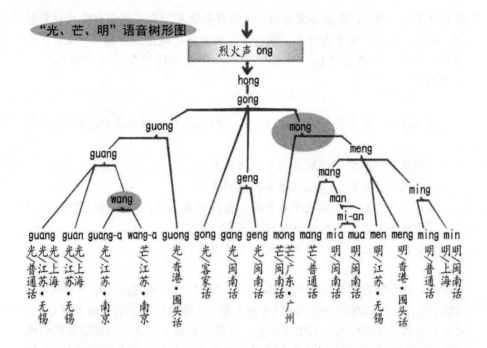

"光、芒、明"语音树形图

此外，我们还有一个褐色的"褐"，从今天普通话的读音上看，褐色的"褐"其实就是黑色的"黑"，因为褐色就是一个暗暖色。既然有暗暖色，那有没有暗冷色呢？有，这就是"青"。从语音上分析，今天的"暗""青""蓝"也是一组由深向浅的颜色演变，理由之一便是叶喆民在他所著的《中国陶瓷史》中说的一句话："我国对"青"的解释一向有多种含义，凡举青、绿、蓝、黑几乎无所不包。"由此可见，古代中国人对这组颜色的语言描述是混乱不清的，其原因很可能就是它们的语音同源性造成的。最后还有物体之"物"字，甲骨文中的"物"字也有被解释为土色，从今天的汉语音上看，殷商时代的颜色之"物"很有可能就是今天乌黑的"乌"。至于它们的语音起源，我同样感到茫然。

蓝·青·绿

《荀子·劝学》中说："青，取之于蓝，而青于蓝。"

由此可见，早在先秦时期，我们的祖先就已经感觉出这两个颜色字的语音衍变关系。注意，这是从语音层面所作出的表达。但从语义上，两者的颜色意象差别则是明显的，即"蓝"明显偏向于蓝天和大海，"青"确指于树叶和青山。有没有发现一个问题？即青色的"青"在一定程度上代替了绿色的"绿"，这情况在今天的很多方言中就是这样，即青色和绿色的颜色阈值有很大一部分是重复的。以我家乡话（广信赣语麻山腔）为例，凡形容植物表征的绿色一般只会用"青色"表示，而不会说成是"绿"，但衣服颜色的绿却从不用"青",而会说成是绿,感觉青色就是一个专属于有生命色彩的绿,而绿色不是。至于为什么,我也道不清其中的缘由。若翻看《说文》的解释:"绿,帛青黄色也,从糸。录声。"这或许算是一个"肤浅"的解答吧!

从《诗经》中有限的资料来看,这三种颜色的大致情况是这样的:

《邶风·绿衣》:"绿兮衣兮,绿衣黄里。"
《卫风·淇奥》:"瞻彼淇奥,绿竹青青。"
《齐风·著》:"俟我于庭乎而,充耳以青乎而,尚之以琼莹乎而。"
《小雅·采绿》:"终朝采绿,不盈一匊。"
《小雅·苕之华》:"苕之华,其叶青青。"

即"绿"字有单独出现在《邶风》,"青"字有单独出现在《卫风》和《齐风》,但它们有同时出现在《小雅》里。从地理位置上看,周王室(《小雅》)居西,齐国居东,邶国居中北,卫国居中南,或许可以简单而粗略概括为当时的语言情况应该是北方人说"绿"、南方人说"青",而"青"源于"暗"。而再往前的故事,我便一无所知了。

紫

"紫"从今天的汉语音上看,它似乎与"赤"有关。但"紫"在《说文解字》中的解释是:"帛青赤色。从糸此声。"而"赤"在《说文解字》中的解释是:"南方色也。从大从火。凡赤之属皆从赤。烾,古文从炎、土。"

如果说"赤"字的组成结构是"大""火",那它的字义与暖色的"红"相联系就很自然了。至于"紫"被解释成青赤也,这在今天各美术生的调色板上也是显而易见的,少量的青蓝色混合红色,结果就会成紫色。字义解释了,那字音的起源又在哪呢?

首先,我们看紫色的颜色呈象,一、它属于红色系;二、它属于一个偏青蓝色的暗红色。

其次来看"紫"字这个读音。因为《说文》有说"紫"字读音为"此",所以就必须来看"紫""此"两字的方言发音,具体如下:

紫
普通话:zǐ
闽南话:[zi3]、[zy3],近似念:jǐ、zǐ
潮州话:[zi2],近似念:jì
广州话:[zi2],近似念:jí

围头话：[zi2]，近似念：jí

客家话：[zu3]，近似念：zū

上海话：[tzy]，近似念：zì

无锡话：[tsy323]，近似念：zǐ

南京话：[zy3]，近似念：zī

此

普通话：cǐ

闽南话：[cy3]，近似念：cù

潮州话：[ce2]，近似念：cài

广州话：[ci2]，近似念：qí

围头话：[ci2]，近似念：qí

客家话：[cu3]，近似念：cū

上海话：[tsy]，近似念：cì

无锡话：[tshy323]，近似念：cǐ（声母偏s）

南京话：[cy3]，近似念：cì

综上可得，"紫""此"两字的方言发音有：zi、ji、zu、ci、cu、qi、cɑi，共有 7 个方言音。倘若再加上一些其他字音，便可出现一个更加丰富的语音树形图。如下：

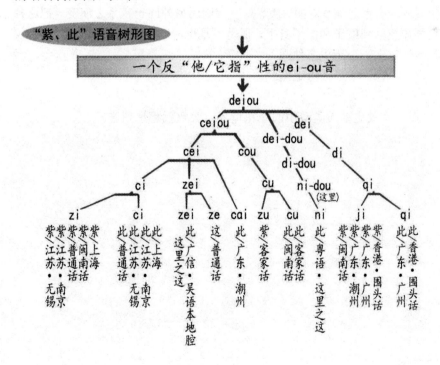

"紫、此"语音树形图

从这个语音树形图上看，紫色的"紫"字衍生自此时此地的"此"。但作为颜色的"紫"，则可能源自黑色的"黑"，因为紫色在某种程度上说就是一个偏青蓝色的暗红色。只是"后人"在需要明确表达这个暗红色的紫色时，就对这个暗红色的"黑"进行了有意地"去声别义"。这种"去声别义"的冲动在每个人的心目中都有，比如当你试着向身边的朋友说出"授人以鱼不如授人以渔"时，内心肯定就想把"鱼""渔"这两个同音字给区分一下。除非你非常严谨，否则不会考虑这种口语同音的误会和书面同音的可察之矛盾。

橙

橙色的"橙"也是水果橙子的"橙"，在《说文解字》中，它的解释仅是："橘属，从木登声。"因此，橙色一词的源起当来自水果橙子的"橙"。那么，橙子的"橙"字音又源自哪里？

个人觉得，"橙"字音的起源可能有两种：

一、北宋初年，徐铉给"橙"字的注音是"丈庚切"，给"橘"字注音是"居聿切"。这便是"橙""橘"两字读音的纵向片影。在这个片影中，倘若我们试着对照黄鹂鸟的古名，有意思的现象便发生了。《尔雅》中的黄鹂鸟注释文字是："仓庚、商庚、即鵹黄也。"此外，黄鹂鸟也被叫作黄莺，这些称谓若统一到语音历史演变发展的角度上来看，其结构就是黄、仓、商三字属同一音系之演变；鹂、庚、莺三字则属另外同一音系之演变。把这种音变规律放回到橙子和橘子身上，那是不是也可以证明"橙橘本一物，字仅时代音"这么一个历史事件呢？

二、"橙"字音或可追溯到"柑"。

至此，有关史前人类眼中的花花世界，大致就臆想到这。

7-4 泾渭分明

泾渭分明，可以说这是一个耳熟能详、妇孺皆知的成语。《辞源》的解释是：泾河水清，渭河水浑，泾河的水流入渭河时，清浊不混。比喻界限清楚或是非分明。其出处可以追溯到《诗经·邶风·谷风》。原文是：

泾以渭浊，湜湜其沚。宴尔新昏，不我屑以。毋逝我梁，毋发我笱。我躬不阅，遑恤我后。

以王秀梅译注的《诗经》来看，其大意是："渭水入泾泾水浑，泾水虽浑河底清。你们新婚多快乐，不知怜惜我心痛。不要到我鱼坝来，不要再把鱼笱开。现在既然不容我，以后事儿谁来睬。"

然而，这样的解释却始终让我感到有些不对劲，为什么说"渭水入泾泾水浑，泾水虽浑河底清"呢？两江相遇，含大量泥沙的渭水又怎么会浮在干净清澈的泾水上层？又或者说是在两江相遇的初期，凡泾水流淌的河床底部是没有泥沙沉淀的。但这样的"取景立意"显然有点自欺欺人，因为在接下来的相处中，泾水底部的河床终归会被渭水所裹挟的泥沙给堆积。所以，考虑到后面的"宴尔新昏，不我屑以"，那"泾以渭浊，湜湜其沚"的正确理解就应该是泾水与渭水的汇合其象征就是自己丈夫与新婚妻子的结合，而"湜湜其沚"与"不我屑以"也应该是相对应的，即在泾渭相混的浑浊河水中，那突出于水面的小洲或小块土地，环绕在它们周边的水却是"清澈"可以见底的（相对而言，因为水浅，故而见底），这正好与泾渭很快地融合在一起形成了对比，即丈夫和新婚妻子的快速融合与自己的被搁置和冷落形成了鲜明的对比。

所以，我对于这段诗的大致理解是：

清澈的泾水流进了浑浊的渭水，它们很快便不分彼此地融合在了一起。但伫立在它们中间的小沙洲，它周边的小面积水域却是"清澈"得可以见底。你们新婚是多么快乐与幸福，但对我却是如此冷漠与不顾。既然这样，那就请你们不要到我鱼坝上来，不要把我的鱼笱给拔开，因为我已不被你们所容纳，往后的日子已不会有人再理睬。

说了这么多，其本意仅是想强调泾水清澈渭水浑浊这一概念。但是，这一概念在我们的文化里却表现得相当矛盾。比方说在百度百科中就可以搜索到"泾清渭浊"和"浊泾清渭"这两个成语，难道这不是一件很让人疑惑的事情吗？

"泾清渭浊"与"泾渭分明"的意思是相近的，它的意思是："泾水清，渭水浊，比喻人品的高下和事物的好坏，显而易见。"而"浊泾清渭"的意思就是："渭水清，泾水浊。比喻界限分明。出自晋代潘岳《西征赋》：'北有清渭浊泾，兰池周曲。'"那问题来了，历史上的泾水和渭水，到底是谁清谁浊？

首先，世界上有明确显示出"泾渭分明"的地方，不光只有泾河和渭河，还有像湟水与黄河的交汇处；德雷克海峡处太平洋和大西洋分界线，以及巴西的黑白河等。

其次，泾水和渭水的清澈与浑浊，在历史上是有过几次变迁的。

从地理学上来说，水清和水浊就是含沙量的问题，进一步分析就是水土流失的问题。大家可能都知道，今天的黄土高原在古代也是森林良田，但是由于人类活动的影响，今天我们看到的是黄土高原，这就为解释泾河渭河清水浑水提供了理论基础。

从地图上看，渭河上游是平原，泾河上游是山区。自古以来平原和山区开发顺序不一样，所以泾河渭河的清浊对比存在几个阶段的变化。因此，早在春秋时期，秦国开发渭河流域，戎族占领泾河流域，但是游牧民族对植被破坏不大，所以当时泾河清。就像《诗经·邶风·谷风》记载的那样。等到了战国后期，秦国赶走了戎族，因此泾水上游的山区得以开发，进而导致了这里的水土流失比渭水上游的平原更加严重，所以此时的渭河就变清了。再到东汉末年，北方游牧民族南下，泾河上游的植被得以恢复，于是泾河又比渭河清。再后来是南北朝至唐代，泾河上游重新开垦，水土流失严重，渭河又比泾河清。所以杜甫才会写出"浊泾清渭何当分"和"旅泊穷清渭，长吟望浊泾"的诗句。最后是有宋以来，渭河流域全面开发，于是泾河之水相较而言又开始变清了。

但是，随着泾、渭两个流域的不断开发，现在两河交汇处已经很难看到清浊两股不同色的河水同流一河、互不相融的景观了。据统计，目前泾河平均每年向渭河输送泥沙 3.04 亿吨，平均含沙量为每立方米 196 千克；在泾河未并入之前，渭河平均每年输送泥沙 1.78 亿吨，平均含沙量为每立方米 26.8 千克。从数字上看，还是泾浊渭清，尤其在枯水季节。今天，渭河流域发展迅猛，水资源开发利用程度比较高，已经出现了水资源短缺、水质污染严重、洪涝灾害频繁、水土流失加剧的严重局面，在汛期经常是泾浊渭也浊，在枯水期甚至出现"泾浊渭黑"的状况。

总而言之，泾水和渭水的清澈与浑浊问题，其实就是人类活动造成的结果，无论泾清渭浊，还是泾浊渭清，也无论是现在的泾浊渭浊，还是泾浊渭黑，都是大自然对人类活动的无情报复。但值得庆幸的是，在科学发展观和人与自然和谐相处理念的指导下，随着黄土高原水土流失治理和渭河流域综合治理力度的加大，实现渭清泾清应该也是有可能的。

以上便是我在百度上所查找到的相关内容，虽不完全准确，但或许有一定的参考价值。

然而，本书的目的是汉语音中的史前记忆，而不是有史期间的研究。因此，我想问的问题便是泾水和渭水这两条河流在它们命名之时，到底是谁清谁浊？因为再往前追溯，在两河还没被人类命名的时候，即还不被人打扰的期间，相信两河间的流水都应该是清澈的。

回答这个问题，其实很简单，只要我们找到一个合适切入点，它们的当时面貌便豁然呈现于眼前。所以，接下来的问题便是这个切入点在哪里。别忘了，本书的宗旨就是语音追忆，因此，这个问题的切入便是泾水的泾字音和渭水的渭音所带给我们的史前追忆。

今天，泾、渭两字的方言发音有：

泾
普通话：jìng
闽南话：[ging1]，近似念：gīng
潮州话：[gêng1]，近似念：gən1
广州话：[ging1]，近似念：gēin
上海话：[cin]，近似念：jìn
南京话：[jin1]，近似念：jìn

渭
普通话：wèi
闽南话：[ui6]，近似念：uí（音偏英文字母 V）
潮州话：[ui2]，近似念：uì（音偏英文字母 V）
广州话：[wai6]，近似念：wǎi
围头话：[wäi6]，近似念：wěai（接近 wěi 音）
客家话：[vui4]，近似念：uī（音偏英文字母 V）
上海话：[we]，近似念：wéi（偏咧嘴音，非噘口音。）
南京话：[uei4]，近似念：uī（音偏英文字母 V）

或许是因为这两字的专用名词属性，所以在某些方言中并没有出现，因此，泾字的方言读音就显得格外稀少。但这并不防碍语音上的联想，即泾水的"泾"字音很可能就是源自清清楚楚的"清"字音，渭水的"渭"字音则很可能源自于浑浊的"浑"字音。是否真如我想象的那样？接下来就去看下"清""浑"两字的方言发音，具体情况见后文：

清

普通话：qīng

闽南话：[ci1]、[cia1]、[cing1]、[cui1]，近似念：qī、qiǎ、qīng、cuī

潮州话：[cêng1]，近似念：cən1

广州话：[ceng1]、[cing1]，近似念：cən1、cēin

围头话：[cäng1]，近似念：cán-g

客家话：[cin1]，近似念：céin

上海话：[tsin]，近似念：cèin

无锡话：[tshin44]，近似念：cēin

南京话：[cin1]，近似念：cèin

浑

普通话：hún

闽南话：[gun3]、[hun2]、[hun4]，近似念：gūn、hún、hūn

潮州话：[hung6]，近似念：huóng

广州话：[wan4]、[wan6]，近似念：wǎn、wān

围头话：[wäng4]，近似念：wǎn-ng(韵母 an 略带一点后鼻音)

客家话：[fun2]，近似念：fún

上海话：[wen]，近似念：wén

无锡话：[wen13]，近似念：wěn

南京话：[huen2]、[huen4]，近似念：hún、hūn

通过这些读音，我们可以看出泾水的"泾"字音与清清楚楚的"清"字音是可以联系上的。（详见后文"'泾、清'语音树形图"）

从这个语音树形图上看，一个让人感到意外的现象是泾水的"泾"字音居然跨越了清清楚楚的"清"与青色的"青"字两音，这种跨越是从语音树形图上的分枝结构看的。难道说，清清楚楚的"清"与青色的"青"字音均源自泾水的"泾"字音？这个结论未免太本末倒置了，真是让人难以相信。对于这个问题，还是让我们暂且搁置一下，先继续把"渭""浑"的关系捋一捋。

遗憾的是，从目前"渭""浑"两字的读音上看，它们之间的联系似乎是不能成立的。虽然浑浊的"浑"字音可以明确为自己找出一个语音之源，即浑浊的"浑"字音很可能是源自黄色的"黄"字音（详见后文"'浑、黄'语音树形图"），但渭水的"渭"字音却仍是一个未解之谜。

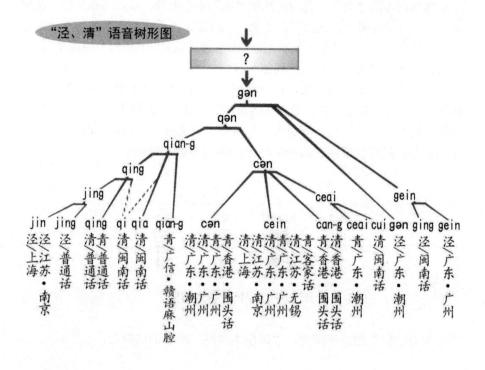

"泾、清"语音树形图

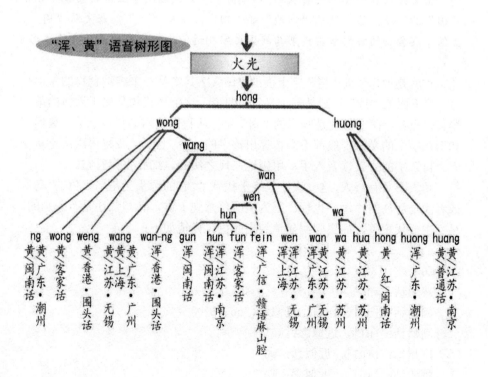

"浑、黄"语音树形图

337

既然渭水的"渭"字音与浑浊的"浑"字音无缘，那就另找其他，从读音上看，可能性最大的是黑色的"黑"。但常识告诉我们，黑色与浑浊是完全不同的两码事，从感观上判断，渭水的呈像只能是浑浊，而不可能是发黑。因此，渭水的"渭"字音源头还得另找。

让我们再一次从头开始，看一看"渭"字在《说文解字》中的解释，其内容是："水。出陇西首阳渭首亭南谷，东入河。从水胃声。……"而"胃"的解释则是："谷府也。田象形。"虽然《说文解字》没有告诉我们"胃"字的读音，但可以根据它的字形进行判断。（如图 7-4-1）

金文　战国文字　篆文　楷书

图 7-4-1　"胃"字形演变

针对"胃"的字形演变，"国学大师网"给出的注解是：

金文上像容纳食物的囊状物，下像"肉"。战国文字上方的食囊变作像"田"的形状，但不是从"田地"的"田"，下从"肉"。篆文从"肉"，上像中有食物的方形囊。楷书与战国文字相近似。在六书中属于合体象形。

也就是说，今天"胃"字上面的"田"字其实是一个容纳食物的象形符号，而下面的"月"字则是一个义符，即表示这个囊状物是属于人体的某一器官，两者合在一起便是肠胃的"胃"字。从我们的六书贯例上看，象形字和形声字中的义符一般都不会传递出该字的读音。因此，我将再次决定从今天"胃"字的方言读音入手，用刨地三尺之决心、细心去察看它。

功夫不负有心人，这一次让我终于找到了，它的源头当是乌黑色的"乌"，或者说是污浊的"污"也行。因为从颜色感观上讲，乌与黑还是有差别的，乌义主要代表脏，而黑则明显单纯指颜色。详情如下：

乌

普通话：wū

闽南话：[a1]、[o1]，近似念：ào、ò

潮州话：[u1]，近似念：wū

广州话：[wu1]，近似念：wū

围头话：[wu1]，近似念：wú

客家话：[vu1]，近似念：wú

上海话：[u]，近似念：o-ū(短音)

苏州话：[ou44]，近似念：ōu

无锡话：[u44]，近似念：wū

南京话：[u1]，近似念：wù

据此可得出"渭、乌"语音树形图，如下：

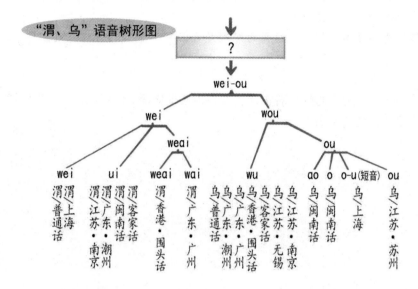

也许你会问我凭什么把 wei 和 wou 这两个音合并为 wei-ou，我的理由
其实很简单，因为 ei-ou 这韵母在今天的赣语中是存在的，据我所知，江西
抚州话就有这个韵母。

至此，泾水之"泾"和渭水之"渭"的源起音终于找到，即"泾"字音
源自清晰的"清"或青色的"青"，"渭"字音源自乌黑的"乌"或污浊的
"污"。也就是说，这两条河流在它们被命名之时，泾水就是一条清水河，
渭水就是一条污浊的乌水河。

然而，在"知乎网"上有一位名叫布衣司马的朋友却如此说道：

西安高陵陈家滩，泾河、渭河在此合流，泾纵而渭横、泾清而谓浊，泾
渭相合又泾渭分明，古今一景。
泾河缘何称"泾"？渭河又缘何称"渭"？
泾河发源于宁夏六盘山，水势南北，泾，经也；渭河发源于甘肃鸟鼠山，
水流西东，渭，纬也。经纵而纬横，经纬交错，是为地理。如同纺织中纵线
称经，横线称纬，经纬交织，乃成布匹。

经（經）初文为"巠"，从巛从工，巛为川流不息，工为织机意象，巛＋工，会意丝络不绝。巠声诸字亦多有细纵之意：巠从行，谓径，纵道也；巠从肉，谓胫，腿骨也；巠从页，谓颈，项脖也；巠从艹，谓茎，株干也……

儒家所谓"经书"者，源远流长，讲朴素的大道理，故称经书，与之相应的则是"纬书"，宣扬神秘主义，不乏无端横来，与经书对。

纬（緯）字形声，韦从口从舛，为卫（衛）、围之初字，自带横阻意，与顺向流畅的"巠"语感相对。

緯简为纬属草书楷化，經简为经则是古俗字，北魏《元璨墓志》已见经字。

不得不说，这样的解释着实让我发自内心地佩服！但相比之下，我仍然更加喜欢自己的"天方夜谭"。

第八章
那些制陶的日子

8-1 史前陶器

它是人类创造的产物，
虽质朴无华，却光芒万丈。
它从黏土中来，因火而生，
其过程宛如一只涅槃的凤凰。
它造型考究，纹饰优美，
全然是一篇歌之不尽的大美华章。

一万年前，它素颜无色；
四千年后，它一身彩装，
在一个名叫仰韶的地方，
它尽情地绽放着自己的光芒。
当仰韶之歌缓缓落幕，
龙山的黑色蛋壳陶，
却又訇然一声崛起于东方。

起初，
它们搓条盘铸好，贴片附匏成；
后来，
它们慢轮壁修整，快轮坯诞生。
至此陶工乐，百十件一晨，
钵盘瓶碗罐，灶鼎釜鬲甗……
至此生活趣，文明曙光又一程。

正因为如此，在中国国家博物馆展厅一隅，一个修修补补的陶罐，一半是拼接的碎陶片，一半是石膏，残破不堪，凄凄惨惨，满目疮痍，勉强复原的陶罐，被学术权威组成的鉴定委员会定为一级品。也许好奇的读者会问：考古发掘的陶罐成千上万，何以把这件破破烂烂的陶罐奉为国宝？这是因为目前的考古学家把农业、畜牧业和制陶、纺织等生产的出现作为新石器时代文化出现的标志和基本特征。

图 8-1-1 陶罐（江西万年仙人洞遗址出土）

那么，中国新石器时代到底起源于何时，就成为考古学家最为关注的问题之一。所以，寻找新石器时代的起源，最关键的是要发掘出最早的陶器，因为陶器是新石器时代出现的重要标志之一，并且陶器也是考古发掘中肉眼容易识别的史前遗留物。在发掘史前遗址时，只出土石器而没有陶器，我们不能说这是一处新石器时代遗址；如果出土了陶片，哪怕只是块陶片，我们就可以肯定这是一处新石器时代遗址。

1993 年和 1995 年，由北京大学考古系、江西省文物考古研究所和美国安德沃考古基金会组成的中美联合考古队对江西万年仙人洞进行了新的发掘。经一系列的碳 14 测量数据表明了可靠的年代：仙人洞上文化层距今 0.9 万年至 1.4 万年左右；下文化层距今 1.5 万年至 2 万年左右。下文化层属旧石器时代末期，上文化层属新石器时代初期，这是目前在中国发现的从旧石器时代向新石器时代过渡的最清晰的地层关系。至此，有关仙人洞遗址的年代问题，终于有了定论。而文章一开始说的那个修修补补的陶罐正是发掘于该仙人洞遗址。

中国发现了 1 万年前的陶器，表明中国大陆的陶器起源是与西亚同时的，中国大陆是世界上最早出现新石器文化的地区之一。

以上内容，段摘于中国国家博物馆编撰的《文物史前史》之"新石器时代之初"章节。然而，更为详细的中国史前陶器发展情况，则可参看由苏秉琦主编，张忠培、严文明撰写的《中国远古时代》，在此，我亦段摘如下：

约公元前 6000 年前后，因首先发现于陕西省华县老官台遗址并以此命名的老官台文化，其陶器特征均为手制，质地基本夹砂，颜色暗红。陶器内外壁颜色亦不相同，多半是外红里黑，这是由于烧制时将器物倒扣于窑内，其内、外壁氧化程度不一而造成的。在大地湾发现的老官台文化的陶器胎壁较薄，厚度均匀，断面分层，往往成片状脱落。这种陶器，是采用模制的方法，逐层敷贴泥片成型的，而且，它是泥片贴筑法发展到成熟阶段的产物。陶器表面分素面和施纹两种。素面陶表面多经精细打磨，施纹陶通体饰细绳纹的最多，绳纹多半呈交叉网状，是反复拍印的结果。不少器物的口沿还压出锯齿状花边。也有少数陶器上饰锥刺点纹、指甲纹、划纹及施于口沿的红彩带等纹饰。其中，以各种形式的三足器最为典型，一般是在蛋形深腹罐、筒形深腹罐等器物的底部加三个矮足，圜底钵下的三足较高。深腹的圈足碗也是一种富有特征的器物。

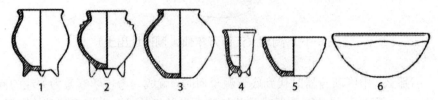

图 8-1-2 老官台文化的陶器（北首岭 77M10 出土）

1、2、4. 三足器； 3. 罐； 5. 彩陶罐； 6. 钵。

约公元前 5800 年前，位于黄河南岸的河南省新县裴李岗遗址，其陶器基本上分泥质与夹砂两类，都是红褐色，烧成温度为 900℃～960℃左右。在各遗址中，泥质陶与夹砂陶所占的比重略有不同，但都以素面为主，部分陶器表面磨光。有纹饰的陶器不到总数的 10%，且只施于夹砂陶的表面，以压印点纹和折线篦纹为主。器型有壶、罐、钵及在这几种器物底部加三足而形成的鼎。其中数量最多，而且与其他文化区别最明显的是短颈、圜底的双耳壶，肩部有半月形横耳或竖耳，中间一般都有穿孔。

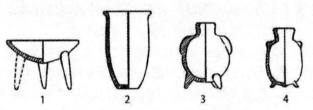

图 8-1-3 裴李岗、莪沟出土的陶器

1. 三足钵； 2. 罐； 3、4. 三足壶。

约公元前 5800 年左右，位于河北省武安县的磁山遗址，出土的陶器均为手制，以夹砂陶为主，泥质陶很少，胎壁厚薄均匀。陶器表面都呈红褐色，火候较低。陶器种类较少，器型亦很简单，主要器型为盂、支座、深腹罐、小口壶、圈足碗等，也有少量的三足器。其中大口平底的盂和其形似倒置的靴状支座，为这一文化所特有，是这里的典型器物。大约三分之一左右的陶器表面饰绳纹、编织纹、篦纹、附加堆纹、剔刺纹和划纹等纹饰，以绳纹最常见,而最有特色的是由连续排列的篦纹组成的折弧形或平行的纹带。

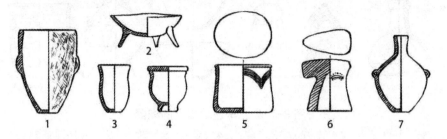

图 8-1-4 磁山遗址出土的陶器

1、3. 罐; 2. 三足器; 4.圈足器; 5. 盂; 6. 支脚; 7. 壶。

约公元前 5000 年前后,位于杭州湾南岸的宁绍平原之河姆渡遗址,其陶器是除支座外,均为以稻草茎叶、稻壳为羼和料的夹炭黑陶。烧制时缺氧及羼和料的特殊性质是陶器呈黑色的根本原因。陶胎疏松粗厚,硬度低,吸水性强,形制不规整。主要器型有釜、钵、盆、盂、支座等。釜最多,均圜底深腹,器身多有一周突脊,依口部的变化可分成敛口、敞口、折沿等几种。陶器除表面磨光的以外,釜、罐的下半部拍印绳纹刻划花纹也很常见,多数是由植物纹演变而来的圆点和线条组成的各种图案,也有一些器物上刻划出动、植物形象。

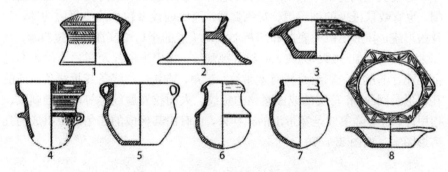

图 8-1-5 河姆渡遗址出土的陶器

1. 器座; 2. 器盖; 3. 盂形器; 4. 盘口釜;

5. 双耳罐; 6. 敛口釜; 7.敞口釜; 8. 盘。

约公元前 4550 年—前 4350 年间,位于山东滕县的北辛遗址,出土的陶器有泥质、夹砂(蚌)两种。其中,作为炊器、盛储器的鼎、釜、罐等都属夹砂(蚌)陶,而泥质陶主要有碗、钵等。

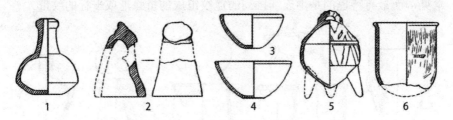

图 8-1-6 北辛遗址出土的陶器

1. 小口壶；2. 支座；3. 碗；4. 盆；5. 鼎；6. 深腹圆底罐。

约在公元前第五千纪前叶后段至公元前第四千纪中期,此时的黄河及长江中下游地区新石器时代居民已迈入了新的历史时期。依考古学文化归类,分别划归前期仰韶文化、后岗一期文化、早期大汶口文化、早期大溪文化与马家浜文化。

所谓的前期仰韶文化,包括半坡类型(有的学者将之称为半坡文化,在此情况下,他们不用仰韶文化一词)及其后继者,即庙底沟类型前期(有的学者将庙底沟类型称为庙底沟文化。持此意见的学者,不使用仰韶文化一词)。前者分布的地区是:以渭河流域为中心,东起太行山西侧及郑州左边,西止渭水之源,南至武当山北侧,北达河套及熊耳山地带。后者分布地区较前者向东推进了,至少达到太行山东麓。

半坡类型的考古学文化特征是:绝大多数陶器的质地为夹砂及细泥的红陶,也有数量极少的细泥黑、灰色陶器;圜底或数量较少的小平底的钵、盆及鼓形罐,杯形小口尖底瓶和葫芦形或蒜头形的小口平底瓶,深腹的罐、瓮和大口尖底的缸、罐;绳纹、弦纹、锥刺纹、指甲形印纹及黑色彩绘图案是主要流行的纹饰,彩绘纹样有宽带纹、三角、方块、直线条或折线条组成的几何形及网纹,和写实的或图案化的鱼纹、人面纹及鹿纹等等,在锥刺纹、指甲印纹中,除主要是宽带形的式样外,也有由其构成的三角方块组成的几何形图案(如图 8-1-7)。

随着时间的推移,半坡类型的基本器物不断地发生局部性的演进。依此显示的半坡类型发展进程,可以早晚两期标示它的一些重要变化。晚期以葫芦形或蒜头小口的平底瓶代替早期的杯形小口尖底瓶而作为基本的随葬器物,也新出现盂形带盖夹砂罐。同时,盆、钵、罐、小口尖底瓶及彩绘图案也发生了重要变化:晚期的盆,口沿较为卷曲,盆身折曲明显而鼓出;钵为敛口,腹部略内曲,而改变了早期那种半球形的形态;罐的口沿较早期升高呈现出明显的领部;小口尖底瓶小型化,出现明显的曲折肩,或器身鼓出,有的在底部出现柱状实根。早期器物线条的轮廓呈抛物线形,晚期器物明显地呈现向曲线形发展的势头。在彩绘图案中,新出现了写实的鸟纹,且相当广泛地以图案化的鱼纹代替了早期流行的写实的鱼纹,最后,晚期改变了早期几何形图案的严整特点,使用圆点、曲线三角及曲线条带构成几何形图案,开始展现出把彩绘图案推向多样、活泼方向发展的轨迹。

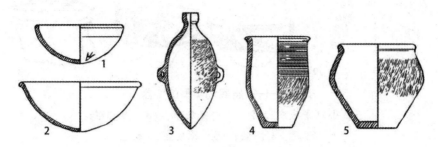

图 8-1-7 半坡类型早期的陶器

1. 钵; 2. 盆; 3. 小口尖底瓶; 4. 鼓形罐; 5. 罐。

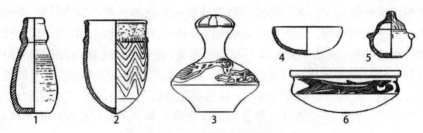

图 8-1-8 半坡类型晚期的陶器

1. 小口平底瓶; 2. 尖底罐; 3. 蒜头小口瓶;
4. 钵; 5. 葫芦形瓶; 6. 盆。

与半坡类型遗址面积相比,庙底沟类型遗址则多出了 60% 左右。它的文化面貌基本区别于半坡类型遗存。其中期以前的遗存的考古学文化特征是:大多数陶器为夹砂、细泥及泥质的红陶,也存在数量不少的泥质灰陶;流行卷沿或敛口的盆、敛口钵、双环重唇小口尖底瓶、葫芦口平底瓶、敛口深腹瓮、领部明显而呈铁轨式的口沿的深腹罐、釜与灶;陶器造型特点是胎壁较薄、平底及呈曲线形结构;广泛使用线纹和彩绘装饰陶器;彩陶较半坡类型为多,风格与半坡类型迥异,以黑彩为主,少数兼用红彩,也出现了带白衣的彩陶,主要用圆点、月牙形、曲边三角同曲线或直线条带组成流畅繁缛的几何形图案和写实的鸟纹,也有少量蛙纹;比较广泛地使用圆形泥饼及鸟头泥塑装饰陶器,同时偶见蜥蜴等动物泥塑;其几何形彩绘图案,是以斜曲线为界线的连续交错构图,类似由蔷薇科的复瓦状花冠、蕾、叶、茎蔓结合成图,和类似由菊科的合瓣花冠构成的盘状花序。

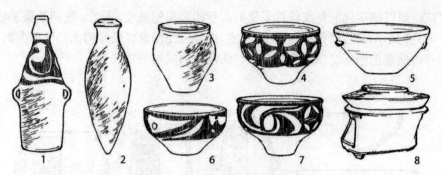

图 8-1-9 庙底沟类型的陶器

1. 小口平底瓶；　2. 小口尖底瓶；　3. 夹砂罐；
4、6、7. 彩陶盆；　5. 泥质盆；　6. 釜。

后岗一期文化以河套及山东半岛为犄角，广布于自太行地带以东的整个黄河下游地区。在地理上，它和半坡文化之间存在着交错、对峙和争夺，随着半坡文化的壮大，尤其是其后继者庙底沟文化的东侵，节节后退，至迟到大汶口文化刘林期，已退缩到山东地区及黄淮平原的北部。后岗一期文化陶器的质地颜色、制法和某些器型及彩绘图案，貌似半坡文化。仔细观察分析，则知它流行陶鼎及具有较多的长颈小口壶，同时，陶盆数量极少，且缺乏小口尖底瓶，在陶器表面装饰方面，这里存在着红色彩绘，碗、钵流行"红顶"装饰而无动物形彩绘图案及罕见绳纹，表明它和半坡文化存在着根本区别。

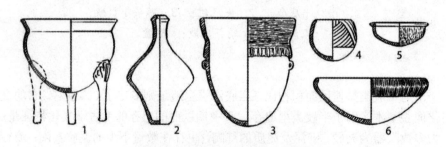

图 8-1-10 后岗一期文化的陶器

1. 陶鼎；　2. 长颈小口瓶；　3. 釜；　4、6. 钵；　5. 盆。

在黄河下游，继后岗一期文化之后，便是大汶口文化的刘林期。它的年代约与庙底沟文化相当。由于庙底沟文化的东迁，刘林期的分布范围，远较后岗一期文化缩小。目前，只在鲁中丘陵、徐淮平原及胶东半岛才见到这时期居民留下的遗址和墓地。

刘林期陶器的形制和其基本组合，自具特征。陶器的颜色基本为红色，也有少数呈灰、黑色的，质地多为夹砂及泥质两类，还有一定数量的夹蚌末、夹云母末者，器表多作素面和磨光，无绳纹，常见的纹饰有点纹、划纹、弦纹及附加堆纹，红衣、彩绘、镂孔及篮纹数量较少。基本器型为鼎（上身为罐、钵、盆及釜形）、豆及觚形器，此外尚有盆钵、罐及少量的器盖及器座，而和其他考古学文化的面貌保持着区别。

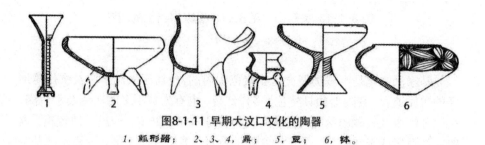

图8-1-11 早期大汶口文化的陶器

1，觚形器； 2、3、4，鼎； 5，豆； 6，钵。

大溪文化是以四川省巫山县大溪遗址命名的，其年代前期可进入半坡类型，后期约和庙底沟类型相始终。

大溪文化的分布地区是：西起瞿塘峡两岸，东达洪湖之滨，北自荆山南麓，南抵洞庭湖畔，处在中国东西、南北交通的腹地，面积约5万平方千米。这一文化的陶器，基本上呈红色，盛行红衣。外表常为红色的陶器，内表却为灰黑色。同时也有少数的陶器呈灰色、黑色、橙黄色和白色。陶器的质地分泥质和粗陶两类。粗陶除夹砂、蚌末外，另有单纯以稻壳作羼和料的。陶器的主要纹饰有戳印纹、弦纹、刻划纹、堆纹、镂孔和彩绘，也有少量的线纹（图8-1-12）。另一类是由直线条带、菱形方格、锯齿形、圆圈及点状线组成的几何形（图8-1-13）。器型主要是釜、鼎罐、圈足盘、圈足碗、双腹杯、筒形瓶、敛口簋、敛口钵、器盖、器座及支座。三足器很少，流行圈足器。

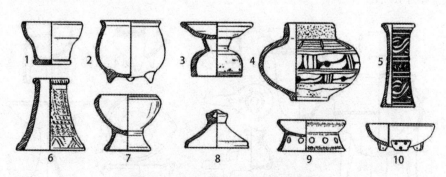

图 8-1-12 大溪文化出土的陶器

1. 曲腹杯； 2. 罐形鼎； 3. 豆； 4. 彩陶罐； 5. 彩陶瓶；
6. 器座； 7. 圈足碗； 8. 器盖； 9. 圈足盘； 10. 钵形三足器。

图 8-1-13 关庙山、毛家山、丁家岗出土的陶器

1、3. 碗；　3. 杯；　4. 盘。

　　马家浜文化是半坡类型文化年代范围内的，位居于太湖平原及杭州湾地区的居民遗存。其陶器颇具特色，多作红色，也有为数不多的灰色及黑色陶，质地分泥质及夹砂的两类，夹砂陶羼和料是砂粒和蚌末，一般质地较粗。器壁外红里黑或表红胎黑，是泥质红陶的特点。器型种类不多，主要器型是宽沿深腹圆底或平底釜扁锥足或圆锥形足的釜形鼎喇叭形座的豆、敞口盆、钵、双耳罐和平底或带三四个足的盉及壶，以及特征鲜明的长方形烧火架（可能是用于烧烤食物的炉）。这里的陶器有的往往安上鸡冠耳或尤具特色的牛鼻式耳。（如图 8-1-14）

　　约公元前 3500 年至前 2600 年，相当于仰韶文化后期。这时在黄河中游分布着仰韶文化，黄河下游是大汶口文化，黄河上游是马家窑文化。在长江流域，中游的两湖地区主要是大溪文化晚期和屈家岭文化，下游包括太湖流域主要是崧泽文化。

　　这些地方陶器的颜色和质地趋于多样化，除红陶外，还有黑陶、灰陶、青灰陶和白陶。陶器种类增多，普遍出现高领瓮和带咀罐。同时出现了各种地方性产品，如大汶口文化的鬶、背水壶和觚形杯，大溪文化的双腹杯和直筒形瓶，仰韶文化的喇叭口尖底瓶等。这一阶段最流行的陶器纹饰是篮纹和附加堆纹。彩陶由盛而衰乃至消灭，同时出现某些彩绘陶，即在陶器烧成后再绘上花纹，容易脱落，通常是在黑陶上绘朱红色或红黄两色花纹。（如图 8-1-15、16）

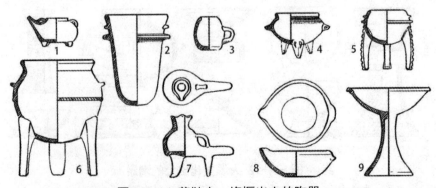

图 8-1-14 草鞋山、梅堰出土的陶器

1、7. 陶壶；　2. 陶釜；　3. 陶杯；　4、5、6. 陶鼎；　8. 陶匜；　9. 陶豆。

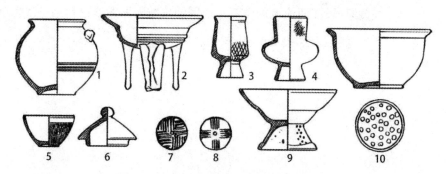

图 8-1-15 屈家岭文化出土的陶器

1. 罐；2. 鼎；3. 杯；4. 壶；5. 碗；

6. 器盖；7、8. 彩陶纺轮；9. 豆；10. 甑。

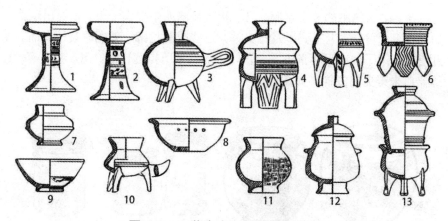

图 8-1-16 薛家岗文化出土的陶器

1、2. 豆；3. 鬶；4、5、6、10. 鼎；7、11、12. 壶；

8. 盆；9. 碗；13. 盖、甑、鼎。

约公元前 2600 年至前 2000 年，是龙山文化及其同时代诸文化活跃的时期。这一阶段的陶器往往采用轮制，尤以东方沿海一带为甚。由于烧制技术的改变，这时已很少见到红陶，一般是黑陶和灰陶。在黄河中游和长江中游的广大地区，除绳纹和篮纹外还流行方格纹，东方沿海则多素面或弦纹。

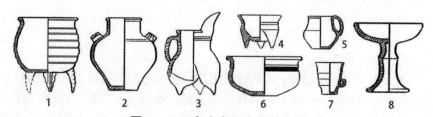

图 8-1-17 龙山文化出土的陶器

1、4. 鼎；2. 高领罐；3. 鬶；5. 单把杯；6. 盆；7. 杯；8. 豆。

至此，黄河、长江两流域的中下游地区的史前陶器发展已粗略呈现完毕。

8-2　罐之名

罐，多么熟悉的一个字眼。只要稍微在脑海中搜索一下，便会出现如可口、百事、雪花、老干妈以及罐头等，这些或易拉罐、玻璃罐装的食品。如此看来，罐子的造形可谓五花八门，它的意象所指远比瓶、盘、盆、碗、缸等器皿来得更加多样。如图：

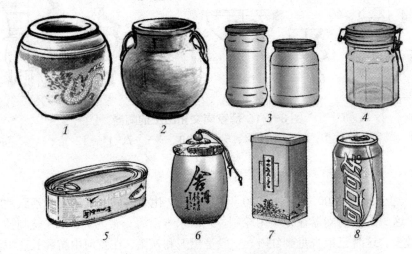

图 8-2-1　市面上的各种罐型器皿

1、2. 普通陶罐；3、4. 小玻璃罐；5. 鱼罐头；6、7. 茶叶罐；8. 易拉罐。

罐，在《说文解字》中的解释是："器也。从缶雚声。"

多么简单的一个解释，若再往前追溯，于甲骨文中便没了它的身影。然而，这丝毫不影响我们对它称谓起源的追溯，因为这个"罐"字音即使在今天的汉语音中仍保留着它当初的"呱呱坠地"之声。而这个"呱呱坠地"之声恰好与它那小幅度的收口特征有着莫大的关系。以今天的方言来看，它的

读音有:

普通话:guàn
闽南话:[guan5],近似念:guān
潮州话:[guêng3],近似念:guən2
广州话:[gun3],近似念:gūn
围头话:[gwung1],近似念:guóng
客家话:[gon4],近似念:gāng-ng(韵音有先ang后ong的感觉)
上海话:[kueu],近似念:gùn
苏州话:[kuoe523],近似念:gùo-é(韵uo偏u,故声调标注于u)
无锡话:[kuoe334],近似念:gùo-é(韵uo偏u,故声调标注于u)
南京话:[guang4],近似念:gua-ng

综上可得,"罐"字的方言读音有guan、guən、gun、guong、gang-ng、gua-ng、guo-e,共7个音。若再加上广信赣语麻山腔的guàng和广信吴语本地腔的guāng,则可得出如下语音树形图:

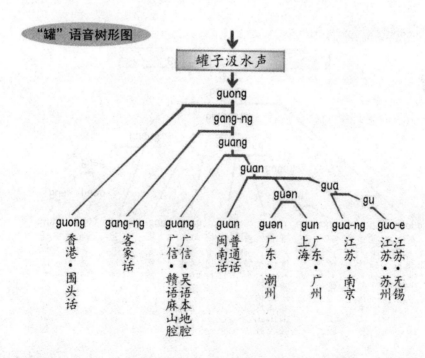

"罐"语音树形图

罐子汲水声

通过语音树形图分析,我们首先追溯出"罐"字音的初始音应当是一个类似于guong的音。表面上看,guong这个音似乎没什么特别,但只要稍加分析,便能够感觉出这个音其实是罐子汲水时所发出的声响,若用汉字表示,其实就是"咕咚咕咚"声。

那么，接下来的问题就是"咕咚"声何以会变成guong这个音？我认为原因有二：一是象声拟音向语言转化后的结果所致；一是出于便利，常用的双音词汇会出现语音综合的现象，即通常所谓的合音字，如宋代沈括《梦溪笔谈·艺文二》："古语已有二声合为一字者，如不可为叵，何不为盍，如是为尔，而已为耳，之乎为诸之类。"若改用今天口语举例，则有"不用"变成"甭"，"不要"变成"覅"，或者像今天的"知道"在网络语言中也变成了"造"等。所以，象声拟音的"gudong/咕咚"在经历了一段时间后就变成了guong，进而再由guong这个音衍变出今天汉语各方言中的罐字音。

如果说，罐字音的源头是罐子在汲水时所发出的"gudong/咕咚"声，那么，这个"gudong/咕咚"声除衍变成罐子的罐，还有其他器皿吗？又或者说，还衍生出了哪些其他词汇呢？你还别说，这个"gudong/咕咚"声除了衍生出罐子的"罐"以外，还有缸、瓮等器皿，以及动词灌溉的"灌"等。当然，"缸""瓮""灌"这些词语只能算是"gudong/咕咚"声的嫡长系衍生词，倘若把关系拉得再长远一点，则可得出更多的与之相关的衍生词语，比如棺椁的"棺"和箩筐的"筐"等语汇。如图：

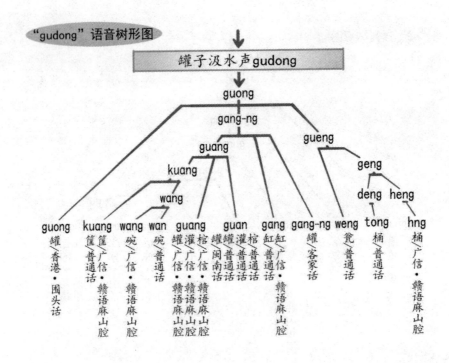

在这个gudong语音树形图中，需要注明的是罐子的"罐"何以衍生出棺椁的"棺"、箩筐的"筐"和饭碗的"碗"三词？

首先，我们来看棺椁的"棺"。关于这两个词的衍生关系，从语音层面上看是没有问题的，独词义层面上的延伸该作如何解释？若要回答这个问题，则必须借用考古学上的发现才能回答。以《中国远古时代》的资料内容来看，在距今约公元前第五千纪前叶后段至公元前第四千纪中期的仰韶时代前期，半坡类型居民的埋葬习俗是：

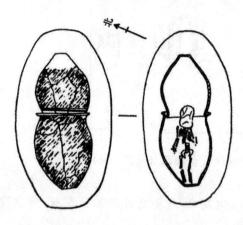

图8-2-2 半坡类型瓮棺葬（何家村M17平面图）

半坡类型居民对小孩实行同成年人不同的埋葬方式。他们将小孩尸体置于陶瓮、陶钵或陶盆，有时加上陶碗组成的葬具内，埋入居住地内，或就在某一房屋附近的事先挖成的圆形竖穴内。这类瓮棺葬的葬具组合，基本上可分为三类：一是将小孩尸体先放在陶瓮内，上扣一钵；二是上扣的不是钵，而是陶盆，少数再在钵或盆上加扣一个陶碗；三是在陶瓮上，再扣上一件陶瓮（如图 8-2-2）。最后那类发现的极少，多半是出于尸体较大的缘故。

而此时成人的埋葬方式又是怎样的呢？他们一般都是合葬墓（如图 8-2-3）。现摘书中一段，以供阅读感受和想象：

在半坡类型墓地中，合葬墓是最小的单位，处于最底层，暂把它所代表的亲属单位，名为一级亲属体。这类亲属体的特征是：人数一般在十人左右，有的达到二十余人，最多的甚至达到七八十人；在成年人中，有男有女，男女往往不成比例，在大多数情况下，男性多于女性；包含不同辈分的人，已见到含三代人的例证；它把死于不同时间的本亲属体成员，集葬于一墓穴，而依定穴安葬的时间顺序，把墓穴排在上一级亲属体的墓区内，一方面表现它内在结构相当牢固，另一方面又表明它仍不能脱离上一级亲属体，这只是实现内容变化而未冲破形式的变革。任何种类的亲属单位，都经历着繁殖、分化或衰亡的过程，故确切些说，合葬墓只是半坡类型一级亲属体在一定时期内死亡成员的墓葬。

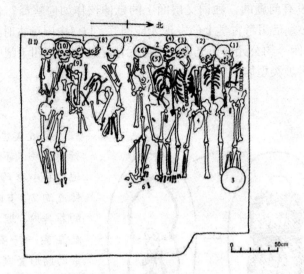

图 8-2-3 半坡类型几代人合葬墓（元君庙 M440）

接着是铜石并用时代，即约公元前 3500 年至前 2000 年左右，在大汶口文化中，它们的墓葬文化习俗是：

同期婴儿多系瓮棺葬，其分布也相当密集。如大河村一个 100 平方米的探方中即发现有 46 座。葬具多用日常生活中的实用陶器而非专门制作的。如大河村 60 座瓮棺葬中，鼎与尖底罐扣合者 1 座，豆与尖底罐扣合者 1 座，盆与罐扣合的 1 座，两罐相扣合的 2 座，单用一盆的 3 座，一罐的 13 座，一鼎的 38 座，一缸的 1 座。这同仰韶前期葬具较一致（盆钵扣瓮或尖底瓶葬）的情况颇不相同。

而此时的成人葬一般都为单人葬，也有少量男女合葬或成年人与小孩的合葬。但是，在大汶口和陵阳河，那些较大的墓却均有二层台，有木椁或木棺。木椁一般由原木交叠成井字形，顶部用原木横盖，一般无底，少数底部有排列稀疏的原木。这种椁室同墓壁之间，以及椁室内均有随葬品。木棺较小，亦多用原木，有四壁及顶、盖，随葬品一般置于棺外。

进而是铜石并用时代晚期，即公元前 2600 年到前 2000 年左右的龙山文化时期，在山东临朐朱封发现了三座大型墓葬，基棺椁规模是空前的。如书中对朱封 1 号墓的介绍（图 8-2-4）如下：

与 M203 的形制十分相似，规模也差不多，也是重椁棺，但只发现了椁室，推测椁室以外还应有更大的墓塘。现存小墓塘长 4.4 米、宽 2.5 米。外椁长 4.1 米、宽 2 米，厚 10 厘米，两短边伸出呈 II 字形。内椁形状与外椁相同，长 2.81 米、宽 1.61 米，板厚 5 厘米。内椁与外椁之间设一脚箱，长

1.42 米、宽 1.20 米。内椁南面置棺，北面设边箱。棺长 2 米、宽 0.64 米、板厚 5 厘米；边箱长 1.78 米、宽 0.43 米，二者均有红黄两色彩绘。外椁板内侧钉两排共 12 根短木桩，以防椁板往里挤。棺和边箱的底部有 3 根垫木。死者仰身直肢，双手交于腹部，据骨骼观察似为一中年女性。手握獐牙，头戴松绿石耳坠，胸部有玉管等，当为项饰。随葬器物主要放在脚箱，其中陶器有鼎、鬶、罍、罐、豆、盆、蛋壳陶杯、单把杯、三足盆等，另有骨匕和蚌器等共 30 多件。边箱中有 2 件蛋壳陶杯，估计还应有衣服等有机物今已腐朽无存。椁顶上则有白陶鬶和 2 块猪下颌骨，内椁东北角有磨制陶饼，外椁北侧有兽骨和 8 个泥弹丸，东侧有泥塑动物和网坠。

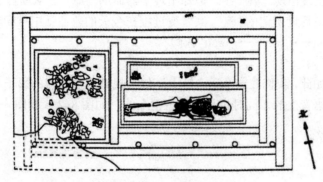

图 8-2-4 朱封 1 号墓平面图

所以，从瓮棺葬向棺椁葬的历史发展演变是明显的。唯一需要一点"辩解"的是，为什么小孩的瓮棺葬比大人们的棺椁葬出现得更早？我的理解是其原因有二：一是小孩与大人相比，其身体会小许多，这就为瓮棺葬提供了可实施的现实条件，因为史前的制陶技术是有限的；二是人性的本能，如果说孝文化是需要提倡和推广的，那身为人父人母对子女的疼爱就绝对是出于人类天性的本能，否则我们的这个族群就不存在了。

也就是说，当我们的祖先用"瓮/缸/罐"这类器皿来装殓自己小孩进行埋葬时，随着历史的发展和文明的进步，把"瓮/缸/罐"这种形式改用木的材质用于成人身上，这种演变就显得非常自然，既然都是装殓，那"罐"的称谓也就自然变成了"棺"的定义。有意思的是棺椁的"棺"字确由义符"木"字和声符官府的"官"字组合而成，但它与官府的"官"字音的起源却没丝毫关系。官府的"官"与管理的"管"应该有所联系，它们的语音起源可能来自看守的"看"，而非源自"咕咚声"之"瓮/缸/罐"这一器皿。

其次，再来看一下笭筐之"筐"与陶罐之"罐"的渊源关系。从读音上看，它俩之间的衍变关系也是明确的。而从意思层面上看，倒扣于地面的罐字音也自然会有动词化的可能，比如我老家的广信赣语麻山腔中用来形容笭筐盖住某件东西时的这一动词就念guáng，而广信吴语本地腔则念guàng，这个动词若放在今天的普通话里大概只有诓骗的"诓"字才略带一点相似的感觉。所以，从罐子的"罐"衍变出后来以匡正的"匡"字为声符的系列形声字的顺序就应该是：罐子的"罐"——→ 箩筐的"筐"——→ 进而才是边框的"框"、诓骗的"诓"，以及匡正的"匡"等。

最后来看饭碗之"碗"与陶罐之"罐"的渊源关系。个人的猜测是当陶罐之"罐"衍生出倒扣动词guang或kuang，进而又衍生出名词箩筐的"筐"。而饭碗的"碗"则正是从箩筐的"筐"这个基础上衍生出来的。当然，"碗"字音的语音也可能起源于别处，只是我暂时还没找到而已。毕竟在《甲骨文字典》中虽没出现"碗"字，但却出现了器皿的"皿"。从读音上看，它很有可能就是后世所谓的"碗"，其音变过程在今天的普通话中可简略成：（皿）min ——→ men ——→ man ——→ wan（碗）。

不但如此，我们在这个语音链上还似乎找到了盆和盘的影子，这个影子不单只是语音上的，同时也是器皿造型上的。如图8-2-5和图8-2-6。

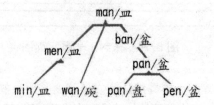

图8-2-5 "皿"语音树形图

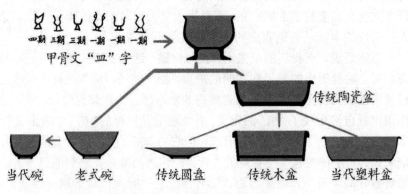

图8-2-6 "皿"器型演变图

然而，并不是所有的器皿在汲水时所发出的声音都是"咕咚咕咚"，比如那些比罐子体形稍微瘦小一点的壶就不是,它们在汲水时所发出的声响则

358

明显偏向于"咕噜咕噜"。所以，"壶"字音的源头便是器皿壶在汲水时所发出的"咕噜咕噜"声。

有关陶器器皿的称谓字词，在《甲骨文字典》中除了"皿"以外，还有曾（甑）、鼎、公（瓮）、壶、缶、鬲、豆7个字。但从考古出土的文物来看，史前人的生活器皿远非这么一点，若以《文物史前史》的称谓来统计，史前人的陶器器皿类型有：

炊器：灶、支子、釜、鼎、甑等；

食器：钵、碗、杯、豆、盘等；

水器：壶、瓶，罍等；

储存器：盆、壶、罐、缸和瓮等。

现在，你看到的炊器中的"灶""釜"，食器中的"钵""碗""杯""盘"，水器中的"瓶""罍"以及储存器中的"盆""罐""缸"等字在甲骨文中都是没有出现的。当然，若简单地依据今天的汉语音来分析，你便会发现：

1. "缶"字就很有可能是"钵"和"釜"，"钵"衍生出后来的"杯"，"釜"则衍生出后来的"锅"。如图：

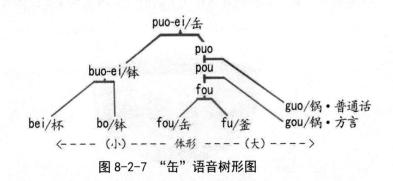

图 8-2-7 "缶"语音树形图

2. "公"字不但是"瓮"，它还很有可能就是后来的"缸"和"罐"。关于"瓮""缸""罐"三字的语音同源问题，我们在前面的"gudong语音树形图"中已经求证。

3. "曾（甑）"其实就是后世蒸笼或蒸腾的"蒸"，在《说文解字》中，"曾"字的读音被说成是烟囱的"囱"字音。此外在蒸腾的"蒸"字音下面还有大量与之相关的字词，如升腾的"升"和"腾"、引申的"申"以及神仙的"神"也被囊括在内。凡此种种，这组字词给人感觉就是那个强烈的鼻音ng或n，但这组字词的语音源头究竟在哪便不得而知了。

最后，史前的人生活器皿还有灶、鼎、鬲、豆、瓶、罍6个品类未解。当然，有些东西终归是要被历史的尘埃所掩埋，所以在灶、豆、瓶、罍这4

个器皿面前，我的语音想象力便出现了彻底的冻结。但是，在有关"鼎"和"鬲"的语音想象面前我还有一点自己的看法，不过，这要放到下一节"一至十"中去说，因为它们很可能与数字3和4有关。

8-3 一至十

说到史前陶器，我们就不得不说一件仰韶陶器，即元君庙陶钵。（如图8-3-1）元君庙遗址位于陕西省渭南市华县柳枝镇的泉护村与安堡村，大约为新石器时代遗址。该陶钵在《中国远古时代》中的描述是这样的：

图 8-3-1 元君庙陶钵（实物复原效果图）

这件陶钵口沿下方的器身上装饰的带状几何形图案，是由锥刺的三角点组成的三角纹为母题作正、倒交错配置组成的装饰。带状几何形图案的长宽，分别为钵身的周长和三角纹的高。因此，要在圆形陶器上装饰等距的同样大小的三角纹组成的带状几何形图案，先须计算出器面展开的长度，并予以等分，再依据等分部分的大小，计划应配列的三角纹及其间距大小。从该陶钵口沿下方留存的阴线刻纹窥知，在锥刺三角纹前，先绕器壁划出上下平行的两条规线，定三角纹之高亦即带纹的宽度。现存钵上的带状几何图案已部分残损，仅剩下十个三角纹。按自左向右顺序，一、二、和四至十这九个三角纹面积等大，宽端为5厘米，配置相等距离的锥刺点十个，由宽端至三角纹的顶锥刺点。这九个三角纹及第三、四两个三角纹之间的间距相等，都是

360

1.5厘米。第三个三角纹是正置的，底边宽3.8厘米，配有九个锥刺点。该三角纹也只有九层，由底部往上如积木式地逐层减少一个锥刺点，至顶端仅余锥刺点一个。二、三两个三角纹的间距，也区别上述三角纹的间距，上为1.8厘米，下为1.2厘米。可见，第三个三角纹和其他三角纹不同，以及二、三两个三角纹间距较其他三角纹小的原因，或是设计上出现的一点误差，也可能是施纹中的误差。这些情况表明，制作这样的带状几何形图案的陶工，需具备测算圆形陶器周长的方法和对周长及三角纹之高予以等分的能力。等分即数学上的"除"。"乘"和"除"是一对孪生的数学概念。

细察三角纹，还可见到另一重要现象。即三角纹由九层或十层锥刺点构成，底边为九个或十个等距的锥刺点。这样，无论是陶工先锥刺底边，而后逐层减少一个锥刺点，最后至三角纹之尖，还是先锥刺三角纹之尖，而后逐层加一个锥刺点，最后完成底边锥刺点的制作，都说明陶工已经具有"九""十"数和"加""减"的概念。

也就是说，陶工通过制作锥刺点构成的三角纹和其组合的几何形图案以追求对称美感的时候，还运用了"九""十"数的知识及加、减、乘、除的概念或意识。这才能创制如此精美的图案。

文中有说该陶钵证明了仰韶时代的陶工已经具有"九""十"数和"加""减"的概念。但是，即使没有这件陶钵，我们也完全有理由相信仰韶时代的人已经具备这样的智力。当然了，《中国远古时代》之所以这样说，也完全是出于文章递进的需要和科学考古的唯物主义原则。

尤瓦尔·赫拉利在他的《人类简史》中告诉我们，即使像黑猩猩的一般族群，其成员也达20至50只左右（当然也有极个别的族群，其成员超过100只）。其原因是：

如果两头公猩猩要争夺首领地位，通常会在族群中不分公母各自寻求支持者形成集团。集团成员的联结在于每天的亲密接触，比如拥抱、抚摸、接吻、相互理毛等。就像人类在选举的时候得到处握握手、亲亲小婴儿，如果哪只黑猩猩想要争夺首领宝座，也得花上许多时间拥抱、亲吻黑猩猩宝宝，还要拍拍它们的背。通常情况下，这头公猩猩能坐上首领宝座不是因为身体更强壮，而是因为它带领的集团更庞大也更稳定。

以这种方式形成并维持的黑猩猩族群，规模有明确的限度。这种做法要能运作，族群里每只黑猩猩都得十分了解彼此，如果都没碰过面、没打过架、没互相理过毛，两只黑猩猩就不知道能不能互相信赖，对方值不值得帮助，也不知道谁的阶层比较高。所以，在自然情况下，黑猩猩族群一般都是由20至50只黑猩猩组成。

因此，我们完全有理由相信记住20至50个数是我们的表亲——猩猩们所必须具备的基本数学能力。而人类自身所能稳定的社交人数又是多少呢？20世纪90年代，英国牛津大学的人类学家罗宾·邓巴告诉我们，身为猩猩表亲的人类允许自己拥有稳定社交网络的人数是 148 人。所以，6000 年前的仰韶人绝对不可能就只会区区的 10 个数。

在此，既然已经聊到了 1 至 10 这 10 个数字概念，咱们接下来就好好聊一下这 10 个数字的称谓。毕竟，这也是一件挺有趣的事情。

今天，数字在我们的生产生活中的用途是广泛的，比如生产中的产量统计、考试中的成绩计分、答辩中的观点罗列以及竞赛中的名次排序等。然而观点罗列和名次排序在我们的传统文化中却并不是用一、二、三来罗列，却是以甲、乙、丙、丁来表示。远的不说，就拿红军长征时期国共双方的电报来看，其内容的罗列也是常用甲、乙、丙、丁来表示，例如下面两封电报：

孙司令官志舟（龙云）兄：

胜密。

甲、自本日起，匪约六百人，由后山搭浮桥两座，窜渡乌江以南地区，正午匪渡江者已有千数，尚有陆续部队。

乙、望兄部星夜兼程，经黔西限明日达镇西卫待命。

盼立复。

中正。世申贵参印。

张（国焘）：

甲、分路迅速北上的原则早经确定，后勿延迟，致无后续部队跟进。切盼如来电所指，各部真能速调速进，勿再延迟，坐令敌占先机。

乙、目前四方面军主力未到马河坝东北，沿途番民捣乱，三军团须使用于配置警戒及打通石碉楼方面。一军团及八十八，八十九两师三团，在毛儿盖未攻下前，不便突入。

丙、弟等今抵上芦花，急盼兄及徐、陈速来集中指挥。

朱、毛、周
十号
（注：这两封电报摘自王树增所著的《长征》一书）

那么，两套数字及语音，是否代表着它们本自两种不同的语言体系呢？即甲、乙、丙、丁、戊……是商人的，而一、二、三、四、五……是周人的。但两组字居然在甲骨文中都有出现，这究竟是怎么一回事呢？

在《甲骨文字典》中，它们的解释就是：

一

篆书	甲骨文				
一	一 五期 合集 三七二〇四	一 四期 合集 三二七四六	一 三期 合集 二七六六	一 二期 合集 二三九	一 一期 合集一四

解释栏用字	Ⓐ×	Ⓑ⊠	Ⓒ⌃	Ⓓ∧	Ⓔ十	Ⓕ八	Ⓖ

卜辞由一至四，字形作一、二、三、三，以积画为数，当出于古之算筹。甲文金文均同。属于指事字，从五至九，则利用假借字，其形作 A（或 B）、C（或 D）、E、F、G，至十则为竖形。

二

篆书	甲骨文				
二	二 五期 合集 三七八六八	二 四期 合集 三三五九〇	二 三期 合集 二六二	二 二期 合集 二三一四	二 一期 合集四〇九

解释栏用字	Ⓐ二	Ⓑ二

甲骨文一、二、三、四作一、二、三、三，皆以积画为数。当起源于算筹。二字两画等长，与 A（上）、B（下）字形有别。

三

篆书	甲骨文				
三	三 五期 合集 三七六四八	三 四期 合集 三四〇二七	三 三期 合集 二六八九	三 二期 合集 二二五八	三 一期 合集九四

三为记数名，甲骨文从一至四，作一、二、三、三，以积画为数。当出于古之算筹。甲金文均同，为指事字。

四

	篆书	甲骨文
四	四	三（一期 前四·二九·五）　三（一期 甲五〇四）
解释栏用字		Ⓐ四　Ⓑ四　Ⓒ四　Ⓓ四

甲骨文一、二、三、四皆以积画为数，盖取象于横置之算筹。早期金文亦作三（孟鼎）、三（墙盘），与甲骨文同。至春秋战国时期，"四"字作A（邵钟）、B（徐王子钟）、C（大梁鼎），为《说文》篆D所本。此形乃借为数名。丁山谓其本为呬息字（《数名古谊》），马叙伦则说为涕泗字（《中国文字之源流与研究方法之新倾向》）。

五

	篆书	甲骨文
五	X	X（四期 后上三二·一）　X（四期 粹一二）　X（三期 佚三二四）　X（三期 粹二二九）　X（三期 粹一二）　X（一期 库一七九九）　X（一期 铁二四七三）
解释栏用字		Ⓐ丒　Ⓑ乂　Ⓒ丒　Ⓓ乂　Ⓔ乂

甲骨文子午之午作A，本以束丝之交午形，会意为牾，借为地支之午。束丝表示交午之全形，具体之交午在束丝中部之二斜画相交作B形，故甲骨文借用为数词之五，或牾逆之牾。又为明确表示交午之意，更于束丝之两环形中部截除上下两段，只保留中段，即由C形而为D形。或更于D之交贯部位加指事符号"一"而作E，此二字形于卜辞中专作数词之用。

六

	篆书	甲骨文
六	六	介（四期 戬二〇·二）　介（二期 粹一三七）　介（二期 粹二五）　介（一期 前七·三九·一）　介（一期 粹二三八）　介（一期 粹二三）　介（一期 合二八）
解释栏用字		Ⓐ介　Ⓑ介　Ⓒ介

A象两壁架有一极两宇之棚舍正视形，此为田野中临时寄居之处，其结构简易，暴露于野，即古之所谓庐。《说文·广部》："庐，寄也。秋冬去，春夏居。"庐六古音近，故A得借为数词六。而作BC形者乃象圆形或方形围墙上架以屋顶，东西南北四方全为屋顶所覆，与A之为两柱屋，即左右两壁上架棚，前后无墙壁遮阻之形有别。BC实为宀之初文。《说文》："宀，交覆深屋也。"BC与A形近，故卜辞皆借为数目字六。

七

	篆书	甲骨文		
七	𠀁	十 二期 佚四四〇	十 一期 合一〇三	十 一期 後下九一
解释栏用字		Ⓐ 十　Ⓑ 丨　Ⓒ 十　Ⓓ 十　Ⓔ 𠀁		

于横画中加一小竖，会切断横画之意。丁山谓A本象当中切断形，自借为七数专名，不得不加刀于七以为切断专字（《数名古谊》）。按其说可从。甲骨文七字横画较长，后因十字由BC渐讹为D，AD二形易混，篆文七字乃弯曲竖画而作E以与十区别。

八

	篆书	甲骨文			
八	八	八 五期 前三三二四	八 二期 京三二六	八 一期 乙三三〇	八 一期 甲三二一三

《说文》："八，别也，象分别相背之形。"甲骨文乃以二画相北，分向张开，以表示分别之义。卜辞中借用为纪数之词。

九

	篆书	甲骨文			
九	九	九 五期 前二·四〇·一	四期 前三·二·七	一期 前四·一〇·三	一期 合一〇三
解释栏用字		A	B	C	

　　象曲钩之形。钩字古作句。内公钟句作 A 形，罗振玉云其状正为圆环，下有物如蛇状，尾上典为钩（《贞松堂集古遗文》卷十一）。句九古音同，故句得借为九，复于句形上加指示符号而作 B C。

十

	篆书	甲骨文			
十	十	周甲探一三三	四期 屯南七五一	三期 佚二二五	一期 前一·五·五	一期 佚一八〇
解释栏用字		A		B	

　　丨为古代之算筹，竖置一筹表示数量十，以与横置之算筹一区别。卜辞中十之五倍以上数字皆置位数于十之下合画，如五十作 A，六十作 B 等。

甲

	篆书	甲骨文						
甲	甲	田 五期 后上二〇·三	十 四期 佚二〇〇	田 四期 粹九九	田 三期 粹一四八	田 二期 合集三六五五	十 一期 佚六六	田 一期 前三·三·四	十 一期 后上三·二六
解释栏用字		A □	B 田	C 甲	D □	E 甲			

　　甲骨文甲字作十者，郭沫若谓为鱼鳞之象形（《甲骨文字研究·释干支》）。林义光《文源》曰：“按古作十，不象人头，甲者皮开裂也，十象其裂文。”按二说均未可确证，姑存其说。或增 A 作 B，为殷先公上甲之专

名。A盖象藏主之匣。罗振玉谓B即小篆C之所从出，小篆变B为C者，盖作B又与田畴之田相混，故申其直画出D外以别于田畴字（《雪堂金石文字跋尾》）。按罗振说可从。《说文》："甲，东方之孟，阳气萌动，从木戴孚甲之象。一曰人头宜为甲，甲象人头。E，古文甲。始于十，见于千，成于木之象。"按《说文》说解不确。

乙

篆书	甲骨文				
乙	五期粹一三四八	四期佚二二四	三期甲二○六三	二期佚二七一	一期甲三
解释栏用字		ⒶＺ	ⒷＺ	ⒸＺ	

所象形不明。郭沫若谓乙象鱼肠（《甲骨文字研究·释干支》），唐兰谓甲骨文乙有作A者乃玄鸟之B所从（《天壤阁甲骨文存考释》），李孝定谓甲乙字与许书训流之C（在《说文》卷十二）实为一字，以乙假为干名，遂歧为二字（《甲骨文字集释卷十四》）。按以上诸说皆无确据。到《说文》所云："乙象艸木冤曲而出，阴气尚疆，其出乙乙也。与丨同意。乙承甲，象人颈。"尤不可据。

丙

篆书	甲骨文							
丙	五期粹一七九	王期前三八·三	四期粹一二二七	四期京三九八八	二期粹一三四三	二期京三○○	一期甲二三五六	

所象形不明。郭沫若谓丙象鱼尾（《甲骨文字研究·释干支》），于省吾谓象物之底座（《殷契骈枝》），叶玉森谓象几形（《殷墟书契前编考释》）。按诸说皆无确据。《说文》："丙，位南方。万物成炳然，阴气初起，阳气将亏。从一入门，一者阳也，丙承乙，象人肩。"亦不可据。

丁

	篆书	甲骨文						
丁	个	五期前一·九·六	四期乙五三三七	二期後下六·二	一期甲二三九	一期京七三	一期甲二四三	一期前五·八·五	一期乙七七九五
解释栏用字		Ⓐ 宫 Ⓑ ∩ Ⓒ ⌂ Ⓓ 吕 Ⓔ □

　　据半坡遗址古建筑复原研究，参照甲骨文宫字作 A 形，A 所从之 B 象圆形围墙上架设屋顶之形，屋顶斜面上开有通气窗孔，作 C 形，窗下围墙中又开通出入之门而作 A 形，甲骨文为书写便利又将窗孔与门户之形大小均等整齐之而作 D 形，然而考察宫室建筑之实际，E 形乃窗孔，因其位于宫室最上部位，故甲骨文以窗孔之 E 形顶颠之顶，即顶之本字，复借用为天干之丁。又据《广雅·释诂》："顶，上也。"《说文》："顶，颠也。"段注："凡在上之称。"故 E 字应训为上。E 形窗孔即可通气，又便排烟，烟气上升于天，E 窗又位于宫室之颠顶，颠、天古音同，故在卜辞中又用如天。E 窗又为宫室外露于天之部位，天、田、陈古音同，故卜辞中之 E 祭亦陈列祭品之祭。

戊

	篆书	甲骨文							
戊	戊	五期前三·四·一	五期前三·四·三	四期粹六四一	四期甲九三	三期粹三三六三	三期粹六七六	二期京三三五〇	一期京七四九	一期京九四九	一期乙八六五八
解释栏用字		Ⓐ 戊 Ⓑ 廾

　　象兵器形，盖为戉戚之属。金文作 A（父戊簋）B（且戊簋）等形者所象之斧戉形尤显。《说文》："戊，中宫也。象六甲五龙相拘绞也。戊承丁，象人肋。"不确。

己

	篆书	甲骨文				
己	己	己 五期粹一四六	己 四期佚二一〇	己 三期後上八·四	己 二期粹二〇七	己 一期鐵三九·四	己 一期前八·六·一
解释栏用字		Ⓐ己	Ⓑ弔	Ⓒ弗	Ⓓ己	

罗振玉谓A象隿射之缴（《增订殷虚书契》中），郭沫若从罗说，并谓己当是隿之本字（《甲骨文字研究·释干支》）。按甲骨文B（弔）、C（弗）皆从A，A不必皆为缴。叶玉森谓象纶索之形，取约束之谊（《殷虚书契前编考释》）。按叶说近是。郭谓己是隿之本字似无确据。《说文》：“己，中宫也。象万物辟藏诎形也。己承戊，象人腹。D，古文己。”《说文》说解不确。

庚

	篆书	甲骨文										
庚	庚	庚 五期存一·二二〇	庚 五期前六·八·一	庚 五期存一·二六六	庚 四期京四一	庚 四期存一·二八五	庚 四期粹一八一	庚 三期京三八五	庚 三期绰八四	庚 三期京三五三	庚 二期京四一八	庚 一期前二·四一·三	庚 一期前二·三六·三	庚 一期京三〇·七·三	庚 一期乙九〇·六六
解释栏用字						Ⓐ庚				Ⓑ庚				

郭沫若谓金文庚字有作A（父庚鼎）、B（豚卣）等形者，观其形制，当是有耳可摇之乐器（《甲骨文字研究·释干支》）。按郭说可从。惟郭又谓以声类求之，庚当是钲之初字。然于文献记载及实物征验之，钲皆无耳，且以槌击之。故庚、钲非一物。《说文》：“庚，位西方。象秋时万物庚庚有实也。庚承己，象人脐。”不确。

辛

	篆书	甲骨文				
辛	辛	辛 五期粹一四一四	辛 四期粹四〇五	辛 三期粹四六三	辛 二期粹五一二	辛 一期前四·三四·二
解释栏用字		Ⓐ辛 Ⓑ辛 Ⓒ辛 Ⓓ辛 Ⓔ亭 Ⓕ辛 Ⓖ辛 Ⓗ亏				

郭沫若谓辛象古之剞劂形，剞劂即曲刀，乃施黥之刑具，其形状如今之圆凿而锋其末，刀身作六十度之弧形，辛字金文之作A（串父辛□）若B（父辛爵加一乃表示上下意），即其正面之圆形，作C或D者则从断之侧面也，知此则知E辛何以为一字之故（《甲骨文字研究·释干支》）。按郭说可从。FGH初为一字，而《说文》分为辛辛F三字，义遂各有所专。《说文》："辛，秋时万物成而孰，金刚味辛，辛痛即泣出。从一从辛，辠也。辛承庚，象人股。"不确。

壬

	篆书	甲骨文				
壬	壬	I 五期 粹一〇三三	I 四期 粹五〇四	I 三期 京三八九七	I 二期 京三三五二	I 一期 後上二七二
解释栏用字		Ⓐ 𝚷		Ⓑ 𝚾		Ⓒ 鐼

　　字形所象不明。吴其昌谓壬为两刃之斧（《金文名象疏证·兵器篇》）。郭沫若谓壬字乃A或B字之转变，以声类求之，当即"C谓石针之鐼（《甲骨文字研究·释干支》）"。按吴郭二说皆不据。林义光谓壬即縢之古文，机持经者也，象形（《文源》）。亦无解语。《说文》："壬，位北方也。阴极阳生，故《易》曰：'龙战于野。'战者，接也。象人裹妊之形。承亥壬子生之叙也。与巫同意。壬承辛，象人胫。胫，任体也。"不确。

癸

	篆书	甲骨文				
癸	𧒽	𣦸 五期 明探一三	✕ 四期 後上六二五	𣦸 三期 粹五四三	𣦸 二期 京三三六	𣦸 一期 京八六二
解释栏用字		Ⓐ 𣦸	Ⓑ 朱	Ⓒ 十	Ⓓ ✕	Ⓔ ✕ Ⓕ 𧒽

　　所象形不明。罗振玉谓A乃B之变形，B字上象三锋，下象著物之柄，乃戣之本字（《金文编》初版引罗说）。按A与B形相去远，以A为B之变形颇属牵强，罗说不可从。吴其昌谓癸字原始之初谊为矢之象形，双矢交揆成C形、B形、D形、E形而得癸字（《殷虚书契前编集释》）所引。按皆无确证。《说文》："癸，冬时水土平可揆度也，象水从四方流入地中之

370

形。癸承壬，象人足……F，籀文从癶从矢。"按《说文》详解不确。

如此看来，有关一至十的语音追忆已经被前人做得差不多了，我还可做什么呢？难道像徐山在《汉语音的起源》中解读一、二、三那样吗？如下：

数词的产生和发展是人类抽象思维能力提高的标志。数词"一"源于原始的指示代词。原始指示代词在指代某一事物时，用喉牙音音位的"啊"声。数词"一"，上古音影母质部，则是用原始指示代词指代某一事物时的数量上的抽象义。二，上古音日母脂部，其语音原型为舌音音位中的"na"。"na"的语义类型中的核心语义为母亲义、奶义，数词"二"则为成双的"奶（乳房）"义在数量上的抽象义。数词"三"，上古音心母侵部。我们在第一章第一节的"儿童语言的观察日记"中提到S（作者女儿）2岁9个月以前会说1和2，但看到数目为3或3以上的东西则说"多"，尽管S已会背出从1到10的数字。"三"源于齿音音位中的情感语义类型，即用力使物体变小后产生的小义。而物体变小后，在数量上则为"多"。汉文字在表现众多的同一事物时，亦用数量"三"来代替，如"森、磊"等。原始人从众多义的数量中抽象出具体的"三"，是数词产生过程中的又一次飞跃。

不可否认这样的"研究"的确很主观。如不嫌弃，那就继续听一下我的些许补充。

在我看来，这两组字在功用上的确存在着部分相同之处，比如前面提到的序列作用，这就给我留下了一个有力的把柄，即甲、乙、丙、丁、戊……很可能就是数字一、二、三、四、五……。这在今天的方言中是能找到它们相同的身世痕迹的。具体情况如下表格：

天干组			数字组		
天干	方言	近似读音	数字	方言	近似读音
甲	广州话	gā（短音）	一	广州话	yā（短音）
	闽南话	gā		围头话	yá（短音）
	客家话	gā(闭口音)			
乙	普通话	yǐ	二	广州话	yǐ
	闽南话	yì		围头话	yǐ
	潮州话	yǐ（短音）		上海话	ngí
丙	围头话	bán-n（韵尾拖 en）	三	普通话	sān
	客家话	biān-g（韵非"焉"，		闽南话、潮州话、广州话、	sā-m（韵a-m 音

偏an)			似an)		
	普通话	wù		普通话	wǔ
	客家话	wū		潮州话	wū
戊	闽南话	mōu	五	闽南话	ngōu
	潮州话	bōu		上海话	óu
	围头话	māo		广信福建腔	āo
庚	闽南话	gī	七	普通话	qī
	上海话	guèi		客家话	sēi（短音）
癸	普通话	guǐ	十	上海话	séai
	闽南话	guì			séai-r

（注：为简单明了地表达出这种读音上的相似，我只摘取了目前各方言中现有的相似读音，而没做过多的单字语音溯源，因为那将是一个很枯燥的过程。）

不难发现，甲、乙、丙、戊、庚、癸与一、二、三、五、七、十是能够对应上的，独丁、己、辛、壬与四、六、八、九不能对应。这是不是可以理解成在殷商时期，甲、乙、丙、丁、戊……与一、二、三、四、五……的读音是相似的，只是商王朝被后来的周人推翻，周人虽完整地继承了商人的文献读音之甲、乙、丙、丁、戊……，但却修正了数字一、二、三、四、五……的读音，才最终导致了丁、己、辛、壬与四、六、八、九的读音断层。

接下来，让我们解决一个前文遗留下来的问题，即器皿鼎、鬲与数字三、四的关系。

乍看之下，你会觉得很奇怪，鼎、鬲与三、四会有什么关系呢？以今天的普通话读音来看，两者风马牛不相及。但只要我们稍加观察，就会发现这两个器皿的一大特色——足。即鬲是三足的，而鼎既有三足又有四足。足的作用是支撑，支撑器皿容器的部分，以便于在它们底下堆柴生火。所以，三、四这两个数字概念就与鼎立、支撑、站立等词汇有着某种关系。以今天现有的汉语方言发音来看，数字"三"就明显与站立的"站"和支撑的"撑"等字保持着某种血缘关系。

那么，器皿鼎、鬲与数字三、四的关系究竟是怎样的呢？

如果我们把器皿的"鬲"通假成站立的"立"，两者的意思嫁接也就很快地联系上了，即数字三、四是一个可以使东西站立或鼎立的概念，那四足或三足的器皿自然也就有了"鼎"和"鬲"的称谓。（至于两足站立的鸟和人为什么没有为汉语中的"站立"做出点贡献，我就不得而知了。）但问题是，它们的读音断层了。至少来说，三足的器皿——鬲的称谓在读音上与数字"三"断层了，因为四足的鼎在今天的汉语音中还可以简单地套上甲乙丙丁中的"丁"。这似乎又在勾起我们史前尘封的一个记忆，即：

372

周人虽完整地继承了商人的文献读音之甲、乙、丙、丁、戊……，但却修正了数字一、二、三、四、五……的读音，才最终导致了丁、己、辛、壬与四、六、八、九的读音断层。

如果读音没有断层，这又将是一块汉语音发展史上的珍贵化石。然而可惜的是，我们再也找不到这块化石了。

但是，历史的真实情况很可能不是这样。从目前的《甲骨文字典》对一至十的解读来看，除指事的一、二、三、四外，其余的五、六、七、八、九、十都可以找到因声求义的解读方法，即五与交牾的"牾"，六与茅庐的"庐"，七与切割的"切"，八是背后的"背"，九与弯钩的"钩"，十与横平竖直的"直"，只不过《甲骨文字典》没把十与横平竖直的"直"明说而已。当然，这里的因声求义之前提是建立在字形的象形基础之上，否则便没有支撑的依据。从这点来看，似乎表明周人并没有改变商语中的一至十的读音。但问题是丁、己、辛、壬的读音的确与四、六、八、九的读音"破裂"了，那答案就只有一个，即这两组字音的"破裂"是商人自己造就的。

从"甲乙丙丁……"有作为天干排序和不分先后顺序地被商王用作祭名来看，有序排列的天干一定是早于不分先后顺序的商王之祭名。这也就是说，天干之"甲乙丙丁……"的文化概念很可能是某个前朝或更早的先祖的远古文化。

比商朝还要久远，难道说它始于夏朝？有夏距今不过四千载，十数于今可能超过万年。对此，我表示将不再继续追溯这个故事了。

8-4 一则陶祖的故事

公元前 3000 年的某一天，在今天陕西福临县的某一个部落里，有一群陶工正私下议论着什么，他们对当下发生的这件事情正发表着不同的看法。其中一位老陶工坐下说道：在我还是少年的时候，我们的族长还是当今族长的祖母，她掌管着部落的一切。在每年的部落祭祀大典上，都是由她带领各部门的掌事一起朝拜一尊体态丰腴的女神——先妣。当时的大人们总这样告诉对方，说是只有她才会降福于我们，让我们年丰百谷、人丁兴旺。

红山·女神复原像　　　　红山·女神像

图 8-4-1　红山·女神

话音刚落，一位年轻的陶工放下手中的车盘站了起来，很不以为然地怼道："不见得吧！老师傅，在我看来，我们的女神似乎只管女人生孩子这一事。至于田地里的庄稼，应该还有另一个神在看管，这个神很可能是个男的。因为，假如在庄稼生长期间，我们的女神要是生孩子了怎么办？她还能来管庄稼地吗？"

老陶工听完，顿时气得不行，怒道："你这不懂事的后生，'先妣'是天上的神，不是我们地下这帮凡人，她压根就用不着自己生孩子，因为我们都是他的孩子。"

年轻的陶工表示不服，继续顶嘴道："先妣连自己都不会生孩子，又怎么能保佑别的女人生孩子？再说了，没我们男人，她们女人也生不出来孩子呀！"

这边的争论还有结束，那边的议论又悄然开始。看来，大家对这件事情的确都很关注，三三两两地扎堆在一起交换彼此的观点。

陶工甲说："你说，我们的族长怎么让玉石坊那边雕个那东西？"

陶工乙说："是啊！我也听说了。不但如此，我还听说今年的祭祀仪式也要改，不再献祭我们女神先妣了。"

陶工甲说："不向先妣献祭，那向谁献祭？我们还有别的神吗？"

话音刚落，从旁边路过的陶工丙停了下来。他神色凝重，但又略带欢喜，情不自禁地加入了讨论的行列，说："或许这与我们新族长的一段游历有关。两年前，他跟着部落里的商队去到遥远的东方，这一去就是一年，回来之后就变了。"

说到这，丙停了下来，这让甲和乙迫不及待地追问："为什么？他在东方看到了什么？"

丙说："听同去的商队成员说，东方的某些部落很强大，这些强大的部落有时候会被称作'国'，他们的族长也不叫族长，而是叫'王'。在那里，所有管事的都是男人，不但如此，就连女人和孩子也都是男人的。"

　　这时，只见甲面有难色地说："怎么可能！部落里的管事不都是女人吗？男人会有什么权力拥有自己的财物？更别说女人也属于男人！"

　　但乙却听得很兴奋，急着说道："不过，女人要是专属于我们男人也没什么不好，如果某个女人专属于我的话，那她生出来的孩子就肯定是我给的。"

　　丙说："还听说那个国里的人很看不起周边仍以女人为族长的部落，并常常有意地去欺凌他们，吞并和霸占他们，也正是出于这个原因，他们的国才变得如此之大。"

　　甲、乙说："可我们的族长就是女的呀！难道他们也会攻打我们？"

　　丙说："很难说，要是没有足够力量与之对抗，被人欺负是肯定的。所以，我们的新族长可能也想学习这个东方大国，好让我们部落也强大起来，人丁兴旺起来……"

　　甲说："要想部落人员多起来，那我们今年就得给先妣女神更多的献祭，好让她多赐福于我们部落，让部落里的女人多生孩子。"

　　乙说："我不这么认为，女人生孩子离不开我们男人。所以，我觉得我们的'先妣'应该改换成'先祖'才对。"

　　丙说："嗯，我认同你的看法。不然，族长怎么会让玉石坊那边雕个'玉祖'呢？虽然暂时还不知道它明确的用处是什么。"

　　乙说："既然玉石坊那边都在为新族长雕刻'玉祖'，那咱们陶工坊是不是也应该做一件类似的东西？"

　　甲顿时惊讶地回道："啊，你是认真的吗？"

　　丙则面露喜色地说："这真是个好想法，那我们现在就想想该怎么去做这东西……"

　　以上是我关于史前"祖"文化的一个剧情想象。即在公元前3000年左右的龙山时代，陕西宝鸡福临堡遗址中就有出土陶祖。这时间正是考古学中确认为父系制成立的时间，而公元前6000年—前3500年间则明确是母系社会。

　　然而在你还没看到实物或图片之前，（如图8-4-2）我有九成的把握相信你肯定不知道"陶祖"是个什么东西。因为"陶祖"的"祖"字给我们最直接的意象是"祖先"，此外很难再有别的东西可以想象。当然，其原因是历史上的"祖"字在今天的读音上起了变化，所以才造成了意象上的模糊。倘若我们能找回当初的读音，真相便会豁然开朗。

"祖"，在目前的《新华字典》中有三种解释：

1．父亲的上一辈：祖父。（引）先代：祖宗、始祖。[祖国]对自己国家的亲切称呼；
2．对跟祖父同辈的人的称呼：外祖父、外祖母、伯祖；
3．某种事业或流派的开创者：鼻祖、不祧之祖、开山祖师。

图 8-4-2 西安杨官寨·陶祖

然而，"祖先"之"祖"与而且之"且"的关系究竟仅是读音上的假借还是有意思上的延伸，后人观点不一。如徐中舒的《甲骨文字典》之"祖"字解释：

	篆书	甲骨文					
祖	祖	A 四期 粹二	一期 乙六九〇	一期 合集一七七	一期 乙八四一	一期 甲二四九	一期 京三二九
解释栏用字	A	B	C	D	E	F	G	H	I

A、B、C、D 诸形均象盛肉之俎。本为断木，用作切肉之荐，后世或谓之"梡俎"。A 象断木侧视之形，为增绘其横断而之全形，乃作 E 或 F 形，甲骨文为契刻之便，将椭圆形断面改作 C 或 D 形。其后，俎由切肉之器逐渐演变为祭神时载肉之礼品，因其形近"几"，故《说文》误谓 D 从几。又连俎上所荐之肉作 G、H 形，进而误析 A、G、H 为且、俎、I 三字，涵义亦随之分化。

据此，我们知道了"祖"的本义是为断木，是用作切肉的荐。因它们都是切肉用的器具，所以后世便把它与祭祀联系在一起，进而又引申出"祖先"

376

之"祖"。然而，整段解释在我看来却存在着另一个语音现象，首先是"祖/且"这个音衍生出了"薦"和"俎"，在刚开始的时候，"薦""俎"两字的读音还算相近，故而意思也可以相通，但随着后世的语音变化，它俩的意象所指便产生了明确的分工，即"薦"则由早先垫底的意思就变成了举荐的"荐"；"俎"则由早先垫底的意思演变成了"砧板"的"砧"。

在《甲骨文字典》中，"祖"和"且"虽被强分彼此，然就"字形"来看，实为一字。"且"字解释如下：

象俎形。《说文》："且，所以薦也。从几，足有二横，一其下地也。"段注："所以承籍进物者。"古置肉于俎上以祭祀先祖，故称先祖为且，后起字为祖。

《说文》中"且，所以荐也。"个人觉得这句话不像是在解释"且"，反倒是在解释"荐"，说明"荐"是由"且"引申而来。因为，假如"且"字读音为"jie"，那从 jie 音转为 jian 就会很自然。（至于"且"为什么会有这个读音，且看后文）此外，对甲骨文的"且"字解释还有另一观点，即郭沫若认为它为男性生殖器。这样一来，语言的孳生与繁衍便可以说通：

1. 首先是史前早期的生殖崇拜，这时的崇拜是偏女性的（母系氏族社会），如鱼纹、蛙纹之类的彩陶图案出现；

2. 接着是父系氏族社会的兴起，崇拜的对象从鱼、蛙转到了男性生殖器。

3. 随着社会的进步与发展，人民的生产与生活也变得越来越多样，因此语言也在不断地丰富。这在文字上的体现就是以某"字/词"为词根，然后以不同的方式衍生出其他"字/词"，比如从"且"字的意思层面上就引申出了"祖""俎"等字，而从其读音层面上则假借出了"姐""阻""诅"等字。

先秦时期的"且"字音是否真念 jie？文献资料或可提供一些信息，如《诗经·郑风·褰裳》之"子惠思我，褰裳涉溱。子不思我，岂无他人？狂童之狂也且！"中的"且"，它就很可能念 jie。从诗的内容出发，与普通话相比，粤语所念出的效果会更佳。因为粤语的语气助词"jie/且"往往含有"没什么了不起""无所谓"的意味在里面。现在，让我们回顾一下这首诗的内容，大致是说：你要是爱我想我，就赶快提衣蹚过溱河。要是不爱我想我，难道会没别人追求我？真是个高傲自大的傻哥哥耶！

所以，《褰裳》这首诗中的"且"字发音，很有可能就是念"jie"。至于这个音的存在合理性有多少，在今天的普通话中以"且"为声符的"姐"字就是念 jie，所以推测语气助词"且"为 jie 是完全有可能的。

接下来，让我们再看《诗经·小雅·甫田》这首诗，诗中有说："琴瑟击鼓，以御田祖。以祈甘雨，以介我稷黍，以穀我士女。"从这句诗来看，至少"祖"和"女"是压韵的。简单来看（注意，我在此强调的是"简单来看"，因为实际的过程远比这复杂），古文中的"女"有时通"汝"，而"汝"即是"你"，所以"且"也有可能念 ji。是否真的如此？现在就看一下"且""祖"两字在目前方言中的发音情况。

1. 且

普通话：qiě

闽南话：[cia3]，近似念：tiā

广州话：[ce2]、[zeoi1]，近似念：céi、zuī

围头话：[ce2]，近似念：céi

潮州话：[cian2]，近似念：qià

客家话：[cia3]，近似念：qiā

上海话：[dzu]、[tsia]、[tsij]、[tziu]、[tzu]，近似念：zóu（短音）、qiā、qì、jù、zōu（短音）

无锡话：[tshia323]，近似念：qiǎ

南京话：[cie3]、[zü1]，近似念：qiē、jù

2. 祖

普通话：zǔ

闽南话：[zo3]，近似念：zōu

广州话：[zou2]，近似念：zóu

围头话：[zu2]，近似念：zú

潮州话：[zou2]，近似念：zòu

客家话：[zu3]，近似念：zū

上海话：[tzu]，近似念：zōu（短音）

无锡话：[tsou323]，近似念：zǒu

南京话：[zu3]，近似念：zū

综合其发音，总共有 qie、tia、cei、zui、qia、zou、qi、jü、zu 等 9 个音。加上目前普通话中的"且"类形声字读音，则可得出"祖/且"语音树形图。（详见下文"图 8-4-3 普通话中的'且'类形声字-1"）。

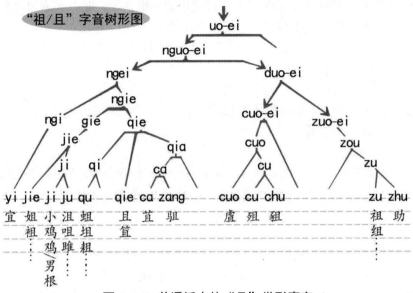

图 8-4-3 普通话中的"且"类形声字-1

然而这个语音树形图却只能是理想中的产物,并非实际情况,因为甲骨文中的"且"就是"祖",这就说明祖先之"且"和语气助词之"且"在殷商时代就是一组同音字。虽然暂时还不确定殷商人有没有语气词"且",但图中的 jie 音位置显然是不合理的,合理的树形图结构应该是 ji/qie 和 zu 这两个音当同属于 jie 音下面的分支才对。所以,正确的"祖/且"语音树形图可调整为图 8-4-4 普通话中的"且"类形声字-2:

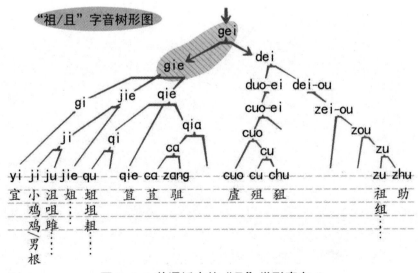

图 8-4-4 普通话中的"且"类形声字-2

图 8-4-4 中的 gie、gei 两个音被我用阴影框在了一起，其意思是想表达上古时期（商朝）的"祖/且"读音或许就是一个介于 gie 和 gei 这两个音之间的读音。因为只有在这个读音基础上，才能衍生出今天普通话中所有含"且"字的形声字发音。

　　现在，我们知道了"祖"即是"且"，"且"即是 ji。再回看前文所说的"陶祖"一词，脑海中所呈现的意象是否更加清晰明了呢？对"祖先"一词的理解是否也更加丰富了？

　　最后，就让我们在庄重而又欢乐的《周颂•丰年》的歌声中结束我们的"寻祖"之旅，因为这首诗同样有助于今人去理解自己口中"祖先"一词的概念。

> 丰年多黍多稌，亦有高廪，万亿及秭。
> 为酒为醴，烝畀祖妣。
> 以洽百礼，降福孔皆。

第九章
农业的启示

史前农业
五谷之名
百、千、万、亿

9-1 史前农业

江畔稻田一万载，河边粟地九千年。
先民何以苞稂爱？世代栽培谷物怜！
驯化嘉禾装脑海，丰收饱穗映心田。
但凭手里糙工具，推进文明世界前。

　　中国大陆在距今 1 万年左右开始栽培谷物，出现原始农业。经过两三千年的发展，到距今七八千年的时候，中国大陆的原始农业已经出现较为繁荣的景象，并明显分化出两大农业系统，即南方的稻作农业和北方的粟作农业。这在考古学上的呈现大致如下：

　　1. 大约距今 1 万年前，具体说是距今 9000 年至 14 000 年之间，在属于该时间段内的江西万年仙人洞遗址中，考古学家于 1995 年发现禾本科植物陡然增加，花粉粒度较大，接近于水稻花粉。植硅石分析表明，上层有类似水稻的扇形体，这表示有出现水稻的可能性。

　　2. 大约距今 1 万年前，在属于该时间段的湖南道县玉蟾岩遗址中，考古学家于 1995 年 11 月找到水稻谷壳。出土时，稻壳呈灰黄色，只有一枚形态完整，另外筛选出一枚只剩四分之一的稻壳残片。其实，早在 1993 年就在玉蟾岩遗址发掘出了稻壳，并且发掘的三个层位均有稻属的硅质体，但一直没有作出结论。1995 年发现的稻壳在文化层的层位上要晚于 1993 年出土稻壳的层位。对先后两次发掘出土的稻壳一起做电镜分析，鉴定结果是：1993 年出土的稻谷为普通野生稻，但具有人类初期干预的痕迹；1995 年出土的稻谷为栽培稻，但兼备野、籼、粳的特征，是一种由野稻向栽培稻演化的古栽培稻类型。

　　3. 大约距今 1 万年左右，具体说是距今 9700 年至 10 500 年之间，在属于该时间段的河北保定徐水区的南庄头遗址中，考古发现该遗址有一些农业出现的迹象。从孢粉分析看，禾本科花粉较多，但目前尚未有驯化谷物出现的鉴定报告。可是有一个不容忽视的现象是南庄头遗址出土有石磨盘和石磨棒。距今七八千年的分布在冀、豫地区的磁山—裴李岗文化存在大量的石磨盘和石磨棒，磁山—裴李岗文化的粟作经济已相当发达，石磨盘和石磨棒便是配套使用的加工粟的农业生产工具。南庄头遗址的石磨盘和石磨棒也应是加工谷物的生产工具,并且很有可能是磁山—裴李岗文化石磨盘和石磨棒的祖型。

4. 约距今 8000 年前,在属于该时间段的湖南澧县彭头山遗址中,考古有发现栽培水稻遗存。

5. 约距今 7000 年前,处于这时段的河北武安的磁山遗址,考古学家于 1976 年至 1978 年对其进行发掘,揭露面积 2579 平方米,清理了 470 多座窖穴。具有重要意义的是,在 80 多座窖穴中发现有粮食堆积,堆积一般厚 0.3 米至 2 米,有 10 座窖穴内的粮食堆积在 2 米以上。具体情况可用 346 号窖穴作一说明。346 号窖穴的坑口距地表 0.85 米,坑口长 1.1 米,宽 0.9 米,深 3.65 米,坑内上部堆积为灰土,包含较多陶片,距坑口深 1.65 米处为一层黄色硬土,厚 0.4 米至 0.6 米,其下为粮食堆积,由于粮食腐烂下沉,黄色硬土与粮食之间形成高 0.6 米的空隙,在粮食堆积层中除有少量淤土外,未发现别的文化遗物。在这些贮存粮食的窖穴内部分粮食的颗粒出土时清晰可见,但不久便风化成灰。根据灰相分析,磁山遗址窖穴出土的粮食是粟。

6. 与磁山遗址年代相仿的河南新郑之裴李岗遗址,考古学家于 1978 年、1979 年间进行发掘,发现也有粟属的炭化谷物出土。

（注:以上 1—6 观点均摘自《文物史前史》）

7. 约距今 7000 年前,在属于该时间段内的浙江余姚河姆渡遗址中,考古发现有大量炭化稻谷、谷壳、稻秆、稻叶的堆积,厚约 0.2~0.5 米,最厚的地方超过 1 米,有的地方还发现了米粒。很多稻谷还保持原来的外形,稻壳上稃毛清晰可辨。稻谷经鉴定,属于栽培稻的籼亚种晚稻型水稻,这是迄今我国发现较早的人工栽培稻。大量的稻谷堆积及成套农具的存在,反映了这里的农业比较进步。 （此观点摘自《中国远古时代》）

8. 约距今 7000 年至 5000 年间,在位于黄河中游的仰韶文化时期中,粟作农业生产有了长足的进步。此时粟的产量已有很大提高,所发掘的仰韶文化较大的遗址,均有许多内储大量粟粒的窖穴,并且这些储存粮食的窖穴大多经过细致的加工修整,其坑壁及底部平整甚至打磨光滑,涂以草泥土或用火焙烧。仰韶文化储存粟的窖穴,主要有口大底小的袋形穴、长方形圆角穴、椭圆形穴、圆形直壁穴等几种类型。小的窖穴容积在 2 立方米左右,大的窖穴容积在 5 立方米左右。另外,仰韶文化先民也用瓮、罐之类的陶器储藏粟。（此观点摘自《文物史前史》）若从细说,亦如《中国远古时代》中

所讲:

> ……姜寨 F14 是一座面积仅 14.9 平方米的半地穴式方形小屋,门向西,有仅容一人出入的斜坡门道,若如门斗。进门正中有圆形火塘一个,室内地面用黏土和姜石粉末铺成,平整而坚硬。由于是被火烧毁的,房顶塌落下来,正好掩埋了室内器物。揭去房顶堆积,原先室内布置的情况便生动地呈现出来了。房内左边即南边一半基本上摆满了器物,计有陶盆、陶钵、陶罐及陶甑等 11 件,石斧、石铲、石磨棒、石球、骨鱼叉、骨箭头及骨笄 9 件。其中一件弦纹夹砂罐的里面还盛着已经朽坏的粮食……

今天的水稻由野生水稻驯化而来,有专家实验表明,驯化过程仅需一二百年即可完成,因此寻找考古证据是异常困难的。像在玉蟾岩这样的遗址中能够找到野生稻驯化成栽培稻的证据,确实是非常幸运。

以考古发掘出土的实物为依据,考古学家达成的一个共识是:稻作农业起源于长江中下游地区。

为什么稻作农业最重要的起源地区是在长江流域而不是在普通野生稻大量生长的热带地区,更不是在从阿萨姆到云南的山岳地带呢?这一问题正是严文明在他的《龙山时代城址的初步研究》之"两种农业起源的温床"一节中提出的。当然,他给出的观点是因为热带地区长夏无冬,天然的生活资源十分丰富,在人口并不很多的史前时期,很难产生那种必须改变生产方式以增加食物生产的迫切的社会需求。所以尽管有许多野生稻,人们却不大愿意采集来食用,因为野生谷物的采集和加工都很麻烦,同其他食物相比也不见得特别好吃。即使偶尔采集来吃一点,也不会激发人们加以繁殖的欲望。从阿萨姆到云南的山岳地带人烟稀少,史前文化的发展很慢,不能形成人口的压力,自然也不能产生发明农业的动力。长江流域史前文化十分发达,冬季较长而食物比较缺乏,即使野生稻能够储藏到冬季也只能做一点弥补。因为那里是野生稻分布的北部边缘,数量不会很多。在这种情况下,人们不得不采取进一步的措施,那就是进行有意识的种植以增加产量。这就是为什么作为野生稻分布边缘的长江流域反而会成为稻作农业起源地区的根本原因。事实上由于长江流域的气候和土壤等自然条件特别好,稻作农业产生以后能够得到顺利的发展。到新石器时代中期就已经得到广泛传播,成为人们生活资源的重要组成部分。可见长江流域才是稻作农业起源的最重要的温床。

当长江中下游地区的稻作农业兴起后,不断地向周边地区传播,向南传至云南、广东,在云南元谋大墩子、昌宁营盘山,广东曲江石峡,曲江泥岭等新石器时代晚期遗址,都发现了栽培稻的遗迹;向北传到河南、陕西、山东、辽宁等地,在距今约 7000 年至 8000 年的河南舞阳贾湖遗址出土了稻谷实物,经鉴定为栽培稻,以粳稻居多,也有少量的籼稻。贾湖遗址的稻作可能受到了彭头山稻作文化的影响。贾湖遗址是目前所知北方地区种植稻最早的史前遗址，由此我们可以知道，至迟在距今7000多年以前，稻作农业已经从长江流域向北推移了500多千米，到达了淮河流域。而在北方仰韶文化、龙山文化的一些遗址中虽也发现过稻作遗存，但受自然条件的制约，水稻始终没能替代耐旱的杂谷作物，只起辅助作用，北方地区占主导地位的农作物一直是粟。

粟，俗称小米。很难想象，它居然是由狗尾草进化而来。多么不起眼的一种野草，在《诗经》《吕氏春秋》等中国古代文献中有记载，有时又被称为莠、绿毛莠、狐尾草。粟和狗尾草无论从植株形态还是从籽粒观察，都十分相似。农学家曾做过试验，把野生狗尾草和栽培粟杂交，获得了近似双亲的杂交种，由此可见两者的亲缘关系是非常近的。

新石器时代，粟在北方地区被广泛种植，除黄河中游地区的磁山文化、裴李岗文化、仰韶文化、中原龙山文化的原始居民种植粟外，黄河上游地区的马家窑文化、黄河下游地区的大汶口文化的居民也种植粟。根据中国考古学家半个多世纪的发掘所获取的资料，我们可以这样说，粟是在中国黄河流域首先被驯化、种植的，黄河流域的农业起源是以粟的驯化为主体的。

当粟起源于华北地区之后，便有一个不断向四周传播的过程：向东传到东北地区，沈阳新乐、赤峰蜘蛛山、大连郭家村等新石器时代遗址都出土过粟；向西南传到西藏，昌都卡若新石器时代遗址出土有粟；向南传到中国台湾，凤鼻头文化的牛稠子遗址、牛骂头遗址出土有粟。

9-2 五谷之名

五谷，即五种谷物。通常是指稻、黍、稷、麦、豆。也泛指粮食或粮食作物。

历代文献记载有：

1. 《周礼·天官·疾医》："以五味、五谷、五药养其病。"郑玄注："五谷，麻、黍、稷、麦、豆也。"

2. 《孟子·滕文公上》："树艺五谷，五谷熟而民人育。" 赵歧注："五谷谓稻、黍、稷、麦、菽也。"

3. 《楚辞·大招》："五谷六仞。" 王逸注："五谷，稻、稷、麦、豆、麻也。"

4. 《素问·藏气法时论》："五谷为养。" 王冰注："谓粳米、小豆、麦、大豆、黄黍也。"

5. 《苏悉地羯啰经》："五谷谓大麦、小麦、稻谷、大豆、胡麻。"

从以上文献来看，大致可分为两类，一类是先秦时期的，如《周礼》《孟子》《楚辞》《素问》，他们分别是西周初期、战国时期、战国时期、战国至秦汉时期的著作；一类是唐朝时期的，如《苏悉地羯啰经》，其年代是唐开元十四年（726 年），由天竺三藏输波迦罗（即善无畏三藏）译。

若改从注者身份来看，则也可明确归为两类，一类是汉人的观点，即郑玄、赵岐、王逸三人，他们均属东汉人；一类是唐人的观点，即王冰和输婆迦罗。值得一提的是，输婆迦罗是中印度摩诃陀国人，所以他提出的五谷是不是我们传统五谷就很值得商榷。

由于《周礼》《孟子》《楚辞》《素问》都只言"五谷"概念，而未言及五谷的具体名称，所以对五谷的具体划分仍然是秦朝以后的两类观点。即"麻、黍、稷、麦、稻、菽（豆）"的汉人观点和"麦（大麦、小麦）、稻谷（粳米）、小豆、大豆、黄黍、胡麻"的唐人观点。如此看来，"五谷"的确不止是五种谷物，它应该还是个泛称，泛指所有粮食或粮食作物，即"五谷"的"五"就是众多的意思。既然如此，那"指众多粮食或粮食作物"这一概念还有没有别的词？如"百谷"。倘若可以，我们便可在《诗经》中找到，如《诗经·豳风·七月》：

九月筑场圃，十月纳禾稼。黍稷重穋，禾麻菽麦。
嗟我农夫，我稼既同，上入执宫功。
昼尔于茅，宵尔索绹。亟其乘屋，其始播百谷。

这里的"百谷"之"百"显然是多的意思，因为在现实中是不可能找出一百种谷物的，所以"百谷"与"五谷"当属同一概念。如此一来，"五谷"在先秦时期就是指"黍、稷、粟、麻、豆（菽）、麦等各种粮食"。很奇怪，"稻谷"居然不在其列。相信细心读者已经发现。其实诗中有写，只不过"稻"在公刘时代的豳地人民眼里只是用来酿酒的（十月获稻，为此春酒，以介眉寿）。

回到五谷之名的讨论上来，我将以我个人的标准来概括并筛选出的如下几个与农作物的称谓有关的字来作分析，它们分别是禾苗的"禾"、谷子的"谷"、水稻的"稻"、社稷的"稷"、来去的"来"、小麦的"麦"、豆子的"豆"，以及"黍""粟"9个字。

之所以选择这9个字，有一重要的原因便是在《甲骨文字典》中能查到它们，这对我们的语音追忆是有很大帮助的。现在，就让我们逐一去看一下它们的解释情况：

一、谷

	篆书	甲骨文			
谷	𧮫	𧮫 一期 前二五四	𧮫 二期 佚一二三		
解释栏用字		Ⓐ 公	Ⓑ 𠙹	Ⓒ 𧮫	Ⓓ 𠙹

从A从B（口），A象溪流出自山涧流入平原之状，B表谷口。或省作A、C，故谷、A、C（D）初为一字，而《说文》分为三字。《说文》："谷，泉出通川为谷，从水半见于口。"

看来，今天谷物的"谷"是历史上假借于山谷之"谷"的结果。其原因应该是简单的，大致可分为两点，一是它和穀（或为"谷"之本字）字同音，二是它简单好写。所以，我们在看到这个山谷的谷物之"谷"时，便可直接把它视为原始"穀"字的简写。

今天，我们的农业特征是南稻北麦。但在史前，农业特征则是南稻北粟。粟即是小米，北方又称谷子，谷子脱壳为小米，其粒小，直径1毫米左右。但需要强调的是，水稻的穗实颗粒在南方也是叫谷，谷脱去壳后也称为米，唯一的差别仅是没加那个"小"字。再者，我们去看"稷""麦"等字在《甲骨文字典》中的解释时也发现它们同样被称作谷（穀），那谷（穀）的原始义究竟是什么？

从目前的方言发音情况来看，"谷"字的读音有：

普通话：gǔ
闽南话：[gok7]，近似念：gōu（短音）
潮州话：[gog4]，近似念：gòu（短音）
广州话：[guk1]，近似念：gōu（短音）
围头话：[guk2]，近似念：góu（短音）
客家话：[guk5]，近似念：gǔ（短音）
上海话：[koq]，近似念：gōu（短音）

无锡话：[koh4]，近似念：guō（短音）

南京话：[gu5]，近似念：gū（短音）

如此看来，谷物的"谷（穀）"之原始音很可能就是果子的"果"。也许你会提出异议，谷子这么小，它怎么可能和大体量的果子联系上呢？比如桃子和梨。其实，这个问题在我看来并没有那么复杂，我们完全可以站在史前人类社会的生活状态下去看这件事。在还没有农业生产的新石器时代之前，史前人类的生活基本上就是狩猎和采集，而农业的产生是在距今1万年前左右才出现的，这样的历史会给当时的我们造成什么样的语言影响呢？我的推测大致如下：

首先，在农业生产还没出现以前，采集的日子一定使我们的语言早已有了果子的"果"这一词汇。针对这个假设，相信你应该不会反对。

其次，从植物的形态结构上看，无论是树上的梨果、核果，还是灌木上柑果，以及草本植物或藤蔓植物上的西瓜、葡萄等，它们与禾本植物的穗实在本质上又什么区别呢？不都是长在树梢或树枝上的颗粒状食物吗？既然功用相同，那在称谓上是否可以直接假借来用？在我看来，这显然是可以的。

最后，"五谷"概念之中不还包括豆类吗？所以，我们现在是不是可以肯定地说，在当初还是一个水果、干果、植物茎块的食物谱系中，果实之"果"的地位及定义其实就是后来农业生产中的谷物之"谷"。这种对应的关联在今天两字的汉语方言读音上也有体现，所以从语音上看谷物之"谷"，它的本源当出自果子之"果"。

谷物的"谷"字音已经解决，那作为谷子的本体——稻与粟的读音又源自哪里呢？

二、稻

从A（米）从B，象米在器中之形。唐兰隶为C，谓即《说文》之糲字，糲D音近，故读如D，又D稻同字，故E得读为稻（《殷虚文字记》），按其说可从。《说文》："稻，稌也。从禾，舀声。"金文稻字作F（曾伯簠）、G（陈公子瓶）、H（史免匦），为《说文》篆文所本。

三、粟

篆书	甲骨文
粟 **[篆字]**	**[甲骨文字]** 三期 佚五六三　　**[甲骨文字]** 二期 掇一四三八
解释栏用字	Ⓐ卤　　Ⓑ𪆅

象禾榖之实。《说文》篆文讹从 A 从米。《说文》："B.嘉榖实也。从A 从米。"

从目前的史前考古资料来看，5000 年之前大概是南方的稻作文明缓缓向北方的粟作文明推进，而当时间来到大约 5000 年前这个历史节点上，一群原始意义上的"华人"便从西北向中原挺进，然后打败了苗人（蚩尤），从此，这批人才正式地成为中原华夏的主人。在这么一个简单的史前历史影子之下，语言中农作物的迁徙自然也是紧随着人的脚步而走南闯北，所以它们呈现于我们语言中的境况很可能就是这样：

1. 把谷物定位于稻子的南方人来到了北方，后来在北方人的口中与田地里认识了粟。比如伏羲氏或商王朝就是这一拨人。

2. 西北方向突然走来一群人，他们或许带着自己的农作物，比如麦子，然后与土著的苗人生活在一起，于是他们也学会了说本地人口中的稻和粟。比如黄帝和炎帝正是这一拨人。

3. 今天的汉语应该是殷商语和源自西北的炎黄部族语的混合体。

现在，让我们的脑海抱以上述简单的史前历史影子，进而开始有关"稻"与"粟"的语音追忆。

首先，我们来看水稻的"稻"。从前面《甲骨文字典》的解释来看，稻字的读音和草字的读音非常相像，只不过两者在意象所指上的差距有点大，但要是把禾苗的"禾"字也加进来，一条清晰的语音渐变线便出现了。大致如下：

1. 禾（óu/麻山腔）→ 稻（dào/普通）→ 草（cǎo/普通）；
2. 禾（wǒ/粤语）→ 稻（dōu/粤语）→ 草（cóu/粤语）。

那禾苗的"禾"字在甲骨文中的情况是怎样的呢？具体如下：

四、禾

篆书	甲骨文								
禾	四期人二三六六	四期人二三六二	一期後上二四.九	一期後上三.三	四期戬二六.四	一期甲二.九.八.三	一期前三.二九.三	一期乙四六七	一期甲一九一
解释栏用字	Ⓐ 象								

象禾苗之形，上象禾穗与叶，下象茎与根。《说文》："禾，嘉谷也……从木从Ａ省，Ａ象其穗。"

然而这里有一个问题，即从植物形态上看，"禾→稻→草"排序是有问题的，准确来说，一个从精确到泛泛、从特指到广义的排序应该是"稻→禾→草"才对。但从语音的渐变效果上看，我还是排成了"禾→稻→草"，原因很简单，因为某种程度上说，"禾"与"稻"属于并列关系。如下表格：

草		
禾		草
禾	稻	草

接下来，我们去看粟米的"粟"。《甲骨文字典》中的"粟"字解释是象禾谷之实。这样的解释很让我怀疑"粟"字音很可能就是源自果实的"实"字音。从它的字形结构上看，上半部分的"西"字很可能就是它的声符，这样一来，"粟"字通过"西"字音便完全有理由来到果实的"实"字音。但是与"粟"字音很相近的"黍"又该如何解释呢？在《甲骨文字典》中，它的解释如下：

五、黍

篆书	甲骨文												
黍	四期甲三五三	四期甲五九二	一期乙七七八一	一期乙七五九六	一期乙五三○七	一期续五.二四.三	一期甲二.四○.五	一期人二一○一	一期前五.三○.二	一期人二六○五	一期前四.四○.二	一期续五.四四.五	一期前三.二九.五
解释栏用字	Ⓐ				Ⓑ								

390

从A从B（水），A象散穗之黍，或不从B，作数小点以表水点同。《说文》："黍，禾属而黏者也。以大暑而种，故谓之黍。从禾，雨省声。孔子曰：'黍可为酒，禾入水也'。"

从这段文字来看，可得出如下信息：首先，它是禾属；其次，它有作为动词"种黍"的意思来用。比如释义栏中的两个例证：

而从《说文》的解释来看，则透露出了黍字的汉代读音：与"暑"字谐音，理由是以大暑而种，故谓之黍；与"雨"字近音，理由是从禾，雨省声。

因此，我们只需借用这两个字与"黍"字的当代汉语发音，便可求证出"黍"字的汉代或更为远古时代的读音。如下：

暑
普通话：shǔ
闽南话：[sy3]，近似念：shū
潮州话：[su2]，近似念：sù
广州话：[syu2]，近似念：xú
围头话：[sü2]，近似念：xú
客家话：[cu3]，近似念：cū
上海话：[syu]，近似念：shì
无锡话：[shyu323]，近似念：shǐ
南京话：[shu3]、[chu3]，近似念：shū、chū

雨
普通话：yǔ
闽南话：[ho4]、[u3]，近似念：hóu、wù
潮州话：[hou6]、[u2]，近似念：hóu、wù
广州话：[jyu5]、[jyu6]，近似念：yú、yū
围头话：[yü1]，近似念：yú
客家话：[yi3]，近似念：yī
上海话：[yu]，近似念：yú
无锡话：[yu232]，近似念：yú
南京话：[ü3]，近似念：yū

黍

普通话：shǔ

闽南话：[su3]、[sue3]，近似念：sū、suī

潮州话：[su2]，近似念：sù

广州话：[syu2]，近似念：xú

围头话：[sü2]，近似念：xú

客家话：[su3]，近似念：sū

上海话：[syu]，近似念：shì

无锡话：[shyu323]，近似念：shǐ

南京话：[shu3]，近似念：shū

简单来说，"暑""黍"两字音中的 shi、xü 和"雨"字音中的 yi、yü 音都是通往 ei 音的隘口。如此一来，我们得出动词属性的"黍"与今天种植的"植（约 zéi/苏州话）"、栽培的"栽（约 zèi/上海话）"在读音上有所联系。

此外，还有一个社稷的"稷"，它在《甲骨文字典》中的解释是：

六、稷

篆书	甲骨文
稷 (篆书图)	稷 五期 前二·三·五　　稷 五期 遗一·二○
解释栏用字	Ⓐ (图) 　Ⓑ (图) 　Ⓒ (图) 　Ⓓ (图)

从禾从 A，A 为 B（祝）字所从，后讹为 C，故《说文》稷之古文作 D。《说文》："稷，齍也，五谷之长。从禾，畟声。"

从目前的普通话来看，"粟"与"稷"的读音真可谓相去甚远的，但若改从它们的声符去看，两者又似乎联系上了。所以，"粟""黍""稷"的原始音很可能均源自"他/它"指性的 ei 音，即它们的本义就是嘉禾之"实"，嘉禾之"子/籽"。

392

七、来

篆书	甲骨文					
来	五期前二·二六七	四期後上六·五	一期甲七九·	一期戬四二·三	一期粹一五九三	一期乙六三七八

象来麰之形，卜辞用为行来字。《说文》：来，周所受瑞麦来麰。一来二缝，象芒束之形，天所来也，故为行来之来。《诗》曰："诒我来麰。"

八、麦

篆书	甲骨文							
麦	三期京四九二	三期甲三九六	三期甲二一八	二期前四·四〇·四	二期京三四五七	一期合二五五	一期前四·四〇·六	一期前四·四〇·五
解释栏用字	Ⓐ来	Ⓑ夂	Ⓒ麦	Ⓓ	Ⓔ来	Ⓕ麦		

从A（来）从B（夂）。叶玉森谓C从夂，应为行来之来初文。A为麦之本字（《说契》）。李孝定谓来麦本为一字，D象麦根，因假E为行来字，故更制繁体之F以为来麰之本字（《甲骨文集释·卷五》）。按二说可参。《说文》："麦，芒谷。秋种厚埋，故谓之麦。麦，金也。金王而生，火王而死。从来，有穗者，从夂。"

综合"来""麦"两字的解释来看，可得出两点信息：

1. "麦"的发源与驯化并不是在我们中国，而是来自西方；

2. "麦"字的上古音是"来"，这与目前英文中的黑麦（rye）发音是很相近的（虽然很可能是巧合）。

因此，我们不可能对"来麰"这个读音作出合理的汉语音中的史前追忆。但就目前麦的外形上看，却有一点值得拿出来说一说，那就是麦的芒谷特征。为什么？

目前学术界达成的一个共识是两河流域之麦的驯化时间要早于中国之水稻的驯化时间，可为什么驯化时间较长的麦却还保留着长长的麦芒，反之驯化时间较短的水稻却在今天退化了自己的稻芒？或许你还不是很了解这其中的深意，芒对于谷物来说的意义究竟是什么？还是让我们借用纪录片《影响世界的中国植物》来回答这个问题吧！它说：

杂草稻的种子与普通的水稻种子非常相似，但已有了不少叛逆的性格。有些杂草稻的种子前端还长出了芒刺，像野生稻一样，它是想要保护自己的种子不被偷食。

最后，五谷之中还剩豆子的"豆"字音没解释。"豆"字的甲骨文情况如下：

九、豆

篆书	甲 骨 文		
豆	豆 三期 甲一六二三	豆 一期 乙七九七六	豆 一期 後上六·四

象盛食器之形。《说文》："豆，古食肉器也，从口，象形。"

今天，我们所熟知的豆子之"豆"在甲骨文中居然是一个器皿的象形，而非可以拿来当作食物的豆子。所以豆子的"豆"字在先秦时期就成了"菽"字。然而，可惜的是在甲骨文中并未找到"菽"字的身影。

如果我们从语音上去简单追忆，可得如下线索：

1. 弃"菽"不用，改用器皿之名的"豆"字来代替，其原因很可能是"菽"字音与豆子的"豆"字音产生了分离，故而才在音节文字的书面语中采用器皿之名的"豆"字来代替本义为豆子的"菽"。

2. 从目前的"菽"字普通话来看，它的前音很可能是 shou，进而是 zhou，唯有如此，它才能与今天豆子的"豆"、头（頭）颅的"头"等字产生联系，这才是"豆""菽"两字意思相互转移的基础条件。

3. 从今天的大部分方言和普通话的读音来看，"豆""头/頭"等字都有明显的 o 音在里面，而这个 o 音正是圆形的语音象征，即豆子的"豆"字原始音起源于对豆子形状（圆）的语音象形。

至此，有关五谷之名的语音追忆便讲到这里，但从史前农业生产中诞生的汉语词汇却远非这些，比如下文即将论述的百千万亿。

9-3 百、千、万、亿

如你所见，数字 1 至 10 是被一件史前陶器给引出来的，进而让我们知道了一些有关它们的生平事迹。那么，剩下的"百""千""万""亿"又源于何处呢？这的确是一个回避不了的问题，因此，我将在本章的史前农业背景下讨论它们。

出于个人对这"四位"的属性判断，且让我们先从"万""亿"这两个数字开始讲起，因为这"两位"与农业生产有很大关系。

"万"字在甲骨文中已经出现，所以我们能在《甲骨文字典》中看到它。其解释如下：

	篆书	甲骨文					
万	萬	一期乙三二〇八	一期後下九·八	一期林二·二三	一期前三·三〇五	一期庫三一〇	一期合二三九
解释栏用字		Ⓐ蠆					

《说文》："万（萬），虫也。从厹，象形。"罗振玉谓象蝎形，不从厹（《增订殷虚书契考释》中）。按罗说可从。篆文从厹者乃万尾之增讹。为 A（今隶作蠆）之初文。因万字借为数名，遂别作 A 以代之。

"亿"字的甲骨文没有出现，所以就只能去《说文解字》了解一下。具体如下：

安也。从人，意声。

东汉许慎的解释不免过于简单，以至于到了清代，段玉裁在他的《说文解字注》中又如下写道：

安也。《晋语》"亿宁百神"注："亿，安也。"《吴语》"亿负晋众庶"注曰："亿，安也。"《左传》曰"不能供亿"，曰"心亿则乐"，曰"我盍姑亿吾鬼神，而宁吾族姓"，杜注皆曰："安也。"此亿字之本义也，今则本义废矣。或假为万亿字，诸经所用皆是也。或假为意字，如《论语》"不亿不信""亿则屡中"是也。"亿则屡中"，《汉书·货殖传》作"意"，"毋意毋必"，诸家称作亿，必是可证矣。

简单来说就是：

1. 亿（億）的本意是"安"。若用当代通用字来表示，"亿"字就是今天安逸的"逸"。

2. 作为数字义的"亿"是后来假借的产物。当安逸的"亿"被世人默认为亿万的"亿"之后，它的本意便由今天安逸的"逸"所替代。（注：古时的数量"亿"等于十万，而非今天的万万。）

今天，从语音上去分析，目前"万""亿"两字的方言读音有：

万

普通话：wàn

闽南话：[man6]、[mok8]，近似念：mēn、mōu（短音）

潮州话：[bhuêng7]，近似念：buən3

广州话：[maan6]、[mak6]，近似念：mǎn、mǎ（短音）

围头话：[mæng6]，近似念：məng4

客家话：[man4]，近似念：mān

上海话：[me]、[moq]、[ve]，近似念：méi、mó（短音）、wéi（上齿紧贴下唇）

苏州话：[me231]、[ve231]，近似念：méi-èi、wéi-èi（上齿紧贴下唇）

无锡话：[mae213]、[moh23]、[vae213]，近似念：mǎi、móu（短音）、wěai（上齿紧贴下唇）

南京话：[uang4]，近似念：wā-ng（似 wā 而 wān）

亿

普通话：yì

闽南话：[iak7]，近似念：yě（短音）

潮州话：[êg8]，近似念：ēi（短音）

广州话：[jik1]，近似念：yī（短音）

围头话：[yäk2]，近似念：yá（短音）

客家话：[yi4]，近似念：yī

上海话：[ij]，近似念：yì

苏州话：[i523]，近似念：rì-rí

无锡话：[i44]，近似念：yī

南京话：[i5]，近似念：yī（短音）

396

综上可得，"万"字的方言读音有：wan、men、mou、buən、man、ma、mai、məng、mei、mo、wei、mai、weai、wa-ng 14 个音；"亿"字的方言读音有：yi、ye、ei、ya 4 个音。据此可得如下两个语音树形图：

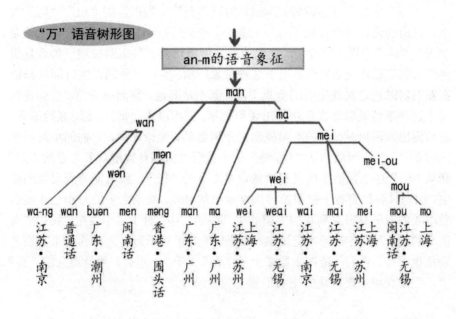

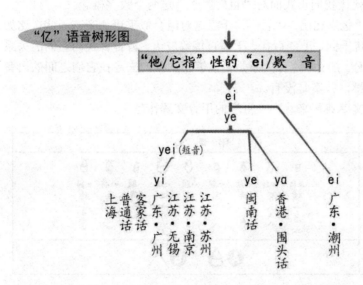

从目前所得的语音资料上看，"万"字音可追溯到 man，在这个语音下面分别有"满""漫"等容量方面的"数量"概念；而"亿"字音则可追溯到 ei，ei 音在语音象征里是具体"他/它指"的，在这个语音下不但有"逝""去""至""指"等字，当音变至 yi 时，"溋""溢"两字的容量方面之"数量"概念便也诞生了。

值得注意的是，"億"字的声符在《说文解字》中的解释正是"满也"的意思。这种语音及意象所指上的对应总让人觉得它们之间有着某种千丝万缕的联系。

"万"字的普通话读音是 wàn，但以"万"字为声符的"迈""厉"等字，它们的读音却被推向了 mái（埋）或 méi（没/mo）。不管怎样，无论是"漫""满""埋""没"，它们的意象所指均为某种东西被别一种数量更为庞大的东西所掩盖。正是出于这种意象所指，所以它俩的诞生时间就只能在新石器时代之农业生产的背景下面，而不是其他。原因很简单，比如说像汲水这种事情虽然比农业耕种出现得更早，但因汲水而把缸、罐、壶给灌满，进而漫出或溢出时，水的数量概念是不明显的，无论多少，它们的单位似乎永远是"一"。所以，从"满/漫"这个音衍生出具有数量众多之意的"万"和从"溢"这个音衍生出具有数量众多之意的"亿"，就只能等到农业的诞生。因为只有等到谷子把箩筐装满并溢出的时候，数量之多的万和亿才能借着丰收的谷子身影来到我们人类的生产生活之中。对于这个臆想，我是抱有信心的，因为只有谷子才能做到，即使早于谷子百千万年之久的水果茎块之采集也不行，它们只能产生数量上的"百""千"。那么，数量概念的"百""千"果真和水果茎块的史前采集有关系吗？

接下来，就让我们正式面对"百""千"这两个数字概念。

与"万""亿"相比，"百""千"这对组合似乎更加亲密一些，比如千方百计、百转千回、千疮百孔、千锤百炼等成语，皆告诉我们它俩的关系是如此难舍难分。那么，这种关系是否能够帮助我们去寻找它们之间的语音之源呢？很遗憾，答案是没有。

以《甲骨文字典》来看，"百"的甲骨文解释是：

	篆书	甲骨文							
百	百	百 五期 续三·四二	百 四期 甲八七八	百 三期 粹一二五〇	百 一期 京一〇八八	百 一期 林一·二四	百 一期 乙六八六三	百 一期 铁六五·一	百 一期 后下一·四	百 一期 释三二三
解释栏用字		Ⓐ凸	Ⓑ入							

从一从 A（白），A 为古容器，复加指事符号 B，遂为表示数目之百。《说文》："百，十十也，从一白。"

从这段解释来看，我们得知数量之"百"当是一个会意字，即"一百"的本义当是史前时期的某一个容器计量单位。举一个今天较为相近的例子来说，它的本义就如同一扎啤酒或一箱饮料，这里的一扎或一箱在正常的情况下是有固定数字相对应的,比如12这个数字(当然,这个数字会因为不同的厂家而有所变动)。但问题是史前的容器也有很多,如本书前章"史前彩陶业"中所介绍的那样,新石器的陶器器皿类型就有罐、缸、瓮、壶、钵、缶、豆等。那么,数字"百"的本义究竟源自哪个器皿呢?是一罐、一缸、一瓮,还是一壶、一钵、一豆?当问题追溯到这里,其答案也就浮出水面了。但是,我们仍需放慢自己的脚步,以防在兴奋之余出现一个让人会脸红的失误。所以,首先还是去今天的方言中看下"百"字的发音情况,具体如下:

普通话:bǎi
闽南话:[be7]、[biak7],近似念:bēi、biè(短音)
潮州话:[bêh4],近似念:béɑi
广州话:[baak3],近似念:bā(短音)
围头话:[bæk2],近似念:béɑi(短音)
客家话:[bak5],近似念:bǎ(短音)
上海话:[paq],近似念:bā(短音)
苏州话:[pah43],近似念:bā(短音)
南京话:[bä5],近似念:bēɑi(短音)

综上可得,"百"字的方言读音有bɑi、bei、bie、beɑi、bɑ 5个音。据此可得"百"字语音树形图:

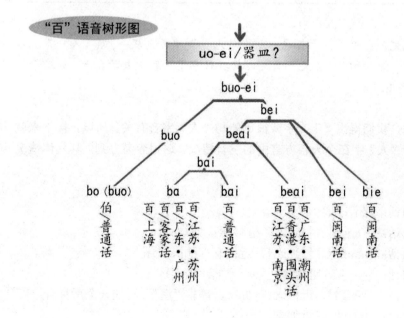

"百"语音树形图

399

从语音树形图上看，"百"字音可追溯到一个类似于 bei 的音。显然，这个 bei 肯定不是源头，所以我们要把和"百"字拥有相同声符"白"字的普通话"伯"字音也加进来，进而就可得出一个综合音 buo-ei，至此，"白"字的原始音才算大致找到。（注：在众多方言中，"百""白""伯"三字的读音是很相近的，唯普通话的"伯"字音相对较"远"。）

现在，让我们去回顾一下刚才讲的那些史前彩陶器皿。你是否很快发现数字一百的"百"所对应的器皿很可能就是"钵"，或者说是"缶"。也就是说，"一百"的本义就是"一钵"或"一缶"。当然，这里的"一钵"或"一缶"肯定不会是指谷子，而很可能是果子。道理很简单，因为采集先于农耕，数目"一百"自然也早于数目"一万"。

"百"字音的源头已经找到，接下来就剩下最后的"千"字音有待继续。首先还是来看它在《甲骨文字典》中的解释，如下：

《说文》："千，十百也。从十从人。"甲骨文从一，A（人）声。以一加于人，借人声为千。又甲骨文以加数目字于千字中表示数千，如二千作 B，五千作 C，等。

据此，我们得出"千"字音很可能与"人"字音有关。所以，接下来就是去查看"人"字在今天各方言中的发音情况。这很容易办到，其具体情况如下：

普通话：rén
闽南话：[lang2]、[lin2]，近似念：lán、lín
潮州话：[nang5]、[ring5]，近似念：nān、yīn
广州话：[jan4]，近似念：yǎn（音非"演"）
围头话：[yäng4]，近似念：yǎn-ng（音非"演"，再加一个后鼻音）
客家话：[ngin2]，近似念：ngín
上海话：[gnin]、[zen]，近似念：nín、sén
苏州话：[nyin223]、[zen223]，近似念：níng、zrén（声母 z 偏 r）

无锡话：[nien13]、[zhen13]，近似念：nǐng、shěng

南京话：[ren2]，近似念：rén

综上可得"人"字的方言发音有：ren、lan、lin、nan、yin、yan、ngin、yan-ng、sen、nin、ning、zren、sheng，外加我家乡的广信吴语本地腔的nèin，共14个音。据此可得如下语音树形图：

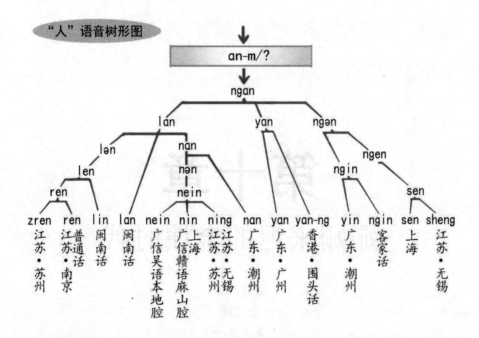

"人"语音树形图

如此看来，"人"字音的上古音很可能就是一个类似于an 或an-m 的音。多么熟悉的一个an音呀！没错，这个音在刚才的"万"字音溯源过程中有谈过。所以，"千"字音的起源与数量"万"字音的起源应该是相似或同源的，当共同归位于"满"或"漫"，即与史前农业生产过程中的箩筐装满和过满时漫出现象有关。而"满"与"漫"的语音起源在本书前面的"植物的称谓"之"葛之覃兮"一节中也有谈过，它源于一个an-m音的语音象形结果。

这便是我们"汉语音中的史前记忆"，它虽然充满着无限的主观影子，但却不失为一个个有趣的故事，至少，我个人是这么认为的。

第十章
姗姗来迟的金属时代

史前冶炼

金与硬

"戈"舍不下

10-1 史前冶炼

颜如孔雀羽，蕴含有红金。
偶媒香蕎笑，出阁予世人。
世人从此识金用，时代悄然面革新。

井挖横与竖，矿脉密追踪。
锄凿斧钻声声脆，筐篓车绳影重重。
千度高温窑炉炼，流金苏醒慢溢出。

曾经棒和杵，如今剑与戟；
过去石坎坎，今朝斧丁丁；
九鼎烹祭祖，八簋宴新婚；
硕人考槃涧，王侯钟鼓庭。
君子曰：国之大事祀与戎，
志士云：兴邦根本是农耕。

无处不见你身影，家国事事因你成。
故而青铜时代鼎，商周封邦与建国。
继而铁器时代兵，春秋战国百家鸣。

    大约从公元前3500年开始，我国的远古文化进入了一个新的时期——铜石并用时代。

    但是，铜器究竟是什么时候发明的，目前还不能遽为定论。虽然古文献中有"黄帝采首山之铜铸鼎于荆山之下"（《史记·封禅书》）和"蚩尤作冶"（《尸子》）、"蚩尤以金作兵器"（《世本》）的传说，但黄帝蚩尤是否真有其人，是否真有采铜、作冶、作铜兵的事，都是很难确证的，他们所处的真实年代更是难以论定。我们从这些只鳞片爪的传说记载中，只能知道古人认为铜器的发明较早而已。不过，近年来的考古发现已为这个问题的解决提供了重要的信息。我们现在已可大致认定，至少在仰韶文化的后期，即大约在公元前3500年以后的一个时期，我们的祖先就已经知道了铜，并且已会制造简单的小件铜器。

铜和许多金属一样具有美丽的光泽，又富有延展性，可以经过锤炼做出很细很薄的器具。铜器用坏了还可以回炉重新锻打或铸造，以做成新的器具。这些都是传统的石器所不可比拟的，但铜的原料比较少，当时对铜矿的认识还十分困难，认识和发现了也不易开采。加以炼铜时所需温度较高，纯铜熔点为1084℃，在当时并不是很容易达到。所以在铜器发明以后的相当长一段时间里，我们所能看到的仅仅是些很小的器具，如小刀、锥、凿、钻、指环和手镯等，无论在生产上还是在日常生活上都还没有占据重要地位。从成分来看，大多数属红铜，即比较纯的铜，其中至少有一部分是从天然铜块制造出来的；有些则含杂质甚多，包括锡、铅、锌、铁及某些非金属物质，故有些表现为青铜甚至黄铜的性状。但那多半不是人们有意识地制造的合金，而是矿石本身不纯所致。这情况大约一直延续到夏代以前，即大约公元前2000年前的时期。从那以后，人们已经学会制造青铜器，从而进入了我国历史上光辉灿烂的青铜时代。

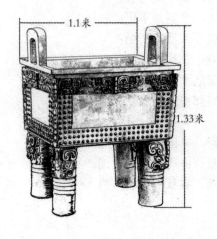

司母戊鼎重约832千克，当时的每个坩埚能冶炼铜12.5千克左右，所以，铸造该鼎需要70多个坩埚，两三百人同时工作。

图 10-1-1　司母戊大鼎（殷商）

在考古学家们的报告那里，我们通常可看到这样的内容：

1. 在陕西临潼姜寨仰韶文化遗址中，在其第29号房子的居住面上，抠出一片嵌入地面的黄铜片，经测定，含铜66%、含锌25%。

2. 在山西榆次源涡镇仰韶文化遗址中，发现过一块陶片上附有铜渣，经化验，得知其含铜近48%。

3. 在山东大汶口遗址1号墓随葬的骨凿上沾染有铜锈，含铜9.9%，有人怀疑是用铜加工后留下的痕迹。

4. 在红山文化房址中发现了铸铜用的陶范，很可能就是铸造鱼钩之类的东西。

5. 在甘肃东乡马家窑文化的林家遗址中发现有铜渣，并在第 20 号房基北壁下出土了一把小青铜刀。

……

然而，中国学术界对于龙山文化时代是否掌握了冶铜技术，长期以来持怀疑态度。

世界上最早使用铁器的地区是居住在小亚细亚一带的古赫梯人，时间大约是公元前 2000 年到前 1000 年，相当于中国的夏商时期。一些西方的历史学家，据此把掌握铁器作为建立文明国家的前提条件。其实此时中国正用青铜铸造着辉煌的夏、商文明。中国使用天外掉下的陨铁的证据是商代，而使用铁器的时代有把握地说是春秋早期，即公元前 700 年左右，或许还早一些。而且中国的冶铁工艺一开始走的就是与西方不同的途径，采用的不是锻造法，而是铸造法。

至于铜的使用，世界冶金史专家认为西亚一带可能在公元前 9000 年前就会利用自然铜作装饰品，前 5600 年左右逐渐进入早期铜石并用时代。他们认为中国使用青铜是在前 2000 年至前 1000 年间，也就是众所周知的殷墟青铜文化时期，接受了从小亚细亚传来的成熟的冶铜工艺。在此之前，中国人完全不懂得冶铜技术。

中国学术界虽然不能接受殷墟青铜文明西来说的观点，但长期以来对于公元前 2000 年之前，即龙山文化时代是否掌握了冶铜技术也持怀疑态度。

关于龙山文化时代发现青铜的例证其实早就有，不过有的是出土层位不够确凿，有的是文化性质或年代说不太准，长期处于存疑状态。20 世纪 80 年代以来，随着科学的考古发掘的一再证实，此类发现累计近 20 处，龙山文化时代已掌握青铜冶炼技术已经成为学术界的共识。

有意思的是，这些发现冶铜或铜器的遗址基本都在黄河流域，分布在今天的山东、河北、河南、内蒙古、甘肃等省区。但是我们尚未在这一地带找到较早的采铜矿遗址。20 世纪 70 年代到 80 年代，考古学家找到一批规模很大的商周时期古铜矿遗址，却全部分布在湖北、江西、安徽境内的长江边上，如闻名遐迩的黄石铜绿山古矿冶遗址等。这也是有待将来揭开的中国青铜文明之谜。

黄河流域龙山文化时代冶铜的主要证据是发现了冶炼坩埚、铜液凝块、铜渣和铜矿石等。在河南临汝煤山龙山文化遗址发现的一块坩埚碎片，内壁凝固有六层铜液表明熔炼铜液的次数。迄今为止尚未发现龙山时代的青铜容器，青铜制品只是镜子、小刀、锥子等形状简单的日常用具。造型最复杂的是陶寺龙山文化晚期一座小墓（墓主人骨骼的碳 14 测定年代是公元前 2100 年）中出土的一件红铜铃，还有年代相仿的甘肃广河齐家文化遗址出土的一件有鋬铜斧。二者因为有空膛部分，需要合范铸造技术。另外，在河南登封王城岗遗址出土一件青铜残片，个别学者认为是容器的残片，不过目前为止尚无定论。

已发现的龙山文化时代的铜或铜器有红铜（自然铜）、青铜（铜锡合金）和黄铜（铜锌合金），其中的青铜由于熔点低、硬度适应性强和翻模铸造变形小，后来成为冶铜的主流。

于是，中国的金属冶炼史无可争议地上推到公元前 2500 年甚至到前 3000 年，为夏商发达的青铜文明找到了直接前身。

（以上内容，分别摘自《文物史前史》和《中国远古时代》）

10-2 金与硬

一些看似平常的词汇，其本义早已被人给忘记，这是很正常的。今天，我们应该知道语言的第一媒介乃是声音，而非图像文字，所以，当该词以文字的形式出现在我们面前时，其本义就会变得模糊不清。比如，接下来要说的这个词就属于这种情况，它就是很多人日常所必需的"开水"一词。

有关开水这一概念，日常用得最多的当属"白开水"一词。但白开水中的"开"字究竟是什么意思，你有想过吗？听到这，你可能会很快速地作出回答："开，自然就是水被烧开了呀！这有什么好解释的呢？"是的，这里的"开"字就是水被烧开了，想想那蒸腾的热气和翻腾的水泡，无论它们是在锅里，又或是在热水壶中，你都会以最快的速度赶到它跟前，然后关火并将锅盖掀起或把热水壶盖打开，以宣布烧开水这件事的完成。这便是我们面对水被烧开时的反应。但是，"开水"的"开"果真与掀开、打开的"开"字有关系吗？一直以来，我也不理解被烧沸腾了的水为什么叫开水，动词的"开"与沸水之间又有什么关系呢？两者压根就是风马牛不相及的事物嘛！

我开始了对这个问题的认真思考，后来在方言的帮助下终于有了自己的答案，这答案就是开水的"开"其实就是水被烧开成沸水时的象声词。理由很简单，如下：

"开水"一词，在广信赣语麻山腔中的发音是 kuðei xū，这个 kuðei 与广信吴语本地腔及普通话的 kāi 有着一处很大的不同，那就是它含有一个合口呼的 uo 音。所以，当我们从 uo 这个音出发，再把声母 k 转换成 g，结果就会变成 guo，至此，一个被烧开了的沸腾的水泡声便诞生了。当然，一个更加"精确"的、依旧在使用的沸水声当是 gūgūgūgū，又或者说是 gūlūgūlū（咕噜咕噜）才对。

今天，普通话中的"开"字音已经没有半点"开水"声了，但通过目前的方言发音来进行探源，其开水声 gougougou（咕咕咕）还是能够看到的，如下：

闽南话：[kui1]，近似念 kuī
潮州话：[kai1]，近似念：kāi
广州话：[hoi1]，近似念：hō-ui
围头话：[fui1]，近似念：fuí
客家话：[hoi1]、[koi1]，近似念：hó-ui、kó-ui
上海话：[khe]，近似念：kèi
苏州话：[khe44]，近似念：kēi-ei（略带拖音）
无锡话：[[khe44]，近似念：kēai
南京话：[kä1]，近似念：kèai

综上可得，"开"字的方言发音有：kui、kɑi、ho-ui、fui、ko-ui、kei、keɑi 7 个音，据此可得如下语音树形图：

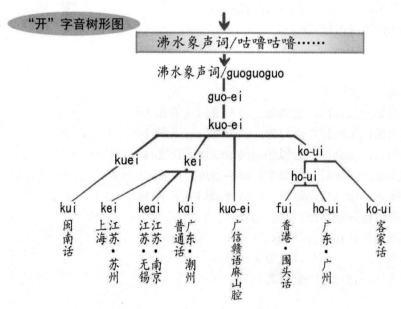

"开"字音树形图

（注：uo-ei 这个韵母在本书中有时会写成 uoei，写法虽有不一，但读音是统一的。）

所以，一些看似平淡无奇的词，其本义可能你压根想都想不到，比如本节的标题"金"与"硬"。岩石的"岩"、黄金的"金"、坚硬的"坚"和"硬"等这些词在今天所代表的意思，相信大家都很清楚，但它们的本义又是源于何处，你就未必有答案了。

就以上三个词（4个字）来看，它们都有一个共同的属性，那就是硬。而从人类发展史的角度出发，早期人类脑海中的坚硬物质应该就是石头，而后才是金属。若再用客观的眼光来看我们这个物质的世界，我们会发现石头与金属之间是没有"传承关系"的，但在汉语言的发音上，它们之间的"传承关系"却可以找到。如下：

岩

普通话：yán

闽南话：[la2]、[nga2]、[ngam2]、[ngiam2]，近似念：lá、ngá、ngá-m、ngiá-m（韵a-m 音偏ɑn）

潮州话：[ngam5]，近似念：ngā-m（韵a-m 音偏ɑn）

广州话：[ngaam4]，近似念：ngǎ-m（韵a-m 音偏ɑn）

围头话：[ngam4]，近似念：ngǎ-m（韵a-m 音偏ɑn）

客家话：[ngam2]，近似念：ngǎ-m（韵a-m 音偏ɑn）

上海话：[nge]，近似念：ngéi

苏州话：[nge223]、[yie223]，近似念：ngěi-ei、yǐ-i（韵略偏ie）

无锡话：[ngae13]、[nie13]，近似念：ngǎi、ní

南京话：[iän2]，近似念：yán

广信赣语麻山腔：ngán

金

普通话：jīn

闽南话：[gim1]，近似念：gī-m（韵i-m 音偏in）

潮州话：[gim1]，近似念：gī-m（韵i-m 音偏in）

广州话：[gam1]，近似念：gā-m（韵a-m 音偏ɑn）

围头话：[gäm1]，近似念：gá-m（韵a-m 音偏ɑn）

客家话：[gim1]，近似念：gí-m（韵i-m 音偏in）

上海话：[cin]，近似念：jìn

苏州话：[cin44]，近似念：jīn

无锡话：[cien44]，近似念：jīng

南京话：[jin1]，近似念：jìn

硬

普通话：yìng

闽南话：[ngi4]、[ngia4]、[nging4]，近似念：ngì、ngià、ngìng

潮州话：[ngên6]，近似念：ngən2

广州话：[ngaang6]，近似念：ngā-ng

围头话：[ngæng6]，近似念：ngàn

客家话：[ngang4]，近似念：ngān-g

上海话：[ngan]，近似念：ngán

苏州话：[ngan231]，近似念：ngán-àn（双调）

无锡话：[ngan213]，近似念：ngǎn

南京话：[en4]，近似念：ēn

坚

普通话：jiān

闽南话：[gian1]，近似念：giān-m

潮州话：[giêng1]，近似念：giēng（韵近 ing）

广州话：[gin1]，近似念：gīn

围头话：[ging1]，近似念：géin

客家话：[gien1]，近似念：gián

上海话：[ci]，近似念：qì（声母偏 j）

苏州话：[cie44]，近似念：jī（（韵略偏 ie）

无锡话：[cie44]，近似念：jī（韵略偏 ie）

南京话：[jän1]，近似念：jiàn

综上可得，"岩"字的方言发音有：yan、la、nga、nga-m、ngia-m、ngei、ngai、yi、ni、ngan 10 个音；"金"字的方言发音有：jin、gi-m、ga-m、jing 4 个音；"硬"字的方言发音有：ying、ngi、ngia、nging、ngən、nga-ng、ngan、ngan-g、en 9 个音；"坚"字的方言发音有：jian、gian、gian-m、gieng、gin、gein、gian、qi、ji 9 个音，据此则可得出一张详细的语音树形图（详见后文"图 10-2-1"）。不难发现金属的"金"字音与岩石的"岩"字音是多么的相像，所以，金属的"金"字音很可能源自岩石的"岩"字音。而岩石的"岩"字本义就是硬。

我们知道语音的历史演变与发展肯定是循序渐进的，但文字的诞生与丰富却并不如此，虽然从文字自身体系中去看它的发展过程也是循序渐进的，但若将整套汉字体系放到今天任何一门方言中去对照，你便会发现很多形声字来得是那么突然，那么不合理。这是因为汉字肯定不是一个人、一个地方、一个时代所造的，所以它的多音与重复是肯定的。总有一部分文人老以认识众多生僻字为人生乐趣，这里的生僻包括相同一字的繁体、假借、异体等，比如一些诗人就很喜欢把异体字嵌入作品中，从而达到一种看似陌生却又高

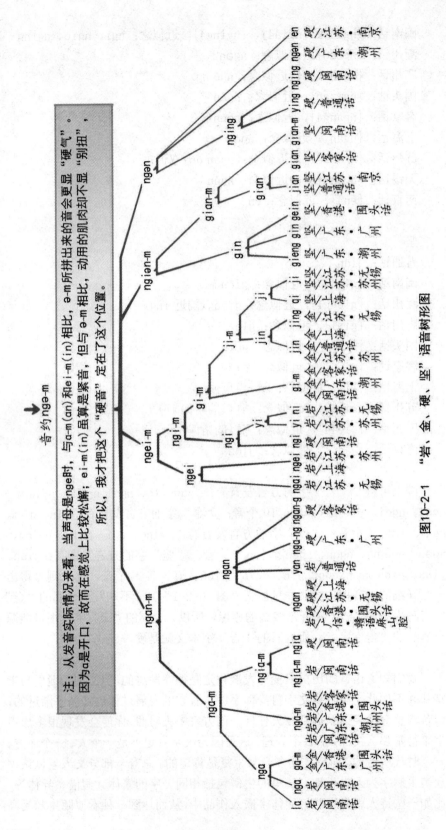

注：从发音实际情况来看，当声母是nge时，与a-m（an）相比，ə-m所拼出来的音会更显"硬气"。因为a是开口，故而在感觉上比较松懈；ei-m（in）虽算紧音，但与ə-m相比，动用的肌肉却不显"别扭"，所以，我才把这个"硬音"定在了这个位置。

图10-2-1　"岩、金、硬、坚"语音树形图

410

雅的感觉。所以在今天的汉语词库中，你经常会看到这种现象，比如"看"与"瞰""盱""瞻"的重复，"同"与"仝"并用等。再比如吕思勉在他的《中国文字小史》中也说：

> 然重文之数，如此之多，谓许皆不知之，似又不然。盖许书本博采而成，所采者以为重文，即许亦以为重文；所采者不以为重文，即许亦不以为重文也。此亦足为许书体例不能纯一之证。王氏谓"许君目为重文者，据当时仍合为一；不目为重文者，据当时已分为二。"此说甚通。殊不必更立前所述三例，求之深而反失之也（重文、非重文之说，亦不能划一。故有许书不以为重文，而他书以为重文。如《说文》檴栎为两字，而《玉篇》则以檴为栎之重文，盖各有所受之也）。

> 单音字如此，复音字亦然。如峙踌二字，《说文》心部作□箸，足部作踌躇，《毛诗》作踟蹰，《广雅》作踟躇，又作踌跦；今惟存跨踌用之心，踟蹰用之足，踌躇取其平仄有异，余皆废矣。以此三者具分别之用，而余则成音义同字也。

如此看来，"峙踌"这一词汇在今天居然会有 10 种写法，真是不可思议，它们分别是：踟跦、踟躇、踟蹰、踯躅、踌躇、蹰躇、踌躇、踌峙、踌跱，以及彳亍。此外还有彷徨、仿徨、旁皇；肮脏、腌臜；污浊、龌龊等词汇，也不禁让人怀疑它们本属于其中的某一个词。

好了，让我们再次回到岩石的"岩"、金属的"金"，以及坚硬的"坚"和"硬"的关系上去。作为硬的意思之"岩"，在《甲骨文字典》中的解释也算是一个形声字。具体如下：

	篆书	甲骨文		
岩	(篆书字形)	(甲骨文字形)	(甲骨文字形)	
解释栏用字	Ⓐ 品　Ⓑ ↓　Ⓒ 嚚　Ⓓ 刀　Ⓔ 嵒　Ⓕ 嚚			

从 A（品）下部以 B 相连作 C，C 下或又从 D（人）。《说文》："嚚，多言也，从品相连。《春秋传》曰：'次于嚚北。'读与听同。"自甲骨文字形观之，象一人之言，如三口所出，会多言之意。今本《左传》僖公元年嚚作听，听北为邢地，甲骨文嚚为国族名，疑与听北之地有关。《说文·言部》有讟字，当是后起之形声字。卷九山部有 E，释嵒，"山巖也"，与 C、F 非一字。

411

也就是说，从"B"之 yán（C）和从"人"之 yán（F）在殷商时期属同一个字，当是一地名称谓，其读音与言语之"言"有关。而从"山"之"yán/晶"与从"B"之 yán 和从"人"之 yán 是属于不同的两个字，但从它们的字形上看，相同部分是"品"字。所以，以今天的视角来看，"品"字很可能就是声符，即"品"与"岩"的读音在殷商时代当是相同的，这样的结论在无形中亦支持了本节对"岩""坚""金""硬"四字读音的同源猜测。

现在，就让我们试着梳理一下它们之间的关系。过程如下：

1. 岩石的"岩"字本义就是"硬"；

2. 金属的"金"在人类社会发展史中，其价值同样也是硬，以及可以造型的属性。正是出于它的可造型之属性，所以才可以为斧、可以为刀、可以为戟、可以为剑等。因此，象形字的"金"便在岩石之"岩"的"硬声"下诞生了自己。（注："金"字在段玉裁的《说文解字注》中被定位为象形字）

3. 由于历史的发展与进步，语音和文字开始了不断地修缮与调整，应对时代更加明确、更加丰富的义声市场之所需。因此，更多的形声字便开始诞生。自然，这期间的重复字词也就在所难免，结果便是我们今天看到的这个样子，即"岩""坚""金""硬"四字表面看上去很不相同，但实际上却是同源的。

至此，有关"金"与"硬"的话题便讨论到这。

10-3 难以"戈"舍

戈是中国古代一种具有横击、钩啄等多种功能的木柄曲头兵器。其构造一般为平头，横刃前锋，垂直装柄。其端首处有横向伸出的短刃，刀锋向内，可横击，又可用于钩杀；外刃则可推、戳、捅，而前锋用来啄击对方。

从历史发展沿革上看，今天的学者们认为戈应是受到新石器时代的石镰、骨镰或陶镰的启发而产生的，原为长柄，后因作战需要和使用方式的不同，便分为了长、中、短3种。商代已经有了铜戈，直到秦代作战时仍用戈。一般来说，长戈用于车战，短戈用于步兵。使用方法有钩挂、扎、挑等。

图10-3-1 戈（实物照）

戈盛行于中国商朝至战国时期，流行于商至汉代。戈和干（盾）是商周时期士兵的标准装备，因此"干戈"一词就成为战争的别称或各种兵器的统称。但随着兵器和战术的发展，戈却被逐渐淘汰了，后来一度成了仪仗的兵器。所以，在我们所熟知的十八般兵器谱里（刀、枪、剑、戟、斧、钺、钩、叉、镋、棍、槊、棒、鞭、锏、锤、抓、拐子、流星），它的影子便很合乎逻辑地消失了。

然而，让人意外的是作为兵器鼻祖之一的戈虽然退出了兵器谱，但却在汉字的世界里留下了自己庞大的身影。以今天的《新华字典》为例，含"戈"字符的字就有：

戈、弋、戊、戌、戎、戍、戌、成、划、戏、戒、我、或、戗、戗、牂、哉、咸、威、战、盏、栽、载、栽、戫、戚、戛、盛、截、裁、戟、惑、戜、戝、戩、盏、戙、戙、截、戨、臧、戗、戯、戮、戳、戰、戴、戲、識、戳等。

但在《说文解字》中，被列为"戈"字符的字却少了许多，大约只有：
戈、弋、戏、戌、武、或、牂、戗、战、贼、戛、肇、戮、戝、截、戩、戨、戙、戮、戰、戲等。

在这些字当中，其"戈"字基本上全都是作为义符来用，声符全是左文。然而，似含"戈"字符的字却远非只有这些，还有：

1. ai音系列：

哉、栽、載、裁、截、戴……

2. i 音系列：

幾、嘰、趭、譏、璣、磯、幾、畿、璣、嘰、戢、戚、……

3. ian 音系列：

箋、缄、减、钱、浅、线、贱、鐵、殲、檻、鑭……

4. ie 音系列：

戒、诫、械、鐵、驏……

5. 零韵母系列：

戠、幟……

与《说文解字》中明为"戈"字符的那组字相比，后面这组字却明显地表现出"戈"字是作为声符来使用的。因为我们可以根据后面这组字简单而快捷地挦出这样一个语音树形图，如下：

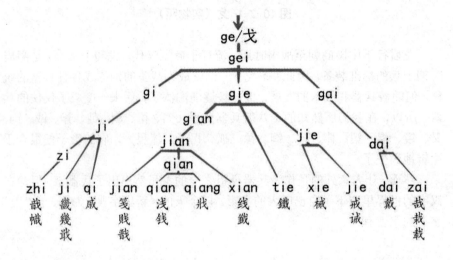

面对如此情形，不得不再次回过头来去细看这件兵器，它究竟是具有什么样的魔力，让它在汉字的世界里如此广受欢迎？

戈，其形制尺寸多种多样。据戴震所著的《考工记图》记载，戈的规格是：

戈，广 2 寸，内倍之，胡三之，援四之。

注：戈，今句子戟也，或谓之鸡鸣，或谓之拥颈。内，谓胡以内接柲（柄）者也。长四寸，胡六寸，援八寸。郑司农云：援，直刃也。胡其子。

414

图 10-3-2 戈（《考工记图》插图）

　　《考工记图》中的配图与目前我们所熟悉的戈在造型上有很大区别，所以，百度百科对戈的构造解释则变成了如下描述：

　　戈通常宽 2 寸，内长 7 寸，胡长 6 寸，援长 8 寸，重 1 斤 14 两，柄长 6 尺 6 寸。但实际上戈的尺寸并不一律，标准的戈由戈头、柄、铜尊三部分组成。戈头分为援、内、翻三部分。

　　并配插图如下：

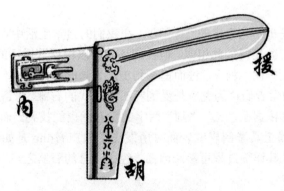

图 10-3-3 戈（百度百科插图）

　　今天，2020 年 9 月 12 日，百度百科对戈给出的总体评价就有这么一句话：

　　戈是先秦时代主要兵器之一，对后来兵器的发展产生了深远的影响，这影响甚至超越兵器本身，渗透到古代文化中。

是的，只不过"渗透到古代文化中"的这句应当改为"渗透到中国其他的一些传统文化之中"。如前所述，今天含"戈"字符的汉字是如此之多，而这些汉字就不能说是绝对的古代文化，但却可以算是我们的传统文化，因为汉语用汉字来进行书面记载固然最佳，但也不能否认汉语用罗马字母来拼写也可以。

当然，本书的特色是汉语音中的史前追忆，所以，我们仍将来分析一下"戈"字音，看下这位兵器库中的谆谆老者能为我们讲述一下有关它的何种人生经历与故事。

今天，"戈"字的方言发音有：

普通话：gē
闽南话：[go1]，近似念：gōu
潮州话：[ko1]，近似念：kōu(韵 ou 偏ao)
广州话：[gwo1]，近似念：guō
围头话：[gwo1]，近似念：guó
客家话：[ko1]，近似念：kóu(韵 ou 偏ao)
上海话：[ku]，近似念：gòu(韵重于 u)
苏州话：[kou44]，近似念：gōu
无锡话：[kou44]，近似念：gōu
南京话：[go1]，近似念：gòu

或许是出于这个字的"冷门"，在我们的日常生活中很少用到，所以它的方言读音就显得如此相似。但我们还是可以根据普通话的"戈"字音简单地联想到割据的"割"，进而追溯到史前岩画制作时的动作"刮"字音。所以，今天的学者们认为戈应是受到新石器时代的石镰、骨镰或陶镰的启发而产生的，其依据在"戈""割"两字的发音上也能找到。而有关史前岩画制作时的石器工具摩刮岩壁表面时所发出的象声音ghe是如何演变至收割的"割"的？其详细过程可参阅前面"经久不息的石器之声"一节，在此就不再赘言了。

行文至此，已是本书尾声。在金属工具的锵锵声里，我们那光辉而伟大的史前文明即将进入有史阶段，所以，接下来的故事就不再需要我个人的多情臆想，历代的史家会把这期间的故事讲得更加详细、更加生动和可信。

416

结束语

真的很想把历史的真实事件给挖出，
但却十分无奈于自己的能力之不足。
即便我万般虔诚和努力，
却终归逃避不了一个"天方夜谭"的结束。
语音的世界就如同风儿一样，
这让想追求她的人常满怀希望。
但风儿的来去从不随人意，
结果便是——
再多情的话语也为个人的痴心臆想。

2020.09.26